Klima- und Umweltgovernance

Begriffe ● Theorien ● Kontextualisierung

Klima- und Umweltgovernance

Begriffe • Theorien • Kontextualisierung

von

Carsten Rasch

Bibliografische Information der Deutschen Nationalbibliothek: Die Deutsche Nationalbibliothek verzeichnet diese Publikation in der Deutschen Nationalbibliografie;
detaillierte bibliografische Daten sind im Internet über dnb.dnb.de abrufbar.

Verlag: BoD · Books on Demand GmbH, In de Tarpen 42, 22848 Norderstedt,
bod@bod.de
Druck: Libri Plureos GmbH, Friedensallee 273, 22763 Hamburg
ISBN: 978-3-7693-2554-6

„Die Realität des Klimawandels ist nicht mehr zu leugnen. Die Zeit zum globalen Handeln der Weltgemeinschaft ist jetzt.."

Al Gore

In dem Buch „Klima- und Umweltgovernance" werden die grundlegenden Begriffe, Strukturen, Akteure, Theorien und Mechanismen ausführlich erläutert und kritisch auf dem Gebiet von Politikwissenschaften, Sozialwissenschaften und Wirtschaftswissenschaften betrachtet. Die über 300 Beiträge bieten damit eine problemorientierte Einführung in die Thematik der Klima- und Umweltgovernance.

Unser Planet steht vor einer beispiellosen Herausforderung: Der Klimawandel bedroht die Lebensgrundlagen künftiger Generationen. Die Auswirkungen sind bereits heute unübersehbar: Extremwetterereignisse häufen sich, der Meeresspiegel steigt, und die Biodiversität schwindet. Angesichts dieser Dringlichkeit ist eine effektive globale Zusammenarbeit unerlässlich.

Die Geschichte der internationalen Umweltpolitik reicht zurück bis in die Mitte des 20. Jahrhunderts. Konferenzen wie die Stockholmer Konferenz 1972 markierten den Beginn einer neuen Ära des Umweltbewusstseins. Seitdem wurden zahlreiche internationale Abkommen und Institutionen geschaffen, um die Umwelt zu schützen. Dennoch sind die Fortschritte oft unzureichend. Die Komplexität dieser Herausforderungen erfordert vor allem einen interdisziplinären Ansatz, der verschiedene Perspektiven integriert. Klimagovernance und Umweltgovernance umfassen nicht nur staatliche Akteure, sondern auch nichtstaatliche Organisationen, Unternehmen, wissenschaftliche Gemeinschaften und lokale Gemeinschaften. Die Rolle dieser Akteure im Prozess der Entscheidungsfindung und Umsetzung von Maßnahmen ist entscheidend, um wirksame und gerechte Lösungen zu entwickeln

In dem Buch „Klima- und Umweltgovernance" werden die grundlegenden Begriffe, Strukturen, Akteure, Theorien und Mechanismen ausführlich erläutert und kritisch auf dem Gebiet von Politikwissenschaften, Sozialwissenschaften und Wirtschaftswissenschaften betrachtet. Die über 300 Beiträge bieten damit eine problemorientierte Einführung in die Thematik der Klima- und Umweltgovernance.

Marburg, November 2024
Carsten Rasch

Meiner Mutter

Monika Rasch

Inhaltsverzeichnis

Abholzung und Aufforstung und deren Auswirkungen auf das globale
Klima und Umwelt.. S.17
Action Plan for Marine Mammals (MMAP) (dt. Aktionsplan für Marine
Säugetiere)... S.18
Ad Hoc Working Group on the Durban Platform for Enhanced Action..... S.19
African Convention on the Conservation of Nature and Natural Resources
(dt. Afrikanisches Übereinkommen zur Erhaltung der Natur und natürlichen
Ressourcen)... S.21
Alliance of Small Island States (dt. Allianz der kleinen Inselstaaten)........ S.22
Alpenkonvention.. S.23
Anstieg der Erdoberflächentemperatur und deren Auswirkungen
auf das globale Klima und Umwelt.. S.25
Anstieg des Meeresspiegels und deren Auswirkungen
auf das globale Klima und Umwelt.. S.26
Antarktisvertrag.. S.28
Anthropozän.. S.29
Asian Convention on the Conservation of Nature and Natural Resources
(dt. Asiatisches Übereinkommen zur Erhaltung der gefährdeten wildlebenden
Tiere und Pflanzen).. S.31
Asia-Pacific Partnership on Clean Development and Climate................. S.32
Bamako-Konvention.. S.33
BASIC-Staaten.. S.34
Convention on the Conservation of European Wildlife and Natural Habitats
(dt. Übereinkommen über die Erhaltung der europäischen wildlebenden
Pflanzen und Tiere und ihrer natürlichen Lebensräume)...................... S.36
Biodiversität... S.37
Biosphäre.. S.39
Biotopschutz und Artenschutz... S.40
Cartagena Protocol on Biosafety... S.42
Clean Air Act.. S.43
Clean Development Mechanism (CDM)... S.44
Climate Action Network... S.46
Convention for the Protection of the Marine Environment of the North-
East Atlantic (OSPAR) (dt. Übereinkommen zum Schutz der Meeres-um-
welt des Nordostatlantiks).. S.47

Convention on Biological Diversity (CBD) (dt. Konvention über die biologische Vielfalt der Vereinten Nationen).................................... S.49
Convention on International Trade in Endangered Species of Wild Fauna and Flora (CITES) (dt. Washingtoner Artenschutzabkommen)............... S.50
Convention on Long-range Transboundary Air Pollution (CLRTAP)........ S.51
Convention on the Conservation of European Wildlife and Natural Habitats (dt. Übereinkommen über die Erhaltung der europäischen wildlebenden Pflanzen und Tiere und ihrer natürlichen Lebensräume)..... S.53
Convention on the Conservation of Migratory Species of Wild Animals (dt. Übereinkommen zur Erhaltung der wandernden wildlebenden Tierarten).... S.54
Convention on the Prevention of Marine Pollution by Dumping of Wastes and Other Matter (dt. Übereinkommen über die Verhütung der Meeresverschmutzung durch das Einbringen von Abfällen und anderen Stoffen).......... S.56
Convention on the Protection and Use of Transboundary Watercourses and International Lakes (dt. Übereinkommen zum Schutz und Nutzung grenzüberschreitender Wasserläufe und internationaler Seen)....................... S.57
COP (Conference of the Parties) (dt. Konferenz der Mitglieder der Klimarahmenkonvention)... S.58
COP 1 Berlin, Deutschland März 1995....................................... S.60
COP 2 Genf, Schweiz Juli 1996.. S.61
COP 3 Kyoto, Japan Dezember 1997.. S.62
COP 4 Buenos Aires, Argentinien November 1998............................. S.64
COP 5 Bonn, Deutschland Oktober 1999....................................... S.65
COP 6 Den Haag, Niederlande November 2000.................................. S.66
COP 6-2 Bonn, Deutschland Juli 2001.. S.68
COP 7 Marrakesch, Marokko Oktober 2001..................................... S.69
COP 8 Neu-Delhi, Indien Oktober 2002....................................... S.70
COP 9 Mailand, Italien Dezember 2003....................................... S.72
COP 10 Buenos Aires, Argentinien Dezember 2004............................. S.73
COP 11 Montreal, Kanada November 2005...................................... S.74
COP 12 Nairobi, Kenia Dezember 2006.. S.76
COP 13 Bali, Indonesien Dezember 2007...................................... S.77
COP 14 Poznań, Polen Dezember 2008... S.78
COP 15 Kopenhagen, Dänemark Dezember 2009.................................. S.79
COP 16 Cancún, Mexiko Dezember 2010.. S.81
COP 17 Durban, Südafrika Dezember 2011..................................... S.82

COP 18 Doha, Katar November 2012.. S.83

COP 19 Warschau, Polen November 2013.................................... S.85

COP 20 Lima, Peru Dezember 2014.. S.86

COP 21 Paris, Frankreich Dezember 2015.................................... S.87

COP 22 Marrakesch, Marokko November 2016.......................... S.89

COP 23 Bonn, Deutschland November 2017................................ S.90

COP 24 Katowice, Polen Dezember 2018.................................... S.91

COP 25 Madrid, Spanien Dezember 2019.................................... S.93

COP 26 Glasgow, Vereinigtes Königreich Oktober-November 2021........ S.94

COP 27 Scharm el-Scheich, Ägypten November 2022.................... S.95

COP 28 Dubai, Vereinigte Arabische Emirate November 2023............. S.97

COP 29 Baku, Aserbaidschan November 2024.............................. S.98

COP 30 Brasilien 2025.. S.99

Dekarbonisierung und Dekarbonisierungsdruck............................ S.101

Desertifikation und Desertifikationsbekämpfung.......................... S.102

Dürreperioden und Dürrerisiko und deren Auswirkungen auf das
globale Klima und Umwelt.. S.103

Emissionshandel.. S.105

Emissionshandel der Europäischen Union.................................. S.106

Emissionshandel der USA.. S.107

Energieeinsparung.. S.109

Energiegovernance... S.110

Energiemarkt.. S.111

Energieszenarien... S.113

Energieversorgung und Energieversorgungssicherheit.................... S.114

Energieverteilungsgerechtigkeit und Energieverteilungskonflikte.......... S.116

Energiewende... S.117

Energiewirtschaft.. S.119

Entscheidungsprozesse und Entscheidungsblockaden...................... S.120

Entwicklungsländer.. S.121

Entwicklungszusammenarbeit.. S.123

Erdatmosphäre und Erdklima.. S.124

Erderwärmung und deren Auswirkungen auf das globale Klima
und Umwelt... S.126

Erneuere Rohstoffe.. S.127

Erste Weltklimakonferenz in Genf.. S.128

EU-Anpassungsstrategie... S.130
EU-Klimaschutzziele.. S.131
European Environment Agency (EEA) (dt. Europäische Umweltagentur)..... S.133
European Green Deal (dt. Europäischer Grüner Deal)........................... S.134
Extremwetterereignisse und deren Auswirkungen auf das globale Klima
und Umwelt.. S.135
Fossile Rohstoffe.. S.136
Friends of the Earth... S.138
G7.. S.139
G8.. S.140
G20... S.142
G77... S.143
Geoengineering.. S.145
Global Environment Facility (GEF) (dt. Globalen Umweltfazilität)......... S.146
Globalbudget... S.148
Globale Energiepolitik und Globale Energiestrategie.......................... S.149
Green Climate Fund... S.151
Green-Growth-Strategy (dt. Grüne Wachstumsstrategie)..................... S.152
Greenhouse Gas Protocol (dt. Treibhausgasprotokoll)........................ S.153
Greenpeace... S.154
Hitzewellen und deren Auswirkungen auf das globale Klima und Umwelt..... S.156
Industrieländer... S.157
Intergovernmental Panel on Climate Change (IPCC) (dt. Weltklimarat)... S.159
International Convention for the Prevention of Marine Pollution from
Ships (MARPOL) (dt. Internationales Übereinkommen zur Verhütung
der Meeresverschmutzung durch Schiffe)... S.160
International Convention for the Regulation of Whaling (ICRW)
(dt. Internationales Übereinkommen zur Regelung des Walfangs)........ S.162
International Convention on Oil Pollution Preparedness, Response and
Cooperation (OPRC) (dt. Internationales Übereinkommen über Schutz-
vorkehrungen, Gegenmaßnahmen und Zusammenarbeit bei Ölver-
schmutzungen)... S.163
International Energy Agency (dt. Internationale Energieagentur)........... S.165
International Renewable Energy Agency (IRENA) (dt. Internationale
Organisation für erneuerbare Energien)... S.166

International Tropical Timber Agreement (ITTA) (dt. Internationales
Tropenholz-Übereinkommen.. S.168
Internationales Grünes Kreuz... S.169
Internationales Klima- und Umweltabkommen............................... S.170
Kippprozesse und Kippelemente... S.172
Klima- und Umweltanpassungsgovernance................................... S.173
Klima- und Umweltanpassungskonflikte...................................... S.175
Klima- und Umweltanpassungskosten... S.176
Klima- und Umweltanpassungsstrategien.................................... S.177
Klima- und Umweltbeobachtung.. S.179
Klima- und Umweltethik... S.180
Klima- und Umweltgenerationsgerechtigkeit............................... S.181
Klima- und Umweltgovernance.. S.182
Klima- und Umweltgovernanceakteure.. S.184
Klima- und Umweltgovernanceinstrumente.................................. S.185
Klima- und Umweltgovernancekonflikte...................................... S.187
Klima- und Umweltgovernancemechanismen................................ S.188
Klima- und Umweltgovernancemodell... S.190
Klima- und Umweltgovernancestrategie...................................... S.191
Klima- und Umweltgovernancestruktur....................................... S.193
Klima- und Umweltgovernanceversagen...................................... S.194
Klima- und Umweltkonferenzen... S.196
Klima- und Umweltmigration.. S.197
Klima- und Umweltveränderungen... S.198
Klima-/Umweltszenarien und Klima-/Umweltprognosen................. S.200
Klimaaktivismus... S.201
Klimabilanzierung.. S.203
Klimabudget.. S.204
Klimafinanzierung.. S.205
Klimaflüchtlinge.. S.207
Klimagerechtigkeit... S.208
Klimakonferenzen.. S.210
Klimamodelle... S.211
Klimaneutralität.. S.212
Klimapolitik.. S.214
Klimapolitik und Umweltpolitik der Europäischen Union............... S.215

Klimapolitik und Umweltpolitik der USA.. S.217

Klimapolitik und Umweltpolitik der Volksrepublik China.................... S.218

Klimaschutz und Klimaschutzstrategie.. S.220

Klimastress.. S.221

Klimawandel.. S.222

Klimawandelskepsis... S.224

Klimaziele (2°C-Ziel)... S.226

Kyoto-Protokoll... S.227

Luftverschmutzung und deren Auswirkungen auf das globale Klima
und Umwelt.. S.229

Meeresspiegelanstieg und deren Auswirkungen auf das globale Klima
und Umwelt.. S.230

Mitigation und Mitigationsmaßnahme... S.231

Montreal Protocol on Substances that Deplete the Ozone Layer
(dt. Montreal-Protokoll Konvention zum Schutz der Ozonschicht)......... S.232

Nachhaltigkeit und Nachhaltigkeitsstrategie... S.234

National Adaptation Programmes of Action (NAPA)............................. S.236

Nationally Appropriate Mitigation Actions (NAMA)............................. S.237

Natur- und Umweltkatastrophe.. S.238

Naturkapital... S.240

Neo-Kolonialismus... S.241

Ökosysteme.. S.243

Our Common Future (dt. Brundtland-Bericht)...................................... S.244

Ozonloch und Ozonschicht.. S.246

Paris Agreement (dt. Pariser Abkommen)... S.247

Rebound-Effekt.. S.248

REDD+ Reducing Emissions from Deforestation and Forest Degradation..... S.250

Regierungsführung von Good Governance und Bad Governance............ S.251

Ressourcen... S.252

Ressourcenabbau.. S.254

Ressourcennutzung... S.255

Rio+20 Konferenz.. S.256

Schmelzen der Gletscher und Eisschilde und deren Auswirkungen auf
das globale Klima und Umwelt... S.258

Schwellenländer... S.259

Stakeholder im Klima- und Unweltgovernance..................................... S.260

Starkregen und deren Auswirkungen auf das globale Klima und Umwelt.. S.262
Sustainable Development Goals (SDGs)..................................... S.263
Überflutung / Überschwemmung und deren Auswirkungen auf das
globale Klima und Umwelt.. S.265
Umwelt- und Klimastabilisierungsszenarien................................ S.266
Umweltschutzorganisationen.. S.268
Umweltverschmutzung und deren Auswirkungen auf das globale Klima
und Umwelt.. S.269
UN High Seas Treaty (dt.: UN-Vertrag zum Meeresschutz)................. S.271
UN-Generalversammlung... S.272
United Nations Conference on the Human Environment (dt. Treibhaus-
gasausstoß und Treibhausgasemissionen)..................................... S.273
United Nations Convention on the Law of the Sea (UNCLOS) (dt. See-
rechtsübereinkommen der Vereinten Nationen).............................. S.275
United Nations Convention to Combat Desertification (UNCCD) (dt.
Übereinkommen der Vereinten Nationen zur Bekämpfung der Wüsten-
bildung in den von Dürre und/oder Wüstenbildung schwer betroffenen
Ländern, insbesondere in Afrika)... S.276
United Nations Development Programme (UNDP) (dt. Entwicklungs-
programm der Vereinten Nationen)... S.277
United Nations Environment Programme (UNEP) (dt.: UN-Umwelt-
programm)... S.279
United Nations Forum on Forests (UNFF) (dt. Waldforum der Vereinten
Nationen)... S.281
United Nations Framework Convention on Climate Change (UNFCCC)
(dt: Klimarahmenkonvention).. S.282
UN-Klimakonferenzen.. S.283
UN-Klimakonvention... S.285
UN-Klimasekretariat.. S.286
UN-Klimaverhandlungen.. S.287
Verlust der Artenvielfalt und deren Auswirkungen auf das globale Klima
und Umwelt.. S.289
Versauerung der Ozeane und deren Auswirkungen auf das globale Klima
und Umwelt.. S.290
Verursacherprinzip... S.292
Veto-Macht... S.293

Vetoposition.. S.295
Vetospieler... S.296
Vienna Convention for the Protection of the Ozone Layer (dt. Wiener
Übereinkommen zum Schutz der Ozonschicht).. S.297
Wachstumsstrategie für die Weltgemeinschaft....................................... S.298
Waldbrände und deren Auswirkungen auf das globale Klima
und Umwelt... S.300
Weltbevölkerungswachstum und deren Auswirkungen auf das globale
Klima und Umwelt.. S.301
Weltgemeinschaft... S.302
Weltumweltpolitik und Weltklimapolitik... S.304
Western Climate Initiative.. S.305
World Business Council for Sustainable Development (WBCSD)........... S.307
World Commission on Environment and Development (WCED)............. S.308
World Meteorological Organization (WMO) (dt. Weltorganisation für
Meteorologie). S.309
World Resources Institute (WRI).. S.311
World Summit on Sustainable Development (WSSD) (dt. Weltgipfel für
nachhaltige Entwicklung).. S.312
World Wide Fund For Nature (WWF)... S.313

Abholzung und Aufforstung und deren Auswirkungen auf das globale Klima und Umwelt

Abholzung bezieht sich auf die großflächige Rodung von Wäldern, meist zur Schaffung von landwirtschaftlichen Flächen, Urbanisierung oder zur Holzernte. Laut Schätzungen der FAO (Ernährungs- und Landwirtschaftsorganisation der Vereinten Nationen) werden jährlich etwa 10 Millionen Hektar Waldflächen verloren, was nicht nur die Biodiversität gefährdet, sondern auch die Kohlenstoffspeicherung beeinträchtigt. Wälder spielen eine entscheidende Rolle im globalen Kohlenstoffkreislauf, da sie große Mengen CO_2 aus der Atmosphäre aufnehmen. Ihre Zerstörung führt zu einem Anstieg der atmosphärischen CO_2-Konzentrationen, was wiederum zur globalen Erwärmung und zu klimatischen Veränderungen beiträgt.

Die Folgen der Abholzung sind weitreichend: Sie führt zur Zerstörung von Lebensräumen, was den Rückgang vieler Arten zur Folge hat. Zudem verringert die Reduktion von Waldflächen die Fähigkeit der Erde, Kohlenstoff zu speichern, und verstärkt so den Treibhauseffekt. Des Weiteren haben gerodete Flächen oft mit Erosion und Verlust der Bodenfruchtbarkeit zu kämpfen. Dies kann zu einer Verschärfung der Nahrungsmittelunsicherheit und zu sozialen Konflikten führen, insbesondere in Regionen, in denen lokale Gemeinschaften auf Wälder für ihr Überleben angewiesen sind.

Aufforstung, also die Wiederaufforstung oder Neuanpflanzung von Bäumen, bietet eine potenzielle Lösung für die Herausforderungen, die durch die Abholzung entstehen. Aufforstungsprojekte können dazu beitragen, CO_2 zu binden, die Biodiversität wiederherzustellen und die Bodenqualität zu verbessern. Zudem können sie lokale Gemeinschaften wirtschaftliche Vorteile bieten, etwa durch nachhaltige Holzernte oder Ökotourismus. In vielen internationalen Abkommen, wie dem Pariser Klimaabkommen, wird Aufforstung als Strategie zur Minderung der Klimaauswirkungen anerkannt, da sie einen natürlichen Weg zur Kohlenstoffbindung darstellt.

Im Kontext der Umwelt- und Klimagovernance sind sowohl Abholzung als auch Aufforstung wichtige Themen. Globale Initiativen wie REDD+ (Reducing Emissions from Deforestation and Forest Degradation) zielen darauf ab, Entwicklungsländer zu unterstützen, ihre Wälder zu schützen und nachhaltige Landnutzung zu fördern. Solche Programme erfordern jedoch eine enge Zusammenarbeit zwischen Regierungen, Nichtregierungsorganisationen und der Zivilgesellschaft, um sicherzustellen, dass Aufforstungsmaßnahmen nachhaltig sind und die Rechte der lokalen Gemeinschaften respektiert werden.

Die Herausforderungen sind vielfältig: Die Implementierung von Aufforstungsprojekten muss oft gegen wirtschaftliche Interessen abgewogen werden, die auf kurzfristige Gewinne abzielen, wie etwa die Landwirtschaft oder den Bergbau. Zudem gibt es technische und wissenschaftliche Herausforderungen, wie die Auswahl geeigneter Baumarten und die Sicherstellung des langfristigen Überlebens der Aufforstungsflächen.

Action Plan for Marine Mammals (MMAP)
(dt. Aktionsplan für Marine Säugetiere)

Der „Action Plan for Marine Mammals" (MMAP) ist eine bedeutende Initiative, die im Kontext des Schutzes mariner Säugetiere und ihrer Lebensräume in einem sich verändernden Klima entwickelt wurde. Dieser Aktionsplan ist Teil einer umfassenderen Strategie zur Umwelt- und Klimagovernance, die darauf abzielt, die Gesundheit mariner Ökosysteme zu gewährleisten und die Biodiversität zu erhalten. Marine Säugetiere, zu denen Wale, Delfine und Robben gehören, spielen eine zentrale Rolle in marinen Ökosystemen, da sie zur Regulierung von Nahrungsnetzen und zur Aufrechterhaltung der biologischen Vielfalt beitragen.

Im Kontext des Klimawandels sehen sich marine Säugetiere einer Vielzahl von Herausforderungen gegenüber, einschließlich der Erwärmung der Ozeane, der Versauerung des Wassers und des Verlusts von Lebensräumen durch menschliche Aktivitäten. Diese Veränderungen haben direkte und indirekte Auswirkungen auf die Lebensbedingungen mariner Säugetiere, ihre Fortpflanzung, Nahrungssuche und Wanderungsverhalten. Der MMAP zielt darauf ab, diese Herausforderungen systematisch zu adressieren, indem er wissenschaftliche Erkenntnisse, politische Maßnahmen und internationale Kooperationen zusammenführt.

Ein zentraler Bestandteil des MMAP ist die Förderung von Forschungsinitiativen, die darauf abzielen, die Auswirkungen des Klimawandels auf
marine Säugetiere besser zu verstehen. Dies umfasst die Erfassung von
Daten über Populationsdynamik, Habitatnutzung und die Auswirkungen
von Umweltstressoren. Auf dieser Grundlage können gezielte Schutzmaßnahmen entwickelt werden, um die Resilienz mariner Säugetiere zu stärken.
Darüber hinaus beinhaltet der MMAP auch Maßnahmen zur Verbesserung
der Meerespolitik und -verwaltung. Dazu gehören die Schaffung und
Durchsetzung von Schutzgebieten, die Regulierung von Fischereiaktivi-
täten und die Minimierung von Meeresverschmutzung. Die Integration
von Umwelt- und Klimafaktoren in die Entscheidungsfindung und Planung auf nationaler und internationaler Ebene ist entscheidend, um eine
nachhaltige Nutzung der Meeresressourcen zu gewährleisten und die
Lebensräume mariner Säugetiere zu schützen.
Ein weiterer wichtiger Aspekt des MMAP ist die Förderung der Zusammenarbeit zwischen verschiedenen Akteuren, einschließlich Regierungen, NGOs, der Wissenschaft und der Öffentlichkeit. Bildung und Öffentlichkeitsarbeit spielen eine entscheidende Rolle, um das Bewusstsein für
die Bedeutung des Schutzes mariner Säugetiere und ihrer Lebensräume
zu schärfen und um Unterstützung für politische Maßnahmen zu gewinnen.

Ad Hoc Working Group on the Durban Platform for Enhanced Action
Die Ad Hoc Working Group on the Durban Platform for Enhanced Action
(AWG-DP) wurde im Rahmen der 17. Conference of the Parties (COP 17)
der UN-Klimarahmenkonvention (UNFCCC) im Jahr 2011 ins Leben gerufen. Ihr Hauptziel war es, einen globalen Klimaübereinkommen zu entwickeln, das nach dem Ablauf des Kyoto-Protokolls im Jahr 2020 in Kraft
treten sollte. Der Name „Durban Platform" bezieht sich auf die Stadt Durban
in Südafrika, wo die COP 17 stattfand.
Die AWG-DP trat in einen Kontext ein, der von einer wachsenden Dringlichkeit geprägt war, die globalen Klimaziele zu erreichen und die Auswirkungen des Klimawandels zu mildern. Zu diesem Zeitpunkt war es
klar geworden, dass die bisherigen Maßnahmen zur Reduzierung von

Treibhausgasemissionen nicht ausreichten, um die globalen Temperaturerhöhungen auf unter 2 Grad Celsius im Vergleich zum vorindustriellen Niveau zu begrenzen. Die Gruppe hatte die Aufgabe, einen inklusiven Prozess zu fördern, der alle Länder – sowohl entwickelte als auch sich entwickelnde – in die Gestaltung der zukünftigen Klimapolitik einbezieht. Ein zentrales Element der Arbeit der AWG-DP war die Entwicklung eines neuen rechtlichen Rahmens für die globale Klimapolitik. Die Gruppe arbeitete an der Ausarbeitung der Elemente dieses neuen Abkommens, das im Jahr 2015 schließlich in Form des Pariser Abkommens verabschiedet wurde. Die Verhandlungen waren durch komplexe geopolitische Dynamiken geprägt, da unterschiedliche Länder unterschiedliche Interessen und Prioritäten hatten. Insbesondere die Frage der Verantwortung für historische Emissionen und die Finanzierung von Klimaanpassungs- und Mitigationsmaßnahmen stellte einen bedeutenden Streitpunkt dar.

Die AWG-DP spielte eine entscheidende Rolle in der Schaffung eines neuen Verständnisses von Klimagovernance, das auf einem Grundsatz der gemeinsamen, aber differenzierten Verantwortung basiert. Dies bedeutet, dass alle Länder zur Bekämpfung des Klimawandels beitragen müssen, jedoch in einem Maß, das ihren jeweiligen Ressourcen und Entwicklungsmöglichkeiten Rechnung trägt. Diese Herangehensweise war entscheidend, um eine breitere Akzeptanz für das zukünftige Abkommen zu gewährleisten und die Kluft zwischen entwickelten und sich entwickelnden Ländern zu überbrücken.

Ein weiterer wichtiger Aspekt der AWG-DP war die Integration von Klimaanpassungsstrategien und die Berücksichtigung von nichtstaatlichen Akteuren, einschließlich der Zivilgesellschaft und des Privatsektors. Diese Perspektive trug dazu bei, das Bewusstsein für die Notwendigkeit eines umfassenden Ansatzes zur Bekämpfung des Klimawandels zu schärfen, der über traditionelle staatliche Maßnahmen hinausgeht und lokale und regionale Initiativen einbezieht.

Die Arbeit der AWG-DP verdeutlichte die Herausforderungen und Möglichkeiten, die sich aus der globalen Klimagovernance ergeben. Sie war ein Beispiel dafür, wie multilaterale Verhandlungen dazu beitragen können, einen gemeinsamen Rahmen für den Umgang mit einer globalen Krise zu schaffen. Die von der AWG-DP initiierten Prozesse setzten den Grundstein für das Pariser Abkommen, das als Meilenstein in der internationalen Klimapolitik gilt und einen flexiblen, dynamischen und inklusiven Ansatz zur Reduzierung von Treibhausgasemissionen und zur Anpassung an den Klimawandel fördert.

African Convention on the Conservation of Nature and Natural Resources (dt. Afrikanisches Übereinkommen zur Erhaltung der Natur und natürlichen Ressourcen)

Das Afrikanische Übereinkommen zur Erhaltung der Natur und natürlichen Ressourcen, auch bekannt als das Afrikanische Naturübereinkommen, wurde 1968 in Algiers, Algerien, verabschiedet und trat 1997 in Kraft. Es stellt einen bedeutenden rechtlichen Rahmen für den Umweltschutz und die nachhaltige Nutzung natürlicher Ressourcen in Afrika dar. Das Übereinkommen wurde von der Organisation für Afrikanische Einheit (OAU) initiiert, die später zur Afrikanischen Union (AU) wurde. Es zielt darauf ab, die biologische Vielfalt, die Ökosysteme und die natürlichen Ressourcen des Kontinents zu schützen und zu erhalten, während gleichzeitig die sozialen und wirtschaftlichen Bedürfnisse der Bevölkerung berücksichtigt werden.

Im Kontext der Umwelt- und Klimagovernance spielt das Übereinkommen eine zentrale Rolle. Es fördert die Zusammenarbeit zwischen den afrikanischen Staaten in Fragen der Naturschutzpolitik, des Ressourcenmanagements und der nachhaltigen Entwicklung. Das Übereinkommen betont die Bedeutung eines integrierten Ansatzes, der die Wechselwirkungen zwischen Umwelt, Wirtschaft und Gesellschaft berücksichtigt. Dies ist besonders relevant in Anbetracht der Herausforderungen, die durch den Klimawandel, die Urbanisierung und den Druck auf natürliche Ressourcen entstehen.

Ein Hauptaugenmerk des Übereinkommens liegt auf der Förderung nachhaltiger Praktiken in der Landnutzung, der Bewirtschaftung von Wasserressourcen und der Erhaltung der Artenvielfalt. Es fordert die Vertragsstaaten auf, geeignete Gesetze und Vorschriften zu erlassen, um die Umwelt zu schützen und die Nutzung natürlicher Ressourcen zu regulieren. Dazu gehört auch die Förderung der wissenschaftlichen Forschung und der Überwachung von Umweltveränderungen, um fundierte Entscheidungen treffen zu können.

Die Umsetzung des Übereinkommens wird durch verschiedene Mechanismen unterstützt, darunter die Schaffung regionaler und nationaler Strategien zur Erhaltung der Natur. Die Rolle der Zivilgesellschaft und lokaler Gemeinschaften wird ebenfalls hervorgehoben, da deren Beteiligung entscheidend für den Erfolg von Naturschutzmaßnahmen ist. Diese partizipative Herangehensweise fördert das Bewusstsein für Umweltfragen und die Verantwortung für den Erhalt von Ökosystemen.

Im Hinblick auf die Klimagovernance ist das Afrikanische Übereinkommen ein wichtiger Baustein in den Bemühungen, den Klimawandel auf dem Kontinent zu bekämpfen. Es fördert die Anpassung an klimatische Veränderungen und die Minderung von Treibhausgasemissionen durch nachhaltige Landnutzungspraktiken und den Schutz von Wäldern und anderen natürlichen Kohlenstoffsenken. Zudem trägt das Übereinkommen zur Erreichung der Ziele der Agenda 2063 der Afrikanischen Union bei, die eine nachhaltige Entwicklung und den Schutz der natürlichen Ressourcen Afrikas in den Mittelpunkt stellt.

Alliance of Small Island States (dt. Allianz der kleinen Inselstaaten)
Die Alliance of Small Island States (AOSIS) ist eine intergouvernementale Organisation, die 1990 gegründet wurde und eine wichtige Rolle im Bereich der Umwelt- und Klimagovernance spielt. Die Gruppe besteht aus mehr als 40 kleinen Inselstaaten, die überwiegend im Karibischen Meer, im Pazifischen Ozean und im Indischen Ozean liegen. Diese Staaten haben aufgrund ihrer geographischen Lage und ihrer wirtschaftlichen Struktur spezifische Herausforderungen im Kontext des Klimawandels, darunter steigende Meeresspiegel, extreme Wetterereignisse und die Bedrohung von Biodiversität und Lebensgrundlagen.

Ein zentrales Anliegen der AOSIS ist die internationale Anerkennung und Berücksichtigung der besonderen vulnerablen Position kleiner Inselstaaten in den globalen Klimaverhandlungen. Diese Staaten sind oft die ersten, die die Auswirkungen des Klimawandels spüren, obwohl sie nur einen minimalen Anteil an den globalen Treibhausgasemissionen ausstoßen. Diese Diskrepanz hat die AOSIS dazu veranlasst, sich insbesondere für eine ambitionierte Klimapolitik und stärkere Maßnahmen zur Minderung der globalen Erwärmung einzusetzen.

Im Kontext der UN-Klimakonferenzen, insbesondere der Conference of the Parties (COP), hat AOSIS eine aktive Rolle gespielt. Die Organisation hat sich für die Einhaltung des 1,5-Grad-Ziels eingesetzt, das im Pariser Abkommen von 2015 festgelegt wurde. Dies ist besonders wichtig für kleine Inselstaaten, da selbst geringe Temperaturerhöhungen verheerende Auswirkungen auf ihre Existenz haben können. Die AOSIS hat auch die Bedeutung von Anpassungsstrategien und finanzieller Unterstützung für vulnerablere Staaten betont, um ihnen zu helfen, mit den bereits spürbaren Auswirkungen des Klimawandels umzugehen.

Ein weiterer Aspekt der AOSIS-Arbeit ist die Förderung nachhaltiger Entwicklung. Die Mitgliedstaaten setzen sich für eine integrierte Herangehensweise an Umwelt- und Entwicklungsfragen ein. Dies umfasst Initiativen zur Förderung erneuerbarer Energien, nachhaltiger Tourismusmodelle und der Erhaltung maritimer Ökosysteme, die für die wirtschaftliche Stabilität und das Überleben der Inselstaaten von entscheidender Bedeutung sind. Die AOSIS hat auch die Rolle der Wissenschaft in der Klimapolitik hervorgehoben. Durch die Zusammenarbeit mit Wissenschaftlern und Forschungseinrichtungen versucht die Organisation, evidenzbasierte Politikempfehlungen zu entwickeln, die auf den spezifischen Bedürfnissen und Herausforderungen kleiner Inselstaaten basieren.

Alpenkonvention

Die Alpenkonvention ist ein internationales Abkommen, das 1991 unterzeichnet wurde, um die nachhaltige Entwicklung und den Schutz der Alpenregion zu fördern. Sie stellt ein zentrales Instrument der Umwelt- und Klimagovernance in den Alpen dar und umfasst eine Vielzahl von Staaten, die an den Alpen beteiligt sind, darunter Deutschland, Österreich, die

Schweiz, Italien, Frankreich und Slowenien. Die Konvention verfolgt das Ziel, die einzigartigen ökologischen, kulturellen und wirtschaftlichen Werte der Alpen zu bewahren und gleichzeitig den Herausforderungen des Klimawandels und der globalen Umweltveränderungen zu begegnen.

Ein zentrales Element der Alpenkonvention ist der Ansatz der integrierten Raumplanung und der nachhaltigen Entwicklung. Die Konvention fördert eine kooperative Governance-Struktur, die es den beteiligten Ländern ermöglicht, gemeinsame Strategien zu entwickeln und umzusetzen. Dies geschieht durch die Schaffung von Protokollen, die spezifische Themen wie den Schutz der Natur, die Förderung einer nachhaltigen Landwirtschaft, den Tourismus und den Verkehr abdecken. Diese Protokolle sind darauf ausgelegt, die umweltpolitischen Ziele der Konvention in konkrete Maßnahmen umzusetzen.

Im Kontext der Umwelt- und Klimagovernance spielt die Alpenkonvention eine entscheidende Rolle bei der Anpassung an den Klimawandel. Die Alpenregion ist besonders anfällig für die Auswirkungen des Klimawandels, einschließlich steigender Temperaturen, schmelzender Gletscher und veränderter Niederschlagsmuster. Diese Veränderungen haben nicht nur ökologische, sondern auch erhebliche soziale und wirtschaftliche Auswirkungen, insbesondere auf die Landwirtschaft, den Tourismus und die Wasserversorgung.

Die Alpenkonvention hat daher Initiativen ins Leben gerufen, die sich auf die Anpassung an den Klimawandel konzentrieren. Dazu gehören Projekte zur Förderung der Resilienz von Ökosystemen, die Entwicklung von Strategien zur Verringerung von Risiken in Bezug auf Naturkatastrophen und die Förderung nachhaltiger Praktiken in der Landwirtschaft und im Tourismus. Ein Beispiel für solche Projekte ist das „AlpAdapt"-Projekt, das darauf abzielt, adaptive Maßnahmen in der Alpenregion zu identifizieren und zu implementieren, um die Widerstandsfähigkeit gegenüber den Klimaauswirkungen zu stärken.

Darüber hinaus hat die Alpenkonvention auch eine wichtige Funktion in der Förderung des interdisziplinären Dialogs zwischen Politik, Wissenschaft und Zivilgesellschaft. Durch den Austausch von Wissen und

Erfahrungen wird ein besseres Verständnis für die komplexen Herausforderungen der Umwelt- und Klimagovernance in den Alpen geschaffen. Die Konvention dient als Plattform für den Austausch bewährter Praktiken und fördert die Zusammenarbeit zwischen verschiedenen Akteuren, die in der Alpenregion tätig sind.

Anstieg der Erdoberflächentemperatur und deren Auswirkungen auf das globale Klima und Umwelt

Der Anstieg der Erdoberflächentemperatur ist eines der drängendsten Probleme, mit denen die Menschheit im 21. Jahrhundert konfrontiert ist. Seit Beginn der industriellen Revolution hat die durchschnittliche globale Temperatur um etwa 1,2 °C zugenommen, was vor allem auf den Anstieg von Treibhausgasemissionen zurückzuführen ist, die durch menschliche Aktivitäten wie fossile Brennstoffverbrennung, Abholzung und industrielle Prozesse verursacht werden. Diese Temperaturerhöhung hat weitreichende Auswirkungen auf das globale Klima und die Umwelt.

Ein direktes Ergebnis des Temperaturanstiegs ist die Veränderung der Klimamuster. Extreme Wetterereignisse wie Hitzewellen, Dürren, starke Regenfälle und Stürme nehmen sowohl in Häufigkeit als auch in Intensität zu. Diese Veränderungen haben gravierende Auswirkungen auf landwirtschaftliche Erträge, Wasserressourcen und Biodiversität. Insbesondere in tropischen und subtropischen Regionen sind viele Gemeinschaften gefährdet, da sie stark von klimatischen Bedingungen abhängen. Der Anstieg des Meeresspiegels, bedingt durch das Schmelzen der Polkappen und Gletscher sowie die thermische Ausdehnung des Wassers, bedroht Küstenregionen und Inselstaaten und führt zu massiven Umsiedlungen und Verlusten von Lebensräumen.

Die Auswirkungen des Klimawandels auf die Umwelt sind zudem tiefgreifend. Ökosysteme stehen unter Druck, da sich die Lebensräume der Arten aufgrund der veränderten klimatischen Bedingungen verschieben. Viele Arten sind nicht in der Lage, sich schnell genug anzupassen oder neue Lebensräume zu finden, was zu einem Anstieg der Artensterben führt. Die Versauerung der Ozeane, verursacht durch die erhöhte CO_2-

Absorption, beeinflusst marine Ökosysteme und insbesondere Korallenriffe, die empfindliche Lebensräume beherbergen.

Im Kontext der Umwelt- und Klimagovernance wird deutlich, dass die Herausforderungen des Klimawandels ein koordiniertes und umfassendes Handeln erfordern. Internationale Abkommen wie das Pariser Abkommen zielen darauf ab, die globalen Temperaturen auf unter 2 °C über dem vorindustriellen Niveau zu halten und die Bemühungen für eine Begrenzung auf 1,5 °C zu verstärken. Diese Vereinbarungen sind jedoch nur so wirksam wie die nationale und lokale Umsetzung. Staaten müssen ehrgeizige Klimaziele setzen, nachhaltige Energiequellen fördern und Maßnahmen zur Anpassung an den Klimawandel entwickeln.

Ein zentraler Aspekt der Klimagovernance ist die Einbeziehung aller Stakeholder, einschließlich der Zivilgesellschaft, der Privatwirtschaft und indigener Gemeinschaften. Diese Gruppen bringen unterschiedliche Perspektiven und Kenntnisse ein, die für die Entwicklung effektiver Strategien zur Minderung und Anpassung an den Klimawandel unerlässlich sind. Zudem ist die Finanzierung von Klimaschutzmaßnahmen und die Unterstützung von Entwicklungsländern entscheidend, um globale Ungleichheiten zu beseitigen und eine gerechte Übergang zu einer kohlenstoffarmen Wirtschaft zu gewährleisten.

Anstieg des Meeresspiegels und deren Auswirkungen auf das globale Klima und Umwelt

Der Anstieg des Meeresspiegels stellt eine der gravierendsten Herausforderungen des 21. Jahrhunderts dar, die eng mit dem globalen Klimawandel und dessen weitreichenden Auswirkungen auf die Umwelt verknüpft ist. Der Meeresspiegelanstieg ist primär das Ergebnis zwei physikalischer Prozesse, die durch die Erderwärmung bedingt sind: die thermische Expansion von Wasser und das Abschmelzen von Gletschern sowie polaren Eiskappen. Diese Prozesse sind direkt mit der Erhöhung der globalen Durchschnittstemperaturen verbunden, die durch Treibhausgasemissionen aus menschlichen Aktivitäten verursacht wird.

Die thermische Expansion tritt auf, wenn sich Wasser mit steigenden Temperaturen ausdehnt. Gleichzeitig tragen das Abschmelzen von Grönland und der Antarktis sowie das Schmelzen von Gebirgsgletschern zur Erhöhung des Meeresspiegels bei. Schätzungen zufolge könnte der Meeresspiegel bis zum Ende des 21. Jahrhunderts um 0,5 bis 2 Meter ansteigen, abhängig von den zukünftigen Emissionen und der globalen Temperaturentwicklung. Diese Veränderungen haben nicht nur physische Auswirkungen auf Küstengebiete, sondern auch gravierende soziale und wirtschaftliche Folgen.

Die Auswirkungen des Meeresspiegelanstiegs sind vielfältig. Küstenregionen, die dicht besiedelt sind und wirtschaftlich stark von Fischerei, Tourismus und Landwirtschaft abhängen, sind besonders gefährdet. Überflutungen, Küstenerosion und das Eindringen von Salzwasser in Grundwasserressourcen können die Lebensgrundlagen von Millionen von Menschen gefährden. Zudem sind viele niedriggelegene Inselstaaten und Küstenstädte wie Jakarta, Miami und New Orleans besonders anfällig, was zu potenziellen Migrationsbewegungen und sozialen Konflikten führen könnte.

Im Kontext der Umwelt- und Klimagovernance sind die Herausforderungen des Meeresspiegelanstiegs besonders bedeutsam. Effektive Governance-Strategien sind erforderlich, um die Anpassungsfähigkeit von Gemeinschaften zu erhöhen und die Resilienz gegenüber den Folgen des Klimawandels zu stärken. Dies umfasst Maßnahmen wie den Ausbau von Küstenschutzanlagen, die Entwicklung nachhaltiger Stadtplanung sowie die Implementierung von Frühwarnsystemen für extreme Wetterereignisse.

Auf internationaler Ebene sind Abkommen wie das Pariser Abkommen von 2015 von zentraler Bedeutung, um die globalen Treibhausgasemissionen zu reduzieren und die Erderwärmung auf unter 2 Grad Celsius zu begrenzen. Die erfolgreiche Umsetzung solcher Abkommen hängt jedoch von der Zusammenarbeit zwischen Staaten, der Einbindung von Nichtregierungsorganisationen und der Unterstützung von lokalen Gemeinschaften ab. Zudem sind finanzielle Mittel und technologische Innovationen notwendig, um Anpassungsstrategien in besonders betroffenen Regionen zu realisieren.

Antarktisvertrag

Der Antarktisvertrag, der 1961 in Kraft trat, stellt einen der bedeutendsten internationalen rechtlichen Rahmenbedingungen für den Schutz der Antarktis dar und spielt eine entscheidende Rolle im Kontext der Umwelt- und Klimagovernance. Der Vertrag wurde ursprünglich von 12 Staaten unterzeichnet, die während des Kalten Krieges ein Interesse an der Erforschung und Nutzung des Kontinents hatten. Heute haben mehr als 50 Länder den Vertrag ratifiziert, was seine globale Relevanz unterstreicht.

Der Antarktisvertrag verfolgt mehrere zentrale Ziele, die eng mit Umwelt- und Klimafragen verknüpft sind. Erstens legt er fest, dass die Antarktis ausschließlich für friedliche Zwecke genutzt werden darf, was militärische Aktivitäten und atomare Tests ausschließt. Dadurch wird ein stabiler Rahmen geschaffen, der die Zusammenarbeit zwischen den Nationen fördert und Konflikte vermeidet. Zweitens erkennt der Vertrag die Bedeutung der wissenschaftlichen Forschung an und fördert die internationale Kooperation in der Antarktisforschung. Dies ist besonders relevant, da viele klimatische und ökologische Prozesse in der Antarktis globale Auswirkungen haben.

Im Kontext der Umweltgovernance hat der Antarktisvertrag zur Schaffung weiterer Abkommen geführt, die spezifische Umweltaspekte regeln. Dazu gehört das Protokoll über den Schutz der Umwelt in der Antarktis, das 1991 in Kraft trat und umfassende Regelungen zum Schutz der Ökosysteme des Kontinents enthält. Dieses Protokoll legt strenge Richtlinien für die Durchführung von Forschungsprojekten und die Minimierung von Umweltauswirkungen fest. Es verbietet unter anderem die mineralische Rohstoffexploration und -ausbeutung, was einen bedeutenden Schritt in Richtung nachhaltiger Umweltpolitik darstellt.

Die Antarktis spielt eine Schlüsselrolle im globalen Klimasystem. Sie ist ein wichtiger Indikator für den Klimawandel, da die Veränderungen in den Eisschichten und der Meeresumwelt weitreichende Auswirkungen auf den globalen Meeresspiegel und das Klima haben. Die Erwärmung der Antarktis und das Schmelzen der Eiskappen sind eng mit den globalen Treibhausgasemissionen verknüpft. Daher die Antarktis nicht nur ein isolierter Kontinent, sondern ein kritischer Akteur im globalen Klimasystem.

Die internationale Gemeinschaft erkennt zunehmend, dass der Schutz der Antarktis und ihrer Umwelt für die Bewältigung der globalen Klimakrise von entscheidender Bedeutung ist. Der Antarktisvertrag und seine nachfolgenden Protokolle und Abkommen bieten ein Modell für internationale Zusammenarbeit in Fragen des Umweltschutzes und der Klimagovernance. Sie zeigen, wie multilaterale Vereinbarungen dazu beitragen können, gemeinsame Herausforderungen zu bewältigen und nachhaltige Entwicklungsziele zu fördern.

Anthropozän

Das Anthropozän ist ein geologischer Begriff, der die gegenwärtige Epoche bezeichnet, in der menschliche Aktivitäten signifikante und oft irreversible Auswirkungen auf die Erde und ihre Systeme haben. Diese Epoche wird häufig durch den Einfluss des Menschen auf die Umwelt charakterisiert, der in Form von Klimawandel, Verlust der Biodiversität, Landnutzungsänderungen, Verschmutzung und anderen ökologischen Herausforderungen manifestiert wird. Die Diskussion um das Anthropozän ist nicht nur geologisch relevant, sondern hat auch weitreichende Implikationen für die Umwelt- und Klimagovernance.

Im Kontext der Umwelt- und Klimagovernance stellt das Anthropozän eine Herausforderung dar, die sowohl neue Governance-Ansätze als auch eine kritische Neubewertung bestehender Politiken erfordert. Die traditionelle Umweltpolitik, die oft auf nationale Grenzen und kurzfristige Ziele ausgerichtet ist, reicht nicht mehr aus, um die komplexen und globalen Herausforderungen des Anthropozäns zu bewältigen. Der Klimawandel beispielsweise ist ein transnationales Problem, das kollektive Anstrengungen und multilaterale Abkommen erfordert, um wirksam angegangen zu werden.

Ein zentraler Aspekt der Governance im Anthropozän ist die Notwendigkeit, interdisziplinäre Ansätze zu verfolgen. Die Integration von Wissenschaft, Politik, Wirtschaft und Gesellschaft ist unerlässlich, um ganzheitliche

Lösungen zu entwickeln. Dies beinhaltet die Berücksichtigung der sozialen und ökologischen Dimensionen von Governance, um Gerechtigkeit, Fairness und Nachhaltigkeit in den Mittelpunkt der Entscheidungsprozesse zu stellen. Zum Beispiel müssen die Auswirkungen von Klimaschutzmaßnahmen auf verschiedene Bevölkerungsgruppen berücksichtigt werden, um sicherzustellen, dass vulnerable Gemeinschaften nicht übermäßig belastet werden.

Darüber hinaus erfordert die Governance im Anthropozän ein Umdenken hinsichtlich der Verantwortung und der ethischen Implikationen menschlichen Handelns. Konzepte wie „planetare Grenzen" und „ökologische Fußabdrücke" verdeutlichen, dass das menschliche Handeln innerhalb bestimmter ökologischer Grenzen stattfinden muss, um das Überleben der Erde und ihrer Ökosysteme zu sichern. Hierbei kommt der Bildung und dem Bewusstsein der Bevölkerung eine Schlüsselrolle zu, da informierte Bürgerinnen und Bürger eher bereit sind, nachhaltige Praktiken zu unterstützen und sich aktiv an Entscheidungsprozessen zu beteiligen.

Ein weiteres wichtiges Element der Umwelt- und Klimagovernance im Anthropozän ist die Rolle von Innovation und Technologie. Technologische Lösungen, wie erneuerbare Energien, nachhaltige Landwirtschaft und CO_2-Abscheidung, bieten Potenzial zur Minderung der menschlichen Auswirkungen auf die Umwelt. Allerdings müssen diese Technologien auch verantwortungsbewusst eingesetzt und in die bestehenden Governance-Strukturen integriert werden, um unbeabsichtigte negative Folgen zu vermeiden.

Schließlich ist die globale Zusammenarbeit unerlässlich, um die Herausforderungen des Anthropozäns zu bewältigen. Abkommen wie das Pariser Klimaabkommen sind Schritte in die richtige Richtung, jedoch müssen sie durch klare Maßnahmen und Verpflichtungen auf nationaler und lokaler Ebene ergänzt werden. Das Anthropozän erfordert ein Umdenken in der Art und Weise, wie Länder miteinander interagieren und wie sie gemeinsame Lösungen entwickeln, die sowohl ökologische als auch soziale Nachhaltigkeit fördern.

Asian Convention on the Conservation of Nature and Natural Resources (dt. Asiatisches Übereinkommen zur Erhaltung der gefährdeten wildlebenden Tiere und Pflanzen)

Das Asiatische Übereinkommen zur Erhaltung der gefährdeten wildlebenden Tiere und Pflanzen, offiziell bekannt als die „Asian Convention on the Conservation of Nature and Natural Resources", ist ein bedeutendes internationales Abkommen, das 1985 in Jakarta, Indonesien, verabschiedet wurde. Diese Konvention zielt darauf ab, die biologische Vielfalt in Asien zu schützen und die nachhaltige Nutzung natürlicher Ressourcen zu fördern. Sie ist ein zentraler Bestandteil der regionalen Umwelt- und Klimagovernance und stellt einen Rahmen für die Zusammenarbeit zwischen den Mitgliedsstaaten dar.

Im Kontext der Umwelt- und Klimagovernance spielt die Konvention eine entscheidende Rolle, da sie die Notwendigkeit betont, die Erhaltung der natürlichen Ressourcen mit der Bekämpfung des Klimawandels zu verbinden. Die Konvention erkennt an, dass der Verlust an Biodiversität und die Klimakrise eng miteinander verwoben sind. Zum Beispiel tragen intakte Ökosysteme wie Wälder, Feuchtgebiete und Korallenriffe wesentlich zur Kohlenstoffbindung bei und regulieren das lokale und globale Klima. Daher ist die Erhaltung dieser Ökosysteme nicht nur eine Frage des Naturschutzes, sondern auch eine dringliche Notwendigkeit im Rahmen der Klimaanpassung und -minderung.

Die Konvention fördert die Zusammenarbeit zwischen den asiatischen Staaten, um Technologien und bewährte Praktiken auszutauschen, die auf eine nachhaltige Nutzung natürlicher Ressourcen abzielen. Sie ermutigt die Mitgliedsstaaten, nationale Strategien zur Erhaltung der Biodiversität zu entwickeln und umzusetzen, die auch Maßnahmen zur Bekämpfung des Klimawandels beinhalten. Dies umfasst unter anderem die Einrichtung von Schutzgebieten, die Wiederherstellung degradierten Landes und die Förderung nachhaltiger landwirtschaftlicher Praktiken.

Des Weiteren betont die Konvention die Bedeutung der Einbeziehung indigener Gemeinschaften und lokaler Bevölkerung in den Entscheidungsprozess zur Ressourcennutzung und zum Naturschutz. Diese Gemeinschaften besitzen oft traditionelles Wissen über lokale Ökosysteme und sind wichtige Akteure im Schutz der Biodiversität. Ihre Einbindung ist entscheidend für die Entwicklung von Strategien, die sowohl ökologische als auch soziale Nachhaltigkeit gewährleisten.

Asia-Pacific Partnership on Clean Development and Climate (dt. Asiatisch-Pazifische Partnerschaft für saubere Entwicklung und Klima)

Die Asiatisch-Pazifische Partnerschaft für saubere Entwicklung und Klima (APPCDC), die 2005 ins Leben gerufen wurde, ist ein multilaterales Forum, das sich auf die Förderung von umweltfreundlichen Technologien und nachhaltigen Entwicklungsstrategien in der asiatisch-pazifischen Region konzentriert. Diese Partnerschaft wurde als Reaktion auf die Herausforderungen des Klimawandels und der Umweltverschmutzung gegründet und verfolgt das Ziel, eine Plattform für den Austausch von Wissen, Technologien und Best Practices zu schaffen.

Im Kontext der Umwelt- und Klimagovernance spielt die APPCDC eine wichtige Rolle, da sie sich auf die Zusammenarbeit zwischen Staaten, privaten Akteuren, internationalen Organisationen und der Zivilgesellschaft stützt. Diese multi-stakeholderbasierte Herangehensweise ist entscheidend für die effektive Umsetzung von Strategien zur Minderung der Treibhausgasemissionen und zur Anpassung an die Auswirkungen des Klimawandels. Die Partnerschaft umfasst mehrere Schlüsselaspekte:

Technologischer Austausch: Die APPCDC fördert den Austausch fortschrittlicher Technologien, die zur Reduzierung der Kohlenstoffemissionen beitragen können. Dies umfasst erneuerbare Energien, Energieeffizienzmaßnahmen und innovative Ansätze zur Abfallbewirtschaftung. Der Zugang zu sauberer Technologie ist entscheidend für die Entwicklungsländer in der Region, die oft über begrenzte Ressourcen verfügen.

Politische Zusammenarbeit: Die Partnerschaft ermöglicht es den Mitgliedstaaten, politische Strategien zu entwickeln, die den lokalen Gegebenheiten Rechnung tragen und gleichzeitig internationale Verpflichtungen erfüllen. Dies kann durch den Austausch bewährter Praktiken und durch die Entwicklung gemeinsamer Standards geschehen, die die Umsetzung von Klimazielen unterstützen.

Finanzierung und Investitionen: Ein weiterer zentraler Aspekt der APPCDC ist die Mobilisierung von Finanzmitteln für Projekte und Initiativen im Bereich der sauberen Entwicklung. Die Partnerschaft arbeitet daran, private Investitionen zu fördern und öffentliche Mittel effizient zu nutzen, um nachhaltige Projekte zu realisieren.

Kapazitätsaufbau: Die APPCDC legt großen Wert auf den Kapazitätsaufbau in den Mitgliedstaaten, um deren Fähigkeiten zur Planung und Umsetzung umweltfreundlicher Maßnahmen zu stärken. Schulungsprogramme und Workshops sind Teil dieser Bemühungen, um sicherzustellen, dass politische Entscheidungsträger und Fachkräfte über das notwendige Wissen und die Fähigkeiten verfügen.

Monitoring und Evaluierung: Die Effektivität der Maßnahmen und Projekte wird durch kontinuierliches Monitoring und Evaluierung sichergestellt. Die APPCDC fördert die Entwicklung von Indikatoren, die es ermöglichen, den Fortschritt zu messen und gegebenenfalls Anpassungen in der Strategie vorzunehmen.

Bamako-Konvention

Die Bamako-Konvention, offiziell als „Übereinkommen über die Kontrolle der grenzüberschreitenden Bewegungen gefährlicher Abfälle und deren Entsorgung in Afrika" bekannt, wurde 1991 in Bamako, Mali, verabschiedet. Sie ist ein wichtiger rechtlicher Rahmen für den Umgang mit gefährlichen Abfällen in Afrika und stellt einen bedeutenden Beitrag zur Umwelt- und Klimagovernance auf dem Kontinent dar. Die Konvention wurde als Reaktion auf die wachsenden Besorgnisse über die unkontrollierte Entsorgung gefährlicher Abfälle, die oft aus Industrieländern in Entwicklungsländer transportiert wurden, ins Leben gerufen.

Ein zentrales Anliegen der Bamako-Konvention ist der Schutz der menschlichen Gesundheit und der Umwelt vor den schädlichen Auswirkungen gefährlicher Abfälle. Die Konvention verbietet grundsätzlich die Einfuhr gefährlicher Abfälle in die afrikanischen Staaten, was einen klaren Standpunkt gegen die Praxis der Abfallverschmutzung darstellt, die in vielen Fällen durch wirtschaftlich motivierte Exportstrategien von Industrienationen vorangetrieben wird. Damit wird nicht nur der Schutz der Umwelt gefördert, sondern auch die soziale Gerechtigkeit gestärkt, da vulnerablen Gemeinschaften, die häufig die Hauptlast der Abfallentsorgung tragen, ein gewisser Schutz gewährt wird.

In Bezug auf Umwelt- und Klimagovernance spielt die Bamako-Konvention eine entscheidende Rolle, indem sie einen integrativen Ansatz zur Bekämpfung von Umweltverschmutzung und zum Schutz natürlicher Ressourcen fördert. Die Konvention fordert die Vertragsstaaten auf, nationale Strategien zur Abfallbewirtschaftung zu entwickeln, die auf nachhaltige Entwicklung abzielen. Dies umfasst unter anderem die Förderung von Recycling, die Reduzierung von Abfall und die Implementierung umweltfreundlicher Technologien.

Ein weiterer bedeutender Aspekt der Bamako-Konvention ist ihre Verbindung zu internationalen Abkommen, insbesondere zur Basler Konvention über die Kontrolle der grenzüberschreitenden Bewegung gefährlicher Abfälle und deren Entsorgung. Während die Basler Konvention einen globalen Rahmen bietet, der sich auf die Reduzierung und Kontrolle gefährlicher Abfälle konzentriert, geht die Bamako-Konvention einen Schritt weiter, indem sie spezifisch für den afrikanischen Kontext entwickelt wurde und lokale Gegebenheiten sowie die besonderen Herausforderungen und Bedürfnisse der afrikanischen Staaten berücksichtigt.

Im Kontext der Klimagovernance trägt die Bamako-Konvention indirekt zur Bekämpfung des Klimawandels bei, indem sie die Abfallbewirtschaftung als Teil einer umfassenderen Strategie zur Verringerung von Treibhausgasemissionen betrachtet. Eine effiziente und umweltgerechte Abfallbewirtschaftung kann die Methanemissionen aus Deponien reduzieren und die Ressourcenverschwendung minimieren, was letztlich zu einer nachhaltigeren und klimafreundlicheren Entwicklung führt.

BASIC-Staaten

Die BASIC-Staaten, ein Akronym für Brasilien, Südafrika, Indien und China, spielen eine entscheidende Rolle im globalen Kontext der Umwelt-

und Klimagovernance. Diese Länder repräsentieren eine bedeutende Gruppe von Schwellenländern, die sowohl wirtschaftlich als auch politisch an Einfluss gewonnen haben und somit eine Schlüsselposition in den Verhandlungen über Klimaschutz und nachhaltige Entwicklung einnehmen.

Im Rahmen der Klimagovernance stehen die BASIC-Staaten vor der Herausforderung, ihre wirtschaftliche Entwicklung mit den Anforderungen des Klimaschutzes in Einklang zu bringen. Diese Länder haben in den letzten Jahrzehnten ein signifikantes Wirtschaftswachstum erlebt, was oft mit einer erhöhten Energieproduktion und einem Anstieg der Treibhausgasemissionen einherging. Insbesondere China und Indien, die beiden bevölkerungsreichsten Länder der Welt, sind große Emittenten von Kohlenstoffdioxid und anderen Treibhausgasen, was ihre Rolle in internationalen Klimaverhandlungen besonders komplex macht.

Die BASIC-Staaten haben sich in verschiedenen internationalen Foren, wie der UN-Klimakonferenz (COP) und dem Pariser Abkommen, zusammengefunden, um gemeinsame Interessen zu vertreten und auf die spezifischen Bedürfnisse von Schwellenländern hinzuweisen. Diese Länder betonen häufig die Notwendigkeit von finanzieller Unterstützung und technologischer Zusammenarbeit, um die Herausforderungen des Klimawandels zu bewältigen, ohne die wirtschaftliche Entwicklung zu gefährden. Ihre Positionen in den Verhandlungen sind oft geprägt von dem Argument, dass historische Emissionen und die Verantwortung für den Klimawandel nicht gleichmäßig verteilt sind. Die BASIC-Staaten fordern daher eine differenzierte Verantwortung, die die unterschiedlichen Entwicklungsstände und Kapazitäten der Länder berücksichtigt.

Ein weiterer wichtiger Aspekt der Umwelt- und Klimagovernance in Bezug auf die BASIC-Staaten ist die Notwendigkeit, lokale und nationale Politiken zu entwickeln, die den globalen Zielen gerecht werden. Hierbei kommen innovative Ansätze zur Förderung erneuerbarer Energien, zur Verbesserung der Energieeffizienz und zur Umsetzung nachhaltiger landwirtschaftlicher Praktiken ins Spiel. Brasilien beispielsweise hat durch seine Programme zur Aufforstung und nachhaltigen Landnutzung versucht, seine CO2-Emissionen zu reduzieren, während Indien erhebliche

Fortschritte im Bereich erneuerbare Energien, insbesondere Solarenergie, gemacht hat.

Zusätzlich zur technologischen und finanziellen Dimension spielt auch die soziale Gerechtigkeit eine zentrale Rolle in der Umwelt- und Klimagovernance der BASIC-Staaten. Viele dieser Länder haben eine große Anzahl von Menschen, die in Armut leben und direkt von den Auswirkungen des Klimawandels betroffen sind. Daher ist es von entscheidender Bedeutung, dass Klimaschutzmaßnahmen auch soziale und wirtschaftliche Vorteile für benachteiligte Bevölkerungsgruppen schaffen.

Bern Convention on the Conservation of European Wildlife and Natural Habitats (dt. Übereinkommen über die Erhaltung der europäischen wildlebenden Pflanzen und Tiere und ihrer natürlichen Lebensräume)

Das Bern-Übereinkommen über die Erhaltung der europäischen wildlebenden Pflanzen und Tiere und ihrer natürlichen Lebensräume, auch bekannt als Bern Convention, wurde 1979 in Bern, Schweiz, verabschiedet. Es stellt eines der ersten internationalen Abkommen dar, das sich zum Ziel gesetzt hat, die biologische Vielfalt in Europa zu schützen und die Erhaltung von Wildpflanzen und -tieren sowie ihrer Lebensräume zu fördern. Dieses Abkommen ist von großer Bedeutung im Kontext der Umwelt- und Klimagovernance, da es nicht nur den Schutz von Arten und Lebensräumen in Europa regelt, sondern auch weitreichende Rahmenbedingungen für die nachhaltige Nutzung und den Erhalt der natürlichen Ressourcen schafft.

Das Bern-Übereinkommen umfasst mehrere zentrale Aspekte. Zunächst verpflichtet es die Vertragsparteien, geeignete Maßnahmen zu ergreifen, um gefährdete Arten und Lebensräume zu schützen. Dies geschieht durch die Identifizierung von geschützten Gebieten, die Erarbeitung von Schutzmaßnahmen und die Förderung von Bewusstseinsbildung und Bildung in Bezug auf den Naturschutz. Besonders wichtig ist die Anhörung der Öffentlichkeit und die Einbeziehung von lokalen Gemeinschaften, was die Akzeptanz und Wirksamkeit von Naturschutzmaßnahmen erhöht.

Ein weiterer signifikanter Aspekt des Bern-Übereinkommens ist das Konzept der „Biologischen Vielfalt" im Kontext des Klimawandels. Die Veränderungen im Klima haben direkte Auswirkungen auf die Lebensräume und das Überleben von Arten. Durch den Schutz von Lebensräumen und die Wiederherstellung von Ökosystemen trägt das Bern-Übereinkommen nicht nur zur Erhaltung der Biodiversität bei, sondern wirkt auch der Erderwärmung entgegen, indem es die Kohlenstoffspeicherung in Wäldern, Mooren und anderen natürlichen Ökosystemen fördert. In diesem Sinne ist die Convention ein integraler Bestandteil der internationalen Klimagovernance, da sie Maßnahmen unterstützt, die sowohl der Biodiversität als auch dem Klimaschutz dienen.

Die Umsetzung des Bern-Übereinkommens erfolgt durch regelmäßige Berichterstattung der Vertragsparteien über die Fortschritte im Naturschutz, die Organisation von Konferenzen und die Entwicklung von Aktionsplänen. Zudem gibt es Mechanismen zur Überprüfung und Bewertung der Effektivität der Schutzmaßnahmen, die eine kontinuierliche Verbesserung der Strategien zur Erhaltung der biologischen Vielfalt ermöglichen. Im Kontext der aktuellen globalen Herausforderungen wie dem Verlust der biologischen Vielfalt und den Auswirkungen des Klimawandels zeigt das Bern-Übereinkommen, wie wichtig internationale Kooperation und rechtliche Rahmenbedingungen für den Naturschutz sind. Es dient als Modell für ähnliche Abkommen weltweit und unterstreicht die Notwendigkeit, Umwelt- und Klimagovernance ganzheitlich zu betrachten. Der Schutz der Biodiversität und die Bekämpfung des Klimawandels sind untrennbar miteinander verbunden und erfordern koordinierte Anstrengungen auf lokaler, nationaler und internationaler Ebene.

Biodiversität

Biodiversität, definiert als die Vielfalt des Lebens auf der Erde, umfasst die genetische Vielfalt innerhalb von Arten, die Artenvielfalt selbst sowie die Vielfalt der Ökosysteme. Sie spielt eine entscheidende Rolle für das Funktionieren von Ökosystemen und deren Fähigkeit, Dienstleistungen bereitzustellen, die für das menschliche Überleben unerlässlich sind, wie

Nahrungsprodukton, Wasserfiltration, Kohlenstoffspeicherung und die Regulierung von Klima und Wetter. Die Erhaltung der Biodiversität ist daher nicht nur ein ökologisches, sondern auch ein soziales und ökonomisches Anliegen.

Im Kontext der Umwelt- und Klimagovernance wird die Biodiversität zunehmend als ein integraler Bestandteil der nachhaltigen Entwicklung betrachtet. Der Verlust an Biodiversität, der durch anthropogene Aktivitäten wie Habitatzerstörung, Übernutzung, invasive Arten und Klimawandel vorangetrieben wird, hat weitreichende Folgen für die Stabilität und Resilienz von Ökosystemen. Der Klimawandel, insbesondere, beeinflusst Biodiversität durch veränderte Lebensräume, veränderte klimatische Bedingungen und extreme Wetterereignisse. Diese Veränderungen können zu Artensterben und einer Abnahme der genetischen Diversität führen, was wiederum die Anpassungsfähigkeit von Ökosystemen an zukünftige Veränderungen einschränkt.

Die Governance-Ansätze zur Bekämpfung des Verlustes an Biodiversität sind vielschichtig und erfordern ein Zusammenspiel von verschiedenen Akteuren, darunter Regierungen, internationale Organisationen, NGOs und die Zivilgesellschaft. Globale Abkommen wie das Übereinkommen über die biologische Vielfalt (CBD) und das Pariser Abkommen über Klimaschutz sind Beispiele für multilaterale Initiativen, die darauf abzielen, Biodiversität und Klimaschutz in einem integrierten Rahmen zu fördern. Diese Abkommen betonen die Notwendigkeit einer synergetischen Ansprache, da Biodiversität und Klimawandel eng miteinander verknüpft sind.

Ein zentraler Bestandteil der Umwelt- und Klimagovernance ist die Implementierung von Politiken, die sowohl den Schutz der Biodiversität als auch die Minderung von Treibhausgasemissionen fördern. Dazu zählen die Förderung nachhaltiger Landnutzungspraktiken, der Schutz und die Wiederherstellung von Ökosystemen sowie die Schaffung von Schutzgebieten. Solche Maßnahmen tragen nicht nur zur Erhaltung der Biodiversität bei, sondern können auch zur Kohlenstoffbindung und zur Minderung der Auswirkungen des Klimawandels beitragen.

Zusätzlich ist die Einbeziehung von indigenem Wissen und lokalen Gemeinschaften in die Entscheidungsfindung ein wichtiger Aspekt der effektiven Governance. Traditionelle Praktiken und ein tiefes Verständnis der lokalen Biodiversität können entscheidende Ansätze zur Anpassung an den Klimawandel und zur Förderung der Resilienz von Ökosystemen und Gemeinschaften bieten.

Biosphäre

Die Biosphäre umfasst alle lebenden Organismen auf der Erde sowie die ökologischen Systeme, in denen sie interagieren. Sie ist das Ergebnis von Milliarden Jahren evolutionärer Prozesse und spielt eine entscheidende Rolle in den globalen biogeochemischen Kreisläufen, die das Klima und die Umweltbedingungen auf unserem Planeten regulieren. In den letzten Jahrzehnten hat der Mensch durch seine Aktivitäten, wie industrielle Produktion, Urbanisierung und Landwirtschaft, erhebliche Veränderungen in der Biosphäre herbeigeführt. Diese Veränderungen haben nicht nur Auswirkungen auf die Biodiversität, sondern auch auf die Klimastabilität und die ökologischen Funktionen der Erde.

Im Kontext der Umwelt- und Klimagovernance ist die Biosphäre ein zentrales Element, da sie die Grundlage für viele Governance-Strategien bildet, die darauf abzielen, die negativen Auswirkungen menschlichen Handelns auf die Umwelt zu minimieren. Umwelt- und Klimagovernance bezieht sich auf die politischen und institutionellen Rahmenbedingungen, die entwickelt werden, um umweltpolitische Ziele zu erreichen und den Klimawandel zu bekämpfen. Dies geschieht häufig durch internationale Abkommen, nationale Gesetze und lokale Initiativen, die den Schutz der Biodiversität und die nachhaltige Nutzung natürlicher Ressourcen fördern. Ein Beispiel für solche Governance-Mechanismen ist das Übereinkommen über die biologische Vielfalt (CBD), das darauf abzielt, die biologische Vielfalt zu schützen und deren nachhaltige Nutzung zu fördern. Ein weiterer wichtiger Aspekt ist das Pariser Abkommen, das die globalen Bemühungen zur Reduktion von Treibhausgasemissionen koordiniert und auf die Stabilisierung des globalen Klimas abzielt. Beide Abkommen erkennen an, dass die Gesundheit der Biosphäre entscheidend für die Erreichung ihrer Ziele ist.

Die Herausforderungen, vor denen die Biosphäre steht, sind komplex und erfordern einen integrativen Ansatz, der verschiedene Disziplinen und Akteure einbezieht. Dazu gehören nicht nur Regierungen und internationale Organisationen, sondern auch die Zivilgesellschaft, Unternehmen und indigene Gemeinschaften. Ein partizipativer Ansatz ist entscheidend, um lokale Kenntnisse und Perspektiven in die Entscheidungsfindung einzubeziehen und um das Bewusstsein für die Bedeutung der Biosphäre für das globale Klima zu schärfen.

Zusätzlich ist die Rolle der Wissenschaft in der Umwelt- und Klimagovernance von großer Bedeutung. Wissenschaftliche Erkenntnisse sind notwendig, um fundierte Entscheidungen zu treffen, die sowohl die Erhaltung der Biosphäre als auch die Bekämpfung des Klimawandels unterstützen. Forschung zu Ökosystemleistungen, Biodiversität und klimatischen Veränderungen ist entscheidend, um die Auswirkungen menschlichen Handelns besser zu verstehen und effektive Governance-Strategien zu entwickeln.

Biotopschutz und Artenschutz

Biotopschutz und Artenschutz sind zentrale Elemente der Umwelt- und Klimagovernance, die sich mit der Erhaltung der biologischen Vielfalt und der nachhaltigen Nutzung natürlicher Ressourcen befassen. Diese beiden Konzepte sind eng miteinander verknüpft und spielen eine entscheidende Rolle im Kontext der globalen Herausforderungen des Artensterbens und des Klimawandels.

Biotopschutz bezieht sich auf Maßnahmen, die darauf abzielen, Lebensräume von Tieren und Pflanzen zu erhalten und zu schützen. Biotope sind spezifische Lebensräume, die durch bestimmte ökologische Bedingungen und Arten geprägt sind. Der Verlust von Biotopen, sei es durch Urbanisierung, Landwirtschaft oder Infrastrukturprojekte, hat verheerende Auswirkungen auf die Artenvielfalt. Der Schutz und die Renaturierung von Biotopen sind wesentliche Strategien, um die Lebensbedingungen für verschiedene Arten

zu sichern und ihre Fortpflanzung und Überlebensfähigkeit zu gewährleisten. Dies geschieht häufig durch die Einrichtung von Naturschutzgebieten, die Regulierung von Landnutzungspraktiken und die Förderung
nachhaltiger Landnutzung.

Artenschutz hingegen fokussiert sich auf spezifische Arten, die bedroht
oder gefährdet sind. Dies umfasst Maßnahmen zur Erhaltung von Populationen, die Bekämpfung des illegalen Handels mit bedrohten Arten und
die Wiederansiedlung von Arten in ihren natürlichen Lebensraum. Ein bekanntes Beispiel hierfür ist das Washingtoner Artenschutzübereinkom-
men (CITES), das den internationalen Handel mit bedrohten Arten regelt.
Der Artenschutz ist nicht nur aus moralischen Gründen wichtig, sondern
auch aus ökologischen, da das Aussterben einer Art oft weitreichende Folgen für das gesamte Ökosystem hat.

Im Kontext der Umwelt- und Klimagovernance sind Biotopschutz und
Artenschutz integrale Bestandteile von politischen Strategien und internationalen Abkommen. Die UN-Konvention über die biologische Vielfalt
(CBD) ist ein bedeutendes internationales Abkommen, das darauf abzielt,
die biologische Vielfalt weltweit zu schützen und nachhaltige Nutzung zu
fördern. Diese Konvention hat auch klar definierte Ziele, die mit den
Nachhaltigkeitszielen der Vereinten Nationen (SDGs) in Einklang stehen,
insbesondere Ziel 15, das den Schutz von Ökosystemen und die Bekämpfung von Desertifikation zum Ziel hat.

Darüber hinaus wird in der Klimagovernance zunehmend anerkannt, dass
der Schutz von Biodiversität und Ökosystemen eine Schlüsselrolle im
Klimaschutz spielt. Gesunde Ökosysteme, wie Wälder, Feuchtgebiete und
Küstengebiete, fungieren als Kohlenstoffsenken und tragen zur Minderung der Klimawirkungen bei. Der Verlust dieser Ökosysteme kann nicht
nur zu einem Anstieg der Treibhausgasemissionen führen, sondern auch
die Resilienz der Gesellschaft gegenüber klimabedingten Veränderungen
verringern. In diesem Kontext ist der integrierte Ansatz der Ökosystem-
basierte Anpassung von Bedeutung, der den Schutz und die Wiederherstellung von Ökosystemen als Strategie zur Anpassung an den Klimawandel
betrachtet.

Cartagena Protocol on Biosafety (dt. Cartagena-Protokoll)

Das Cartagena-Protokoll über die biologische Sicherheit ist ein internationales Abkommen, das im Jahr 2000 im Rahmen des Übereinkommens über die biologische Vielfalt (CBD) verabschiedet wurde. Es verfolgt das Ziel, die Risiken, die mit der Anwendung von lebenden modifizierten Organismen (LMOs), insbesondere in der Landwirtschaft und der Biotechnologie, verbunden sind, zu bewerten und zu regulieren. Das Protokoll tritt somit in einen engen Kontext der Umwelt- und Klimagovernance ein, indem es nicht nur den Schutz der biologischen Vielfalt, sondern auch die Gesundheit von Ökosystemen und den Menschen in den Mittelpunkt stellt.

Ein zentrales Element des Cartagena-Protokolls ist das Konzept des „Vorsorgeprinzips". Dieses Prinzip legt fest, dass in Fällen, in denen es wissenschaftliche Unsicherheiten über potenzielle Risiken gibt, Maßnahmen ergriffen werden sollten, um Umweltschäden zu vermeiden. Dies ist besonders relevant im Kontext der Klimagovernance, da die Auswirkungen des Klimawandels und die damit verbundenen Veränderungen in den Ökosystemen die Biodiversität und die Funktionsweise von Lebensgemeinschaften beeinflussen können. Die Einführung von LMOs könnte in diesem Zusammenhang sowohl positive als auch negative Effekte haben, weshalb eine sorgfältige Risikobewertung unerlässlich ist.

Das Protokoll fördert auch den internationalen Austausch von Informationen über LMOs, was die Transparenz und das Vertrauen zwischen den Staaten erhöht. Diese Informationssysteme sind entscheidend für die Umweltgovernance, da sie die Fähigkeit der Länder stärken, informierte Entscheidungen über den Umgang mit Biotechnologie zu treffen. Durch den Informationsaustausch können Länder voneinander lernen und bewährte Verfahren in der Regulierung und im Management von LMOs übernehmen.

Ein weiterer wichtiger Aspekt ist die Berücksichtigung der sozialen und wirtschaftlichen Auswirkungen von LMOs, insbesondere in Entwicklungsländern. Das Cartagena-Protokoll erkennt an, dass die Einführung von Biotechnologie sowohl Chancen als auch Herausforderungen mit sich bringen kann. In vielen Ländern, die stark von der Landwirtschaft abhängig sind, könnte der Einsatz von LMOs potenziell zu einer Erhöhung der

Erträge führen, gleichzeitig aber auch die Abhängigkeit von multinationalen Unternehmen verstärken und die soziale Ungleichheit verschärfen. Im Kontext der Klimagovernance ist es auch wichtig, die Rolle der biologischen Vielfalt bei der Anpassung an den Klimawandel zu berücksichtigen. Die Erhaltung und Wiederherstellung von Ökosystemen sind entscheidend für die Resilienz gegenüber klimatischen Veränderungen. Das Cartagena-Protokoll trägt dazu bei, die Integrität dieser Ökosysteme zu schützen, indem es sicherstellt, dass neue biotechnologische Entwicklungen nicht zu unvorhergesehenen negativen Auswirkungen führen.

Clean Air Act

Der Clean Air Act (CAA) ist ein zentrales Gesetz der Umweltpolitik in den Vereinigten Staaten, das 1963 erstmals verabschiedet und 1970 umfassend überarbeitet wurde. Er stellt eine der grundlegendsten gesetzlichen Maßnahmen zur Regelung der Luftqualität dar und hat weitreichende Auswirkungen auf die Umwelt- und Klimagovernance in den USA und darüber hinaus. Der CAA zielt darauf ab, die Luftverschmutzung zu reduzieren und die öffentliche Gesundheit sowie die Umwelt zu schützen, indem er die Bundesstaaten verpflichtet, nationale Luftqualitätsstandards einzuhalten.

Die zentrale Struktur des Clean Air Act basiert auf der Festlegung von National Ambient Air Quality Standards (NAAQS), die von der Environmental Protection Agency (EPA) festgelegt werden. Diese Standards sind für verschiedene Schadstoffe definiert, die als gefährlich für die menschliche Gesundheit und die Umwelt angesehen werden, darunter Feinstaub, Stickstoffdioxid, Ozon und Schwefeldioxid. Die Bundesstaaten sind verpflichtet, Pläne zu entwickeln und umzusetzen, um diese Standards zu erreichen und aufrechtzuerhalten, was eine bedeutende Dezentralisierung der Verantwortung für die Luftqualitätsüberwachung und -verbesserung darstellt. Ein weiterer wichtiger Aspekt des CAA ist die Regelung von Emissionen aus stationären Quellen, wie Kraftwerken und Industrieanlagen, sowie mobilen Quellen, wie Autos und Lastwagen. Der Gesetzgeber hat auch spezifische Vorschriften für die Kontrolle von emissionsintensiven Industrien eingeführt, um sicherzustellen, dass die technologischen Fortschritte zur Emissionsminderung genutzt werden. Diese Vorschriften sind oft mit dem sogenannten New Source Performance Standards (NSPS) verbunden, die für neue und signifikant modifizierte Anlagen gelten.

Im Kontext der Umwelt- und Klimagovernance ist der Clean Air Act auch von Bedeutung, da er nicht nur die Luftqualität in der Gegenwart regelt, sondern auch als Instrument zur Bekämpfung des Klimawandels betrachtet werden kann. Die EPA hat zum Beispiel die Autorität, Treibhausgasemissionen unter dem CAA zu regulieren, insbesondere seit dem wegweisenden Urteil des Obersten Gerichtshofs der USA im Jahr 2007, das bestätigte, dass die EPA das Recht hat, Treibhausgase als Schadstoffe zu klassifizieren. Dies hat den Weg geebnet für eine Reihe von Maßnahmen zur Reduzierung von CO_2-Emissionen, die entscheidend für die Bekämpfung des Klimawandels sind.

Die Implementierung des Clean Air Act hat jedoch auch Herausforderungen mit sich gebracht. Kritiker argumentieren, dass die föderalen Vorschriften oftmals nicht schnell genug auf neue wissenschaftliche Erkenntnisse reagieren oder dass sie in der Praxis nicht immer effektiv durchgesetzt werden. Zudem gibt es Spannungen zwischen den Bundesstaaten und der Bundesregierung bezüglich der Flexibilität und Autonomie bei der Umsetzung der Luftqualitätsstandards. Diese Spannungen sind besonders relevant im Kontext der politischen Debatten über den Klimawandel, wo unterschiedliche Ansichten über die Rolle der Regierung und die Dringlichkeit von Maßnahmen zur Emissionsminderung bestehen.

Clean Development Mechanism (CDM)

Der Clean Development Mechanism (CDM) ist ein marktbasiertes Instrument, das im Rahmen des Kyoto-Protokolls (1997) ins Leben gerufen wurde, um die Treibhausgasemissionen zu reduzieren und gleichzeitig nachhaltige Entwicklung in Entwicklungsländern zu fördern. Der CDM ermöglicht es Industrieländern, Emissionsgutschriften zu erwerben, indem sie in Projekte zur Emissionsminderung in Entwicklungsländern investieren. Diese Projekte können von erneuerbaren Energiequellen über

Energieeffizienzmaßnahmen bis hin zu Aufforstungs- und Aufforstungsprojekten reichen.

Im Kontext der Umwelt- und Klimagovernance spielt der CDM eine zentrale Rolle, da er einen Mechanismus bereitstellt, der sowohl Umweltziele als auch wirtschaftliche Anreize integriert. Die Grundidee des CDM basiert auf dem Prinzip der „kosteneffizienten Emissionsminderung", was bedeutet, dass es für Industrieländer oft günstiger ist, Emissionen in Entwicklungsländern zu reduzieren, als dies im eigenen Land zu tun. Dies fördert nicht nur die Reduktion von Treibhausgasen, sondern auch die technologische Entwicklung und den Wissenstransfer in ärmeren Ländern.

Der CDM trägt zur globalen Klimagovernance bei, indem er multilaterale Zusammenarbeit fördert. Er ermöglicht es Ländern, die ihre Emissionsziele nicht allein erreichen können, durch internationale Kooperationen Fortschritte zu erzielen. Dies geschieht oft in Form von Public-Private-Partnerships, in denen private Akteure und Regierungen zusammenarbeiten, um Projekte zu initiieren und zu finanzieren. Hierbei wird auch die Rolle von Nichtregierungsorganisationen und lokalen Gemeinschaften immer wichtiger, da sie oft direkt von den Auswirkungen solcher Projekte betroffen sind und deren Umsetzung maßgeblich beeinflussen können.

Allerdings ist der CDM nicht ohne Herausforderungen. Kritiker argumentieren, dass einige CDM-Projekte nicht die beabsichtigten Umweltnutzen bringen oder dass sie soziale und ökologische Probleme verursachen können, wie etwa Landnutzungskonflikte oder negative Auswirkungen auf lokale Gemeinschaften. Zudem gibt es Bedenken hinsichtlich der Transparenz und der Verlässlichkeit der Emissionsgutschriften, die durch die Projekte generiert werden. Diese Herausforderungen erfordern eine sorgfältige Überwachung und Bewertung der CDM-Projekte, um sicherzustellen, dass sie sowohl ökologische als auch soziale Nachhaltigkeit gewährleisten.

Im Rahmen der sich entwickelnden internationalen Klimapolitik, insbesondere nach dem Pariser Abkommen von 2015, wird der CDM zunehmend in eine breitere Diskussion über Marktmechanismen und Klimafinanzierung eingebettet. Der Mechanismus für nachhaltige Entwicklung (Sustainable Development Mechanism, SDM), der im Pariser Abkommen vorgeschlagen wurde, könnte eine Weiterentwicklung des CDM darstellen. Dabei steht die Förderung nachhaltiger Entwicklung und die Berücksichtigung der Bedürfnisse der Gemeinschaften im Vordergrund, was den Anforderungen der modernen Klimagovernance besser gerecht wird.

Climate Action Network

Das Climate Action Network (CAN) ist ein globales Netzwerk von über 1.300 Nichtregierungsorganisationen (NGOs), die sich für eine umfassende und gerechte Bekämpfung des Klimawandels einsetzen. CAN wurde 1989 gegründet und spielt eine zentrale Rolle in der Umwelt- und Klimagovernance, insbesondere im Kontext internationaler Klimaverhandlungen und der Umsetzung von Klimaschutzmaßnahmen auf lokaler, nationaler und globaler Ebene.

Im Rahmen der Umwelt- und Klimagovernance fungiert CAN als ein wichtiger Akteur, der den Dialog zwischen Regierungen, internationalen Organisationen, der Zivilgesellschaft und der Wirtschaft fördert. Die Organisation zielt darauf ab, die Ambitionen der Staaten in Bezug auf die Reduktion von Treibhausgasemissionen zu erhöhen und die Umsetzung internationaler Abkommen, wie dem Pariser Abkommen, zu unterstützen. CAN setzt sich für eine evidenzbasierte Politik ein, die auf den neuesten wissenschaftlichen Erkenntnissen zum Klimawandel basiert und plädiert für eine gerechte Transformation, die die Bedürfnisse und Rechte von besonders betroffenen Gemeinschaften, einschließlich marginalisierter Gruppen, berücksichtigt.

Ein zentrales Element der Arbeit von CAN ist die Mobilisierung von Wissen und Ressourcen, um die Klimagerechtigkeit voranzutreiben. Die Organisation fördert den Austausch von Informationen über bewährte Praktiken, politische Strategien und technische Lösungen, um den Einfluss der Zivilgesellschaft auf die Klimapolitik zu stärken. Durch Kampagnen, Lobbyarbeit und Öffentlichkeitsarbeit versucht CAN, den Druck auf Regierungen und Entscheidungsträger zu erhöhen, um ambitioniertere Klimaziele zu setzen und die Umsetzung von Klimaschutzmaßnahmen zu beschleunigen.

Darüber hinaus spielt CAN eine wichtige Rolle bei der Koordination von NGOs während der UN-Klimakonferenzen (COPs). Hierbei fungiert die Organisation als Plattform für den Austausch von Strategien und Informationen, um sicherzustellen, dass die Stimmen der Zivilgesellschaft in den Verhandlungen Gehör finden. Die Netzwerkstrukturen von CAN ermöglichen es, verschiedene Perspektiven und Expertise aus der ganzen Welt zu bündeln, um ein kohärentes und kraftvolles Lobbying für effektive Klimapolitik zu gewährleisten.

Die Herausforderungen des Klimawandels erfordern eine integrative und multilaterale Herangehensweise, die über nationale Grenzen hinweggeht. CAN trägt zu dieser globalen Umwelt- und Klimagovernance bei, indem es auf die Notwendigkeit hinweist, die Klimakrise als eine gemeinsame Herausforderung zu betrachten, die kollektive Anstrengungen und solidarisches Handeln erfordert. In diesem Kontext ist die Rolle von CAN als Bindeglied zwischen verschiedenen Stakeholdern von entscheidender Bedeutung, um sicherzustellen, dass der Klimaschutz nicht nur auf politischer Ebene, sondern auch in der breiten Gesellschaft verankert wird.

Convention for the Protection of the Marine Environment of the North-East Atlantic (OSPAR) (dt. Übereinkommen zum Schutz der Meeresumwelt des Nordostatlantiks)

Das Übereinkommen zum Schutz der Meeresumwelt des Nordostatlantiks, besser bekannt als OSPAR (von „Oslo-Paris-Konvention"), ist ein bedeutendes internationales Abkommen, das 1992 in Paris unterzeichnet wurde und auf dem früheren Osloer Übereinkommen von 1972 sowie der Pariser Konvention von 1974 basiert. OSPAR zielt darauf ab, die Meeresumwelt des Nordostatlantiks zu schützen und zu bewahren, wobei der Schwerpunkt auf der Verhinderung und Bekämpfung von Meeresverschmutzung liegt. Die Konvention umfasst 15 Vertragsstaaten, darunter die EU und mehrere nordwesteuropäische Länder, und erstreckt sich über eine weitreichende geografische Region, die unter anderem die Nordsee, den Nordatlantik und die Küstengewässer dieser Staaten umfasst.

Im Kontext der Umwelt- und Klimagovernance spielt OSPAR eine zentrale Rolle, da es ein Rahmenwerk bietet, um nationale und internationale Anstrengungen zur Erhaltung der marinen Ökosysteme zu koordinieren. Die Konvention fördert integrative Ansätze zur Meeresbewirtschaftung, die sowohl ökologische als auch wirtschaftliche Interessen berücksichtigen. Ein zentrales Element ist die Anwendung des Vorsorgeprinzips, das besagt, dass Maßnahmen ergriffen werden sollten, um Umweltschäden zu verhindern, auch wenn die wissenschaftlichen Beweise für diese Schäden noch nicht vollständig sind.

OSPAR hat eine Vielzahl von Maßnahmen und Strategien entwickelt, um die Meeresumwelt zu schützen. Dazu gehört die Festlegung von Umweltqualitätsstandards, die Überwachung von Schadstoffeinträgen sowie die rechtliche Regulierung von maritimen Aktivitäten wie Fischerei, Schifffahrt und Offshore-Öl- und Gasförderung. Ein weiteres wichtiges Instrument ist das OSPAR-Ökosystemansatz, das eine integrative Betrachtung der marinen Umwelt als ein dynamisches System ermöglicht, in dem die Wechselwirkungen zwischen verschiedenen Faktoren und Akteuren berücksichtigt werden.

Die OSPAR-Konvention ist auch ein bedeutendes Beispiel für die internationale Zusammenarbeit im Bereich der Klimagovernance. Angesichts der Herausforderungen des Klimawandels, der sich direkt auf marine Ökosysteme auswirkt, ist OSPAR gefordert, Anpassungsstrategien zu entwickeln, die die Resilienz der marinen Umwelt stärken. Dies umfasst Initiativen zur Bekämpfung von Überfischung, den Schutz von empfindlichen marinen Lebensräumen und die Reduzierung von Treibhausgasemissionen aus maritimen Aktivitäten.

Ein besonders wichtiges Projekt innerhalb von OSPAR ist die Erstellung des „North-East Atlantic Environment Strategy", das Maßnahmen zur Verbesserung des Zustands der Meeresumwelt und zur Förderung nachhaltiger Nutzung der marinen Ressourcen umfasst. Diese Strategie beinhaltet auch das Monitoring und die Bewertung von Fortschritten, um sicherzustellen, dass die vereinbarten Ziele erreicht werden.

Convention on Biological Diversity (CBD) (dt. Konvention über die biologische Vielfalt der Vereinten Nationen)

Die Konvention über die biologische Vielfalt (CBD) ist ein internationales Abkommen, das 1992 auf der Konferenz der Vereinten Nationen über Umwelt und Entwicklung (UNCED) in Rio de Janeiro, Brasilien, ins Leben gerufen wurde. Mit dem Ziel, die biologische Vielfalt auf globaler, nationaler und lokaler Ebene zu schützen, zu erhalten und nachhaltig zu nutzen, spielt die CBD eine zentrale Rolle im Rahmen der Umwelt- und Klimagovernance.

Die biologische Vielfalt umfasst die Vielfalt der Lebensformen auf der Erde, einschließlich der Vielfalt innerhalb von Arten, zwischen Arten und der Ökosysteme, in denen sie leben. Diese Vielfalt ist entscheidend für die Aufrechterhaltung der ökologischen Stabilität, die Bereitstellung von Ökosystemdienstleistungen und das menschliche Wohlergehen. Die CBD erkennt an, dass das Verschwinden von Arten und Lebensräumen nicht nur ökologische, sondern auch soziale und wirtschaftliche Konsequenzen hat, die insbesondere in Entwicklungsländern gravierend sind.

Im Kontext der Umwelt- und Klimagovernance hat die CBD eine wichtige Schnittstelle zu Themen wie Klimawandel, Landnutzung und Ressourcennutzung. Der Klimawandel stellt eine der größten Bedrohungen für die biologische Vielfalt dar. Veränderungen in Temperatur und Niederschlagsmustern, extreme Wetterereignisse und die Versauerung der Ozeane wirken sich negativ auf Lebensräume und Arten aus. Die CBD fördert daher die Integration von Biodiversitätszielen in Klimapolitiken und -strategien. Ein Beispiel hierfür ist die Anerkennung von biodiversitätsfreundlichen Ansätzen in der Klimaanpassung, wie naturnahe Lösungen und den Schutz von Ökosystemen, die als Puffer gegen Klimaauswirkungen dienen können.

Darüber hinaus hat die CBD das Ziel, die nachhaltige Nutzung von biologischen Ressourcen zu fördern, was im Einklang mit den Zielen der nachhaltigen Entwicklung steht. Durch die Schaffung von Rahmenbedingungen für den Zugang zu genetischen Ressourcen und die gerechte Verteilung der Vorteile aus deren Nutzung (Nagoya-Protokoll) wird auch die soziale Dimension der Biodiversität angesprochen. Die Einbeziehung indigener Gemeinschaften und lokaler Bevölkerung in den Entscheidungsprozess ist ein weiteres zentrales Element der CBD, da deren traditionelles Wissen und Praktiken für den Erhalt der biologischen Vielfalt von entscheidender Bedeutung sind.

Im Rahmen der Umwelt- und Klimagovernance arbeitet die CBD auch eng mit anderen internationalen Abkommen zusammen, insbesondere mit dem Übereinkommen von Paris über den Klimawandel. Diese Synergien sind entscheidend, um integrierte Ansätze zur Bewältigung von Umweltkrisen zu entwickeln und eine umfassende Strategie zur Erhaltung der biologischen Vielfalt und zur Bekämpfung des Klimawandels zu fördern.

Convention on International Trade in Endangered Species of Wild Fauna and Flora (CITES) (dt. Washingtoner Artenschutzabkommen)

Das Washingtoner Artenschutzabkommen, offiziell als Convention on International Trade in Endangered Species of Wild Fauna and Flora (CITES) bekannt, wurde 1973 ins Leben gerufen und trat 1975 in Kraft. Es hat sich zum Ziel gesetzt, den internationalen Handel mit gefährdeten Arten von Wildtieren und Pflanzen zu regulieren und zu kontrollieren, um deren Überleben zu sichern. CITES ist ein multilateraler Vertrag, der von über 180 Vertragsstaaten ratifiziert wurde und eine wesentliche Rolle im Rahmen der globalen Umwelt- und Klimagovernance spielt.

Die CITES-Konvention basiert auf dem Prinzip, dass der internationale Handel mit bestimmten Arten nur dann zulässig ist, wenn er nicht zu deren Gefährdung oder Ausrottung führt. Dazu klassifiziert CITES Arten in drei Anhänge, die unterschiedliche Schutzgrade repräsentieren. Anhang I umfasst die am stärksten bedrohten Arten, deren Handel grundsätzlich untersagt ist, während Anhang II Arten umfasst, deren Handel reguliert werden muss, um Übernutzung zu verhindern. Anhang III beinhaltet Arten, die in bestimmten Ländern geschützt sind, wobei die Mitgliedsstaaten Unterstützung bei der Kontrolle des Handels anbieten.

Im Kontext der Umwelt- und Klimagovernance spielt CITES eine entscheidende Rolle, da der Verlust der Biodiversität und der Rückgang von

Artenvielfalt eng mit den Herausforderungen des Klimawandels verbunden sind. Die Zerstörung von Lebensräumen – oftmals verursacht durch menschliche Aktivitäten wie illegale Jagd, Abholzung und landwirtschaftliche Expansion – führt nicht nur zum Verschwinden von Arten, sondern verstärkt auch die Auswirkungen des Klimawandels. Gesunde Ökosysteme sind entscheidend für die Regulierung des Klimas, da sie Kohlenstoff speichern, Wasser filtern und Lebensräume für zahlreiche Arten bieten. Die Implementierung von CITES erfordert eine enge Zusammenarbeit zwischen den Vertragsstaaten sowie zwischen verschiedenen Akteuren, darunter Regierungen, Nichtregierungsorganisationen und lokale Gemeinschaften. Diese Zusammenarbeit ist essenziell, um die Einhaltung der Bestimmungen zu gewährleisten und wirksame Maßnahmen zum Schutz gefährdeter Arten zu ergreifen. Durch die Förderung nachhaltiger Handelspraktiken und die Bekämpfung illegaler Wilderei trägt CITES nicht nur zum Artenschutz bei, sondern unterstützt auch die Erhaltung von Ökosystemen, die für die Anpassung an den Klimawandel unerlässlich sind.

Darüber hinaus wird CITES zunehmend in den Kontext der nachhaltigen Entwicklung eingebettet. Die Erhaltung der biologischen Vielfalt wird als Schlüsselkomponente für die Erreichung der Ziele für nachhaltige Entwicklung (SDGs) angesehen, insbesondere im Hinblick auf SDG 15, das sich auf das Leben an Land konzentriert. Die Integration von Artenschutzmaßnahmen in nationale und internationale Politiken zur Bekämpfung des Klimawandels ist entscheidend, um synergistische Effekte zu erzielen und die Resilienz von Ökosystemen zu stärken.

Convention on Long-range Transboundary Air Pollution (CLRTAP) (dt. Übereinkommen über weiträumige grenzüberschreitende Luftverunreinigung)

Das Übereinkommen über weiträumige grenzüberschreitende Luftverunreinigung (CLRTAP) ist ein internationales Abkommen, das 1979 in Genf ins Leben gerufen wurde, um die Luftqualität in Europa und Nordamerika zu verbessern und die Auswirkungen von Luftverunreinigungen auf Mensch und Umwelt zu verringern. Es wurde als Reaktion auf die zunehmenden Probleme der Luftverschmutzung und deren grenzüberschreitenden Charakter ins Leben gerufen, da viele Schadstoffe, wie Schwefeldioxid (SO2), Stickoxide (NOx) und Feinstaub, über nationale Grenzen hinweg transportiert werden können und somit eine kollektive Anstrengung zur Bekämpfung dieser Herausforderungen erforderten.

Im Kontext der Umwelt- und Klimagovernance spielt das CLRTAP eine bedeutende Rolle, da es als eines der ersten internationalen Abkommen gilt, das den Fokus auf grenzüberschreitende Umweltprobleme legt. Durch die Schaffung eines rechtlichen Rahmens zur Zusammenarbeit zwischen den Staaten ermöglicht das Übereinkommen eine koordinierte Politik zur Reduzierung von Luftschadstoffen. Die Vertragsparteien sind verpflichtet, nationale Programme zur Luftreinhaltung zu entwickeln und umzusetzen, um die festgelegten Emissionsgrenzwerte zu erreichen. Dies fördert nicht nur die nationale Verantwortung, sondern auch die internationale Zusammenarbeit, da die Luftverunreinigung keine nationalen Grenzen kennt.

Ein zentrales Element des CLRTAP ist das Monitoring und die Berichterstattung über die Luftqualitätsdaten der Vertragsstaaten. Die regelmäßige Erhebung und Auswertung dieser Daten ermöglicht es, den Fortschritt bei der Verringerung von Luftschadstoffen zu verfolgen und die Wirksamkeit der ergriffenen Maßnahmen zu bewerten. Darüber hinaus wurde das Übereinkommen um verschiedene Protokolle erweitert, die spezifische Schadstoffe und deren Emissionen regeln, wie das Protokoll zum Schwefel (1985), das Protokoll über Stickstoffoxide (1985) und das Protokoll über flüchtige organische Verbindungen (1991). Diese Protokolle tragen dazu bei, die Verpflichtungen der Staaten zu konkretisieren und die Maßnahmen zur Luftreinhaltung zu verstärken.

In einer Zeit, in der der Klimawandel zunehmend ins Zentrum der globalen Umweltpolitik rückt, wird auch der Zusammenhang zwischen Luftverunreinigung und Klimaveränderungen immer deutlicher. Viele der Schadstoffe, die unter das CLRTAP fallen, haben nicht nur Auswirkungen auf die menschliche Gesundheit und Ökosysteme, sondern beeinflussen auch das Klima. Beispielsweise tragen Rußpartikel und andere aerosolartige Schadstoffe zur globalen Erwärmung bei, während gleichzeitig die

Luftqualität beeinträchtigt wird. Das CLRTAP hat deshalb begonnen, diese Wechselwirkungen zu berücksichtigen, indem es die Integration von Luftqualitäts- und Klimapolitiken fördert.

Convention on the Conservation of European Wildlife and Natural Habitats (dt. Übereinkommen über die Erhaltung der europäischen wild lebenden Pflanzen und Tiere und ihrer natürlichen Lebensräume)

Das Übereinkommen über die Erhaltung der europäischen wild lebenden Pflanzen und Tiere und ihrer natürlichen Lebensräume, besser bekannt als das „Bern-Konvention" oder „Convention on the Conservation of European Wildlife and Natural Habitats", wurde am 19. September 1979 in Bern, Schweiz, unterzeichnet und trat 1982 in Kraft. Es ist ein bedeutendes internationales Abkommen, das darauf abzielt, die biologische Vielfalt in Europa zu schützen und zu erhalten, indem es spezifische Maßnahmen zur Erhaltung von Wildtieren und ihren Lebensräumen fördert.

Im Kontext der Umwelt- und Klimagovernance spielt die Bern-Konvention eine entscheidende Rolle, da sie nicht nur den Schutz von Arten und Lebensräumen regelt, sondern auch die Integration von Biodiversität in die übergeordnete Umweltpolitik und Klimaschutzstrategien fördert. Die Konvention ist Teil eines umfassenderen Rahmens internationaler Abkommen, die darauf abzielen, die ökologischen Herausforderungen des 21. Jahrhunderts zu bewältigen, einschließlich des Verlusts der biologischen Vielfalt und der Auswirkungen des Klimawandels.

Die Bern-Konvention basiert auf dem Prinzip der verantwortungsvollen Verwaltung natürlicher Ressourcen und fordert die Vertragsstaaten auf, geeignete Maßnahmen zu ergreifen, um gefährdete Arten und ihre Lebensräume zu schützen. Zu den zentralen Elementen der Konvention gehören die Identifizierung und der Schutz von geschützten Arten, die Erhaltung von Lebensräumen sowie die Schaffung von Schutzgebieten. Diese Maßnahmen sind besonders relevant im Kontext der Klimagovernance, da intakte Ökosysteme eine entscheidende Rolle bei der Minderung der Auswirkungen des Klimawandels spielen. Gesunde Wälder, Feuchtgebiete und andere natürliche Lebensräume wirken als Kohlenstoffsenken, die zur

Regulierung des Klimas beitragen, indem sie CO2 aus der Atmosphäre absorbieren.

Darüber hinaus fördert die Bern-Konvention die Zusammenarbeit zwischen den Vertragsstaaten und anderen internationalen Organisationen, was für eine effektive Umwelt- und Klimagovernance von entscheidender Bedeutung ist. Durch den Austausch von Informationen, bewährten Praktiken und wissenschaftlichen Erkenntnissen können die Länder gemeinsam Strategien entwickeln, die sowohl den Schutz der Biodiversität als auch die Bekämpfung des Klimawandels berücksichtigen. Diese synergetischen Ansätze sind notwendig, um die komplexen Wechselwirkungen zwischen Biodiversität und Klima zu verstehen und anzugehen.

Ein weiterer wichtiger Aspekt der Bern-Konvention ist die Berücksichtigung der sozialen und wirtschaftlichen Dimensionen des Naturschutzes. Die Konvention erkennt an, dass die Erhaltung der biologischen Vielfalt eng mit den Lebensgrundlagen der Menschen verbunden ist. Daher ist es von wesentlicher Bedeutung, lokale Gemeinschaften in den Schutzprozess einzubeziehen und ihre traditionellen Kenntnisse und Praktiken zu respektieren. Dies trägt dazu bei, eine nachhaltige Entwicklung zu fördern, die sowohl ökologische als auch menschliche Bedürfnisse berücksichtigt.

Convention on the Conservation of Migratory Species of Wild Animals (dt. Übereinkommen zur Erhaltung der wandernden wildlebenden Tierarten)

Das Übereinkommen zur Erhaltung der wandernden wildlebenden Tierarten (Convention on the Conservation of Migratory Species of Wild Animals, kurz CMS) ist ein bedeutendes internationales Abkommen, das 1979 in Bonn, Deutschland, ins Leben gerufen wurde. Ziel des Abkommens ist es, die Erhaltung von wandernden Tierarten und ihren Lebensräumen zu fördern und den Einfluss menschlicher Aktivitäten auf diese Arten zu minimieren. Die CMS ist ein zentrales Element der globalen Umwelt- und Klimagovernance und spielt eine wesentliche Rolle im Schutz der biologischen Vielfalt.

Wandernde Tierarten, wie Vögel, Meeressäuger, Fische und einige Säugetiere, sind besonders anfällig für Bedrohungen, die durch menschliche Aktivitäten verursacht werden, darunter Lebensraumverlust, Klimawandel, Umweltverschmutzung und illegaler Wildtierhandel. Diese Spezies durchqueren oft nationale Grenzen und benötigen daher einen koordinierten internationalen Ansatz, um ihren Schutz sicherzustellen. Die CMS fördert die Zusammenarbeit zwischen den Vertragsstaaten, um Strategien zu entwickeln, die sowohl den Schutz der Arten als auch der Ökosysteme, von denen sie abhängen, gewährleisten.

Im Kontext der Umwelt- und Klimagovernance ist die CMS von großer Bedeutung, da sie nicht nur den Erhalt von Arten fördert, sondern auch zur Bekämpfung der Auswirkungen des Klimawandels beiträgt. Der Klimawandel verändert Lebensräume, verschiebt Wanderungsmuster und beeinflusst die Verfügbarkeit von Nahrungsressourcen. Die CMS ermutigt die Staaten, Maßnahmen zu ergreifen, um die Resilienz von Ökosystemen zu stärken und Anpassungsstrategien zu entwickeln, die migrierenden Arten zugutekommen. Dies geschieht durch die Erstellung von Aktionsplänen, die auf spezifische Arten oder Gruppen von Arten ausgerichtet sind, und durch die Implementierung von Programmen zur Überwachung und Forschung.

Die CMS hat auch die Entwicklung von sogenannten „Abkommen" gefördert, die spezifische Migrantenarten oder -gruppen betreffen. Diese Abkommen ermöglichen eine gezielte Zusammenarbeit und Ressourcenteilung unter den Vertragsstaaten, um spezifische Herausforderungen anzugehen. Ein Beispiel ist das Abkommen über den Schutz von afrikanischen-Eurasischen wandernden Wasservögeln (AEWA), das den Schutz und die nachhaltige Nutzung dieser Arten in einer Vielzahl von Lebensräumen fördert.

Ein weiterer wichtiger Aspekt der CMS im Rahmen der Umwelt- und Klimagovernance ist die Integration der Erhaltungsstrategien in nationale und globale Entwicklungspläne. Die CMS ermutigt die Staaten, den Schutz wandernder Tierarten in ihre nationalen Biodiversitätsstrategien und -pläne zu integrieren und dabei Synergien mit anderen internationalen

Abkommen, wie der Konvention über die biologische Vielfalt (CBD) oder dem Pariser Abkommen zur Bekämpfung des Klimawandels, zu suchen.

Convention on the Prevention of Marine Pollution by Dumping of Wastes and Other Matter (dt. Übereinkommen über die Verhütung der Meeresverschmutzung durch das Einbringen von Abfällen und anderen Stoffen)

Das Übereinkommen über die Verhütung der Meeresverschmutzung durch das Einbringen von Abfällen und anderen Stoffen, besser bekannt als das Londoner Übereinkommen von 1972, stellt einen wesentlichen Bestandteil der globalen Umwelt- und Klimagovernance dar. Dieses internationale Abkommen zielt darauf ab, die Meeresumwelt zu schützen, indem es den Dumping von Abfällen und anderen schädlichen Stoffen in die Ozeane regelt und einschränkt. Die zunehmende Verschmutzung der Meere ist ein drängendes Problem, das nicht nur die marine Biodiversität gefährdet, sondern auch erhebliche Auswirkungen auf die menschliche Gesundheit und die wirtschaftliche Nutzung maritimer Ressourcen hat.

Im Kontext der Umwelt- und Klimagovernance spielt das Londoner Übereinkommen eine doppelte Rolle: Es ist sowohl ein Instrument zur direkten Verbesserung der Meeresumwelt als auch ein Teil eines breiteren Systems von internationalen Verträgen, die darauf abzielen, die globalen Umweltprobleme zu adressieren. Das Übereinkommen verfolgt einen präventiven Ansatz, indem es den Mitgliedstaaten vorschreibt, vor dem Einbringen von Abfällen in die Meere eine umfassende Bewertung der potenziellen Umweltauswirkungen durchzuführen. Diese Vorgaben fördern das Prinzip der Vorsorge, das besagt, dass bei drohenden Gefahren für die Umwelt Maßnahmen ergriffen werden sollten, auch wenn noch keine vollständigen wissenschaftlichen Beweise vorliegen.

Ein weiterer zentraler Aspekt des Übereinkommens ist die Klassifizierung von Abfällen. Das Londoner Übereinkommen unterscheidet zwischen verschiedenen Arten von Abfällen, wobei einige kategorisch verboten sind, während andere nur unter bestimmten Bedingungen entsorgt werden dürfen. Diese Differenzierung ermöglicht eine gezielte Regulierung und trägt zur Minimierung des Risikos von Umweltverschmutzung bei. Zudem fördert das Übereinkommen den Austausch von Informationen und die Zusammenarbeit zwischen den Vertragsstaaten, was für die Entwicklung gemeinsamer Standards und Verfahren von entscheidender Bedeutung ist. Die Rolle des Londoner Übereinkommens wird durch die zunehmende Dringlichkeit der Klimakrise verstärkt, da die Meeresverschmutzung und der Klimawandel miteinander verknüpft sind. Beispielsweise tragen hohe Mengen an Plastikmüll im Ozean zur Zerstörung von Lebensräumen und zur Gefährdung von Meeresarten bei, was wiederum die Resilienz mariner Ökosysteme gegen die Auswirkungen des Klimawandels verringert. Daher ist eine integrierte Herangehensweise, die sowohl die Meeresverschmutzung als auch den Klimaschutz berücksichtigt, von entscheidender Bedeutung für eine effektive Umwelt- und Klimagovernance.

Convention on the Protection and Use of Transboundary Watercourses and International Lakes (dt. Übereinkommen zum Schutz und zur Nutzung grenzüberschreitender Wasserläufe und internationaler Seen)

Das Übereinkommen zum Schutz und zur Nutzung grenzüberschreitender Wasserläufe und internationaler Seen, oft als Wasserrahmenrichtlinie oder als Water Convention bezeichnet, wurde 1992 in Helsinki von den Mitgliedstaaten der Wirtschaftskommission der Vereinten Nationen für Europa (UNECE) verabschiedet. Es zielt darauf ab, die nachhaltige Nutzung von Wasserressourcen zu fördern und die ökologischen und sozialen Funktionen von grenzüberschreitenden Gewässern zu schützen. Im Kontext von Umwelt- und Klimagovernance spielt dieses Übereinkommen eine entscheidende Rolle, da Wasserressourcen eng mit den Herausforderungen des Klimawandels und der Umweltverschmutzung verknüpft sind. Ein zentrales Element des Übereinkommens ist die Förderung der Kooperation zwischen den Staaten, die grenzüberschreitende Wasserläufe und Seen teilen. Diese Zusammenarbeit ist besonders wichtig, da Wasserressourcen oft nicht an politische Grenzen gebunden sind und daher eine gemeinschaftliche Verwaltung erfordern. Das Übereinkommen legt Prinzipien fest, die die nachhaltige Nutzung und den Schutz dieser Wasserressourcen unterstützen, darunter die Pflicht zur Vorbeugung von Verschmutzung, die Gewährleistung einer gerechten und angemessenen Nutzung sowie die Berücksichtigung der ökologischen Integrität der Wasserökosysteme. Im Kontext der Klimagovernance wird die Relevanz des Übereinkommens durch die zunehmenden Auswirkungen des Klimawandels auf Wasserressourcen deutlich. Klimatische Veränderungen führen zu extremen Wetterereignissen, wie Dürren und Überschwemmungen, die nicht nur die Verfügbarkeit von Wasser beeinflussen, sondern auch die Qualität der Wasserressourcen beeinträchtigen können. Die Water Convention fördert einen integrierten Ansatz zur Bewirtschaftung von Wasserressourcen, der auch die Klimaanpassung berücksichtigt. Dies geschieht durch die Förderung von Maßnahmen zur Risikominderung und zur Stärkung der Resilienz von Wasserökosystemen. Darüber hinaus ermutigt das Übereinkommen die Staaten, Daten und Informationen über Wasserressourcen auszutauschen, um fundierte Entscheidungen treffen zu können und gemeinsame Herausforderungen, wie die Bekämpfung von Wasserverschmutzung und die Anpassung an den Klimawandel, zu bewältigen. Der Austausch und die Zusammenarbeit zwischen den Ländern sind entscheidend, um die Auswirkungen des Klimawandels auf Wasserressourcen zu verstehen und entsprechende Anpassungsstrategien zu entwickeln.

Ein weiterer wichtiger Aspekt der Water Convention ist die Einbeziehung von Stakeholdern, einschließlich der Zivilgesellschaft und der lokalen Gemeinschaften, in die Entscheidungsprozesse. Dies fördert nicht nur die Transparenz, sondern auch die Akzeptanz von Maßnahmen zur nachhaltigen Wasserbewirtschaftung. Indem die Bedürfnisse und Perspektiven verschiedener Akteure berücksichtigt werden, kann eine umfassendere und gerechtere Governance-Struktur geschaffen werden.

COP (Conference of the Parties) (dt. Konferenz der Mitglieder der Klimarahmenkonvention)

Die Conference of the Parties (COP), oder die Konferenz der Vertragsparteien, ist das höchste Entscheidungsgremium der UN-Klimarahmenkonvention

(UNFCCC), die 1992 auf dem Erdgipfel in Rio de Janeiro ins Leben gerufen wurde. Die COP spielt eine zentrale Rolle im globalen Umwelt- und Klimagovernance-System, indem sie die internationalen Bemühungen zur Bekämpfung des Klimawandels koordiniert und die Verpflichtungen der Vertragsparteien überwacht.

Die erste COP fand 1995 in Berlin statt, und seitdem treffen sich die Parteien jährlich, um Fortschritte zu bewerten, neue Maßnahmen zu beschließen und die Umsetzung bestehender Verpflichtungen zu fördern. Zu den wichtigsten Ergebnissen dieser Konferenzen gehören das Kyoto-Protokoll (1997), welches rechtlich verbindliche Emissionsreduktionen für Industrieländer festlegte, sowie das Pariser Abkommen (2015), das einen paradigmatischen Wechsel in der internationalen Klimapolitik darstellt. Das Pariser Abkommen verfolgt einen bottom-up-Ansatz, bei dem die Länder eigene, national festgelegte Beiträge (NDCs) zur Emissionsreduktion formulieren, anstatt von einem zentralen Organ auferlegte Ziele zu erfüllen.

Im Kontext der Umwelt- und Klimagovernance ist die COP ein entscheidendes Instrument zur Förderung der internationalen Zusammenarbeit. Sie ermöglicht den Austausch bewährter Praktiken, fördert technologische Innovationen und unterstützt finanzielle Mechanismen, um Entwicklungsländer bei der Bewältigung der Auswirkungen des Klimawandels zu helfen. Ein Beispiel hierfür ist der Green Climate Fund, der im Rahmen der COP ins Leben gerufen wurde, um finanzielle Mittel für Projekte zur Emissionsminderung und Anpassung an den Klimawandel bereitzustellen.

Die COP ist auch ein Forum für den Dialog zwischen verschiedenen Akteuren, einschließlich Regierungen, Nichtregierungsorganisationen, Unternehmen und der Zivilgesellschaft. Diese Multi-Stakeholder-Ansätze tragen dazu bei, ein breiteres Bewusstsein für Klimafragen zu schaffen und die Verantwortlichkeit der Staaten zu erhöhen. Allerdings steht die COP auch vor Herausforderungen, wie der Uneinigkeit zwischen Industrie- und Entwicklungsländern, den oft unzureichenden finanziellen Ressourcen sowie der Notwendigkeit, wissenschaftlich fundierte Entscheidungen zu treffen, um die globalen Temperaturziele von maximal 1,5 bis 2 Grad Celsius über dem vorindustriellen Niveau zu erreichen.

COP 1 Berlin, Deutschland März 1995

Die COP 1 (Conference of the Parties, erste Konferenz der Vertragsparteien) fand im März 1995 in Berlin, Deutschland, statt und war ein entscheidendes Ereignis im Rahmen der Klimapolitik und der internationalen Umweltgovernance. Diese Konferenz war die erste Zusammenkunft der Vertragsparteien der UN-Klimarahmenkonvention (UNFCCC), die 1992 auf dem Erdgipfel in Rio de Janeiro ins Leben gerufen wurde. Die Konvention stellte einen grundlegenden Schritt in den internationalen Bemühungen dar, den Klimawandel zu bekämpfen und die globale Erwärmung zu begrenzen.

Die COP 1 in Berlin war besonders wichtig, da sie eine Plattform bot, um die Fortschritte seit der Verabschiedung der UNFCCC zu bewerten und die nächsten Schritte zur Bekämpfung des Klimawandels zu planen. Ein zentrales Thema der Konferenz war die Notwendigkeit, verbindliche Emissionsreduktionen für Treibhausgase zu etablieren, da sich die globalen Emissionen weiterhin im Anstieg befanden und die Auswirkungen des Klimawandels zunehmend spürbar wurden.

Ein bedeutendes Ergebnis der COP 1 war die sogenannte „Berliner Mandat", das die Grundlage für die Entwicklung eines umfassenden Protokolls zur Reduktion von Treibhausgasemissionen legte. Dieses Mandat forderte die Vertragsparteien auf, bis zur nächsten Konferenz, COP 2, in Genf, im Jahr 1996 verbindliche Zielvorgaben für Emissionsreduktionen auszuarbeiten. Dies stellte eine wichtige Weichenstellung dar, um die internationale Klimapolitik in Richtung konkreter, messbarer Maßnahmen zu lenken.

Die COP 1 war auch ein Schlüsselmoment für die Einbindung von Entwicklungsländern in den internationalen Klimadiskurs. In Berlin wurde deutlich, dass die Verantwortung für den Klimaschutz nicht nur bei den industrialisierten Ländern liegt, sondern dass auch Entwicklungsländer in die Maßnahmen einbezogen werden müssen, um nachhaltige Lösungen zu finden, die den sozialen und wirtschaftlichen Kontext dieser Länder berücksichtigen.

Die Konferenz reflektierte auch die Herausforderungen der Umwelt- und Klimagovernance, einschließlich der Komplexität der Verhandlungen, der unterschiedlichen nationalen Interessen und der Notwendigkeit, wirtschaftliche Entwicklung mit Umwelt- und Klimaschutz in Einklang zu bringen. Die Berliner Konferenz stellte somit nicht nur einen Fortschritt in der internationalen Klimapolitik dar, sondern auch einen wichtigen Schritt hin zu einem umfassenderen Verständnis von Governance-Prozessen, die die Zusammenarbeit zwischen Ländern, internationalen Organisationen und der Zivilgesellschaft erforderten.

COP 2 Genf, Schweiz Juli 1996

Die COP 2 (Conference of the Parties) fand im Juli 1996 in Genf, Schweiz, statt und war die zweite Konferenz der Vertragsparteien des Rahmenübereinkommens der Vereinten Nationen über Klimaänderungen (UNFCCC), das 1992 auf dem Erdgipfel in Rio de Janeiro ins Leben gerufen wurde. Diese Konferenz war ein bedeutender Schritt in der globalen Umwelt- und Klimagovernance, da sie der internationalen Gemeinschaft die Möglichkeit bot, die Fortschritte in der Bekämpfung des Klimawandels zu bewerten und zukünftige Maßnahmen zu planen.

Ein zentrales Thema der COP 2 war die Vorbereitung auf das Kyoto-Protokoll, das 1997 in Kyoto, Japan, verabschiedet werden sollte. Die Konferenz in Genf diente als Plattform, um die Grundlagen für verbindliche Emissionsreduktionsziele zu diskutieren und die Mechanismen zu erörtern, durch die diese Ziele erreicht werden könnten. Dabei wurde deutlich, dass der Klimawandel nicht nur eine Umweltkrise darstellt, sondern auch weitreichende wirtschaftliche, soziale und politische Implikationen hat.

In Genf wurde insbesondere die Bedeutung der wissenschaftlichen Erkenntnisse hervorgehoben, die durch den Zwischenstaatlichen Ausschuss für Klimaänderungen (IPCC) bereitgestellt wurden. Der IPCC hatte in seinen Berichten die Dringlichkeit untermauert, Maßnahmen zur Reduzierung der Treibhausgasemissionen zu ergreifen, um die globalen Temperaturanstiege zu begrenzen. Diese wissenschaftliche Basis war entscheidend, um die Verhandlungen voranzutreiben und politischen Druck auf die Länder auszuüben, Maßnahmen zu ergreifen.

Ein weiterer wichtiger Aspekt der COP 2 war die Diskussion über die Rolle der Entwicklungsländer in der globalen Klimapolitik. Es wurde erkannt, dass diese Länder oft am stärksten von den Auswirkungen des Klimawandels betroffen sind, obwohl sie historisch gesehen nur einen geringen Anteil an den globalen Emissionen haben. Daher wurde eine Debatte über finanzielle und technische Unterstützung für diese Länder angestoßen, um ihnen zu helfen, nachhaltige Entwicklung und Anpassungsmaßnahmen zu fördern. Dies führte zu einem verstärkten Fokus auf den Mechanismus für Technologie-Transfer und die Schaffung von Finanzierungsinstrumenten, um die Umsetzung von Klimaschutzmaßnahmen in Entwicklungsländern zu unterstützen.

Darüber hinaus war die COP 2 ein Forum für zivilgesellschaftliche Akteure, die ihre Stimmen und Perspektiven in die Diskussionen einbrachten. Umweltorganisationen, Wissenschaftler und Vertreter von indigenen Gemeinschaften forderten eine stärkere Berücksichtigung sozialer Gerechtigkeit und Menschenrechte in der Klimapolitik.

COP 3 Kyoto, Japan Dezember 1997
Die Dritte Konferenz der Vertragsparteien (COP 3) des Rahmenübereinkommens der Vereinten Nationen über Klimaänderungen (UNFCCC) fand im Dezember 1997 in Kyoto, Japan, statt und stellte einen entscheidenden Wendepunkt in der internationalen Klimapolitik dar. Der Kyoto-Prozess war bemerkenswert, weil er das erste bindende Abkommen zur Reduktion von Treibhausgasemissionen etablierte, das sich an Industrieländer und einige Schwellenländer richtete.

Im Kontext der Umwelt- und Klimagovernance muss COP 3 als ein Versuch gesehen werden, ein kooperatives und gerechtes System zur Bekämpfung des globalen Klimawandels zu schaffen. Vor der Konferenz hatten die bisherigen Verhandlungen und Abkommen, wie das von 1992 verabschiedete UNFCCC, zwar die Notwendigkeit einer internationalen Zusammenarbeit erkannt, jedoch keine konkreten Verpflichtungen zur

Emissionsreduktion festgelegt. COP 3 war daher ein bedeutender Schritt zur Operationalisierung der Klimagovernance.

Das Ergebnis der Konferenz war das Kyoto-Protokoll, das am 11. Dezember 1997 angenommen wurde und 2005 in Kraft trat. Es legte spezifische Emissionsreduktionsziele für die industrialisierten Länder fest, die insgesamt eine Reduktion von 5,2 % der Emissionen im Vergleich zu den Werten von 1990 bis zum Jahr 2012 anstrebten. Diese Zielvorgaben waren nicht nur ein bedeutender Schritt in Richtung einer globalen Klimapolitik, sondern auch ein Versuch, die Prinzipien der Gerechtigkeit und Differenzierung zu berücksichtigen. Industrieländer wurden stärker in die Verantwortung genommen, während Entwicklungsländer von festen Verpflichtungen ausgenommen wurden, was die unterschiedlichen Kapazitäten und historischen Emissionen berücksichtigte.

Die Implementierung des Kyoto-Protokolls stellte jedoch zahlreiche Herausforderungen dar. Kritiker argumentierten, dass die festgelegten Ziele nicht ausreichten, um die globalen Temperaturanstiege auf einem sicheren Niveau zu halten. Zudem gab es Bedenken hinsichtlich der Flexibilität der Mechanismen, die im Protokoll vorgesehen waren, wie dem Emissionshandel, den Joint Implementation-Projekten und den Mechanismen für saubere Entwicklung (CDM). Diese Instrumente waren als wirtschaftliche Anreize gedacht, um die Kosten der Emissionsreduktion zu senken und gleichzeitig die Entwicklung nachhaltiger Technologien zu fördern.

In der Folge wurde das Kyoto-Protokoll in den folgenden Jahren sowohl von einigen Ländern als auch von verschiedenen Interessengruppen kritisiert. Insbesondere die Ablehnung der USA, dem Protokoll beizutreten, und die Herausforderungen in der Umsetzung des Abkommens führten zu Spannungen innerhalb der internationalen Gemeinschaft. Dennoch hat COP 3 und das Kyoto-Protokoll einen wichtigen Rahmen für die Entwicklung zukünftiger Klimaschutzabkommen geschaffen. Sie haben die Notwendigkeit unterstrichen, dass Klimagovernance sowohl international koordiniert als auch lokal angepasst werden muss, um den unterschiedlichen Bedürfnissen und Kapazitäten der Länder gerecht zu werden.

COP 4 Buenos Aires, Argentinien November 1998

Die vierte Konferenz der Vertragsparteien (COP 4) der UN-Klimarahmenkonvention (UNFCCC) fand im November 1998 in Buenos Aires, Argentinien, statt. Diese Konferenz war ein entscheidender Moment in der internationalen Klimapolitik und spielte eine zentrale Rolle in der Entwicklung der globalen Umwelt- und Klimagovernance.

Im Kontext der COP 4 war eines der Hauptziele, die Umsetzung des bereits 1997 in Kyoto unterzeichneten Kyoto-Protokolls voranzutreiben, das verbindliche Emissionsreduktionsziele für Industrieländer festlegte. Buenos Aires war das erste große Treffen nach der Unterzeichnung des Protokolls, und daher lag der Fokus auf der Schaffung eines spezifischen Regelwerks, das die im Kyoto-Protokoll festgelegten Ziele operationalisieren sollte.

Ein zentrales Thema der COP 4 war der Aufbau von Mechanismen zur Unterstützung der Emissionsreduktionen, einschließlich der sogenannten „flexiblen Mechanismen" des Kyoto-Protokolls, wie dem Emissionshandel, den gemeinsamen Umsetzungsprojekten und der sauberen Entwicklung (CDM). Diese Mechanismen sollten es den Industrieländern ermöglichen, Emissionen dort zu reduzieren, wo dies kostengünstiger war, und damit die globale Effizienz der Emissionsreduktionen zu erhöhen.

Darüber hinaus wurde die COP 4 von einer Vielzahl von Interessengruppen, darunter Regierungen, Nichtregierungsorganisationen (NGOs) und wissenschaftliche Gemeinschaften, intensiv beobachtet. Diese Akteure brachten unterschiedliche Perspektiven und Anliegen in die Verhandlungen ein, was die Komplexität der Klimagovernance verdeutlichte. NGOs forderten stärkere Maßnahmen gegen den Klimawandel und kritisierten, dass die vorgeschlagenen Maßnahmen nicht ausreichend seien, um die globalen Temperaturziele zu erreichen.

Ein weiterer wichtiger Aspekt der COP 4 war die Diskussion über die Finanzierung von Klimaschutzmaßnahmen, insbesondere für Entwicklungsländer. Es bestand ein wachsender Konsens darüber, dass finanzielle Unterstützung und technologische Hilfe für diese Länder notwendig waren, um ihre Emissionen zu reduzieren und sich an die Folgen des Klimawandels anzupassen. Dies führte zu einer verstärkten Debatte über die

Verantwortung der Industrieländer, die historisch gesehen die meisten Treibhausgasemissionen verursacht hatten.

Die Verhandlungen in Buenos Aires waren jedoch von Spannungen geprägt, insbesondere zwischen den Industrieländern und den Entwicklungsländern. Letztere forderten eine gerechte Verteilung der Lasten im Rahmen der Klimagovernance und mehr Berücksichtigung ihrer spezifischen Bedürfnisse und Herausforderungen. Die COP 4 endete schließlich mit einem Kompromiss, der die Grundlage für weiterführende Gespräche legte, jedoch ohne konkrete Fortschritte bei der Umsetzung verbindlicher Emissionsziele.

COP 5 Bonn, Deutschland Oktober 1999

Die fünfte Konferenz der Vertragsparteien (COP 5) der UN-Klimarahmenkonvention (UNFCCC) fand im Oktober 1999 in Bonn, Deutschland, statt. Diese Konferenz spielte eine entscheidende Rolle im Bereich der internationalen Umwelt- und Klimagovernance und war ein bedeutender Schritt in der globalen Zusammenarbeit zur Bekämpfung des Klimawandels. In den Jahren nach der Verabschiedung der UNFCCC im Jahr 1992 wurde der Klimawandel zunehmend als eine der größten globalen Herausforderungen anerkannt. COP 5 war eine Gelegenheit, die Fortschritte seit der vorherigen Konferenz in Berlin im Jahr 1999 zu bewerten und die nächsten Schritte zur Umsetzung des Kyoto-Protokolls zu planen, das 1997 in Kyoto, Japan, verabschiedet worden war. Dieses Protokoll stellte das erste rechtlich bindende internationale Abkommen dar, das den Industrieländern verpflichtete, ihre Treibhausgasemissionen zu reduzieren.

Die Konferenz in Bonn war geprägt von intensiven Verhandlungen über die Details der Implementierung des Kyoto-Protokolls, insbesondere in Bezug auf die Mechanismen zur Emissionsreduktion wie den Emissionshandel, die gemeinsame Umsetzung und die Mechanismen für die saubere Entwicklung. Diese Mechanismen sollten es den Ländern ermöglichen, kostengünstige Möglichkeiten zur Reduzierung ihrer Emissionen zu finden und gleichzeitig Entwicklungs-länder in den Prozess einzubeziehen.

Ein wichtiger Aspekt der COP 5 war die Diskussion über die Rolle der nichtstaatlichen Akteure, einschließlich Unternehmen, Nichtregierungsorganisationen (NGOs) und lokalen Gemeinschaften, in der Klimagovernance. Diese Konferenz erkannte zunehmend, dass effektive Maßnahmen zur Bekämpfung des Klimawandels nicht nur auf nationaler Ebene, sondern auch durch die aktive Beteiligung dieser Akteure gefördert werden sollten. Es wurde deutlich, dass der Klimawandel eine multidimensionale Herausforderung darstellt, die verschiedene Sektoren und Interessengruppen umfasst.

Ein weiteres zentrales Thema der COP 5 war die Finanzierung von Klimaschutzmaßnahmen, insbesondere die Bereitstellung von Mitteln für Entwicklungsländer, die oft am stärksten von den Auswirkungen des Klimawandels betroffen sind. Die Konferenz betonte die Notwendigkeit eines gerechten Zugangs zu Technologien und Finanzierung, um diesen Ländern zu helfen, ihre Emissionen zu reduzieren und sich an die bereits eingetretenen Klimaveränderungen anzupassen.

Die Ergebnisse der COP 5 trugen dazu bei, die Rahmenbedingungen für die zukünftige Klimapolitik zu schaffen. Es wurde eine Reihe von Beschlüssen gefasst, die darauf abzielten, die Mechanismen des Kyoto-Protokolls weiter zu konkretisieren und die Vorbereitungen für die nächste Konferenz, COP 6, in Den Haag zu erleichtern. Diese Beschlüsse unterstrichen die Bedeutung einer kohärenten und integrativen Klimastrategie, die sowohl die Bedürfnisse der industrialisierten als auch der Entwicklungsländer berücksichtigt.

COP 6 Den Haag, Niederlande November 2000

Die 6. Konferenz der Vertragsparteien (COP 6) der UN-Klimarahmenkonvention (UNFCCC) fand im November 2000 in Den Haag, Niederlande, statt und stellte einen entscheidenden Moment in der internationalen Klimapolitik dar. Diese Konferenz sollte die Umsetzung des Kyoto-Protokolls vorantreiben, das 1997 in Kyoto, Japan, verabschiedet worden war. COP 6 war geprägt von intensiven Verhandlungen, politischen Spannungen und der Notwendigkeit, einen effektiven Rahmen für die Reduktion von Treibhausgasemissionen zu schaffen.

Im Kontext der Umwelt- und Klimagovernance kann COP 6 als ein Beispiel für die Herausforderungen und Komplexitäten angesehen werden, die mit der globalen Kooperation im Bereich Klimaschutz verbunden sind. Die Konferenz wurde von der Notwendigkeit geprägt, einen Konsens unter den teilnehmenden Ländern zu finden, insbesondere zwischen Industrie- und Entwicklungsländern, die unterschiedliche Interessen und Verantwortlichkeiten in Bezug auf den Klimawandel hatten. Während Industrieländer unter Druck standen, ihre Emissionen zu reduzieren, forderten Entwicklungsländer Unterstützung und finanzielle Mittel, um ihre eigenen Emissionen zu kontrollieren und gleichzeitig das Wirtschaftswachstum zu fördern.

Ein zentrales Thema während der COP 6 war die Ausarbeitung von Mechanismen zur Umsetzung des Kyoto-Protokolls. Dazu gehörten unter anderem die Festlegung von Emissionszielen, die Entwicklung von flexiblen Mechanismen wie dem Emissionshandel und der sogenannten „Clean Development Mechanism" (CDM), die es Industrieländern ermöglichen sollte, Emissionsreduktionen durch Projekte in Entwicklungsländern zu erwerben. Diese Mechanismen sollten nicht nur zur Reduktion von Treibhausgasemissionen beitragen, sondern auch den technologischen Austausch und finanzielle Unterstützung fördern.

Die Verhandlungen in Den Haag waren jedoch stark von Konflikten geprägt. Die Differenzen in den Ansichten über Verantwortung und Verteilung von Lasten führten zu einem Blockieren von Entscheidungen. Insbesondere die USA und die EU hatten unterschiedliche Ansätze zur Emissionskontrolle und zur Rolle von Entwicklungsländern in der globalen Klimapolitik. Der Unmut über die unzureichenden Fortschritte und die unterschiedlichen Positionen führte dazu, dass die Konferenz in eine erneute Phase der Verhandlungen überging, die schließlich in einem späteren Treffen, der COP 6 bis zur COP 6 bis 2001 in Bonn, fortgesetzt wurden.

Die COP 6 in Den Haag verdeutlichte nicht nur die Herausforderungen der internationalen Klimagovernance, sondern auch die Notwendigkeit eines inklusiven und transparenten Verhandlungsprozesses. Die Diskussionen zeigten, dass die Bewältigung des Klimawandels ein multidimensionales Problem ist, das politische, wirtschaftliche und soziale Dimensionen umfasst. Um effektive und gerechte Lösungen zu finden, müssen alle Länder, unabhängig von ihrem Entwicklungsstand, in die Entscheidungsprozesse einbezogen werden.

COP 6-2 Bonn, Deutschland Juli 2001

Die COP 6-2, die im Juli 2001 in Bonn, Deutschland, stattfand, war eine wichtige Konferenz im Rahmen der UN-Klimarahmenkonvention (UN-FCCC). Diese Konferenz war eine Fortsetzung der 6. Konferenz der Vertragsparteien (COP 6), die ursprünglich im November 2000 in Den Haag abgehalten wurde, jedoch aufgrund von Differenzen in Bezug auf die Verhandlungspositionen und die Umsetzung des Kyoto-Protokolls nicht zu einem abschließenden Ergebnis führte. Die COP 6-2 in Bonn war also entscheidend für die Weiterentwicklung der internationalen Klimapolitik und für die Fortschritte in der globalen Umwelt- und Klimagovernance.

Im Kontext der Umwelt- und Klimagovernance ist die COP 6-2 besonders relevant, weil sie den Rahmen für die zukünftigen Verpflichtungen der Industrieländer zur Reduktion von Treibhausgasemissionen festlegte. Ein zentrales Thema dieser Konferenz war das Kyoto-Protokoll, das 1997 in Kyoto, Japan, verabschiedet wurde und das Ziel hatte, die Emissionen von Treibhausgasen in den industrialisierten Ländern bis 2012 um durchschnittlich 5,2 % im Vergleich zu den Werten von 1990 zu reduzieren.

Die Verhandlungen in Bonn waren von intensiven Diskussionen und politischen Auseinandersetzungen geprägt, insbesondere bezüglich der Flexibilitätsmechanismen des Kyoto-Protokolls, wie dem Emissionshandel, dem Clean Development Mechanism (CDM) und dem Joint Implementation (JI). Diese Mechanismen sollten es den Ländern ermöglichen, ihre Emissionen auf kosteneffiziente Weise zu reduzieren, indem sie Emissionseinsparungen in anderen Ländern erwerben oder Projekte zur Emissionsreduktion in Entwicklungsländern finanzieren.

Ein weiterer wichtiger Aspekt der COP 6-2 war die Diskussion über die Rolle der Entwicklungsländer in der globalen Klimapolitik. Während die Industrieländer unter Druck standen, ihre Emissionen zu senken, forderten viele Entwicklungsländer, dass auch sie Unterstützung in Form von Technologie und finanziellen Mitteln erhalten, um ihre eigenen Emissionen zu kontrollieren und gleichzeitig nachhaltige Entwicklung zu fördern. Die Verhandlungen in Bonn führten schließlich zu einem Kompromiss, der es den Entwicklungsländern ermöglichte, ihre Emissionen in einem gewissen Maße zu steigern, solange sie sich zu Maßnahmen zur Emissionsreduzierung verpflichteten.

Die COP 6-2 kann auch als Wendepunkt in der internationalen Klimagovernance angesehen werden, da sie den Weg für die endgültige Verabschiedung des Kyoto-Protokolls ebnete. Die Ergebnisse der Konferenz führten zu einer Einigung über die grundlegenden Regeln und Mechanismen, die für die Implementierung des Protokolls erforderlich waren. Diese Einigung war ein bedeutender Schritt in Richtung eines kooperativen und multilateralen Ansatzes zur Bekämpfung des Klimawandels, der die Notwendigkeit eines kollektiven Handelns zur Reduzierung von Treibhausgasemissionen unterstrich.

COP 7 Marrakesch, Marokko Oktober 2001

Die siebte Konferenz der Vertragsparteien (COP 7) der Rahmenkonvention der Vereinten Nationen über Klimaänderungen (UNFCCC) fand im Oktober 2001 in Marrakesch, Marokko, statt. Diese Konferenz war von zentraler Bedeutung im Kontext der internationalen Umwelt- und Klimagovernance, da sie eine entscheidende Phase in der Umsetzung des Kyoto-Protokolls darstellte, das 1997 in Kyoto, Japan, verabschiedet wurde. Die COP 7 war maßgeblich geprägt von dem Bestreben, die Mechanismen und Regeln für das Kyoto-Protokoll festzulegen, welches verbindliche Emissionsziele für Industrieländer vorsah. Diese Ziele waren auf die Reduktion von Treibhausgasemissionen bis 2012 ausgerichtet, mit dem Ziel, die globale Erwärmung zu begrenzen. In Marrakesch wurden wichtige Regelungen zur Umsetzung dieser Ziele sowie zur Schaffung von

Marktmechanismen wie dem Emissionshandel, dem Mechanismus für umweltfreundliche Entwicklung (CDM) und der gemeinsamen Umsetzung (JI) entwickelt und konkretisiert.

Ein zentrales Ergebnis der COP 7 war die Verabschiedung des sogenannten „Marrakesch-Pakets", das eine Reihe von Entscheidungen und Richtlinien beinhaltete, die für die Implementierung des Kyoto-Protokolls notwendig waren. Dieses Paket stellte sicher, dass die Länder konkrete Schritte unternehmen konnten, um die festgelegten Emissionsziele zu erreichen. Die Konferenz führte auch zu einer Stärkung der finanziellen und technologischen Unterstützung für Entwicklungsländer, um ihnen zu helfen, ihre Emissionen zu reduzieren und sich an die Folgen des Klimawandels anzupassen.

Ein weiterer wichtiger Aspekt der COP 7 war die Betonung der Notwendigkeit einer breiteren globalen Zusammenarbeit im Bereich der Klimapolitik. Der Dialog zwischen den Industrieländern und den Entwicklungsländern wurde als unerlässlich erachtet, um eine gerechte und effektive globale Klimapolitik zu fördern. Diese Erkenntnis führte zu einer verstärkten Berücksichtigung der Bedürfnisse und Interessen von Entwicklungsländern in den Verhandlungen und der Entwicklung von spezifischen Mechanismen zur Unterstützung dieser Länder.

Die COP 7 in Marrakesch stellte somit einen entscheidenden Schritt in der internationalen Klimapolitik dar, indem sie die Weichen für die Umsetzung des Kyoto-Protokolls stellte und gleichzeitig die Grundlagen für zukünftige Verhandlungen über Klimaschutz und Anpassung an den Klimawandel legte. In der Folge wurde die Konferenz zu einem wichtigen Bezugspunkt für die Entwicklung einer effektiven Umwelt- und Klimagovernance, die auf multilateralen Verhandlungen und der Zusammenarbeit zwischen verschiedenen Akteuren, einschließlich Staaten, internationalen Organisationen und der Zivilgesellschaft, basiert.

COP 8 Neu-Delhi, Indien Oktober 2002
Die achte Konferenz der Vertragsparteien (COP 8) des Rahmenübereinkommens der Vereinten Nationen über Klimaänderungen (UNFCCC)

fand im Oktober 2002 in Neu-Delhi, Indien, statt. Diese Konferenz war ein wichtiger Meilenstein im internationalen Klimaschutz und stellte eine Schlüsselveranstaltung im Kontext der globalen Umwelt- und Klimagovernance dar.

COP 8 fiel in eine Zeit, in der die weltweite Aufmerksamkeit auf die Herausforderungen des Klimawandels und die Notwendigkeit internationaler Zusammenarbeit gerichtet war. Die Konferenz wurde von der indischen Regierung und der UNFCCC organisiert und brachte Delegierte aus nahezu allen Ländern der Welt zusammen, um über die Umsetzung des Kyoto-Protokolls und weitere Maßnahmen zur Bekämpfung des Klimawandels zu diskutieren.

Ein zentrales Thema der COP 8 war die Überprüfung des Fortschritts bei der Umsetzung des Kyoto-Protokolls, das 1997 verabschiedet worden war und dessen Ziel es war, die Treibhausgasemissionen der industrialisierten Länder zu reduzieren. Während der Konferenz wurde deutlich, dass viele der Vertragsparteien vor erheblichen Herausforderungen standen, insbesondere hinsichtlich der nationalen Berichterstattung über Emissionen und der Implementierung von Maßnahmen zur Emissionsreduktion. Die Notwendigkeit eines transparenten und effektiven Überwachungsmechanismus wurde hervorgehoben, um sicherzustellen, dass die Länder ihre Verpflichtungen erfüllten.

Ein weiterer wichtiger Aspekt der COP 8 war die Diskussion über die Rolle der Entwicklungsländer im Klimaschutz. In Neu-Delhi wurde die Notwendigkeit erkannt, finanzielle und technische Unterstützung für Entwicklungsländer bereitzustellen, um deren Fähigkeit zur Anpassung an den Klimawandel und zur Minderung von Emissionen zu stärken. Diese Diskussionen führten zur Schaffung des sogenannten „Delhi-Programms zur Anpassung", das darauf abzielte, spezifische Maßnahmen zur Unterstützung der Anpassung an die Auswirkungen des Klimawandels in vulnerablen Ländern zu entwickeln.

Die Konferenz in Neu-Delhi war auch geprägt von den Spannungen zwischen den industrialisierten und den Entwicklungsländern. Während die ersten Gruppen Druck auf die Entwicklungsländer ausübten, ebenfalls

Emissionsverpflichtungen einzugehen, betonten die Entwicklungsländer ihr Recht auf Entwicklung und die Notwendigkeit, die Emissionen im Kontext ihrer sozialen und wirtschaftlichen Herausforderungen zu betrachten. Diese Spannungen waren ein wiederkehrendes Thema in den Verhandlungen und spiegelten die komplexen Dynamiken der globalen Umweltgovernance wider.

COP 9 Mailand, Italien Dezember 2003
Die neunte Konferenz der Vertragsparteien (COP 9) der UN-Klimarahmenkonvention (UNFCCC) fand im Dezember 2003 in Mailand, Italien, statt und stellte einen bedeutenden Meilenstein in der internationalen Umwelt- und Klimagovernance dar. Diese Konferenz fiel in eine Zeit, in der das Bewusstsein für die globalen Herausforderungen des Klimawandels und die Notwendigkeit einer internationalen Zusammenarbeit zur Bekämpfung dieser Krise wuchs.

Ein zentrales Thema der COP 9 war die Umsetzung des Kyoto-Protokolls, das 1997 in Kyoto, Japan, verabschiedet worden war. Das Kyoto-Protokoll setzte verbindliche Emissionsziele für Industrieländer, um den Ausstoß von Treibhausgasen zu reduzieren. Bei der COP 9 wurde der Fortschritt hinsichtlich der Ratifizierung und Implementierung des Protokolls diskutiert, und es wurden Anstrengungen unternommen, um die verbleibenden Hindernisse für dessen effektive Umsetzung zu identifizieren und zu überwinden.

Ein weiteres wichtiges Element der COP 9 war die Diskussion über die langfristigen Ziele der internationalen Klimapolitik. Die Teilnehmer erkannten die Notwendigkeit an, über die kurzfristigen Emissionsziele hinauszudenken und langfristige Strategien zu entwickeln, um die globale Erwärmung auf ein tolerierbares Niveau zu begrenzen. Dies führte zu einer verstärkten Diskussion über die Rolle erneuerbarer Energien, Energieeffizienz und nachhaltige Entwicklung im Kontext des Klimaschutzes. Darüber hinaus war die COP 9 auch ein Forum für die Vertretung von Entwicklungsländern und deren spezifischen Bedürfnissen und Herausforderungen im Bereich Klimagovernance. Die Konferenz legte besonderen Wert auf die Notwendigkeit, finanzielle und technologische Unterstützung für diese Länder bereitzustellen, um ihre Kapazitäten zur Anpassung an den Klimawandel zu stärken und ihre eigenen Emissionen zu reduzieren. Dies spiegelte das wachsende Bewusstsein wider, dass Klimagovernance nicht nur die Verantwortung der Industrieländer ist, sondern auch eine globale Herausforderung darstellt, die alle Länder betrifft.

Die COP 9 in Mailand war auch von einem verstärkten Engagement der Zivilgesellschaft und der Privatwirtschaft geprägt. NGO, Unternehmen und andere Akteure wurden ermutigt, in den Prozess einzutreten und zur Entwicklung von Lösungen beizutragen. Dieses Engagement war entscheidend, um ein umfassenderes Verständnis der Herausforderungen des Klimawandels zu fördern und innovative Ansätze zur Bewältigung dieser Probleme zu entwickeln.

COP 10 Buenos Aires, Argentinien Dezember 2004

Die 10. Konferenz der Vertragsparteien (COP 10) des Rahmenübereinkommens der Vereinten Nationen über Klimaänderungen (UNFCCC) fand im Dezember 2004 in Buenos Aires, Argentinien, statt. Diese Konferenz war ein bedeutendes Ereignis im Kontext der internationalen Umwelt- und Klimagovernance, da sie wichtige Schritte in der globalen Zusammenarbeit zur Bekämpfung des Klimawandels markierte.

COP 10 war besonders relevant, da sie in einer Zeit stattfand, in der das Kyoto-Protokoll, das im Jahr 1997 verabschiedet wurde, in der Umsetzung war. Das Protokoll legte verbindliche Emissionsziele für Industrieländer fest und stellte somit einen ersten ernsthaften Versuch dar, den Anstieg der globalen Temperaturen zu begrenzen. In Buenos Aires lag der Fokus darauf, die Mechanismen zur Umsetzung des Kyoto-Protokolls zu stärken und Vorbereitungen für die zweite Verpflichtungsperiode nach 2012 zu treffen.

Ein zentrales Thema der COP 10 war die Diskussion über die Mechanismen zur Emissionsreduktion, wie den Clean Development Mechanism (CDM) und Joint Implementation (JI). Diese Mechanismen sollten Ländern mit hohen Emissionen ermöglichen, ihre Verpflichtungen durch

Investitionen in emissionsmindernde Projekte in Entwicklungsländern oder in anderen Industrieländern zu erfüllen. Diese Ansätze sollten sowohl umweltpolitische als auch wirtschaftliche Vorteile bieten, indem sie einen Markt für CO2-Zertifikate schufen und gleichzeitig die nachhaltige Entwicklung in ärmeren Ländern förderten.

Ein weiteres wichtiges Thema während der Konferenz war die Notwendigkeit, die Rolle der Wissenschaft bei der Klimapolitik zu stärken. Der Intergovernmental Panel on Climate Change (IPCC) hatte in den Jahren zuvor wichtige Berichte veröffentlicht, die die Dringlichkeit des Handelns unterstrichen und die wissenschaftliche Basis für die politischen Entscheidungen bildeten. COP 10 bekräftigte die Notwendigkeit, wissenschaftliche Erkenntnisse in die politischen Entscheidungsprozesse einzubinden, um effektivere Strategien zur Bekämpfung des Klimawandels zu entwickeln.

Die Konferenz in Buenos Aires stellte auch einen wichtigen Moment für die Delegierten der Entwicklungsländer dar, die ihre Forderungen nach mehr Unterstützung und Ressourcen für Anpassungsmaßnahmen an den Klimawandel deutlich machten. Diese Länder waren besonders anfällig für die Auswirkungen des Klimawandels, hatten jedoch oft nicht die Mittel, um sich angemessen anzupassen oder zu mitigieren. In diesem Kontext wurde der Bedarf an finanzieller Unterstützung und Technologietransfer hervorgehoben.

COP 11 Montreal, Kanada November 2005
Die COP 11 (Conference of the Parties) fand im November 2005 in Montreal, Kanada, statt und war ein entscheidender Moment in der internationalen Umwelt- und Klimagovernance. Diese Konferenz war Teil des Rahmenübereinkommens der Vereinten Nationen über Klimaänderungen (UNFCCC), das 1992 in Rio de Janeiro ins Leben gerufen wurde. COP 11 war besonders bedeutsam, da sie nicht nur die Fortsetzung der internationalen Verhandlungen zur Bekämpfung des Klimawandels darstellte, sondern auch die erste Konferenz nach dem Inkrafttreten des Kyoto-Protokolls im Jahr 2005 war.

Das Kyoto-Protokoll, das 1997 verabschiedet wurde und 2005 in Kraft trat, legte verbindliche Emissionsreduktionsziele für Industrieländer fest. Die COP 11 in Montreal hatte die Aufgabe, die Umsetzung dieses Protokolls zu überwachen und gleichzeitig den Diskurs über zukünftige Maßnahmen zur Bekämpfung des Klimawandels zu fördern. Ein zentrales Thema der Konferenz war die Diskussion über die Nachfolgevereinbarungen des Kyoto-Protokolls, insbesondere in Hinblick auf die Verpflichtungen nach 2012, dem Jahr, in dem die ersten Verpflichtungsperioden enden sollten.

Ein bedeutender Fortschritt während der COP 11 war die Schaffung eines Handlungsplans von Montreal, der die Grundlage für die weitere Verhandlung der Klimapolitik bildete. Dieser Plan umfasste verschiedene Arbeitsstränge, wie die Diskussion über die Anpassung an den Klimawandel, die Finanzierung von Klimaschutzmaßnahmen, Technologietransfer und die Stärkung der Kapazitäten in Entwicklungsländern. Dies spiegelte ein wachsendes Bewusstsein für die Notwendigkeit einer ganzheitlichen Herangehensweise an den Klimawandel wider, die sowohl Mitigation (Minderung der Emissionen) als auch Anpassung einschließt.

Die COP 11 zeigte auch die Herausforderungen und Spannungen innerhalb des internationalen Klimadiskurses. Besonders die Differenzen zwischen industrialisierten und Entwicklungsländern wurden deutlich. Während Erstere vor allem an verbindlichen Emissionsreduktionen festhielten, forderten Entwicklungsländer mehr Unterstützung und Ressourcen für Anpassungsmaßnahmen und den Technologietransfer. Diese Spannungen sind ein wiederkehrendes Thema in der internationalen Klimapolitik und verdeutlichen die Komplexität der globalen Zusammenarbeit.

Ein weiterer wichtiger Aspekt der COP 11 in Montreal war die Rolle der nichtstaatlichen Akteure, einschließlich NGOs, der Zivilgesellschaft und der Privatwirtschaft. Diese Akteure trugen nicht nur zur öffentlichen Debatte bei, sondern forderten auch von den Regierungen mehr Ambitionen und Verantwortung im Umgang mit dem Klimawandel. Ihre Einbindung in die Klimagovernance wurde als notwendig erachtet, um die politischen Prozesse zu legitimieren und den Druck auf die Entscheidungsträger zu erhöhen.

COP 12 Nairobi, Kenia Dezember 2006

Die 12. Konferenz der Vertragsparteien (COP 12) des Übereinkommens über die biologische Vielfalt fand im Dezember 2006 in Nairobi, Kenia, statt und stellte einen bedeutenden Schritt in der internationalen Umwelt- und Klimagovernance dar. Diese Konferenz war in einem Kontext angesiedelt, der durch wachsende Besorgnis über den Verlust der biologischen Vielfalt und die Auswirkungen des Klimawandels geprägt war.

Die COP 12 in Nairobi war besonders wichtig, da sie die erste Konferenz nach der Verabschiedung des strategischen Plans für die biologische Vielfalt 2011-2020 war, der während der COP 10 in Nagoya, Japan, verabschiedet wurde. In Nairobi wurde der Fortschritt bei der Umsetzung dieses Plans bewertet und es wurden Maßnahmen zur Verbesserung des Schutzes der biologischen Vielfalt gefordert. Die Konferenz stellte die Notwendigkeit heraus, verschiedene politische Rahmenbedingungen und Strategien zu integrieren, um die Biodiversität zu erhalten und gleichzeitig den Herausforderungen des Klimawandels zu begegnen.

Ein zentrales Thema der COP 12 war die Diskussion über die Synergien zwischen Biodiversität und Klimawandel. Die Teilnehmer erkannten, dass der Verlust der biologischen Vielfalt und der Klimawandel eng miteinander verknüpft sind. Biodiversität spielt eine entscheidende Rolle bei der Minderung der Auswirkungen des Klimawandels, da gesunde Ökosysteme wichtige Dienstleistungen bereitstellen, die zur Anpassung an klimatische Veränderungen beitragen können, wie etwa Kohlenstoffspeicherung, Wasserschutz und Bodenfruchtbarkeit.

Die Konferenz in Nairobi befasste sich auch mit Fragen der Finanzierung und der technologischen Unterstützung für Entwicklungs- und Schwellenländer, die besonders anfällig für die Auswirkungen des Klimawandels sind. Die Notwendigkeit, Ressourcen für den Schutz der biologischen Vielfalt bereitzustellen, wurde als entscheidend erachtet, um die globalen Ziele im Bereich der Biodiversität zu erreichen. Eine wichtige Initiative, die während der COP 12 diskutiert wurde, war die Schaffung von Partnerschaften zwischen Regierungen, Nichtregierungsorganisationen und dem privaten Sektor, um gemeinsam Lösungen zu entwickeln.

Die COP 12 in Nairobi war somit nicht nur eine Plattform für die Diskussion über die Erhaltung der biologischen Vielfalt, sondern auch ein wichtiges Forum für die Verknüpfung von Umwelt- und Klimagovernance. Die Erkenntnisse und Ergebnisse dieser Konferenz haben dazu beigetragen, die internationale Zusammenarbeit in diesen Bereichen zu stärken und einen integrativen Ansatz zu fördern, der sowohl den Schutz der biologischen Vielfalt als auch die Bekämpfung des Klimawandels berücksichtigt. Die Herausforderungen, die während dieser Konferenz angesprochen wurden, sind auch weiterhin von großer Bedeutung und erfordern kontinuierliche Aufmerksamkeit und Maßnahmen auf globaler, nationaler und lokaler Ebene.

COP 13 Bali, Indonesien Dezember 2007

Die 13. Konferenz der Vertragsparteien (COP 13) der UN-Klimarahmenkonvention (UNFCCC) fand im Dezember 2007 in Bali, Indonesien, statt und stellte einen bedeutenden Wendepunkt in der internationalen Klimapolitik dar. Im Kontext der Umwelt- und Klimagovernance war diese Konferenz entscheidend, um die internationale Zusammenarbeit zur Bekämpfung des Klimawandels zu stärken und die Weichen für zukünftige Verhandlungen zu stellen.

Die COP 13 in Bali war insbesondere bekannt für den „Bali-Aktionsplan", der eine Roadmap für die Verhandlungen über ein nachfolgendes Abkommen zum Kyoto-Protokoll skizzierte, dessen erste Verpflichtungsperiode 2012 enden sollte. Der Bali-Aktionsplan umfasste eine Vielzahl von Themen, darunter die Reduktion von Treibhausgasemissionen, die Anpassung an den Klimawandel, technologische Entwicklung und Transfer, sowie die Finanzierung von Klimaschutzmaßnahmen. Diese Themen wurden als integrale Bestandteile einer umfassenden globalen Antwort auf den Klimawandel erkannt.

Ein zentraler Aspekt des Bali-Aktionsplans war die Anerkennung der Notwendigkeit, sowohl entwickelte als auch sich entwickelnde Länder in den globalen Klimaschutz einzubeziehen. Dies stellte einen bedeutenden Fortschritt in der Klimagovernance dar, da es die Komplexität und die unterschiedlichen Verantwortlichkeiten und Kapazitäten der Länder berücksichtigte. Die Konferenz betonte die Wichtigkeit von „gemeinsamer, aber differenzierter Verantwortung", ein Prinzip, das bereits im Rahmen der UNFCCC verankert ist. Dies führte zu einer intensiven Debatte über die Verpflichtungen der Industrieländer im Vergleich zu den Entwicklungsländern, die oft weniger Ressourcen und Kapazitäten zur Verfügung hatten, um den Klimawandel zu bekämpfen.

Darüber hinaus förderte die COP 13 die Diskussion über innovative Finanzierungsmechanismen, um Entwicklungsländer bei der Umsetzung von Klimaschutzmaßnahmen zu unterstützen. Hierbei wurden Ansätze wie der „Adaptation Fund" ins Leben gerufen, der es Ländern ermöglichen sollte, sich an die unvermeidlichen Auswirkungen des Klimawandels anzupassen. Die Diskussion über die Finanzierung war entscheidend, um ein Gefühl der Solidarität und Verpflichtung unter den Vertragsparteien zu schaffen und um sicherzustellen, dass auch ärmere Länder in der Lage sind, ihren Beitrag zur globalen Klimaschutzagenda zu leisten.

Die COP 13 in Bali war auch ein Beispiel für die zunehmende Bedeutung von nicht-staatlichen Akteuren und zivilgesellschaftlichen Organisationen in der Klimagovernance. Die Konferenz zog eine Vielzahl von Interessengruppen an, darunter Umweltorganisationen, Unternehmen und Wissenschaftler, die alle an der Diskussion über Lösungen für den Klimawandel teilnahmen. Diese breitere Perspektive förderte den Dialog und die Zusammenarbeit zwischen verschiedenen Akteuren und trug dazu bei, innovative Ansätze und Lösungen zu entwickeln.

COP 14 Poznań, Polen Dezember 2008

Die COP 14, die im Dezember 2008 in Poznań, Polen, stattfand, war die vierzehnte Konferenz der Vertragsparteien der UN-Klimarahmenkonvention (UNFCCC) und ein wichtiger Schritt im globalen Klimaschutzprozess. Diese Konferenz fiel in eine entscheidende Phase der internationalen Klimapolitik, da sie im Vorfeld der COP 15 in Kopenhagen stattfand, die als entscheidend für die zukünftige Klimapolitik betrachtet wurde. Die COP 14 hatte das Ziel, die Verhandlungen über einen neuen globalen

Klimavertrag zu intensivieren, der die Verpflichtungen der Industrieländer zur Reduktion von Treibhausgasemissionen sowie die Unterstützung für Entwicklungsländer in ihren Klimaschutzbemühungen regeln sollte.

Im Kontext der Umwelt- und Klimagovernance war die COP 14 von mehreren zentralen Themen geprägt. Zunächst war die Diskussion über die Finanzierung von Klimaschutzprojekten in Entwicklungsländern von großer Bedeutung. Die Notwendigkeit eines finanziellen Mechanismus, der es Entwicklungsländern ermöglicht, sich an die Auswirkungen des Klimawandels anzupassen und gleichzeitig ihre Emissionen zu reduzieren, wurde als entscheidend erachtet. Hierbei wurde der „Adaptation Fund“ ins Leben gerufen, der auf den Ressourcen der Einnahmen aus dem Handel mit Emissionszertifikaten basierte.

Ein weiterer zentraler Aspekt der COP 14 war die Diskussion über die Rolle der wissenschaftlichen Erkenntnisse in der Klimapolitik. Der vierte Sachstandsbericht des Intergovernmental Panel on Climate Change (IPCC) hatte die Dringlichkeit des Handelns verdeutlicht. In Poznań wurde der Call for Action, ein Aufruf zur sofortigen Umsetzung von Maßnahmen zur Minderung des Klimawandels, formuliert. Die Verhandlungen in Poznań betonten die Notwendigkeit einer stärkeren Integration von wissenschaftlichen Erkenntnissen in politische Entscheidungen, um eine evidenzbasierte Klimagovernance zu fördern.

Die COP 14 stellte auch eine Plattform für die Einbeziehung nichtstaatlicher Akteure in den Klimaschutz dar. Neben den offiziellen Delegationen hatten auch Vertreter von NGOs, der Wirtschaft und der Zivilgesellschaft die Möglichkeit, ihre Perspektiven und Vorschläge einzubringen. Dies verdeutlichte einen Trend hin zu einer inklusiveren Form der Klimagovernance, die über die traditionellen staatlichen Akteure hinausgeht und ein breiteres Spektrum an Interessen und Expertisen berücksichtigt.

COP 15 Kopenhagen, Dänemark Dezember 2009

Die COP 15, die im Dezember 2009 in Kopenhagen, Dänemark, stattfand, war eine der bedeutendsten Konferenzen der Vertragsparteien der UN-Klimarahmenkonvention (UNFCCC). Sie zielte darauf ab, einen neuen globalen Klimavertrag zu entwickeln, der die Nachfolge des Kyoto-Protokolls antreten sollte, dessen erste Verpflichtungsperiode 2012 endete. Die Konferenz war von einer Vielzahl an Erwartungen und Hoffnungen umgeben, die sich auf die Notwendigkeit konzentrierten, die globale Erwärmung auf unter 2 Grad Celsius im Vergleich zum vorindustriellen Niveau zu begrenzen.

Im Kontext der Umwelt- und Klimagovernance war die COP 15 ein kritischer Moment, in dem die Herausforderungen der internationalen Zusammenarbeit in der Klimapolitik deutlich wurden. Die Verhandlungen waren geprägt von Spannungen zwischen industrialisierten und sich entwickelnden Ländern, insbesondere hinsichtlich der Verantwortung für den Klimawandel und der notwendigen finanziellen Mittel für Anpassungs- und Minderungmaßnahmen. Während industrialisierte Länder historische Emissionen vorweisen konnten und daher in der Verantwortung gesehen wurden, die Hauptlast der Emissionsreduktionen zu tragen, forderten Entwicklungsländer Unterstützung und Technologietransfer, um ihre eigene Entwicklung nachhaltig gestalten zu können.

Die COP 15 war auch ein Schaufenster für die Komplexität der Klimagovernance, die über die bloße Erarbeitung von Verträgen hinausgeht. Es zeigte sich, dass Klimagovernance nicht nur auf internationaler Ebene, sondern auch auf nationaler und lokaler Ebene koordiniert werden muss. Die Kopenhagener Konferenz war von einer Vielzahl von Akteuren geprägt, darunter Regierungen, Nichtregierungsorganisationen (NGOs), Unternehmen und Wissenschaftler, die alle unterschiedliche Perspektiven und Interessen einbrachten. Diese Vielfalt an Stimmen stellte sowohl eine Herausforderung als auch eine Chance dar, um innovative Lösungen zu entwickeln.

Trotz der hohen Erwartungen endete die COP 15 jedoch nicht mit einem verbindlichen globalen Abkommen, sondern mit dem „Kopenhagener Accord", einem nicht rechtlich bindenden Dokument, das die Grundzüge für zukünftige Maßnahmen skizzierte. Der Accord erkannte die Bedeutung der Begrenzung der globalen Erwärmung auf unter 2 Grad Celsius an und führte das Konzept von national festgelegten Beiträgen (Nationally

Determined Contributions, NDCs) ein, das später zu einem zentralen Element des Pariser Abkommens von 2015 wurde.

COP 16 Cancún, Mexiko Dezember 2010

Die 16. Konferenz der Vertragsparteien der UN-Klimarahmenkonvention (COP 16) fand im Dezember 2010 in Cancún, Mexiko, statt und stellte einen wesentlichen Meilenstein im Rahmen der internationalen Klimapolitik und der Umwelt- und Klimagovernance dar. Diese Konferenz folgte auf die enttäuschenden Ergebnisse der COP 15 in Kopenhagen im Jahr 2009, die bei vielen Akteuren das Gefühl hinterließ, dass die internationale Gemeinschaft nicht in der Lage sei, adäquate Maßnahmen gegen den Klimawandel zu koordinieren.

In Cancún wurde ein umfassender Ansatz zur Klimagovernance verfolgt, der darauf abzielte, die Zusammenarbeit zwischen den Staaten zu stärken und die Kluft zwischen entwickelten und sich entwickelnden Ländern zu überbrücken. Ein zentrales Ergebnis der COP 16 war die Annahme des Cancún-Abkommens, das eine Reihe von Beschlüssen und Vereinbarungen umfasst, die die Grundlage für zukünftige Klimaschutzmaßnahmen bilden sollten.

Ein zentrales Element dieser Agenda war die Bestätigung des Ziels, die globale Temperaturerhöhung auf unter 2 Grad Celsius im Vergleich zum vorindustriellen Niveau zu begrenzen. Um dies zu erreichen, wurde die Notwendigkeit einer Reduktion der Treibhausgasemissionen durch die Vertragsparteien betont. Dies geschah durch die Förderung national festgelegter Beiträge (Nationally Determined Contributions, NDCs), die es den Ländern ermöglichen sollten, ihre eigenen Emissionsziele zu definieren, während sie gleichzeitig zur Erreichung eines globalen Ziels beitrugen.

Darüber hinaus wurden in Cancún entscheidende Fortschritte bei der institutionellen Gestaltung der Klimagovernance erzielt. Die Konferenz führte zur Schaffung des Grünen Klimafonds, der als Finanzierungsmechanismus für Klimaschutz- und Anpassungsprojekte in Entwicklungsländern dienen soll. Diese Initiative war besonders wichtig, um die Finanzflüsse zu mobilisieren, die erforderlich sind, um die Anpassung an den Klimawandel und die Minderung der Emissionen in ärmeren Ländern zu unterstützen.

Ein weiterer bedeutender Aspekt der COP 16 war die Stärkung des Engagements für den Erhalt von Wäldern durch REDD+ (Reducing Emissions from Deforestation and Forest Degradation). Dieses Programm zielte darauf ab, Anreize für Entwicklungsländer zu schaffen, die Abholzung zu reduzieren und nachhaltige Forstwirtschaft zu fördern, was sowohl zur Emissionsminderung als auch zum Schutz der Biodiversität beiträgt.

Die COP 16 in Cancún markierte auch einen wichtigen Fortschritt im Hinblick auf die Einbindung nichtstaatlicher Akteure und die Förderung der Zivilgesellschaft in den Klimadiskurs. Der Dialog zwischen Regierungen, Unternehmen und zivilgesellschaftlichen Organisationen wurde als essentiell erachtet, um innovative Lösungen zu entwickeln und die Klimagovernance zu stärken.

COP 17 Durban, Südafrika Dezember 2011

Die 17. Konferenz der Vertragsparteien (COP 17) der UN-Klimarahmenkonvention (UNFCCC) fand im Dezember 2011 in Durban, Südafrika, statt und stellte einen bedeutenden Meilenstein im internationalen Umwelt- und Klimagovernance-Prozess dar. Diese Konferenz war geprägt von der Notwendigkeit, die internationale Klimapolitik nach den Vorgaben des Kyoto-Protokolls weiterzuentwickeln und Anpassungen an die sich verändernden globalen klimatischen und politischen Bedingungen vorzunehmen.

Ein zentrales Ziel der COP 17 war es, einen Fahrplan für die Verhandlungen über ein neues, rechtlich verbindliches Klimaschutzabkommen zu erstellen, das die Zeit nach dem Ablauf des Kyoto-Protokolls im Jahr 2012 abdecken sollte. Die Verhandlungen waren durch ein komplexes Zusammenspiel von Interessen und unterschiedlichen nationalen Prioritäten geprägt. Insbesondere die Differenzen zwischen industrialisierten Ländern und Entwicklungsländern standen im Mittelpunkt der Diskussionen. Während die Industrieländer stärkere Verpflichtungen zur Reduzierung von Treibhausgasemissionen forderten, betonten viele Entwicklungsländer die

Notwendigkeit von finanzieller Unterstützung und Technologietransfer, um ihre eigenen Emissionen zu senken und sich an die Folgen des Klimawandels anzupassen.

Ein wichtiger Outcome der COP 17 war die Entscheidung, den sogenannten „Durban Platform for Enhanced Action" (DPEA) zu initiieren. Dieser Prozess sollte bis 2015 einen neuen globalen Rahmen für Klimaschutzmaßnahmen schaffen, der alle Länder einbeziehen würde, unabhängig von ihrem Entwicklungsstand. Der DPEA stellte eine Anerkennung der Notwendigkeit dar, die Verantwortung für den Klimaschutz global zu teilen und die Ansätze zur Emissionsreduktion über die bisherigen Verpflichtungen hinaus zu erweitern.

Darüber hinaus wurde in Durban das Green Climate Fund (GCF) ins Leben gerufen, um finanzielle Mittel für Entwicklungs- und Schwellenländer bereitzustellen, damit diese ihre Emissionen reduzieren und sich an die Auswirkungen des Klimawandels anpassen können. Der GCF sollte eine zentrale Rolle in der globalen Klimafinanzierung spielen und den Übergang zu einer ressourcenschonenden und kohlenstoffarmen Wirtschaft unterstützen. Ein weiterer bedeutender Punkt war die Verabschiedung des „Durban Adaptation Framework", das die Notwendigkeit hervortat, Anpassungsstrategien zu entwickeln und zu implementieren, um die Verwundbarkeit gegenüber den Auswirkungen des Klimawandels zu verringern. Dies spiegelte die wachsende Erkenntnis wider, dass neben der Minderung von Emissionen auch die Anpassung an unvermeidbare Klimafolgen entscheidend ist.

COP 18 Doha, Katar November 2012

Die COP 18, die 18. Konferenz der Vertragsparteien der UN-Klimarahmenkonvention (UNFCCC), fand im November 2012 in Doha, Katar, statt. Diese Konferenz war ein entscheidender Moment im Kontext der globalen Umwelt- und Klimagovernance, da sie den Übergang von den Kyoto-Protokollen zu neuen internationalen Vereinbarungen zur Bekämpfung des Klimawandels markieren sollte.

Die COP 18 fand in einem Kontext statt, in dem die internationale Gemeinschaft zunehmend besorgt über die Auswirkungen des Klimawandels wurde. Die wissenschaftlichen Erkenntnisse über die Erderwärmung, die durch menschliche Aktivitäten verursacht wird, hatten sich verstärkt, und es gab ein wachsendes Bewusstsein für die Notwendigkeit von Maßnahmen zur Reduzierung der Treibhausgasemissionen. In diesem Rahmen war die COP 18 besonders wichtig, da sie eine Plattform bot, um die Fortschritte seit der letzten Konferenz zu bewerten und neue Ziele zu setzen.

Ein zentrales Ziel der COP 18 war die Verhandlung über die zweite Verpflichtungsperiode des Kyoto-Protokolls, das 1997 verabschiedet wurde und 2005 in Kraft trat. Während die erste Verpflichtungsperiode von 2008 bis 2012 lief, war es notwendig, die Emissionsziele und -verpflichtungen für die kommenden Jahre zu klären. In Doha einigten sich die Vertragsparteien darauf, dass eine zweite Verpflichtungsperiode von 2013 bis 2020 eingerichtet wird, die jedoch von vielen als unzureichend angesehen wurde, da sie nur eine begrenzte Anzahl von Ländern sowie eine begrenzte Anzahl von Emissionen abdeckte.

Ein weiterer wichtiger Aspekt der COP 18 war die Diskussion über die langfristige Vision für den Klimaschutz und die Notwendigkeit, einen globalen Klimavertrag bis 2015 zu entwickeln. Diese Vereinbarung sollte die Rahmenbedingungen für die Reduzierung der globalen Emissionen festlegen und sicherstellen, dass alle Länder, unabhängig von ihrem Entwicklungsstatus, zu den globalen Bemühungen zur Bekämpfung des Klimawandels beitragen. Die Verhandlungen in Doha waren von Spannungen zwischen Industrie- und Entwicklungsländern geprägt, insbesondere in Bezug auf Finanzierungsmechanismen und Technologietransfer, die für die Unterstützung von Entwicklungsländern bei der Umsetzung ihrer Klimaziele entscheidend sind.

Darüber hinaus wurde in Doha auch die Notwendigkeit betont, die Anpassungs- und Resilienzstrategien für Länder, die bereits unter den Folgen des Klimawandels leiden, zu stärken. Dies führte zur Schaffung des Doha-Klimafonds, der darauf abzielte, Entwicklungsländer bei der Finanzierung von Anpassungsmaßnahmen zu unterstützen.

COP 19 Warschau, Polen November 2013

Die 19. Konferenz der Vertragsparteien (COP 19) der UN-Klimarahmen-konvention (UNFCCC) fand im November 2013 in Warschau, Polen, statt und stellte einen bedeutenden Meilenstein im internationalen Klimaschutz dar. Diese Konferenz fiel in eine kritische Phase der globalen Klimapolitik, da sie sowohl die Verhandlungen über den zukünftigen Klimaschutz als auch die Vorbereitung auf das wichtige Abkommen von Paris 2015 beeinflusste.

Ein zentrales Thema der COP 19 war die Notwendigkeit einer verstärkten Klimagovernance, um den Herausforderungen des Klimawandels effektiv zu begegnen. Die Konferenz zog Vertreter aus nahezu allen Ländern der Welt an, die zusammenkamen, um über Maßnahmen zur Verringerung von Treibhausgasemissionen und zur Anpassung an die Folgen des Klimawandels zu diskutieren. Die COP 19 war geprägt von dem Bestreben, eine transparente und integrative Governance-Struktur zu etablieren, die sowohl staatliche als auch nichtstaatliche Akteure einbezieht.

Ein wichtiger Aspekt der COP 19 war die Diskussion über den „Warschauer Mechanismus", der zur Unterstützung der Anpassungsmaßnahmen in Entwicklungsländern ins Leben gerufen wurde. Dieser Mechanismus zielte darauf ab, finanzielle und technische Unterstützung bereitzustellen, um den betroffenen Ländern zu helfen, sich an die Auswirkungen des Klimawandels anzupassen. Die Schaffung solcher Mechanismen ist entscheidend für eine effektive Klimagovernance, da sie den Ungleichheiten zwischen Industrie- und Entwicklungsländern Rechnung trägt und sicherstellt, dass die am stärksten betroffenen Nationen die notwendige Unterstützung erhalten.

Ein weiteres zentrales Thema war die Frage der finanziellen Mittel zur Bekämpfung des Klimawandels. Die Konferenz erörterte die Fortschritte bei der Bereitstellung von 100 Milliarden US-Dollar jährlich bis 2020, um Entwicklungsländer bei der Mitigation und Anpassung zu unterstützen. Diese Finanzierungszusagen sind für eine effektive Klimagovernance unerlässlich, da sie den Ländern die Ressourcen bereitstellen, die sie benötigen, um nachhaltige Entwicklungsstrategien umzusetzen und ihre Emissionen zu reduzieren.

Die COP 19 war auch geprägt von einer Vielzahl von Side-Events und Initiativen, die die Rolle von Städten, Regionen und der Zivilgesellschaft in der Klimagovernance hervorhoben. Diese Akteure spielen eine zunehmend wichtige Rolle in der Klimapolitik, indem sie innovative Lösungen und Best Practices entwickeln, die auf lokaler Ebene umgesetzt werden können. Die Anerkennung und Einbeziehung dieser nichtstaatlichen Akteure ist ein wichtiger Schritt hin zu einer ganzheitlichen und effektiven Klimagovernance.

COP 20 Lima, Peru Dezember 2014

Die COP 20, offiziell als 20. Konferenz der Vertragsparteien der UN-Klimarahmenkonvention (UNFCCC) bekannt, fand im Dezember 2014 in Lima, Peru, statt. Diese Konferenz war ein entscheidender Schritt in den internationalen Bemühungen zur Bekämpfung des Klimawandels und stellte einen wichtigen Meilenstein im Kontext der globalen Umwelt- und Klimagovernance dar.

Die COP 20 hatte das Ziel, die Verhandlungen für das nachfolgende Abkommen zu gestalten, das auf der COP 21 in Paris im Jahr 2015 finalisiert werden sollte. In Lima sollte ein verbindlicher Rahmen entwickelt werden, der es den Vertragsparteien ermöglicht, ihre nationalen Beiträge zur Reduktion von Treibhausgasemissionen (Nationally Determined Contributions, NDCs) zu formulieren und zu kommunizieren. Diese NDCs sollten die Grundlage für das zukünftige globale Klimaschutzabkommen bilden, das die Verpflichtungen der Länder zur Emissionsreduzierung regeln würde.

Ein zentrales Thema der COP 20 war die Diskussion über die Finanzierungsmechanismen zur Unterstützung von Entwicklungs- und Schwellenländern bei der Bewältigung der Herausforderungen des Klimawandels. Die Industrieländer wurden aufgefordert, ihre finanziellen Zusagen in Bezug auf den Green Climate Fund (GCF) zu präzisieren, um eine Unterstützung für Projekte zur Minderung der Emissionen sowie zur Anpassung an die Folgen des Klimawandels zu gewährleisten. Der GCF sollte eine zentrale Rolle bei der Bereitstellung von Mitteln spielen, um die Kluft zwischen den Klimazielen der entwickelten und der sich entwickelnden Länder zu überbrücken.

Darüber hinaus war die COP 20 geprägt von einer Vielzahl von Nebenveranstaltungen, die die Rolle verschiedener Akteure in der Klimagovernance beleuchteten. Hierzu gehörten nicht nur Regierungen, sondern auch Nichtregierungsorganisationen, Unternehmen und lokale Gemeinschaften, die ihre Perspektiven und Beiträge zur Klimapolitik einbrachten. Diese multilaterale Zusammenarbeit ist ein charakteristisches Merkmal der modernen Klimagovernance, die über die traditionellen staatlichen Rahmenbedingungen hinausgeht und verschiedene gesellschaftliche Akteure einbezieht.

Ein weiteres wichtiges Ergebnis der COP 20 war die Annahme des „Lima Call for Climate Action". Dieses Dokument stellte einen Konsens über den Weg dar, der zu einem verbindlichen Abkommen in Paris führen sollte. Es legte die Grundsätze für die Erstellung und Einreichung der NDCs fest und erkannte die Notwendigkeit an, die Ambitionen im Hinblick auf die Klimaziele zu erhöhen, um die globalen Temperaturerhöhungen auf unter 2 Grad Celsius über dem vorindustriellen Niveau zu begrenzen.

COP 21 Paris, Frankreich Dezember 2015

Die COP 21, die 21. Konferenz der Vertragsparteien der UN-Klimarahmenkonvention (UNFCCC), fand im Dezember 2015 in Paris, Frankreich, statt und stellte einen entscheidenden Wendepunkt in der globalen Umwelt- und Klimagovernance dar. Das zentrale Ziel dieser Konferenz war es, einen verbindlichen internationalen Rahmen zur Begrenzung der Erderwärmung zu schaffen und die globalen Anstrengungen zur Bekämpfung des Klimawandels zu intensivieren.

Die Konferenz brachte nahezu 200 Länder zusammen, die sich zum Ziel setzten, die globale Temperaturerhöhung auf deutlich unter 2 Grad Celsius über dem vorindustriellen Niveau zu begrenzen, mit dem Bestreben, die Erhöhung auf maximal 1,5 Grad Celsius zu begrenzen. Dieses ambitionierte Ziel spiegelt nicht nur die Dringlichkeit wider, mit der die internationale Gemeinschaft auf die Bedrohungen des Klimawandels reagieren muss, sondern auch das wachsende Bewusstsein für die potenziell katastrophalen Auswirkungen, die ein ungebremster Klimawandel auf Ökosysteme, menschliche Gesundheit und wirtschaftliche Stabilität haben kann.

Ein zentraler Bestandteil des Pariser Abkommens, das aus der COP 21 hervorging, war die Einführung eines Systems von national festgelegten Beiträgen (Nationally Determined Contributions, NDCs). Jedes Land wurde ermutigt, eigene, auf nationalen Gegebenheiten basierende Klimaziele zu formulieren und regelmäßig zu aktualisieren. Dies stellt einen paradigmatischen Wandel in der internationalen Klimapolitik dar, weg von einem rein top-down Ansatz hin zu einem flexibleren, bottom-up Ansatz, der eine größere Eigenverantwortung und Beteiligung der Staaten fördert. Die COP 21 zeichnete sich auch durch einen starken Fokus auf die Rolle nichtstaatlicher Akteure aus, einschließlich der Zivilgesellschaft, Unternehmen und Städte. Diese Akteure wurden als entscheidend für die Umsetzung der Klimaziele erkannt und erhielten während der Konferenz eine Plattform, um ihre Initiativen und Engagements vorzustellen. Dies führte zu einer Vielzahl von freiwilligen Verpflichtungen und Partnerschaften, die in den Jahren nach der Konferenz weiter ausgebaut wurden.

Im Kontext der Umwelt- und Klimagovernance ist die COP 21 ein Beispiel für die zunehmende Komplexität und Multidimensionalität der globalen Klimadiskussion. Die Verhandlungsprozesse sind nicht nur von politischen und wirtschaftlichen Interessen geprägt, sondern auch von sozialen und kulturellen Aspekten, die in den verschiedenen Regionen der Welt unterschiedlich ausgeprägt sind. Die Herausforderungen des Klimawandels erfordern daher eine integrative Governance-Struktur, die verschiedene Akteure und Ebenen miteinander verknüpft, einschließlich lokaler, nationaler und internationaler Institutionen.

Trotz der Fortschritte, die durch das Pariser Abkommen erzielt wurden, bleibt die Umsetzung der vereinbarten Ziele eine große Herausforderung. Die Regierungen müssen nicht nur ihre NDCs ambitioniert gestalten, sondern auch die notwendigen politischen, finanziellen und sozialen

Rahmenbedingungen schaffen, um diese Ziele zu erreichen. Zudem sind Mechanismen zur Überprüfung und Transparenz entscheidend, um das Vertrauen zwischen den Staaten zu stärken und sicherzustellen, dass die Verpflichtungen eingehalten werden.

COP 22 Marrakesch, Marokko November 2016

Die COP 22, die im November 2016 in Marrakesch, Marokko, stattfand, war die 22. Konferenz der Vertragsparteien der UN-Klimarahmenkonvention (UNFCCC) und wurde als die erste „Implementierungskonferenz" nach dem Pariser Abkommen von 2015 betrachtet. Sie fand in einem Kontext statt, in dem das globale Bewusstsein für den Klimawandel und die Notwendigkeit einer koordinierten internationalen Reaktion auf diese Herausforderung stark gewachsen waren. Die Konferenz hatte das Ziel, die in Paris festgelegten Ziele weiter zu operationalisieren und konkrete Schritte zur Umsetzung der nationalen Klimaschutzpläne (Nationally Determined Contributions, NDCs) zu diskutieren.

Ein zentrales Thema der COP 22 war die Förderung von Transparenz und Rechenschaftspflicht innerhalb des Klimagovernance-Systems. Die Vertragsparteien arbeiteten an der Entwicklung eines Regelwerks, das die Überprüfung und Berichterstattung über Fortschritte bei den NDCs erleichtern sollte. In diesem Zusammenhang wurde die Bedeutung eines robusten Transparenzrahmens hervorgehoben, der nicht nur die Erreichung der Klimaziele unterstützen sollte, sondern auch das Vertrauen zwischen den Staaten stärken könnte.

Ein weiteres wichtiges Ergebnis der COP 22 war die Schaffung des „Marrakech Action Proclamation for Our Climate and Sustainable Development". Dieses Dokument bekräftigte das Engagement der Vertragsparteien für die Umsetzung des Pariser Abkommens und stellte die Verbindung zwischen Klimaschutz und nachhaltiger Entwicklung in den Vordergrund. Es wurde betont, dass Klimagovernance nicht isoliert betrachtet werden kann, sondern eng mit Fragen der sozialen Gerechtigkeit, der Armutsbekämpfung und der wirtschaftlichen Entwicklung verknüpft ist.

Darüber hinaus war die COP 22 auch ein Forum für die Diskussion über die Rolle nichtstaatlicher Akteure, einschließlich Städte, Unternehmen und zivilgesellschaftlicher Organisationen, in der Klimagovernance. Die Konferenz bot eine Plattform für den Austausch von Best Practices und Erfahrungen und zeigte, dass viele Akteure auf lokaler und regionaler Ebene bereits Maßnahmen zur Minderung von Treibhausgasemissionen und zur Anpassung an den Klimawandel umsetzen. Die Einbindung dieser Akteure wurde als entscheidend für den Erfolg der globalen Klimapolitik angesehen.

Die COP 22 fand in einem geopolitischen Umfeld statt, das von einer Vielzahl von Herausforderungen geprägt war, darunter der Aufstieg populistischer Bewegungen in einigen Ländern und die damit verbundene Skepsis gegenüber internationaler Zusammenarbeit. Dennoch blieb die Mehrheit der Vertragsparteien engagiert und bekräftigte die Notwendigkeit, die globalen Klimaziele trotz dieser Herausforderungen zu verfolgen.

COP 23 Bonn, Deutschland November 2017

Die COP 23, die 23. Konferenz der Vertragsparteien der UN-Klimarahmenkonvention (UNFCCC), fand vom 6. bis 17. November 2017 in Bonn, Deutschland, statt. Diese Konferenz war von großer Bedeutung im Kontext der internationalen Umwelt- und Klimagovernance, insbesondere in Bezug auf die Umsetzung des Pariser Abkommens, das 2015 in Paris verabschiedet wurde.

Die COP 23 wurde unter der Präsidentschaft von Fidschi abgehalten, was symbolisch für die Stimme der von den Auswirkungen des Klimawandels am stärksten betroffenen Länder steht. Fidschi nutzte die Gelegenheit, um auf die Herausforderungen hinzuweisen, mit denen kleine Inselstaaten konfrontiert sind, und um die Dringlichkeit von Maßnahmen zur Bekämpfung des Klimawandels zu betonen. Die Präsidentschaft von Fidschi war ein Versuch, die Verhandlungen zu dezentralisieren und eine breitere Perspektive auf die Klimagovernance einzubringen.

Ein zentrales Thema der COP 23 war die Ausarbeitung der sogenannten „Regeln" für die Umsetzung des Pariser Abkommens. Diese Regeln sind entscheidend, um die Transparenz und das Vertrauen zwischen den Vertragsparteien zu fördern. Insbesondere ging es um die Ausgestaltung des sogenannten „Katowice-Rahmens", der auf der COP 24 im Jahr 2018 finalisiert wurde. Die Verhandlungen in Bonn konzentrierten sich auf verschiedene Aspekte, wie die Berichterstattung über Emissionen, die Überprüfung von Fortschritten sowie die Unterstützung für Entwicklungsländer bei der Umsetzung von Klimaschutzmaßnahmen.

Ein weiterer wichtiger Aspekt der COP 23 war die Diskussion über die Finanzierung von Klimaschutzprojekten und Anpassungsmaßnahmen, insbesondere in Entwicklungsländern. Die Notwendigkeit, finanzielle Mittel bereitzustellen, wurde als zentraler Punkt erkannt, um die Ziele des Pariser Abkommens zu erreichen und den globalen Temperaturanstieg auf unter 2 Grad Celsius zu begrenzen. Die Konferenz bot auch eine Plattform für innovative Ansätze zur Mobilisierung privater Investitionen und der Rolle von nichtstaatlichen Akteuren in der Klimagovernance.

Die COP 23 war auch von verschiedenen Side-Events und Initiativen geprägt, die sich mit konkreten Lösungen und Best Practices im Bereich der Klimaanpassung und -minderung beschäftigten. Diese Veranstaltungen zeigten die zunehmende Bedeutung von nichtstaatlichen Akteuren, wie Städten, Unternehmen und zivilgesellschaftlichen Organisationen, die aktiv zur Erreichung der Klimaziele beitragen. Solche Initiativen verdeutlichen, dass Klimagovernance nicht nur auf der Ebene der nationalen Regierungen stattfindet, sondern auch in vielen verschiedenen Kontexten und auf unterschiedlichen Ebenen.

COP 24 Katowice, Polen Dezember 2018

Die COP 24, die im Dezember 2018 in Katowice, Polen, stattfand, war die 24. Konferenz der Vertragsparteien der UN-Klimarahmenkonvention (UNFCCC) und eine entscheidende Etappe im internationalen Klima- und Umweltgovernance-Prozess. Diese Konferenz war besonders wichtig, da sie die Umsetzung der im Pariser Abkommen von 2015 festgelegten Ziele zum Gegenstand hatte. Das Pariser Abkommen zielt darauf ab, die globale Erwärmung deutlich unter 2 Grad Celsius zu halten und möglichst 1,5

Grad Celsius nicht zu überschreiten, was tiefgreifende Maßnahmen zur Reduktion von Treibhausgasemissionen erfordert.

Ein zentrales Anliegen der COP 24 war die Verabschiedung des „Katowice Regelbuchs", das die spezifischen Regeln und Verfahren für die Umsetzung des Pariser Abkommens festlegt. Dieses Regelbuch umfasst Richtlinien zur Transparenz, zur Berichterstattung von Emissionen und zur Überprüfung der Fortschritte der einzelnen Länder. Ziel war es, einheitliche Standards zu schaffen, um die Verantwortung und das Engagement der Länder zu fördern und gleichzeitig die Nachverfolgbarkeit der Klimamaßnahmen zu verbessern.

Ein zentrales Element der Diskussionen in Katowice war der Umgang mit den Differenzen zwischen Industrie- und Entwicklungsländern. Während Industrieländer oft striktere Emissionsziele fordern, stehen Entwicklungsländer vor der Herausforderung, wirtschaftliches Wachstum und Armutsbekämpfung mit den Klimazielen in Einklang zu bringen. Diese Spannungen wurden in den Verhandlungen deutlich, insbesondere in Bezug auf die finanziellen Mittel, die für die Unterstützung von Entwicklungsländern benötigt werden, um die Auswirkungen des Klimawandels zu bewältigen und umweltfreundliche Technologien zu implementieren.

Die COP 24 stellte auch die Frage der „Gemeinsamen Zeitrahmen" in den Mittelpunkt, die 2020 beginnen sollen. Diese Zeitrahmen betreffen, wie oft und in welchem Umfang Länder ihre Klimaziele aktualisieren können. Die Notwendigkeit, die Ambitionen der Länder zu erhöhen, um den Zielen des Pariser Abkommens gerecht zu werden, wurde von vielen Delegationen betont.

Ein weiterer wichtiger Aspekt der COP 24 war die Berücksichtigung der Rolle der Nichtregierungsorganisationen (NGOs) und der Zivilgesellschaft. Diese Gruppen spielten eine aktive Rolle in den Verhandlungen und trugen dazu bei, die Stimme der Öffentlichkeit und die Dringlichkeit des Klimaschutzes in die Diskussionen einzubringen. Die Mobilisierung der Zivilgesellschaft und die Einbeziehung von Stakeholdern aus verschiedenen Sektoren sind entscheidend für den Erfolg der globalen Klimapolitik.

COP 25 Madrid, Spanien Dezember 2019

Die COP 25, die im Dezember 2019 in Madrid, Spanien, stattfand, war die 25. Konferenz der Vertragsparteien der UN-Klimarahmenkonvention (UNFCCC). Diese Konferenz stellte einen bedeutenden Punkt im globalen Klimadiskurs dar, insbesondere im Kontext der internationalen Umwelt- und Klimagovernance. Die COP 25 folgte auf die COP 24 in Katowice, Polen, wo wichtige Regelungen für die Umsetzung des Pariser Abkommens von 2015 verabschiedet wurden.

Ein zentrales Ziel der COP 25 war die weitere Entwicklung und Verfeinerung der Regelwerke für den globalen Kohlenstoffmarkt sowie die Festlegung von Mechanismen zur Reduzierung der Treibhausgasemissionen. Ein besonders umstrittenes Thema war der Artikel 6 des Pariser Abkommens, der die internationalen Kohlenstoffmärkte und den Austausch von Emissionsgutschriften regelt. Hierbei ging es um die Schaffung klarer Regeln, die es Ländern ermöglichen sollten, Emissionen über nationale Grenzen hinweg zu handeln, was als eine Möglichkeit zur Erreichung von Klimazielen angesehen wird.

Obwohl die Konferenz von vielen als eine Möglichkeit zur Stärkung der globalen Klimaschutzanstrengungen betrachtet wurde, blieb sie in vielerlei Hinsicht hinter den Erwartungen zurück. Viele Länder drängten auf ambitioniertere Ziele zur Emissionsreduktion, während andere, insbesondere Entwicklungsländer, auf finanzielle Unterstützung und technologische Hilfe aus den wohlhabenderen Nationen pochten. Die Diskussionen waren oft von Spannungen geprägt, die die unterschiedlichen wirtschaftlichen Interessen und nationalen Prioritäten der teilnehmenden Länder widerspiegelten.

Ein weiteres zentrales Thema war die Frage der Klimaanpassung und der finanziellen Unterstützung für Entwicklungsländer, die am stärksten von den Auswirkungen des Klimawandels betroffen sind. Die Konferenz wurde von einer starken Präsenz von zivilgesellschaftlichen Organisationen und Aktivisten begleitet, die auf die Dringlichkeit von Maßnahmen gegen den Klimawandel hinwiesen und die Regierungen aufforderten, ihre Verpflichtungen ernst zu nehmen.

Insgesamt verdeutlichte die COP 25 die Herausforderungen und Komplexitäten der globalen Klimagovernance. Während die Konferenz eine Plattform für den Dialog und die Verhandlung von Klimaschutzmaßnahmen bot, zeigte sie auch, dass die Umsetzung effektiver Maßnahmen zur Bekämpfung des Klimawandels oft durch geopolitische Spannungen, wirtschaftliche Interessen und unterschiedliche nationale Prioritäten behindert wird. Die Ergebnisse der COP 25, die in Form des „Madrid Climate Change Conference - Decision 3/CMA.2" dokumentiert wurden, wurden als unzureichend angesehen, um die ambitionierten Ziele des Pariser Abkommens zu erreichen, was die Dringlichkeit für zukünftige Konferenzen und die Notwendigkeit eines verstärkten internationalen Zusammenhalts in der Klimapolitik unterstrich.

Im Kontext der Klimagovernance zeigt die COP 25 die Notwendigkeit eines integrierten Ansatzes, der sowohl Maßnahmen zur Minderung als auch zur Anpassung an den Klimawandel umfasst. Die Rolle der internationalen Gemeinschaft, der nationalen Regierungen und nichtstaatlicher Akteure ist entscheidend, um effektive und gerechte Lösungen für die globalen Herausforderungen des Klimawandels zu entwickeln.

COP 26 Glasgow, Vereinigtes Königreich Oktober-November 2021
Die COP26, die 26. Konferenz der Vertragsparteien der UN-Klimarahmenkonvention (UNFCCC), fand vom 31. Oktober bis 12. November 2021 in Glasgow, Vereinigtes Königreich, statt. Diese Konferenz war von entscheidender Bedeutung, da sie in einem kritischen Moment der globalen Klima-politik stattfand, insbesondere vor dem Hintergrund der Dringlichkeit, die globalen Treibhausgasemissionen bis 2030 drastisch zu reduzieren, um die Erderwärmung auf maximal 1,5 Grad Celsius über dem vorindustriellen Niveau zu begrenzen.

Im Kontext der Umwelt- und Klimagovernance stellte die COP26 einen zentralen Ort für die Verhandlungen zwischen den Vertragsstaaten dar, aber auch eine Plattform für Nichtregierungsorganisationen, Unternehmen und andere Stakeholder, die ihre Perspektiven und Lösungen einbrachten. Ein zentrales Ergebnis der Konferenz war die „Glasgow

Climate Pact", ein Dokument, das die Verpflichtungen der Länder zur Minderung ihrer Emissionen zusammenfasste und einen Mechanismus zur Überprüfung und Berichterstattung dieser Fortschritte etablierte.

Ein wichtiges Thema der COP26 war die „NDCs" (Nationally Determined Contributions), die nationalen Klimaschutzbeiträge, die die Länder im Rahmen des Pariser Abkommens 2015 festgelegt hatten. Die Konferenz forderte die Länder auf, ihre NDCs bis Ende 2022 zu aktualisieren und ambitioniertere Ziele zu setzen. Dies reflektiert einen Trend in der Klimagovernance hin zu einer stärkeren Verantwortlichkeit und Transparenz in Bezug auf nationale Klimaschutzmaßnahmen.

Ein weiterer bedeutender Aspekt war die Diskussion über Finanzierungsmechanismen zur Unterstützung von Entwicklungsländern, die besonders vom Klimawandel betroffen sind. Die Industrieländer hatten sich verpflichtet, jährlich 100 Milliarden US-Dollar zur Verfügung zu stellen, um den Ländern des Globalen Südens bei der Anpassung an den Klimawandel und der Minderung von Emissionen zu helfen. Die COP26 brachte auch die „Glasgow Financial Alliance for Net Zero" hervor, ein Bündnis von Finanzinstituten, das sich verpflichtet hat, die Finanzströme in Übereinstimmung mit den Zielen des Pariser Abkommens auszurichten.

Die Rolle der Zivilgesellschaft war während der COP26 ebenfalls von großer Bedeutung. Aktivistinnen und Organisationen drängten auf sofortige Maßnahmen zur Bekämpfung des Klimawandels und machten auf die Ungerechtigkeiten aufmerksam, die durch den Klimawandel verstärkt werden, insbesondere in den am stärksten betroffenen Gemeinschaften. Die Berichterstattung über die Konferenz und die Mobilisierung der Öffentlichkeit trugen dazu bei, den Druck auf die Verhandlerinnen zu erhöhen.

COP 27 Scharm el-Scheich, Ägypten November 2022

Die 27. UN-Klimakonferenz, COP 27, fand im November 2022 in Scharm el-Scheich, Ägypten, statt und stellte einen bedeutenden Schritt im globalen Umwelt- und Klimagovernance-Prozess dar. Die Konferenz brachte unter dem Dach der United Nations Framework Convention on Climate Change (UNFCCC) Delegierte aus nahezu allen Ländern der Welt zusammen, um über Maßnahmen zur Bekämpfung des Klimawandels zu diskutieren und Entscheidungen zu treffen.

Ein zentrales Thema der COP 27 war die Frage der Klimafinanzierung, insbesondere die Bereitstellung von Mitteln für Entwicklungsländer, die am stärksten von den Auswirkungen des Klimawandels betroffen sind. Die Konferenz setzte sich zum Ziel, die bestehenden Verpflichtungen zur finanziellen Unterstützung der verletzlichsten Länder zu stärken und neue Finanzierungsmechanismen zu entwickeln. Es wurde ein besonderer Fokus auf die Einrichtung eines „Loss and Damage"-Fonds gelegt, der den betroffenen Ländern helfen soll, die unvermeidlichen Schäden und Verluste, die durch klimabedingte Ereignisse entstehen, zu bewältigen. Dies war eine bedeutende Forderung der G77 und Chinas, einer Gruppe von Entwicklungsländern, die auf eine gerechtere Verteilung der finanziellen Lasten drängt.

Ein weiterer entscheidender Aspekt der COP 27 war die Diskussion über die Erreichung der Klimaziele gemäß dem Pariser Abkommen von 2015. Die Staaten wurden aufgefordert, ihre national festgelegten Beiträge (NDCs) zu aktualisieren und zu intensivieren, um die Erderwärmung auf maximal 1,5 Grad Celsius über dem vorindustriellen Niveau zu begrenzen. Die Konferenz betonte die Notwendigkeit eines beschleunigten Übergangs zu nachhaltigen Energiequellen und die Reduzierung fossiler Brennstoffe, was nicht nur von Umweltaktivisten, sondern auch von einer wachsenden Anzahl von Staaten gefordert wurde.

Im Kontext der Umwelt- und Klimagovernance spielt die COP 27 eine Schlüsselrolle in der multilateralen Zusammenarbeit zur Bekämpfung des Klimawandels. Die Konferenz verdeutlichte die Komplexität und die Herausforderungen, die mit globalen Verhandlungen einhergehen, insbesondere im Hinblick auf unterschiedliche nationale Interessen, Entwicklungsstufen und wirtschaftliche Realitäten. Die Einigung auf gemeinsame Ziele und Maßnahmen erfordert Kompromisse und Vertrauen zwischen den Nationen.

Die COP 27 hob auch die Bedeutung von Stakeholder-Engagement hervor, einschließlich der Einbeziehung von Zivilgesellschaft, Unternehmen und indigenen Gemeinschaften in den Entscheidungsprozess. Dies ist entscheidend, um ein umfassenderes Verständnis der Auswirkungen des Klimawandels auf verschiedene Bevölkerungsgruppen zu gewinnen und um sicherzustellen, dass die entwickelten Lösungen auch tatsächlich vor Ort wirksam sind.

COP 28 Dubai, Vereinigte Arabische Emirate November 2023

Die COP 28, die im November 2023 in Dubai, Vereinigte Arabische Emirate, stattfinden wird, stellt einen bedeutenden Meilenstein in der internationalen Klimapolitik dar. Diese Konferenz ist Teil des kontinuierlichen Rahmens der UN-Klimakonvention (UNFCCC) und zielt darauf ab, die globalen Bemühungen zur Bekämpfung des Klimawandels zu intensivieren. Im Kontext von Umwelt- und Klimagovernance wird die COP 28 eine Plattform bieten, um die Fortschritte seit dem Pariser Abkommen von 2015 zu bewerten und konkrete Maßnahmen zur Erreichung der Klimaziele zu formulieren.

Ein zentrales Anliegen der COP 28 wird die Überprüfung und Aktualisierung der national festgelegten Beiträge (NDCs) der Länder sein, die im Pariser Abkommen festgelegt wurden. Diese NDCs sind essentielle Instrumente der Klimagovernance, die es den Staaten ermöglichen, ihre spezifischen Emissionsziele und Anpassungsstrategien zu formulieren. Die Konferenz wird auch die Notwendigkeit betonen, dass die Industrieländer ihre finanziellen Verpflichtungen gegenüber Entwicklungsländern erfüllen, um eine gerechte und umfassende Klimaschutzstrategie zu gewährleisten. Dies inkludiert die Bereitstellung von 100 Milliarden US-Dollar jährlich, die zur Unterstützung der Klimaanpassung und -minderung in ärmeren Ländern benötigt werden.

Ein weiterer wichtiger Aspekt der COP 28 wird die Diskussion über den Verlust und die Schäden sein, die durch den Klimawandel verursacht werden. Diese Thematik hat in den letzten Jahren an Dringlichkeit gewonnen, da viele Länder, insbesondere Inselstaaten und Entwicklungsländer, mit den verheerenden Auswirkungen des Klimawandels konfrontiert sind. In Dubai wird erwartet, dass konkrete Schritte unternommen werden, um

Mechanismen zur Entschädigung und Unterstützung für betroffene Länder zu etablieren.

Im Rahmen der COP 28 wird auch der Austausch über innovative Ansätze zur Reduzierung von Treibhausgasemissionen und zur Förderung nachhaltiger Entwicklung gefördert. Technologien wie Kohlenstoffabscheidung und -speicherung (CCS), erneuerbare Energien und nachhaltige Landwirtschaft werden im Fokus stehen. Die Konferenz wird als Möglichkeit dienen, die Rolle des privaten Sektors und der Zivilgesellschaft in der Klimagovernance zu stärken. Es wird erwartet, dass Unternehmen und Nichtregierungsorganisationen ihre Initiativen und Partnerschaften vorstellen, um die kollektiven Anstrengungen zur Bekämpfung des Klimawandels zu unterstützen.

COP 29 Baku, Aserbaidschan November 2024

Die COP 29, die im November 2024 in Baku, Aserbaidschan, stattfinden wird, stellt einen bedeutenden Moment im globalen Klimadiskurs dar. Im Kontext von Umwelt- und Klimagovernance wird die Konferenz nicht nur eine Plattform für Verhandlungen zwischen den Vertragsstaaten des UN-Klimarahmenübereinkommens (UNFCCC) bieten, sondern auch eine Gelegenheit, um die Fortschritte und Herausforderungen der globalen Klimapolitik zu bewerten.

Aserbaidschan, als Gastgeberland, hat in den letzten Jahren verstärkt seine Rolle in der internationalen Klimapolitik betont. Das Land ist ein wichtiger Akteur im Kaspischen Raum und hat sowohl ökonomische als auch umweltpolitische Herausforderungen, die im Kontext der globalen Erwärmung betrachtet werden müssen. Aserbaidschan hat in der Vergangenheit eine Vielzahl von Initiativen zur Förderung erneuerbarer Energien und zur Reduzierung von Treibhausgasemissionen ergriffen, was Teil seiner Verpflichtungen im Rahmen des Pariser Abkommens ist.

Die COP 29 wird voraussichtlich in einer Zeit stattfinden, in der die Dringlichkeit von Maßnahmen zur Bekämpfung des Klimawandels weiter zunimmt. Wissenschaftliche Berichte, wie die des Intergovernmental Panel on Climate Change (IPCC), warnen vor den verheerenden Folgen einer globalen Temperaturerhöhung von mehr als 1,5 Grad Celsius. Daher wird die Konferenz nicht nur darauf abzielen, die nationalen Klimaschutzpläne (NDCs) der Mitgliedstaaten zu überprüfen und zu verstärken, sondern auch innovative Ansätze zur Finanzierung von Klimaschutzmaßnahmen zu diskutieren.

Ein zentrales Thema wird die Frage der Klimagerechtigkeit sein. Die COP 29 bietet eine Plattform, um die Interessen von Entwicklungsländern und verletzlichen Gemeinschaften zu berücksichtigen, die oft am stärksten von den Folgen des Klimawandels betroffen sind, obwohl sie am wenigsten zur Erderwärmung beigetragen haben. Die Diskussionen werden sich wahrscheinlich auch um die Bereitstellung finanzieller Mittel für Anpassungs- und Milderungsmaßnahmen drehen, um die Resilienz dieser Gemeinschaften zu stärken.

Darüber hinaus wird die Rolle von nichtstaatlichen Akteuren, wie Städten, Unternehmen und zivilgesellschaftlichen Organisationen, zunehmend in den Vordergrund rücken. Diese Akteure haben sich oft als Vorreiter in der Umsetzung von Klimaschutzmaßnahmen erwiesen und können wertvolle Beiträge zu den Verhandlungen leisten. Ihre Einbindung in den Prozess der Klimagovernance könnte dazu beitragen, innovative Lösungen und Best Practices zu identifizieren und zu verbreiten.

Die COP 29 in Baku wird auch die Gelegenheit bieten, die Fortschritte in Schlüsselbereichen wie der Dekarbonisierung der Energieversorgung, der Förderung nachhaltiger Landwirtschaft und der Erhaltung der Biodiversität zu diskutieren. Diese Themen sind eng miteinander verbunden und erfordern einen integrativen Ansatz, um die komplexen Herausforderungen des Klimawandels ganzheitlich zu adressieren.

COP 30 Brasilien 2025

Die 30. UN-Klimakonferenz (COP 30) wird im Jahr 2025 in Brasilien stattfinden und stellt einen bedeutenden Moment in der globalen Umwelt- und Klimagovernance dar. Diese Konferenz wird voraussichtlich im Kontext der fortlaufenden Herausforderungen des Klimawandels, der Biodiversitätskrise und der dringenden Notwendigkeit zur Reduktion von

Treibhausgasemissionen stehen. Der Veranstaltungsort Brasilien, ein Land mit einer enormen biologischen Vielfalt und einem signifikanten Anteil am Amazonas-Regenwald, wird die Diskussionen über Klimagerechtigkeit, nachhaltige Entwicklung und die Rolle von Naturressourcen in der globalen Klimaagenda prägen.

Die COP 30 wird im Rahmen des Pariser Abkommens stattfinden, das 2015 verabschiedet wurde und darauf abzielt, die Erderwärmung auf deutlich unter 2 Grad Celsius über dem vorindustriellen Niveau zu begrenzen, wobei angestrebt wird, die Temperatursteigerung auf 1,5 Grad Celsius zu beschränken. Angesichts der bisherigen Fortschritte und Rückschläge bei der Umsetzung nationaler Beiträge (NDCs) wird die Konferenz eine Plattform bieten, um die Verpflichtungen der Länder zu überprüfen und zu verstärken. Die brasilianische Regierung könnte dabei eine Schlüsselrolle spielen, insbesondere in Bezug auf den Schutz des Amazonasgebiets, das eine entscheidende Funktion als Kohlenstoffsenke hat.

Im Rahmen der Klimagovernance wird die COP 30 auch die Integration von sozialen, wirtschaftlichen und ökologischen Aspekten in die Klimapolitik vorantreiben. Die Diskussionen werden sich voraussichtlich auf die Notwendigkeit konzentrieren, die Widerstandsfähigkeit gegenüber den Auswirkungen des Klimawandels zu erhöhen, insbesondere in vulnerablen Gemeinschaften, die oft überproportional von den Folgen betroffen sind. Dies beinhaltet auch die Berücksichtigung von Indigenen und traditionellen Gemeinschaften, deren Wissen und Praktiken im Umgang mit natürlichen Ressourcen für nachhaltige Lösungen von zentraler Bedeutung sind.

Ein weiterer wichtiger Aspekt der COP 30 wird die internationale Zusammenarbeit sein. Die Konferenz könnte Möglichkeiten zur Stärkung von Finanzierungsmechanismen für Klimaprojekte in Entwicklungsländern bieten, insbesondere in Bezug auf Technologietransfer und Kapazitätsaufbau. Dies ist von entscheidender Bedeutung, um die Umsetzung der NDCs zu unterstützen und die Kluft zwischen den finanziellen Anforderungen und den verfügbaren Mitteln zu schließen.

Dekarbonisierung und Dekarbonisierungsdruck

Dekarbonisierung bezeichnet den Prozess der Reduktion von Kohlenstoffdioxid (CO_2)-Emissionen, um die globale Erwärmung zu begrenzen und die damit verbundenen negativen Auswirkungen auf Umwelt und Gesellschaft zu minimieren. Im Kontext der Klimagovernance ist die Dekarbonisierung ein zentrales Ziel, das durch verschiedene politische, wirtschaftliche und gesellschaftliche Maßnahmen gefördert werden soll. Der Druck zur Dekarbonisierung, auch als Dekarbonisierungsdruck bezeichnet, entsteht aus einer Vielzahl von Faktoren, darunter wissenschaftliche Erkenntnisse über den Klimawandel, internationale Abkommen, öffentliche Wahrnehmung und technologische Entwicklungen.

Wissenschaftliche Studien haben eindeutig nachgewiesen, dass der Anstieg der globalen Durchschnittstemperatur auf die Erhöhung der Treibhausgase in der Atmosphäre zurückzuführen ist, wobei CO_2 aus fossilen Brennstoffen die größte Rolle spielt. Um die Ziele des Pariser Abkommens zu erreichen, das darauf abzielt, die Erderwärmung auf deutlich unter 2 Grad Celsius im Vergleich zum vorindustriellen Niveau zu begrenzen, ist eine drastische Reduktion der globalen CO_2-Emissionen erforderlich. Dies erfordert nicht nur eine Transformation der Energieversorgung hin zu erneuerbaren Energien, sondern auch eine umfassende Veränderung in der Industrie, im Verkehr und im Gebäudesektor.

Im Rahmen der Klimagovernance wird Dekarbonisierung durch verschiedene Akteure und Mechanismen vorangetrieben. Regierungen spielen eine zentrale Rolle, indem sie gesetzliche Rahmenbedingungen schaffen, Anreize für grüne Technologien setzen und internationale Kooperationen eingehen. Auf der internationalen Ebene sind Abkommen wie das Pariser Abkommen und die Agenda 2030 für nachhaltige Entwicklung entscheidend, um globale Ziele zu setzen und die Zusammenarbeit zwischen Staaten zu fördern.

Der Dekarbonisierungsdruck manifestiert sich auf mehreren Ebenen. Zum einen gibt es einen politischen Druck, der durch die Notwendigkeit entsteht, Klimaziele zu erreichen und internationale Verpflichtungen einzuhalten. Zum anderen gibt es einen wirtschaftlichen Druck, der durch den Wandel der Märkte hin zu nachhaltigeren Praktiken erzeugt wird. Unternehmen sehen sich zunehmend dem Risiko ausgesetzt, in einer kohlenstoffarmen Wirtschaft wettbewerbsunfähig zu werden, was sie dazu zwingt, ihre Geschäftsmodelle zu überdenken und in grüne Technologien zu investieren. Zudem spielt die Zivilgesellschaft eine wichtige Rolle, indem sie durch Proteste, Kampagnen und Initiativen Druck auf Regierungen und Unternehmen ausübt, um umweltfreundliche Praktiken zu fördern.

Technologische Innovationen sind ebenfalls ein wesentlicher Bestandteil der Dekarbonisierung. Fortschritte in der Energietechnologie, wie Solar- und Windkraft, Speichertechnologien und energieeffiziente Systeme, bieten Lösungen zur Reduktion von CO_2-Emissionen. Gleichzeitig müssen jedoch auch soziale und wirtschaftliche Herausforderungen berücksichtigt werden, wie der Übergang von Arbeitsplätzen in fossilen Brennstoffen hin zu grünen Arbeitsplätzen sowie die Gewährleistung von Gerechtigkeit und Inklusion in den Dekarbonisierungsprozessen.

Desertifikation und Desertifikationsbekämpfung

Desertifikation ist ein bedeutendes globales Umweltproblem, das insbesondere in ariden und semi-ariden Regionen auftritt und durch den Verlust der biologischen Produktivität von Böden gekennzeichnet ist. Sie resultiert häufig aus einer Kombination von natürlichen Faktoren, wie Klimaveränderungen, und anthropogenen Einflüssen, wie unsachgemäßer Landnutzung, Abholzung und Überweidung. Der Prozess der Desertifikation führt zu einer Degradation der Bodenqualität, was sich negativ auf die landwirtschaftliche Produktivität, die Wasserverfügbarkeit und die Biodiversität auswirkt. In vielen Teilen der Welt, insbesondere in Afrika, Asien und Lateinamerika, hat die Desertifikation schwerwiegende soziale und wirtschaftliche Folgen, einschließlich der Vertreibung von Menschen, Nahrungsmittelknappheit und Konflikten um Ressourcen.

Im Kontext der Umwelt- und Klimagovernance ist die Bekämpfung der Desertifikation von zentraler Bedeutung, da sie eng mit den Herausforderungen des Klimawandels und der nachhaltigen Entwicklung verknüpft ist. Governance-Strukturen, die sich mit der Desertifikationsbekämpfung befassen, müssen interdisziplinär und mehrdimensional sein, da die Ursachen für Desertifikation in verschiedenen Sektoren liegen, darunter Landwirtschaft, Wasserwirtschaft, Forstwirtschaft und Urbanisierung.

Ein entscheidendes internationales Instrument zur Bekämpfung der Desertifikation ist die UN-Konvention zur Bekämpfung der Wüstenbildung (UNCCD), die 1994 ins Leben gerufen wurde. Diese Konvention fördert die Zusammenarbeit zwischen den Ländern und bietet einen rechtlichen Rahmen für die Umsetzung nachhaltiger Landnutzungspraktiken. Die UNCCD legt besonderen Wert auf die Stärkung der lokalen Gemeinschaften und die Einbeziehung von Stakeholdern in den Entscheidungsprozess, was die Resilienz der betroffenen Regionen erhöhen kann.

Ein weiterer wichtiger Aspekt der Desertifikationsbekämpfung im Rahmen der Klimagovernance ist die Integration von Anpassungsstrategien an den Klimawandel. Da sich die klimatischen Bedingungen weiter verändern, ist es entscheidend, dass Landnutzungsstrategien flexibel und anpassungsfähig sind. Praktiken wie agroökologische Landwirtschaft, Aufforstung und nachhaltige Weidewirtschaft können nicht nur die Produktivität der Böden verbessern, sondern auch zur Kohlenstoffbindung beitragen und somit die Auswirkungen des Klimawandels mildern.

Darüber hinaus ist die Finanzierung von Projekten zur Bekämpfung der Desertifikation ein zentrales Anliegen der Umweltgovernance. Internationale Fonds, wie der Grüne Klimafonds, spielen eine entscheidende Rolle bei der Bereitstellung von Ressourcen, um Entwicklungsländer bei der Umsetzung nachhaltiger Landnutzungspraktiken zu unterstützen. Eine umfassende Governance erfordert auch die Schaffung von Anreizen für private Investitionen und die Förderung von Technologien, die die Produktivität steigern und die Umwelt schützen.

Dürreperioden und Dürrerisiko und deren Auswirkungen auf das globale Klima und Umwelt

Dürreperioden sind durch einen signifikanten Mangel an Niederschlag gekennzeichnet, der über einen längeren Zeitraum anhält und weitreichende Auswirkungen auf Ökosysteme, landwirtschaftliche Produktion,

Wasserressourcen und die menschliche Gesellschaft hat. Diese Phänomene sind nicht nur lokal, sondern auch global von Bedeutung, da sie eng mit den Veränderungen des Klimas und der Umwelt interagieren. Das Verständnis von Dürrerisiken und deren Management ist daher im Kontext der Umwelt- und Klimagovernance von entscheidender Bedeutung.

Dürreperioden entstehen häufig durch natürliche Variabilität in klimatischen Mustern, können jedoch durch anthropogene Klimaveränderungen verstärkt werden. Die globale Erwärmung führt zu einer Veränderung der Niederschlagsverteilung, häufigen Extremwetterereignissen und einer erhöhten Verdunstung, die das Risiko für Dürren erhöht. Regionen, die ohnehin unter Wasserknappheit leiden, sind besonders betroffen, da ihre Fähigkeit, sich an veränderte klimatische Bedingungen anzupassen, oft begrenzt ist.

Die Auswirkungen von Dürre sind vielfältig. Ökologisch gesehen können sie zu erheblichen Veränderungen in den Lebensräumen führen, indem sie die Biodiversität verringern und die Stabilität von Ökosystemen gefährden. Landwirtschaftlich gesehen resultieren Dürreperioden in Ernteausfällen, was sowohl die Nahrungsmittelversorgung als auch die wirtschaftliche Stabilität von agrarisch geprägten Regionen bedroht. Darüber hinaus können Dürreperioden auch zu einem erhöhten Risiko von Konflikten um Wasserressourcen führen, insbesondere in Regionen mit bereits bestehenden sozialen und politischen Spannungen.

Im Kontext der Umwelt- und Klimagovernance wird das Management von Dürrerisiken zunehmend als zentrale Herausforderung erkannt. Effektive Governance-Strategien müssen sowohl präventive Maßnahmen zur Minderung des Dürrerisikos als auch adaptive Ansätze zur Bewältigung von Dürrefolgen umfassen. Präventive Maßnahmen könnten die Förderung nachhaltiger Bewässerungstechniken, die Verbesserung der Wasserinfrastruktur und die Umsetzung von Landnutzungsstrategien sein, die die Resilienz von Ökosystemen stärken. Adaptive Maßnahmen könnten Schulungsprogramme für Landwirte beinhalten, um den Anbau dürreresistenter Pflanzen zu fördern, sowie die Entwicklung von Frühwarnsystemen, die auf klimatische Veränderungen reagieren.

Darüber hinaus sind internationale Kooperationen von großer Bedeutung, um den Wissensaustausch und die Ressourcenallokation zu fördern. Initiativen wie das Pariser Abkommen zielen darauf ab, die globalen Bemühungen zur Eindämmung von Klimaveränderungen zu koordinieren, was wiederum dazu beitragen kann, die Häufigkeit und Intensität von Dürreperioden zu verringern.

Emissionshandel

Der Emissionshandel ist ein zentrales Instrument der Umwelt- und Klimagovernance, das darauf abzielt, die Treibhausgasemissionen zu reduzieren und den Klimawandel zu bekämpfen. Er basiert auf dem Prinzip der „Cap-and-Trade"-Systeme, bei denen eine Gesamtobergrenze (Cap) für die Emissionen festgelegt wird, die über einen bestimmten Zeitraum nicht überschritten werden darf. Diese Obergrenze wird in Form von Emissionszertifikaten ausgegeben, die den Unternehmen das Recht einräumen, eine bestimmte Menge an Kohlendioxid (CO_2) oder anderen Treibhausgasen auszustoßen.

Im Rahmen des Emissionshandels erhält jedes Unternehmen eine bestimmte Anzahl von Zertifikaten, die proportional zu seiner historischen Emissionsleistung oder nach bestimmten Kriterien vergeben werden. Unternehmen, die ihre Emissionen unter die zugewiesene Menge senken, können überschüssige Zertifikate auf dem Markt verkaufen. Unternehmen, die ihre Emissionen nicht reduzieren können oder wollen, müssen zusätzliche Zertifikate erwerben, um ihre gesetzlichen Anforderungen zu erfüllen. Durch diesen flexiblen Marktansatz wird ein wirtschaftlicher Anreiz geschaffen, Emissionen zu reduzieren, da Unternehmen, die effizienter produzieren und weniger Emissionen verursachen, von der Möglichkeit profitieren können, ihre nicht benötigten Zertifikate zu verkaufen. Ein bedeutendes Beispiel für ein solches System ist der EU-Emissionshandel (EU ETS), der 2005 eingeführt wurde und als eines der größten Emissionshandelssysteme der Welt gilt. Der EU ETS deckt mehrere Sektoren ab, darunter die Energieerzeugung, die Industrie und die Luftfahrt. Die EU hat sich ambitionierte Klimaziele gesetzt, darunter die Reduzierung der

Treibhausgasemissionen um mindestens 55 % bis 2030 im Vergleich zu 1990. Um diese Ziele zu erreichen, wird die jährliche Obergrenze der Emissionen schrittweise gesenkt, was den Druck auf Unternehmen erhöht, ihre Emissionen zu reduzieren.

Der Emissionshandel ist jedoch nicht ohne Herausforderungen. Kritiker argumentieren, dass er in einigen Fällen zu Marktverzerrungen führen kann, insbesondere wenn zu viele Zertifikate ausgegeben werden oder wenn der Preis für CO2-Zertifikate zu niedrig ist, um einen signifikanten Anreiz für Emissionsreduktionen zu schaffen. Zudem besteht die Gefahr von „Carbon Leakage", bei dem Unternehmen in Länder mit weniger strengen Umweltauflagen abwandern, was die globalen Emissionen nicht senkt, sondern möglicherweise sogar erhöht.

Ein weiterer Aspekt ist die Integration des Emissionshandels in ein umfassenderes Klimagovernance-System. Dies umfasst politische Maßnahmen, Regulierungen und Anreize, die über den Emissionshandel hinausgehen, wie z.B. Investitionen in erneuerbare Energien, Energieeffizienzprogramme und Forschung in grüne Technologien. Die Kombination dieser Maßnahmen ist entscheidend, um die Transformation hin zu einer kohlenstoffarmen Wirtschaft voranzutreiben.

Emissionshandel der Europäischen Union

Der Emissionshandel der Europäischen Union (EU ETS, European Union Emission Trading System) stellt ein zentrales Element der Umwelt- und Klimagovernance der EU dar. Seit seiner Einführung im Jahr 2005 hat sich das EU ETS als eines der größten und bedeutendsten Emissionshandelssysteme weltweit etabliert. Es wurde ins Leben gerufen, um die Treibhausgasemissionen in den Sektoren Energieerzeugung und Industrie zu reduzieren und somit einen Beitrag zur Erreichung der Klimaziele der EU zu leisten.

Das System basiert auf dem Prinzip „Cap-and-Trade", bei dem eine Obergrenze (Cap) für die Gesamtemissionen von Treibhausgasen festgelegt wird. Diese Obergrenze wird im Laufe der Zeit schrittweise gesenkt, was zu einer Reduktion der erlaubten Emissionen führt. Unternehmen, die unter das System fallen, erhalten oder kaufen Zertifikate, die das Recht zur Emission einer bestimmten Menge CO2 oder dessen Äquivalent repräsentieren. Wenn ein Unternehmen seine Emissionen reduziert, kann es überschüssige Zertifikate verkaufen, während Unternehmen, die ihre Emissionen nicht reduzieren können, zusätzliche Zertifikate erwerben müssen. Dieser Marktmechanismus fördert ökonomisch effiziente Emissionsreduktionen, da Unternehmen bestrebt sind, Kosten zu minimieren und Gewinne zu maximieren.

Im Kontext der Umwelt- und Klimagovernance ist das EU ETS ein Beispiel für eine multilaterale Regelung, die darauf abzielt, kollektive Umweltziele durch marktorientierte Ansätze zu erreichen. Es spiegelt die Notwendigkeit wider, Anreize für Unternehmen zu schaffen, um nachhaltige Praktiken und Technologien zu fördern. Durch den Handel mit Emissionszertifikaten wird eine Preissignalisierung für CO2-Emissionen geschaffen, die Unternehmen dazu motiviert, in emissionsärmere Technologien zu investieren. Die Effektivität des EU ETS wird jedoch durch verschiedene Faktoren beeinflusst. Kritiker haben auf Herausforderungen wie die Überversorgung mit Zertifikaten, die zu einem niedrigen CO2-Preis geführt hat, und die Notwendigkeit einer stärkeren Anreize für Investitionen in erneuerbare Energien hingewiesen. In Reaktion darauf wurden Reformen implementiert, darunter die Einführung eines Markstabilitäts-mechanismus (MSR), der dazu dient, das Angebot an Zertifikaten zu regulieren und Preisvolatilität zu verringern.

Darüber hinaus spielt das EU ETS auch eine wichtige Rolle in der internationalen Klimapolitik, insbesondere im Rahmen des Pariser Abkommens, das darauf abzielt, die Erderwärmung auf deutlich unter 2 Grad Celsius zu begrenzen. Das System ermöglicht es der EU, ihre Verpflichtungen zur Reduktion von Treibhausgasemissionen glaubwürdig zu erfüllen und gleichzeitig als Vorbild für ähnliche Initiativen weltweit zu fungieren.

Emissionshandel der USA

Der Emissionshandel in den USA ist ein zentrales Element der Umwelt- und Klimagovernance, das darauf abzielt, Treibhausgasemissionen zu reduzieren und gleichzeitig wirtschaftliche Effizienz zu fördern. Der Ansatz des Emissionshandels, auch bekannt als Cap-and-Trade-System, ermöglicht es Unternehmen, Emissionszertifikate zu kaufen und zu verkaufen, die das Recht repräsentieren, eine bestimmte Menge an Treibhausgasen auszustoßen. Dieser Mechanismus schafft einen finanziellen Anreiz zur Reduktion von Emissionen, da Unternehmen, die ihre Emissionen unter die zugeteilten Kontingente senken, überschüssige Zertifikate verkaufen können. In den USA gibt es verschiedene regionale Emissionshandelssysteme, die als Vorläufer für eine nationale Regelung dienen könnten. Eines der bekanntesten Systeme ist das Regional Greenhouse Gas Initiative (RGGI), das 2009 von mehreren nordöstlichen Bundesstaaten ins Leben gerufen wurde. RGGI konzentriert sich auf die Stromerzeugungsindustrie und setzt eine Obergrenze für die CO_2-Emissionen von fossilen Brennstoffen. Das System hat gezeigt, dass es möglich ist, Emissionen zu reduzieren, ohne die wirtschaftliche Leistungsfähigkeit der betroffenen Staaten erheblich zu beeinträchtigen.

Ein weiteres Beispiel ist das California Cap-and-Trade Program, das 2013 gestartet wurde und das größte Emissionshandelssystem in den USA darstellt. Kalifornien verfolgt eine aggressive Klimapolitik, die darauf abzielt, die Emissionen bis 2030 um 40 % im Vergleich zu 1990 zu senken. Das kalifornische System umfasst nicht nur die Stromerzeugung, sondern auch industrielle Emissionen und den Verkehrssektor, was es zu einem umfassenden Ansatz zur Bekämpfung des Klimawandels macht. Kalifornien hat auch eine enge Verbindung zu internationalen Märkten geschaffen, indem es die Möglichkeit bietet, Emissionszertifikate aus anderen Jurisdiktionen anzuerkennen.

Die Implementierung von Emissionshandelssystemen in den USA ist jedoch nicht ohne Herausforderungen. Politische Widerstände, insbesondere auf Bundesebene, haben die Einführung eines nationalen Emissionshandelssystems erschwert. Der politische Diskurs über Klimapolitik ist oft polarisiert, was die Konsensfindung über Maßnahmen zur Emissionsreduktion behindert. Zudem gibt es Bedenken hinsichtlich der sozialen

Gerechtigkeit, da die Auswirkungen von Klimapolitik auf einkommensschwache Gemeinschaften und Minderheiten oft unzureichend berücksichtigt werden.

Eine wichtige Rolle in der US-amerikanischen Klimagovernance spielt auch die Zusammenarbeit zwischen Bund, Ländern und Kommunen. Während der Bund unter der Präsidentschaft von Barack Obama mit Initiativen wie dem Clean Power Plan versuchte, landesweite Emissionsstandards einzuführen, haben viele Bundesstaaten und Städte eigene Maßnahmen ergriffen, um ihre Klimaziele zu erreichen. Diese dezentralisierte Herangehensweise ermöglicht eine größere Flexibilität und Anpassungsfähigkeit, führt jedoch auch zu einem Flickenteppich von Regelungen, der die Effektivität und Effizienz der Maßnahmen beeinträchtigen kann.

Energieeinsparung

Energieeinsparung ist ein zentrales Element der Umwelt- und Klimagovernance, da sie nicht nur zur Reduzierung des Energieverbrauchs beiträgt, sondern auch entscheidend zur Minderung von Treibhausgasemissionen und zur Förderung nachhaltiger Entwicklung ist. Im Kontext der globalen Erwärmung und der damit verbundenen klimatischen Herausforderungen ist die effiziente Nutzung von Energie ein Schlüsselansatz zur Erreichung internationaler Klimaziele, wie sie im Pariser Abkommen festgelegt sind.

Zunächst ist es wichtig zu verstehen, dass Energieeinsparung sowohl auf individueller als auch auf institutioneller und politischer Ebene gefördert werden kann. Auf individueller Ebene können Haushalte durch Maßnahmen wie die Nutzung energieeffizienter Geräte, die Verbesserung der Dämmung von Gebäuden und die Förderung nachhaltiger Verkehrsalternativen ihren Energieverbrauch erheblich senken. Auf institutioneller Ebene spielen Unternehmen eine entscheidende Rolle, indem sie energieeffiziente Technologien implementieren und durch betriebliche Maßnahmen wie das Energiemanagement nachhaltige Praktiken fördern.

Politisch gesehen sind Regierungen gefordert, Rahmenbedingungen zu schaffen, die Energieeinsparung begünstigen. Dazu gehören sowohl direkte Maßnahmen, wie Subventionen für erneuerbare Energien und energieeffiziente Technologien, als auch indirekte Maßnahmen, wie die Einführung von CO2-Steuern oder die Schaffung von Anreizen für nachhaltige Praktiken. Diese Politiken sind häufig Teil umfassender Klimaschutzstrategien, die darauf abzielen, die Abhängigkeit von fossilen Brennstoffen zu verringern und den Übergang zu einer kohlenstoffarmen Wirtschaft zu unterstützen.

Ein weiterer wichtiger Aspekt der Energieeinsparung im Kontext der Klimagovernance ist die Rolle internationaler Kooperationen. Globale Herausforderungen wie der Klimawandel erfordern koordinierte Anstrengungen über nationale Grenzen hinweg. Initiativen wie die International Energy Agency (IEA) und das United Nations Framework Convention on Climate Change (UNFCCC) fördern den Austausch von Best Practices und Technologien zur Energieeinsparung und unterstützen Länder dabei, ihre Emissionen zu reduzieren und ihre Energieeffizienz zu steigern.

Die Wirksamkeit von Energieeinsparungsmaßnahmen wird jedoch durch verschiedene Faktoren beeinflusst. So sind kulturelle Einstellungen, wirtschaftliche Rahmenbedingungen und technologische Entwicklungen entscheidende Determinanten, die den Erfolg von Energieeinsparungsstrategien beeinflussen können. Auch die Bildung und Sensibilisierung der Bevölkerung spielen eine zentrale Rolle, da ein informierter Bürger eher bereit ist, nachhaltige Entscheidungen zu treffen und energieeffiziente Technologien zu nutzen.

Energiegovernance

Energiegovernance ist ein zentraler Bestandteil der umfassenderen Umwelt- und Klimagovernance und bezieht sich auf die politischen, wirtschaftlichen und sozialen Strukturen und Prozesse, die die Produktion, Verteilung und den Verbrauch von Energie steuern. In Anbetracht der globalen Herausforderungen des Klimawandels und der Umweltzerstörung gewinnt die Energiegovernance zunehmend an Bedeutung, da der Energiesektor einer der Hauptverursacher von Treibhausgasemissionen ist.

Ein wichtiger Aspekt der Energiegovernance ist die Notwendigkeit, den Übergang von fossilen Brennstoffen zu erneuerbaren Energiequellen zu gestalten. Dies erfordert nicht nur technologische Innovationen, sondern auch starke politische Rahmenbedingungen und internationale Kooperationen. Die Governance-Strukturen müssen so gestaltet sein, dass sie Anreize für Investitionen in erneuerbare Energien schaffen, gleichzeitig aber auch soziale und wirtschaftliche Ungleichheiten berücksichtigen, die durch einen solchen Übergang entstehen können.

Im Kontext der Klimagovernance spielt Energiegovernance eine entscheidende Rolle, da die Reduktion von CO_2-Emissionen eine der zentralen Strategien zur Bekämpfung des Klimawandels darstellt. Internationale Abkommen wie das Pariser Abkommen haben die Notwendigkeit hervorgehoben, nationale und internationale Strategien zur Reduktion von Treibhausgasemissionen zu entwickeln, wobei der Energiesektor in vielen Ländern im Mittelpunkt dieser Strategien steht.

Zudem ist die Integration von Energiegovernance in die breitere Umweltgovernance von Bedeutung, da Umweltprobleme oft miteinander verknüpft sind. Zum Beispiel können Entscheidungen im Energiesektor Auswirkungen auf die Biodiversität, Wasserressourcen und die Luftqualität haben. Daher ist eine ganzheitliche Betrachtung und ein integrativer Ansatz erforderlich, um die Wechselwirkungen zwischen Energieproduktion, Umwelt und klimatischen Veränderungen zu verstehen und zu steuern.

Die Rolle von verschiedenen Akteuren in der Energiegovernance ist ebenfalls von hoher Relevanz. Regierungen, internationale Organisationen, Unternehmen, NGOs und die Zivilgesellschaft spielen alle eine Rolle in der Gestaltung und Umsetzung von Energiepolitiken. Die Zusammenarbeit zwischen diesen Akteuren ist entscheidend, um effektive und nachhaltige Lösungen zu finden, die den Herausforderungen des Klimawandels gerecht werden.

Energiemarkt

Der Energiemarkt ist ein zentrales Element der modernen Wirtschaft und spielt eine wichtige Rolle im Kontext der Umwelt- und Klimagovernance. Die

Art und Weise, wie Energie produziert, verteilt und konsumiert wird, hat erhebliche Auswirkungen auf die Umwelt, insbesondere in Bezug auf Treibhausgasemissionen, Luftqualität und den Verlust von Biodiversität. In den letzten Jahrzehnten hat sich das Bewusstsein für die Notwendigkeit einer nachhaltigen Energiepolitik verstärkt, um den Herausforderungen des Klimawandels und der Umweltzerstörung entgegenzuwirken.

Ein zentraler Aspekt der Klimagovernance ist die Regulierung des Energiemarktes, um den Übergang zu einer kohlenstoffarmen Wirtschaft zu fördern. Dies geschieht durch verschiedene Mechanismen, wie etwa Emissionshandelssysteme, Subventionen für erneuerbare Energien und die Einführung strengerer Effizienzstandards. Emissionshandelssysteme ermöglichen es Unternehmen, Emissionszertifikate zu kaufen und zu verkaufen, was Anreize schafft, den eigenen CO2-Ausstoß zu reduzieren. Diese Marktlösungen sollen nicht nur den ökologischen Fußabdruck der Energieerzeugung minimieren, sondern auch wirtschaftliche Anreize setzen, um Innovationen im Bereich sauberer Technologien voranzutreiben.

Darüber hinaus spielt die internationale Zusammenarbeit eine entscheidende Rolle in der Klimagovernance. Abkommen wie das Pariser Klimaabkommen zielen darauf ab, die globalen Treibhausgasemissionen zu reduzieren und die Erderwärmung auf unter 2 Grad Celsius zu begrenzen. Im Rahmen solcher Abkommen verpflichten sich Länder zu national festgelegten Beiträgen (NDCs), die spezifische Maßnahmen zur Reduktion von Emissionen im Energiesektor umfassen. Die Umsetzung dieser Verpflichtungen erfordert eine enge Zusammenarbeit zwischen Regierungen, der Privatwirtschaft und zivilgesellschaftlichen Akteuren.

Ein weiterer wichtiger Aspekt ist die Rolle der erneuerbaren Energien im Energiemarkt. Der Übergang von fossilen Brennstoffen zu erneuerbaren Energiequellen wie Wind, Solar und Biomasse ist entscheidend, um die Klimaziele zu erreichen. Technologische Fortschritte und sinkende Kosten für erneuerbare Energien haben deren Wettbewerbsfähigkeit erhöht, was zu einem signifikanten Marktwachstum geführt hat. Diese Entwicklung wird durch politische Maßnahmen unterstützt, die den Ausbau erneuerbarer Energien fördern, beispielsweise durch Einspeisevergütungen oder Steuererleichterungen.

Allerdings gibt es auch Herausforderungen, die im Kontext von Umwelt- und Klimagovernance betrachtet werden müssen. Die Abhängigkeit von fossilen Brennstoffen, die oft in Ländern mit schwacher Governance und hohen Korruptionsraten abgebaut werden, kann die Umsetzung nachhaltiger Energiepolitiken erschweren. Zudem können Marktversagen, wie etwa das Fehlen von Anreizen für die Reduktion von externen Kosten (z. B. Umweltverschmutzung), dazu führen, dass die Umweltauswirkungen der Energieproduktion und -nutzung nicht angemessen berücksichtigt werden.

Energieszenarien

Energieszenarien spielen eine zentrale Rolle im Kontext von Umwelt- und Klimagovernance, da sie als strategische Werkzeuge dienen, um zukünftige Entwicklungen im Energiesektor zu analysieren und zu gestalten. Diese Szenarien basieren auf einer Vielzahl von Annahmen über technologische Fortschritte, politische Rahmenbedingungen, wirtschaftliche Entwicklungen und gesellschaftliche Veränderungen. Sie sind unverzichtbar für die Planung und Umsetzung von Maßnahmen zur Minderung von Treibhausgasemissionen und zur Förderung nachhaltiger Energienutzung. Im Rahmen der Klimagovernance sind Energieszenarien besonders wichtig, da sie Entscheidungsträgern und Stakeholdern helfen, die Auswirkungen unterschiedlicher Energiepfade auf das Klima zu verstehen. Sie ermöglichen es, die Folgen von politischen Entscheidungen, wie etwa dem Ausstieg aus fossilen Brennstoffen oder der Förderung erneuerbarer Energien, zu quantifizieren. Ein bekanntes Beispiel sind die Szenarien des Intergovernmental Panel on Climate Change (IPCC), die zeigen, wie verschiedene Maßnahmen zur Emissionsreduktion notwendig sind, um die globalen Temperaturerhöhungen auf unter 1,5 Grad Celsius zu begrenzen. Die Entwicklung und Nutzung von Energieszenarien erfolgt häufig in einem partizipativen Prozess, der verschiedene Akteure einbezieht. Wissenschaftler, Politikgestalter, Unternehmen und die Zivilgesellschaft arbeiten zusammen, um realistische und umsetzbare Szenarien zu entwickeln.

Diese partizipativen Ansätze fördern ein besseres Verständnis der Herausforderungen und Chancen, die mit dem Übergang zu nachhaltigen Energiesystemen verbunden sind. Durch die Berücksichtigung unterschiedlicher Perspektiven können Szenarien sowohl technologische als auch soziale Innovationen fördern.

Ein weiterer wichtiger Aspekt von Energieszenarien im Kontext der Klimagovernance ist die Berücksichtigung von Unsicherheiten. Die Zukunft der Energieversorgung ist von zahlreichen Unbekannten geprägt, darunter technologische Durchbrüche, geopolitische Entwicklungen und Veränderungen in der öffentlichen Wahrnehmung. Szenarien helfen, diese Unsicherheiten zu visualisieren und verschiedene Handlungsoptionen zu bewerten. Szenariobasierte Ansätze wie das „Robuste Entscheidungsfindung" (Robust Decision Making, RDM) ermöglichen es Entscheidungsträgern, Strategien zu entwickeln, die auch unter unsicheren Bedingungen funktionieren.

Darüber hinaus spielt die internationale Zusammenarbeit eine entscheidende Rolle bei der Entwicklung und Umsetzung von Energieszenarien. Globale Herausforderungen wie der Klimawandel erfordern koordinierte Anstrengungen über nationale Grenzen hinweg. Initiativen wie das Pariser Abkommen fördern den Austausch von Szenarien und bewährten Verfahren zwischen Ländern, um gemeinsame Ziele zur Emissionsreduktion zu erreichen.

Energieversorgung und Energieversorgungssicherheit

Die Energieversorgung und Energieversorgungssicherheit sind zentrale Elemente der Umwelt- und Klimagovernance, insbesondere in einer Zeit, in der der Klimawandel und die Erschöpfung fossiler Ressourcen zunehmend alarmierende Dimensionen annehmen. Energieversorgung bezieht sich auf die Fähigkeit eines Landes oder einer Region, die benötigte Energie in ausreichendem Maße und zu angemessenen Kosten bereitzustellen. Energieversorgungssicherheit umfasst darüber hinaus die Stabilität dieser Energieversorgung, insbesondere in Krisenzeiten oder bei plötzlichen Nachfragespitzen.

Ein wesentlicher Aspekt der Energieversorgungssicherheit ist die Diversifizierung der Energiequellen. In vielen Ländern, die stark von fossilen Brennstoffen abhängig sind, stellt die Reduktion dieser Abhängigkeit eine Herausforderung dar. Der Übergang zu erneuerbaren Energiequellen wie Wind, Sonne und Biomasse wird als eine der Schlüsselstrategien zur Verbesserung der Energieversorgungssicherheit angesehen. Diese Energieträger sind nicht nur umweltfreundlicher, sondern auch in vielen Regionen lokal verfügbar, was die Abhängigkeit von Importen verringert und die Resilienz gegenüber geopolitischen Spannungen erhöht.

Die Integration erneuerbarer Energien in das bestehende Energiesystem erfordert jedoch umfassende Anpassungen der Infrastruktur und der Marktmechanismen. Hierbei spielen innovative Ansätze wie Smart Grids eine entscheidende Rolle. Diese intelligenten Stromnetze ermöglichen eine effizientere Verteilung und Nutzung von Energie, indem sie Angebot und Nachfrage in Echtzeit steuern. Zudem fördern sie die Integration dezentraler Energieerzeugung, was die Energieversorgung flexibler und widerstandsfähiger gegen Störungen macht.

Im Kontext der Umwelt- und Klimagovernance ist die Energieversorgung auch eng mit politischen und regulatorischen Rahmenbedingungen verknüpft. Regierungen und internationale Organisationen setzen zunehmend auf Richtlinien und Anreize, um den Übergang zu einer nachhaltigen Energieversorgung zu fördern. Dazu gehören beispielsweise CO_2-Preise, Subventionen für erneuerbare Energien und strenge Effizienzstandards. Diese Maßnahmen sind entscheidend, um die Klimaziele zu erreichen und die Erderwärmung auf unter 2 Grad Celsius über dem vorindustriellen Niveau zu begrenzen.

Ein weiterer wichtiger Aspekt ist die soziale Dimension der Energieversorgung. Der Zugang zu Energie ist ein grundlegendes Menschenrecht, und die Gewährleistung einer gerechten Energieversorgung ist eine zentrale Herausforderung, insbesondere in Entwicklungsländern. Hier muss sichergestellt werden, dass der Übergang zu nachhaltigen Energiesystemen nicht zu sozialen Ungleichheiten führt und dass alle Bevölkerungsgruppen von den Vorteilen der erneuerbaren Energien profitieren können.

Energieverteilungsgerechtigkeit und Energieverteilungskonflikte

Energieverteilungsgerechtigkeit ist ein zentrales Konzept in der Umwelt- und Klimagovernance, das sich mit der fairen Verteilung von Energieressourcen, -kosten und -nutzungen innerhalb und zwischen Gesellschaften befasst. In einer Welt, die zunehmend von den Herausforderungen des Klimawandels und der Ressourcenknappheit geprägt ist, wird die Frage der Gerechtigkeit in der Energieverteilung immer drängender. Dabei spielen sowohl soziale als auch wirtschaftliche Faktoren eine entscheidende Rolle.

Im Kontext der Energieverteilungsgerechtigkeit lassen sich verschiedene Dimensionen unterscheiden. Erstens gibt es die intergenerative Gerechtigkeit, die sich mit der Verantwortung gegenüber zukünftigen Generationen befasst. Der übermäßige Verbrauch fossiler Brennstoffe und die damit verbundenen Treibhausgasemissionen gefährden die Lebensgrundlagen künftiger Generationen. Die Nutzung erneuerbarer Energien und die Minimierung von Umweltauswirkungen sind daher nicht nur eine technische Herausforderung, sondern auch eine moralische Verpflichtung.

Zweitens ist die intra-generative Gerechtigkeit von Bedeutung, die sich auf die Verteilung von Energie innerhalb einer aktuellen Generation konzentriert. Hierbei geht es um die Frage, wie der Zugang zu Energiequellen und die Kosten für Energie in einer Gesellschaft verteilt sind. Oft sind benachteiligte Gruppen, wie einkommensschwache Haushalte oder Marginalisierte, unverhältnismäßig stark von hohen Energiekosten betroffen und haben gleichzeitig eingeschränkten Zugang zu nachhaltigen Energiequellen. Diese Ungleichheiten können zu sozialen Konflikten führen, da verschiedene Gruppen unterschiedliche Interessen und Bedürfnisse in Bezug auf Energie haben.

Energieverteilungskonflikte entstehen häufig an Schnittstellen dieser Ungerechtigkeiten. Ein Beispiel dafür ist der Ausbau von erneuerbaren Energien, der in vielen Ländern vorangetrieben wird, um die Abhängigkeit von fossilen Brennstoffen zu reduzieren. Oft geht dieser Prozess jedoch mit Landnutzungsänderungen einher, die die Rechte der ansässigen Bevölkerung verletzen oder deren Lebensraum bedrohen. Dies kann insbesondere in Entwicklungsländern zu erheblichen Spannungen führen, wenn lokale

Gemeinschaften gegen große Infrastrukturprojekte mobilisieren, die als ungerecht oder ausbeuterisch wahrgenommen werden.

Ein weiterer Aspekt, der in der Diskussion um Energieverteilungsgerechtigkeit und Konflikte berücksichtigt werden muss, ist die Rolle der politischen Governance. Die Art und Weise, wie Energiepolitik gestaltet wird, kann erheblichen Einfluss auf die Gerechtigkeit der Energieverteilung haben. In vielen Fällen sind Entscheidungsprozesse und politische Institutionen nicht inklusiv genug, was bedeutet, dass die Stimmen der am stärksten betroffenen Bevölkerungsgruppen oft nicht gehört werden. Dies kann zu einem Mangel an Vertrauen in die Regierung und zu Widerstand gegen neue Energieprojekte führen.

Schließlich spielt auch der globale Kontext eine Rolle. Die internationale Energiepolitik ist durch Machtverhältnisse geprägt, die oft die Interessen wohlhabender Nationen priorisieren, während ärmere Länder, die unter den Folgen des Klimawandels am stärksten leiden, oft nicht die notwendige Unterstützung erhalten, um ihre Energieinfrastruktur nachhaltig zu entwickeln. Hier ist eine gerechte globale Energieverteilungspolitik erforderlich, die nicht nur die Bedürfnisse der gegenwärtigen Generationen berücksichtigt, sondern auch die von zukünftigen.

Energiewende

Die Energiewende bezeichnet den Übergang von fossilen Brennstoffen hin zu erneuerbaren Energiequellen, um den Herausforderungen des Klimawandels und der Umweltzerstörung zu begegnen. Im Kontext von Umwelt- und Klimagovernance spielt dieser Übergang eine zentrale Rolle, da er nicht nur technologische Innovationen und politische Maßnahmen erfordert, sondern auch tiefgreifende gesellschaftliche Veränderungen und eine Neuausrichtung der wirtschaftlichen Rahmenbedingungen.

Umwelt- und Klimagovernance umfasst die Strukturen, Prozesse und Akteure, die zur Gestaltung und Implementierung von Umwelt- und Klimapolitiken beitragen. Dies schließt internationale Vereinbarungen wie das Pariser Abkommen ein, das darauf abzielt, die globale Erderwärmung auf unter 2 Grad Celsius zu begrenzen, sowie nationale und lokale

Initiativen, die konkrete Maßnahmen zur Reduzierung von Treibhausgasemissionen vorsehen.

Ein Schlüsselaspekt der Energiewende ist die Dezentralisierung der Energieversorgung. Erneuerbare Energien wie Solar- und Windkraft können lokal erzeugt werden, was nicht nur die Abhängigkeit von importierten fossilen Brennstoffen verringert, sondern auch die Resilienz von Energiesystemen erhöht. Diese Dezentralisierung erfordert jedoch neue Governance-Ansätze, um die Integration von dezentralen Energiequellen in bestehende Infrastrukturen zu ermöglichen und um die Beteiligung der Bürgerinnen und Bürger zu fördern. Partizipative Ansätze, bei denen die Bevölkerung in Entscheidungsprozesse einbezogen wird, sind entscheidend, um Akzeptanz und Unterstützung für die Energiewende zu schaffen.

Ein weiterer relevanter Aspekt ist die Rolle von Innovation und technologischem Fortschritt. Die Entwicklung neuer Technologien, wie z.B. Energiespeicherlösungen und smart grids, ist unerlässlich, um die Volatilität von erneuerbaren Energiequellen zu managen. Hierbei spielt die Forschungspolitik eine wichtige Rolle, indem sie Anreize für die Entwicklung und Verbreitung innovativer Technologien setzt.

Die Finanzierung der Energiewende stellt eine weitere Herausforderung dar. Es bedarf erheblicher Investitionen in Infrastruktur und Technologien, die oft durch öffentliche und private Mittel aufgebracht werden müssen. Klimafinanzierung und -investitionen müssen daher strategisch gelenkt werden, um sicherzustellen, dass sie nachhaltige und gerechte Lösungen fördern.

Schließlich ist die internationale Zusammenarbeit ein entscheidender Faktor für den Erfolg der Energiewende. Da Klimawandel und Umweltprobleme keine nationalen Grenzen kennen, ist eine koordinierte globale Antwort notwendig. Mechanismen wie der Austausch bewährter Praktiken, Technologietransfer und gemeinsame Forschungsprojekte können dazu beitragen, die Herausforderungen der Energiewende zu bewältigen und gleichzeitig die Umsetzung der internationalen Klimaziele zu unterstützen.

Energiewirtschaft

Die Energiewirtschaft spielt eine zentrale Rolle im Kontext der Umwelt- und Klimagovernance, da sie maßgeblich zur Erzeugung von Treibhausgasemissionen beiträgt und somit einen entscheidenden Einfluss auf den Klimawandel hat. Die Herausforderungen, die sich aus den globalen Erwärmungstendenzen ergeben, erfordern ein umfassendes Verständnis der Wechselwirkungen zwischen Energieproduktion, -nutzung und den umweltpolitischen Rahmenbedingungen.

Die Energiewirtschaft umfasst alle Tätigkeiten, die mit der Erzeugung, dem Transport, der Verteilung und dem Konsum von Energie verbunden sind. Traditionell war diese Branche stark von fossilen Brennstoffen wie Kohle, Erdöl und Erdgas abhängig, die durch ihre Verbrennung erhebliche Mengen an Kohlendioxid (CO_2) und anderen schädlichen Emissionen freisetzen. Diese Emissionen sind der Hauptverursacher des anthropogenen Klimawandels, was die Notwendigkeit unterstreicht, nachhaltige Alternativen zu entwickeln und umzusetzen.

Im Rahmen der Umwelt- und Klimagovernance sind internationale Abkommen, nationale Gesetzgebungen und lokale Initiativen von entscheidender Bedeutung. Ein herausragendes Beispiel ist das Pariser Abkommen von 2015, das eine globale Strategie zur Begrenzung der Erderwärmung auf deutlich unter 2 Grad Celsius im Vergleich zum vorindustriellen Niveau verfolgt. Die Vertragsstaaten sind verpflichtet, nationale Klimaschutzbeiträge (NDCs) zu formulieren, die spezifische Reduktionsziele für Treibhausgasemissionen enthalten. Diese Verpflichtungen wirken sich direkt auf die Energiewirtschaft aus, indem sie den Übergang zu erneuerbaren Energien und energieeffizienten Technologien fördern.

Die Rolle der erneuerbaren Energien ist in diesem Kontext von zentraler Bedeutung. Technologien wie Solar-, Wind- und Wasserkraft bieten nicht nur eine Möglichkeit, den CO_2-Ausstoß zu reduzieren, sondern tragen auch zur Diversifizierung der Energiequellen und zur Erhöhung der Energieversorgungssicherheit bei. Die Integration dieser Technologien in bestehende Energiesysteme erfordert jedoch umfassende politische und wirtschaftliche Strategien, um Investitionen zu fördern und die öffentliche Akzeptanz zu sichern.

Zudem ist die Energiewirtschaft stark reguliert, was die Implementierung von Umwelt- und Klimaschutzmaßnahmen betrifft. Regierungen nutzen verschiedene Instrumente wie Emissionshandelssysteme, Subventionen für erneuerbare Energien und Steuern auf fossile Brennstoffe, um Anreize für eine umweltfreundliche Energieproduktion und -nutzung zu schaffen. Diese wirtschaftlichen Mechanismen sind entscheidend, um die Transformationsprozesse innerhalb der Energiewirtschaft zu steuern und die Klimaziele zu erreichen.

Ein weiterer Aspekt der Klimagovernance ist die Rolle der Stakeholder, einschließlich der Zivilgesellschaft, Unternehmen und internationalen Organisationen. Kooperationen und Partnerschaften zwischen diesen Akteuren sind entscheidend für den Erfolg von Initiativen zur Reduzierung der Emissionen und zur Förderung nachhaltiger Energiepraktiken. Auch die Wissenschaft spielt eine wesentliche Rolle, indem sie Daten und Analysen bereitstellt, die für die Entscheidungsfindung und die Entwicklung von Politiken notwendig sind.

Entscheidungsprozesse und Entscheidungsblockaden

Entscheidungsprozesse und Entscheidungsblockaden im Kontext von Umwelt- und Klimagovernance sind komplexe Phänomene, die durch eine Vielzahl von Faktoren beeinflusst werden. Umwelt- und Klimagovernance bezieht sich auf die Strukturen, Prozesse und Maßnahmen, die zur Regulierung von Umwelt- und Klimafragen eingesetzt werden. In diesem Kontext spielen sowohl individuelle als auch kollektive Entscheidungsprozesse eine zentrale Rolle.

Entscheidungsprozesse im Bereich der Umwelt- und Klimagovernance sind oft geprägt von Unsicherheiten, multiplen Stakeholder-Interessen und der Notwendigkeit, langfristige Planung mit kurzfristigen Handlungen in Einklang zu bringen. In der Regel durchlaufen Entscheidungsprozesse mehrere Phasen, die von der Problemidentifikation über die Analyse von Handlungsalternativen bis hin zur Implementierung von Entscheidungen reichen.

Dabei sind verschiedene Akteure beteiligt, darunter Regierungen, Unternehmen, Nichtregierungsorganisationen und die Zivilgesellschaft. Die Interaktion zwischen diesen Akteuren kann zu unterschiedlichen Ergebnissen führen, abhängig von den Machtverhältnissen, den verfügbaren Ressourcen und dem Grad der Zusammenarbeit.

Ein zentrales Element dieser Prozesse ist die Informationsverarbeitung. Da Umwelt- und Klimafragen oft komplex sind und mit einer Vielzahl von wissenschaftlichen, sozialen und wirtschaftlichen Aspekten verknüpft sind, ist die Qualität und Verfügbarkeit von Informationen entscheidend. Entscheidungen, die auf unzureichenden oder fehlerhaften Informationen basieren, können zu suboptimalen Ergebnissen führen und das Vertrauen in die Governance-Strukturen untergraben.

Entscheidungsblockaden hingegen entstehen, wenn die Identifizierung und Umsetzung von Lösungen behindert wird. Solche Blockaden können verschiedene Ursachen haben, darunter politische Interessen, institutionelle Trägheit, fehlende Ressourcen oder auch psychologische Faktoren wie kognitive Dissonanz oder Verlustaversion. Insbesondere in der Klimapolitik sind Entscheidungsblockaden häufig auf das Zusammenspiel von unterschiedlichen Interessen und Prioritäten zurückzuführen. Beispielsweise können wirtschaftliche Überlegungen, wie die Aufrechterhaltung von Arbeitsplätzen in fossilen Brennstoffen, gegen ökologische Ziele abgewogen werden.

Ein weiteres relevantes Konzept ist das der „Policy Windows", das von John Kingdon entwickelt wurde. Dieses Konzept beschreibt, dass Entscheidungen oft dann getroffen werden, wenn ein günstiger Moment entsteht, in dem politische, soziale und wirtschaftliche Faktoren zusammenkommen. In der Umwelt- und Klimagovernance können solche Fenster durch Krisen oder gesellschaftliche Bewegungen geöffnet werden, die den Druck auf Entscheidungsträger erhöhen, Maßnahmen zu ergreifen.

Entwicklungsländer

Entwicklungsländer stehen vor einer Vielzahl von Herausforderungen im Kontext der Umwelt- und Klimagovernance, die sowohl durch interne als auch externe Faktoren beeinflusst werden. Diese Länder sind oft besonders anfällig für die Auswirkungen des Klimawandels, da sie über begrenzte Ressourcen und adaptive Kapazitäten verfügen. Die Interaktion zwischen Umwelt- und Klimagovernance in Entwicklungsländern ist komplex und erfordert ein tiefes Verständnis der sozialen, wirtschaftlichen und politischen Kontexte.

Ein zentrales Merkmal von Entwicklungsländern ist die Abhängigkeit von natürlichen Ressourcen. Landwirtschaft, Fischerei und Forstwirtschaft sind häufig die Hauptquellen des Lebensunterhalts für große Teile der Bevölkerung. Diese Sektoren sind jedoch extrem anfällig für klimatische Veränderungen, wie zum Beispiel veränderte Niederschlagsmuster und häufigere Extremwetterereignisse. In vielen Fällen haben Entwicklungsländer nicht die finanziellen Mittel oder technischen Kapazitäten, um sich angemessen an diese Veränderungen anzupassen oder sie zu mindern. Dies führt zu einer verstärkten Vulnerabilität, die durch die ohnehin bestehenden sozialen und wirtschaftlichen Ungleichheiten verschärft wird.

Ein weiterer wichtiger Aspekt der Umwelt- und Klimagovernance in Entwicklungsländern ist die Rolle internationaler Organisationen und Abkommen. Viele dieser Länder sind auf ausländische Hilfe und technologische Unterstützung angewiesen, um ihre Klimaziele zu erreichen. Die Umsetzung von internationalen Abkommen wie dem Pariser Klimaabkommen erfordert jedoch oft erhebliche nationale Kapazitäten, die in vielen Fällen fehlen. Die Herausforderung besteht darin, nationale Politiken zu entwickeln, die sowohl den globalen Klimazielen als auch den lokalen Bedürfnissen gerecht werden. Hierbei spielt die Einbindung der Zivilgesellschaft und der lokalen Gemeinschaften eine entscheidende Rolle, um sicherzustellen, dass die Politiken gerecht und inklusiv sind.

Zudem sind Entwicklungsländer häufig mit Governance-Problemen konfrontiert, die ihre Fähigkeit zur effektiven Umwelt- und Klimapolitik einschränken. Korruption, schwache Institutionen und mangelnde politische Stabilität können die Umsetzung und Durchsetzung von Umweltvorschriften erheblich behindern. Dies führt zu einer unzureichenden Überwachung von Umweltstandards und einer unzureichenden Reaktion auf

Umweltveränderungen. In vielen Situationen sind die bestehenden Governance-Strukturen nicht in der Lage, die komplexen und oft miteinander verbundenen Herausforderungen des Klimawandels zu bewältigen.

Ein vielversprechender Ansatz zur Verbesserung der Klimagovernance in Entwicklungsländern ist die Förderung von Partizipation und Empowerment auf lokaler Ebene. Durch die Einbeziehung der Gemeinschaften in den Entscheidungsprozess können lokale Wissensressourcen mobilisiert und nachhaltige Lösungen entwickelt werden, die auf den spezifischen Kontext abgestimmt sind. Dies kann auch dazu beitragen, das Bewusstsein für Umweltfragen zu schärfen und eine breitere Unterstützung für Klimaschutzmaßnahmen zu gewinnen.

Entwicklungszusammenarbeit

Entwicklungszusammenarbeit im Kontext von Umwelt- und Klimagovernance stellt einen zentralen Aspekt der globalen Bemühungen dar, nachhaltige Entwicklung zu fördern und den Herausforderungen des Klimawandels zu begegnen. In den letzten Jahrzehnten hat sich das Bewusstsein für die enge Verknüpfung zwischen Entwicklungsprozessen und ökologischen Fragestellungen verstärkt. Dies ist insbesondere vor dem Hintergrund der Agenda 2030 für nachhaltige Entwicklung und der Ziele für nachhaltige Entwicklung (SDGs) zu sehen, die eine integrative Herangehensweise an soziale, wirtschaftliche und ökologische Dimensionen verlangen.

Ein Schlüsselelement der Entwicklungszusammenarbeit in diesem Kontext ist die Förderung von kapazitätsaufbauenden Maßnahmen in Ländern des Globalen Südens, die oft am stärksten von den negativen Auswirkungen des Klimawandels betroffen sind. Dies umfasst technische Unterstützung, finanzielle Ressourcen und den Austausch bewährter Praktiken, um die Resilienz gegenüber klimatischen Veränderungen zu stärken. Entsprechend der Pariser Vereinbarung von 2015 sind Länder verpflichtet, nationale Klimaschutzpläne (NDCs) zu entwickeln, die spezifische Ziele zur Reduzierung von Treibhausgasemissionen festlegen. Entwicklungszusammenarbeit kann hierbei eine entscheidende Rolle spielen, indem sie

Ländern hilft, messbare und umsetzbare Strategien zu entwickeln und zu implementieren.

Ein weiterer wichtiger Aspekt ist die Berücksichtigung von Umweltgerechtigkeit in der Entwicklungszusammenarbeit. Oft sind es die ärmsten und am wenigsten entwickelten Länder, die über die geringsten Ressourcen verfügen, um sich an die Auswirkungen des Klimawandels anzupassen oder sich von dessen Folgen zu erholen. Daher ist es unerlässlich, dass Entwicklungsprojekte nicht nur auf wirtschaftliches Wachstum abzielen, sondern auch soziale Ungleichheiten adressieren und die Stimmen von marginalisierten Gruppen einbeziehen. Hierbei spielt die Gendergerechtigkeit eine besondere Rolle, da Frauen oft überproportional von den Auswirkungen des Klimawandels betroffen sind und gleichzeitig Schlüsselakteure für nachhaltige Praktiken in ihren Gemeinschaften sind.

Die Rolle der internationalen Gemeinschaft, einschließlich multilateraler Institutionen wie der Weltbank, der Vereinten Nationen und regionaler Entwicklungsbanken, ist ebenfalls entscheidend. Diese Institutionen bieten nicht nur finanzielle Mittel, sondern auch technische Expertise und politische Plattformen, um den Austausch zwischen Ländern zu fördern und gemeinsame Lösungen zu entwickeln. Die Implementierung von Umwelt- und Klimagovernance erfordert eine enge Zusammenarbeit zwischen verschiedenen Akteuren, einschließlich Regierungen, Zivilgesellschaft, Wissenschaft und Privatsektor.

Schließlich ist die langfristige Nachhaltigkeit von Entwicklungsprojekten im Kontext der Umwelt- und Klimagovernance von zentraler Bedeutung. Projekte müssen so gestaltet werden, dass sie nicht nur kurzfristige Ergebnisse liefern, sondern auch langfristige positive Auswirkungen auf Umwelt und Gesellschaft haben. Hierzu gehört die Integration von Umweltbewertungen in die Planungs- und Entscheidungsprozesse sowie die Entwicklung von Monitoring- und Evaluationsmechanismen, um die Effektivität von Maßnahmen zu überprüfen und gegebenenfalls anzupassen.

Erdatmosphäre und Erdklima

Die Erdatmosphäre ist eine komplexe und dynamische Schicht aus Gasen, die unseren Planeten umgibt und eine entscheidende Rolle für das Klima und die Lebensbedingungen auf der Erde spielt. Sie besteht hauptsächlich aus Stickstoff (ca. 78 %), Sauerstoff (ca. 21 %), Argon (ca. 0,93 %) und einer Vielzahl von Spurengasen, darunter Kohlendioxid (CO_2), Methan (CH_4) und Wasserdampf. Diese Gase sind nicht nur für die Aufrechterhaltung des Lebens unerlässlich, sondern beeinflussen auch die thermischen Bedingungen und die Wetterphänomene auf der Erde.

Das Erdklima wird durch eine Vielzahl von Faktoren bestimmt, die in Wechselwirkung miteinander stehen, darunter die Sonnenstrahlung, die Geographie, die Meeresströmungen und die chemische Zusammensetzung der Atmosphäre. Der Treibhauseffekt, der durch die Absorption von Infrarotstrahlung durch Treibhausgase wie CO_2 und CH_4 entsteht, ist ein zentraler Mechanismus, der die Erde warm genug hält, um Leben zu ermöglichen. Allerdings führt die anthropogene Freisetzung dieser Gase, insbesondere seit der industriellen Revolution, zu einer verstärkten globalen Erwärmung, die gravierende Auswirkungen auf das Klima hat.

Im Kontext der Umwelt- und Klimagovernance wird die Notwendigkeit deutlich, strategische Maßnahmen zu ergreifen, um die negativen Auswirkungen des Klimawandels zu mildern. Die Governance umfasst eine Vielzahl von politischen, sozialen und wirtschaftlichen Ansätzen, die darauf abzielen, die Wechselwirkungen zwischen Mensch und Umwelt zu regulieren. Internationale Abkommen wie das Pariser Abkommen von 2015 setzen Rahmenbedingungen für die Reduzierung von Treibhausgasemissionen und die Förderung nachhaltiger Entwicklung. Diese Abkommen beruhen auf dem Prinzip der gemeinsamen, aber unterschiedlichen Verantwortlichkeiten, das besagt, dass alle Länder, unabhängig von ihrem Entwicklungsstand, einen Beitrag zur Bekämpfung des Klimawandels leisten müssen.

Die Herausforderungen der Klimagovernance sind vielfältig. Sie beinhalten die Notwendigkeit einer globalen Zusammenarbeit, um Emissionen zu reduzieren, während gleichzeitig die wirtschaftliche Entwicklung und soziale Gerechtigkeit gefördert werden müssen. Lokale und nationale Regierungen spielen eine entscheidende Rolle, indem sie Klimaschutzmaßnahmen umsetzen, nachhaltige Energien fördern und die Bevölkerung für die Notwendigkeit des Umweltschutzes sensibilisieren. Darüber hinaus müssen auch nichtstaatliche Akteure, einschließlich Unternehmen und zivilgesellschaftlicher Organisationen, in die Governance-Strukturen eingebunden werden, um eine umfassende und integrative Lösung für die Herausforderungen des Klimawandels zu schaffen.

**Erderwärmung und deren Auswirkungen
auf das globale Klima und Umwelt**

Die Erderwärmung, ein zentrales Anliegen der modernen Umweltwissenschaften, bezieht sich auf den langfristigen Anstieg der globalen Durchschnittstemperatur, der in erster Linie durch den Anstieg von Treibhausgasen (THG) in der Atmosphäre verursacht wird. Diese Gase, insbesondere Kohlendioxid (CO2), Methan (CH4) und Lachgas (N2O), resultieren aus menschlichen Aktivitäten wie der Verbrennung fossiler Brennstoffe, Abholzung und industriellen Prozessen. Wissenschaftliche Erkenntnisse zeigen, dass die Erdtemperatur seit dem späten 19. Jahrhundert um etwa 1,1 °C gestiegen ist, wobei der Großteil dieses Anstiegs in den letzten Jahrzehnten verzeichnet wurde.

Die Auswirkungen der Erderwärmung auf das globale Klima sind vielfältig und weitreichend. Erhöhte Temperaturen führen zu einem Anstieg des Meeresspiegels, bedingt durch das Schmelzen von Gletschern und Polareis sowie durch die thermische Ausdehnung des Wassers. Laut dem Intergovernmental Panel on Climate Change (IPCC) könnte der Meeresspiegel bis zum Jahr 2100 um bis zu 1 Meter oder mehr ansteigen, was Küstenregionen und Inselstaaten bedroht und potenziell Millionen von Menschen zur Umsiedlung zwingen könnte.

Darüber hinaus beeinflusst die Erderwärmung die Häufigkeit und Intensität von extremen Wetterereignissen, wie Hitzewellen, Dürren, Starkregen und Stürme. Diese Veränderungen haben nicht nur direkte Auswirkungen auf die menschliche Gesellschaft, sondern auch auf Ökosysteme. Viele Tier- und Pflanzenarten sind durch den Verlust ihres Lebensraums und veränderte Lebensbedingungen gefährdet, was zu einem Anstieg der Biodiversitätskrise führt. Korallenriffe, die empfindlichen Ökosysteme darstellen, sind besonders anfällig für Temperaturerhöhungen, was zu Korallenbleiche und einem Rückgang der marinen Biodiversität führt.

Im Kontext der Umwelt- und Klimagovernance ergibt sich die Notwendigkeit, diese Herausforderungen durch koordinierte politische Maßnahmen und internationale Zusammenarbeit anzugehen. Die Pariser Vereinbarung von 2015 ist ein bedeutender Schritt in Richtung globaler Klimapolitik, da sie das Ziel verfolgt, die Erderwärmung auf unter 2 °C im Vergleich zum vorindustriellen Niveau zu begrenzen, mit dem Bestreben, die Temperaturerhöhung auf 1,5 °C zu beschränken. Um dieses Ziel zu erreichen, müssen Länder ihre Treibhausgasemissionen drastisch reduzieren und gleichzeitig Maßnahmen zur Anpassung an die unvermeidlichen Auswirkungen des Klimawandels entwickeln.

Ein entscheidender Aspekt der Klimagovernance ist die Einbeziehung verschiedener Akteure, einschließlich Regierungen, Unternehmen, Nichtregierungsorganisationen und der Zivilgesellschaft. Innovative Ansätze wie CO2-Bepreisung, der Übergang zu erneuerbaren Energien, nachhaltige Landwirtschaft und urbane Planung sind notwendig, um die Emissionen zu senken und die Resilienz gegenüber Klimafolgen zu erhöhen.

Erneuere Rohstoffe

Erneuerbare Rohstoffe spielen eine zentrale Rolle in der Diskussion um Umwelt- und Klimagovernance, insbesondere im Kontext der globalen Bemühungen zur Reduzierung von Treibhausgasemissionen und zur Förderung nachhaltiger Entwicklung. Diese Rohstoffe, die aus biologischen Quellen stammen und sich in einem natürlichen Kreislauf regenerieren, bieten eine nachhaltige Alternative zu fossilen Brennstoffen und nicht-erneuerbaren Materialien.

Die Nutzung erneuerbarer Rohstoffe, wie Holz, Pflanzenöle, Biogas und andere Biomasseprodukte, ist eng mit den Prinzipien der Kreislaufwirtschaft verbunden. Diese Wirtschaftsweise zielt darauf ab, Ressourcen effizient zu nutzen, Abfälle zu minimieren und die Lebensdauer von Materialien zu verlängern. Im Rahmen von Umwelt- und Klimagovernance wird die Förderung erneuerbarer Rohstoffe als Strategie zur Verringerung der Abhängigkeit von fossilen Brennstoffen angesehen, was entscheidend ist, um die globalen Klimaziele, insbesondere das Pariser Abkommen, zu erreichen.

Ein wichtiger Aspekt der Governance in diesem Bereich ist die Regulierung und das Management der Nutzung erneuerbarer Rohstoffe. Hierbei sind verschiedene Akteure involviert, darunter Regierungen, Unternehmen, Nichtregierungsorganisationen und die Zivilgesellschaft. Politische Rahmenbedingungen, wie Subventionen für nachhaltige Landwirtschaft, Anreize für die Nutzung von Biomasse oder strenge Umweltauflagen, sind entscheidend, um Investitionen in erneuerbare Rohstoffe zu fördern. Gleichzeitig müssen Mechanismen zur Überwachung und Berichterstattung etabliert werden, um sicherzustellen, dass die Ressourcennutzung nachhaltig und umweltfreundlich erfolgt.

Ein weiteres bedeutendes Element der Umwelt- und Klimagovernance ist die Forschung und Entwicklung neuer Technologien, die die Effizienz und Nachhaltigkeit der Nutzung erneuerbarer Rohstoffe verbessern können. Innovative Ansätze, wie die Integration von Agroforstwirtschaft, die Entwicklung biobasierter Produkte oder die Verbesserung von Biokraftstoffen, sind entscheidend, um die Wettbewerbsfähigkeit erneuerbarer Rohstoffe im Vergleich zu fossilen Brennstoffen zu erhöhen.

Allerdings gibt es auch Herausforderungen, die mit der Nutzung erneuerbarer Rohstoffe verbunden sind. Dazu gehören Fragen der Flächennutzung, potenzielle Konflikte mit der Nahrungsmittelproduktion, Verlust der Biodiversität und soziale Gerechtigkeit. Eine ganzheitliche Governance, die ökologische, ökonomische und soziale Aspekte berücksichtigt, ist notwendig, um diese Herausforderungen zu bewältigen. Die Einbeziehung lokaler Gemeinschaften in den Entscheidungsprozess und die Schaffung von transparenten Lieferketten sind entscheidend für den Erfolg von Initiativen zur Nutzung erneuerbarer Rohstoffe.

Erste Weltklimakonferenz in Genf
Die Erste Weltklimakonferenz, auch bekannt als die UN-Klimakonferenz von 1979, fand vom 5. bis 16. Februar 1979 in Genf, Schweiz, statt. Diese

Konferenz war ein wesentlicher Meilenstein in der internationalen Umwelt- und Klimagovernance und markierte den Beginn einer systematischen und koordinierten globalen Reaktion auf die Herausforderungen des Klimawandels.

Vor dem Hintergrund zunehmender wissenschaftlicher Erkenntnisse über die Auswirkungen von Treibhausgasemissionen auf das Klima versammelten sich Vertreter aus 113 Ländern in Genf, um über die potenziellen Risiken des Klimawandels zu diskutieren. Die Konferenz wurde von der Weltorganisation für Meteorologie (WMO) und dem Umweltprogramm der Vereinten Nationen (UNEP) organisiert und diente als Plattform, um wissenschaftliche Erkenntnisse auszutauschen und politische Maßnahmen zu erörtern. Ein zentrales Ergebnis der Konferenz war die Anerkennung der Notwendigkeit, den Anstieg der globalen Temperaturen zu begrenzen und die Auswirkungen der globalen Erwärmung auf die Umwelt und die menschliche Gesellschaft zu verstehen.

Im Kontext der Umwelt- und Klimagovernance war die Genfer Konferenz wegweisend, da sie den Rahmen für zukünftige multilaterale Verhandlungen schuf. Sie führte zur Gründung des Intergovernmental Panel on Climate Change (IPCC) im Jahr 1988, das mit der Aufgabe betraut wurde, die wissenschaftlichen Grundlagen des Klimawandels zu bewerten und politische Entscheidungsträger über die Risiken und Möglichkeiten einer Minderung der Treibhausgasemissionen zu informieren. Der IPCC spielte eine entscheidende Rolle bei der Schaffung eines konsistenten und evidenzbasierten Diskurses über den Klimawandel und trug dazu bei, das Bewusstsein für die Dringlichkeit des Problems zu schärfen.

Ein weiterer bedeutender Aspekt der Genfer Konferenz war die Betonung der Notwendigkeit einer globalen Zusammenarbeit. Die Konferenz brachte Länder mit unterschiedlichen wirtschaftlichen und sozialen Hintergründen zusammen und verdeutlichte, dass der Klimawandel ein transnationales Problem ist, das kollektive Maßnahmen erfordert. Dies führte schließlich zur Ausarbeitung des Rahmenübereinkommens der Vereinten Nationen über Klimaänderungen (UNFCCC), das 1992 auf dem Erdgipfel in Rio de Janeiro angenommen wurde. Das UNFCCC stellte einen entscheidenden Schritt in Richtung einer strukturierten internationalen Klimapolitik dar und legte den Grundstein für zukünftige Klimaverhandlungen, einschließlich des Kyoto-Protokolls von 1997 und des Pariser Abkommens von 2015.

EU-Anpassungsstrategie

Die EU-Anpassungsstrategie spielt eine zentrale Rolle in der Umwelt- und Klimagovernance der Europäischen Union, insbesondere im Kontext der zunehmenden Herausforderungen durch den Klimawandel. Diese Strategie zielt darauf ab, die Widerstandsfähigkeit gegenüber den Auswirkungen des Klimawandels zu stärken und die Anpassungsfähigkeit der Mitgliedstaaten zu fördern. Sie ist Teil eines umfassenderen Rahmens, der auch die Minderung von Treibhausgasemissionen und die Förderung nachhaltiger Entwicklung umfasst.

Im Jahr 2013 veröffentlichte die Europäische Kommission die erste EU-Anpassungsstrategie, die die Notwendigkeit betonte, proaktive Maßnahmen zu ergreifen, um die Verwundbarkeit verschiedener Sektoren und Regionen gegenüber den klimatischen Veränderungen zu reduzieren. Diese Strategie umfasst mehrere Schlüsselkomponenten, darunter die Förderung von Forschung und Innovation, den Austausch bewährter Praktiken sowie die Unterstützung der Mitgliedstaaten bei der Entwicklung nationaler und regionaler Anpassungsstrategien.

Die EU-Anpassungsstrategie basiert auf einem integrierten Ansatz, der verschiedene politische Bereiche miteinander verknüpft. Dazu gehört beispielsweise die Landwirtschaft, die Wasserwirtschaft, die öffentliche Gesundheit und der Küstenschutz. Ein zentrales Element ist die Risiko- und Vulnerabilitätsbewertung, die es ermöglicht, spezifische und priorisierte Maßnahmen zur Anpassung zu entwickeln. Durch diese Bewertungen können die Mitgliedstaaten und Regionen gezielt auf die spezifischen Risiken reagieren, die durch den Klimawandel in ihren Gebieten entstehen. Ein weiterer wichtiger Aspekt der EU-Anpassungsstrategie ist die Förderung der Zusammenarbeit und des Dialogs zwischen verschiedenen Akteuren, einschließlich Regierungen, Unternehmen, Wissenschaftlern und der Zivilgesellschaft. Die EU hat Initiativen wie das „EU-Adapt"-Netzwerk ins Leben gerufen, um den Austausch von Informationen und Erfahrungen zu erleichtern und die Entwicklung von Anpassungsmaßnahmen zu unterstützen. Dieser kooperative Ansatz ist entscheidend, um die verschiedenen Perspektiven und Bedürfnisse der Stakeholder zu berücksichtigen und eine effektive Umsetzung der Anpassungsstrategien zu gewährleisten.

Darüber hinaus spielt die Finanzierung eine entscheidende Rolle in der Umsetzung der EU-Anpassungsstrategie. Die EU hat verschiedene Finanzierungsinstrumente eingerichtet, um Projekte zur Anpassung an den Klimawandel zu unterstützen. Dazu zählen der Europäische Fonds für regionale Entwicklung (EFRE) und der Kohäsionsfonds, die Mittel bereitstellen, um die Resilienz gegenüber klimatischen Veränderungen zu stärken und nachhaltige Entwicklung zu fördern.

Die Fortschritte und Herausforderungen bei der Umsetzung der EU-Anpassungsstrategie werden regelmäßig evaluiert. Die Berichte der Europäischen Kommission ermöglichen es, Erfolge zu identifizieren, bewährte Praktiken zu verbreiten und notwendige Anpassungen an der Strategie vorzunehmen. Durch diese fortlaufende Evaluierung wird sichergestellt, dass die Strategie dynamisch bleibt und den sich verändernden klimatischen und gesellschaftlichen Bedingungen Rechnung trägt.

EU-Klimaschutzziele

Die Europäische Union (EU) hat sich in den letzten Jahrzehnten verstärkt der Herausforderung des Klimawandels angenommen, was sich in einer Reihe von politischen Maßnahmen und Zielen niederschlägt. Im Kontext von Umwelt- und Klimagovernance sind die Klimaschutzziele der EU sowohl ein Ausdruck von Verantwortung als auch ein strategisches Instrument zur Förderung nachhaltiger Entwicklung.

Die zentralen Klimaziele der EU sind im sogenannten Europäischen Klimagesetz verankert, das 2021 in Kraft trat. Dieses Gesetz verpflichtet die EU dazu, ihre Treibhausgasemissionen bis 2030 um mindestens 55 % im Vergleich zu den Werten von 1990 zu reduzieren. Darüber hinaus strebt die Union an, bis 2050 klimaneutral zu werden, was bedeutet, dass die

Emissionen von Treibhausgasen in der EU bis zu diesem Zeitpunkt auf netto null gesenkt werden sollen. Diese ambitionierten Ziele sind Teil des breiteren Rahmens des „European Green Deal", der eine nachhaltige Transformation der europäischen Wirtschaft und Gesellschaft anstrebt.

Im Rahmen der Umwelt- und Klimagovernance spielt die EU eine entscheidende Rolle, indem sie verbindliche Regelungen und Richtlinien erlässt, die von den Mitgliedstaaten umgesetzt werden müssen. Diese Governance-Mechanismen beinhalten sowohl rechtliche Verpflichtungen als auch finanzielle Anreize, um die Mitgliedstaaten zu ermutigen, ihre nationalen Klimaziele zu erreichen. Ein Beispiel hierfür ist das Emissionshandelssystem der EU (EU ETS), das einen Marktmechanismus schafft, um die Emissionen in den energieintensiven Sektoren zu regulieren und zu verringern.

Ein weiterer wichtiger Aspekt der EU-Klimagovernance ist die Integration von Klimazielen in verschiedene Politikbereiche, wie Energie, Verkehr, Landwirtschaft und Industrie. Die EU verfolgt einen sektorübergreifenden Ansatz, um Synergien zu schaffen und die Effektivität der Maßnahmen zu maximieren. Dies geschieht beispielsweise durch die Förderung erneuerbarer Energien, die Verbesserung der Energieeffizienz und die Unterstützung von Innovationen in grünen Technologien.

Die Herausforderung des Klimawandels erfordert auch eine enge Zusammenarbeit zwischen den EU-Mitgliedstaaten, um eine kohärente und koordinierte Reaktion zu gewährleisten. Die EU hat Mechanismen etabliert, um den Austausch bewährter Praktiken und die gegenseitige Unterstützung zu fördern, beispielsweise durch die Klimaschutz-Pläne der Mitgliedstaaten, die regelmäßig überprüft werden. Zudem spielt die EU eine aktive Rolle in internationalen Klimaverhandlungen, wie den UN-Klimakonferenzen (COP), um globale Lösungen für den Klimawandel zu fördern.

Die Umsetzung der Klimaziele der EU ist jedoch mit zahlreichen Herausforderungen konfrontiert. Dazu gehören wirtschaftliche Interessen, soziale Gerechtigkeit und die Notwendigkeit, die Bürger in den Transformationsprozess einzubeziehen. Ein erfolgreicher Klimaschutz erfordert nicht nur technische Lösungen, sondern auch eine breite gesellschaftliche Akzeptanz und Beteiligung.

European Environment Agency (EEA)
(dt. Europäische Umweltagentur)

Die Europäische Umweltagentur (EEA) ist eine Agentur der Europäischen Union, die 1993 gegründet wurde und ihren Sitz in Kopenhagen hat. Sie spielt eine zentrale Rolle im Bereich der Umwelt- und Klimagovernance in Europa, indem sie Daten und Informationen bereitstellt, die für die Entwicklung und Implementierung umweltpolitischer Maßnahmen von entscheidender Bedeutung sind.

Die EEA hat das Ziel, die europäische Umweltpolitik durch die Bereitstellung von verlässlichen Informationen über den Zustand der Umwelt zu unterstützen. Dies geschieht durch die Erhebung, Analyse und Verbreitung von Daten zu verschiedenen Umweltfaktoren, wie Luftqualität, Wasserressourcen, Biodiversität und Klimawandel. Die Agentur arbeitet eng mit den EU-Mitgliedstaaten sowie anderen internationalen Organisationen und Forschungseinrichtungen zusammen, um ein umfassendes Bild der ökologischen Herausforderungen zu zeichnen, vor denen Europa steht.

Im Kontext der Umwelt- und Klimagovernance spielt die EEA eine Schlüsselrolle bei der Umsetzung von politischen Instrumenten, die auf die Erreichung der Umweltziele der EU abzielen. Dazu gehören unter anderem die EU-Klimaschutzverordnung, die Biodiversitätsstrategie und die Wasserrahmenrichtlinie. Die EEA ist verantwortlich für die Bereitstellung von Indikatoren und Berichten, die den Fortschritt bei der Umsetzung dieser Strategien überwachen. Ein Beispiel ist der regelmäßige „Umweltzustandsbericht“, der eine umfassende Bewertung des Umweltzustands in Europa liefert und als Grundlage für politische Entscheidungen dient.

Ein weiterer wichtiger Aspekt der Arbeit der EEA ist die Förderung der Transparenz und des Zugangs zu Umweltinformationen. Durch die Veröffentlichung von Berichten, Datenbanken und interaktiven Karten trägt die Agentur dazu bei, das Bewusstsein für Umweltfragen in der Öffentlichkeit zu schärfen und die Bürger zu ermutigen, aktiv an umweltpolitischen Diskussionen teilzunehmen. Die EEA nutzt moderne Technologien und digitale Plattformen, um die Zugänglichkeit ihrer Informationen zu verbessern und eine breitere Öffentlichkeit zu erreichen.

Im Kontext des Klimawandels hat die EEA auch eine bedeutende Rolle übernommen, indem sie wissenschaftliche Erkenntnisse über die Auswirkungen des Klimawandels in Europa bereitstellt. Die Agentur analysiert nicht nur die Ursachen und Folgen des Klimawandels, sondern unterstützt auch die Entwicklung von Anpassungsstrategien und Maßnahmen zur Minderung von Treibhausgasemissionen. Hierbei arbeitet die EEA eng mit dem Europäischen Klimawandelzentrum und anderen Forschungseinrichtungen zusammen, um policy-relevante Erkenntnisse zu gewinnen.

Europäische Grüne Deal (European Green Deal)

Der Europäische Grüne Deal (European Green Deal) ist ein umfassendes politisches Konzept der Europäischen Union, das darauf abzielt, Europa zu einem klimaneutralen Kontinent bis 2050 zu machen. Er wurde im Dezember 2019 von der Europäischen Kommission unter der Leitung von Präsidentin Ursula von der Leyen vorgestellt und stellt eine zentrale Säule der europäischen Umwelt- und Klimagovernance dar.

Im Kern verfolgt der Grüne Deal mehrere zentrale Ziele: die Reduktion der Treibhausgasemissionen um mindestens 55 % bis 2030 im Vergleich zu 1990, den Übergang zu einer Kreislaufwirtschaft, den Schutz der Biodiversität und die Förderung einer nachhaltigen Landwirtschaft sowie die Sicherstellung einer gerechten sozialen Transformation, um die Bedürfnisse aller Bürger zu berücksichtigen. Diese ambitionierten Ziele sind vor dem Hintergrund der aktuellen klimatischen Herausforderungen und der Dringlichkeit, die globalen Temperaturerhöhungen auf unter 1,5 Grad Celsius zu begrenzen, zu sehen.

Ein zentrales Element der Umwelt- und Klimagovernance im Rahmen des Grünen Deals ist die Integration von Umwelt- und Klimazielen in alle politischen Bereiche. Dies geschieht durch eine Vielzahl von legislativen und nicht-legislativen Maßnahmen, die in den verschiedenen Sektoren wie Energie, Verkehr, Landwirtschaft und Industrie umgesetzt werden sollen. Die EU-Kommission hat dazu eine Reihe von Gesetzesvorschlägen veröffentlicht, darunter die Überarbeitung der EU-Emissionshandelsrichtlinie, die Einführung eines CO2-Grenzausgleichsmechanismus und die Förderung von erneuerbaren Energien.

Ein weiterer wichtiger Aspekt des Grünen Deals ist die Finanzierung der Transformation. Die EU hat den „Just Transition Fund" ins Leben gerufen, der Regionen und Sektoren unterstützen soll, die von der Transformation hin zu einer klimaneutralen Wirtschaft besonders betroffen sind. Hierbei wird insbesondere auf die sozialen Auswirkungen der Transformation geachtet, um sicherzustellen, dass niemand zurückgelassen wird. Dies spiegelt das Prinzip der sozialen Gerechtigkeit wider, das im Grünen Deal verankert ist.

Die Umsetzung des Grünen Deals erfordert eine enge Zusammenarbeit zwischen den Mitgliedstaaten, der EU-Kommission, der Zivilgesellschaft und der Wirtschaft. Die Governance-Strukturen sind darauf ausgelegt, partizipative Ansätze zu fördern und alle relevanten Akteure in den Entscheidungsprozess einzubeziehen. Dies geschieht zum Beispiel durch öffentliche Konsultationen und Stakeholder-Dialoge.

Im internationalen Kontext positioniert sich die EU mit dem Grünen Deal als Vorreiterin im Klimaschutz und versucht, andere Länder zu inspirieren und zur Kooperation zu bewegen. Die EU verfolgt eine aktive Außenpolitik, die auf den Austausch von besten Praktiken, Technologie-Transfer und finanzielle Unterstützung für Entwicklungsländer abzielt, um auch dort die Klimaziele zu erreichen.

Extremwetterereignisse und deren Auswirkungen
auf das globale Klima und Umwelt

Extremwetterereignisse, wie Hitzewellen, Sturzfluten, Dürren und tropische Stürme, haben in den letzten Jahrzehnten an Häufigkeit und Intensität zugenommen. Diese Veränderungen sind eng mit dem globalen Klimawandel verknüpft, der durch menschliche Aktivitäten, insbesondere durch die Verbrennung fossiler Brennstoffe und die Abholzung von Wäldern, vorangetrieben wird. Die Zunahme von Treibhausgasen in der Atmosphäre führt zu einer Erhöhung der globalen Durchschnittstemperaturen, was wiederum die Wahrscheinlichkeit und Schwere von Extremwetterereignissen erhöht.

Die Auswirkungen dieser Extremwetterereignisse auf die Umwelt sind vielfältig und gravierend. Sturzfluten können zu Erosion und Verlust von fruchtbarem Boden führen, während Dürren die Wasserressourcen belasten und die landwirtschaftliche Produktion gefährden. Hitzewellen können nicht nur die menschliche Gesundheit beeinträchtigen, sondern auch die Biodiversität gefährden, da viele Tier- und Pflanzenarten nicht in der Lage sind, sich schnell genug an die veränderten klimatischen Bedingungen anzupassen. Darüber hinaus können tropische Stürme, die durch wärmeres Wasser intensiver werden, zu verheerenden Schäden an Infrastrukturen, Lebensräumen und Ökosystemen führen.

Im Kontext der Umwelt- und Klimagovernance spielt die Bewältigung von Extremwetterereignissen eine zentrale Rolle. Governance-Ansätze umfassen sowohl internationale Abkommen, wie das Pariser Klimaabkommen, als auch nationale und lokale Strategien zur Anpassung und Minderung. Diese politischen Rahmenbedingungen zielen darauf ab, die Emissionen von Treibhausgasen zu reduzieren und gleichzeitig die Widerstandsfähigkeit der Gemeinschaften gegenüber Extremwetterereignissen zu erhöhen. Dazu gehören Maßnahmen wie die Förderung nachhaltiger Landwirtschaft, der Ausbau von Frühwarnsystemen und die Verbesserung der Infrastruktur, um den Auswirkungen von Extremwettern besser standzuhalten.

Ein zentraler Aspekt der Klimagovernance ist die Integration von Wissenschaft und Politik. Wissenschaftliche Erkenntnisse über die Ursachen und Folgen von Extremwetterereignissen sind entscheidend für die Entwicklung effektiver Strategien zur Risikominderung. Der Austausch von Daten und die Zusammenarbeit zwischen verschiedenen Akteuren – einschließlich Regierungen, NGOs und der Zivilgesellschaft – sind unerlässlich, um die Resilienz gegenüber Extremwetterereignissen zu stärken und gleichzeitig die Ziele der nachhaltigen Entwicklung zu verfolgen.

Fossile Rohstoffe

Fossile Rohstoffe, zu denen Erdöl, Erdgas und Kohle gehören, spielen eine zentrale Rolle in der globalen Energieversorgung und wirtschaftlichen

Entwicklung. Ihre Nutzung hat jedoch erhebliche Auswirkungen auf die Umwelt und das Klima, was zu einem intensiven Diskurs über Umwelt- und Klimagovernance geführt hat.

Die Verbrennung fossiler Brennstoffe ist die Hauptquelle für Treibhausgasemissionen, insbesondere Kohlendioxid (CO_2), das für den Klimawandel verantwortlich ist. Laut dem Intergovernmental Panel on Climate Change (IPCC) ist der Anstieg der globalen Temperaturen seit der industriellen Revolution eng mit der Zunahme dieser Emissionen verknüpft. Die Erderwärmung führt zu extremen Wetterereignissen, dem Anstieg des Meeresspiegels und dem Verlust von Biodiversität, was weitreichende Folgen für menschliche Gesellschaften und Ökosysteme hat.

Im Kontext der Umwelt- und Klimagovernance gibt es unterschiedliche Ansätze zur Regulierung der Nutzung fossiler Rohstoffe. Auf internationaler Ebene sind Vereinbarungen wie das Pariser Abkommen von 2015 entscheidend, um globale Klimaziele zu setzen. Es verpflichtet die Unterzeichnerstaaten, ihre Treibhausgasemissionen zu reduzieren und die Erderwärmung auf unter 2 °C, idealerweise auf 1,5 °C, zu begrenzen. Nationale Regierungen sind gefordert, ambitionierte Klimaschutzstrategien zu entwickeln, die oft einen schrittweisen Ausstieg aus fossilen Brennstoffen beinhalten.

Auf nationaler Ebene variiert die Umsetzung von Klimaschutzmaßnahmen erheblich. Einige Länder setzen auf einen schnellen Übergang zu erneuerbaren Energien und haben bereits Gesetze verabschiedet, die die Verwendung fossiler Brennstoffe einschränken oder sogar ganz verbieten sollen. Andere, die stark von fossilen Rohstoffen abhängig sind, sehen sich jedoch wirtschaftlichen und sozialen Herausforderungen gegenüber, die einen abrupten Umstieg erschweren. Dies führt zu Spannungen zwischen wirtschaftlicher Entwicklung, sozialer Gerechtigkeit und ökologischer Nachhaltigkeit.

Ein weiterer Aspekt der Umwelt- und Klimagovernance ist die Rolle nichtstaatlicher Akteure, einschließlich Unternehmen, NGOs und Bürgerbewegungen. Der Druck von Seiten der Zivilgesellschaft hat dazu geführt, dass viele Unternehmen ihre Geschäftspraktiken überdenken und nachhaltigere Modelle entwickeln. Investitionen in erneuerbare Energien und die Entwicklung von Technologien zur Kohlenstoffabscheidung und -speicherung (CCS) sind Beispiele für diesen Wandel.

Friends of the Earth

Friends of the Earth (FoE) ist eine international agierende Umweltorganisation, die 1969 in San Francisco gegründet wurde und mittlerweile in über 70 Ländern aktiv ist. Die Organisation verfolgt das Ziel, eine gerechte und nachhaltige Gesellschaft zu fördern, die im Einklang mit den ökologischen Grenzen unseres Planeten lebt. Im Kontext von Umwelt- und Klimagovernance spielt Friends of the Earth eine bedeutende Rolle, indem sie sich für eine umfassende und gerechte Politik einsetzt, die sowohl soziale als auch ökologische Aspekte berücksichtigt.

Umwelt- und Klimagovernance bezieht sich auf die Strukturen, Prozesse und Politiken, die zur Regulierung von Umweltfragen und zur Bekämpfung des Klimawandels eingesetzt werden. Diese Governance kann auf verschiedenen Ebenen stattfinden – global, national und lokal – und umfasst sowohl staatliche als auch nichtstaatliche Akteure. Friends of the Earth engagiert sich auf allen diesen Ebenen, indem sie Forschung und Mobilisierung von Gemeinschaften unterstützt.

Ein zentraler Aspekt von FoEs Arbeit im Bereich der Umwelt- und Klimagovernance ist die Förderung von Gerechtigkeit und Gleichheit. Die Organisation argumentiert, dass Umweltprobleme oft die am stärksten benachteiligten Bevölkerungsgruppen am härtesten treffen, und setzt sich daher für eine inklusive Entscheidungsfindung ein, die die Stimmen dieser Gemeinschaften berücksichtigt. Durch Kampagnen und Aufklärung versucht FoE, ein Bewusstsein für die sozialen und ökologischen Ungleichheiten zu schaffen, die durch Umweltverschmutzung, Klimawandel und Ressourcenextraktion entstehen.

Ein weiterer wichtiger Punkt in der Arbeit von Friends of the Earth ist die Kritik an den vorherrschenden wirtschaftlichen Modellen, die häufig auf Wachstum und Konsum ausgerichtet sind. Die Organisation fordert eine Transformation zu einer nachhaltigen Wirtschaft, die den Prinzipien der

Kreislaufwirtschaft und des nachhaltigen Lebensstils folgt. In diesem Kontext engagiert sich FoE für die Förderung erneuerbarer Energien, den Erhalt der Biodiversität und die Reduzierung von Treibhausgasemissionen. Auf internationaler Ebene ist Friends of the Earth in verschiedenen Foren und Konferenzen aktiv, wie etwa in den Verhandlungen der UN-Klimakonvention (UNFCCC) und den Konferenzen der Vertragsparteien (COP). Hier setzt sich die Organisation für verbindliche und ehrgeizige Klimaziele ein und fordert die Industrieländer auf, ihrer Verantwortung gegenüber den Entwicklungsländern gerecht zu werden, insbesondere im Hinblick auf Finanzierungs- und Technologietransfer.

G7

Die Gruppe der Sieben (G7) ist ein informelles Forum, das aus sieben der größten Industrienationen der Welt besteht: Kanada, Frankreich, Deutschland, Italien, Japan, dem Vereinigten Königreich und den Vereinigten Staaten, sowie der Europäischen Union. Gegründet in den 1970er Jahren, hat sich die G7 im Laufe der Zeit zu einem wichtigen Akteur in der globalen Umwelt- und Klimagovernance entwickelt. Der Kontext der G7 im Hinblick auf Umwelt- und Klimafragen ist sowohl komplex als auch dynamisch und spiegelt die Herausforderungen und Chancen wider, die durch den Klimawandel und andere Umweltprobleme entstehen.

Ein zentrales Element der G7-Politik ist die Anerkennung der Dringlichkeit des Klimawandels. Die G7-Staaten haben sich in verschiedenen Erklärungen und Gipfeltreffen verpflichtet, den globalen Temperaturanstieg auf unter 2 Grad Celsius im Vergleich zur vorindustriellen Zeit zu begrenzen, eine Zielsetzung, die auch im Pariser Abkommen von 2015 verankert ist. Diese Verpflichtungen erfordern nicht nur nationale Maßnahmen, sondern auch internationale Kooperation und Unterstützung, insbesondere für Entwicklungsländer, die oft am stärksten von den Auswirkungen des Klimawandels betroffen sind.

Im Rahmen ihrer Klimagovernance hat die G7 eine Reihe von Initiativen ins Leben gerufen, die auf die Reduzierung von Treibhausgasemissionen abzielen. Dazu gehören die Förderung erneuerbarer Energien, die

Unterstützung von Innovationen in der grünen Technologie sowie die Finanzierung von Klimaschutzprojekten in Entwicklungsländern. Ein Beispiel hierfür ist die Zusage der G7-Staaten, bis 2025 insgesamt 100 Milliarden US-Dollar jährlich für Klimafinanzierung mobilisieren zu wollen, was insbesondere für die Anpassung und Minderung der Auswirkungen des Klimawandels in den am stärksten gefährdeten Regionen von Bedeutung ist. Ein weiterer wichtiger Aspekt der G7-Umwelt- und Klimagovernance ist die Diskussion über nachhaltige Entwicklung und den Übergang zu einer kreislauforientierten Wirtschaft. Die G7-Staaten haben erkannt, dass eine nachhaltige wirtschaftliche Entwicklung eng mit dem Schutz der Umwelt und der Bekämpfung des Klimawandels verknüpft ist. In diesem Zusammenhang wurde die Bedeutung von grünen Investitionen und der Schaffung von Arbeitsplätzen im Umweltsektor hervorgehoben.

Trotz dieser Bemühungen steht die G7 jedoch vor erheblichen Herausforderungen. Die unterschiedlichen wirtschaftlichen Interessen und politischen Prioritäten der Mitgliedstaaten können zu Spannungen führen. Insbesondere die Abhängigkeit von fossilen Brennstoffen, die in einigen G7-Ländern nach wie vor hoch ist, steht den Zielen der Klimaneutralität entgegen. Darüber hinaus wird oft kritisiert, dass die G7 nicht ausreichend inklusiv ist, da wichtige Akteure wie Schwellenländer und Entwicklungsländer nicht Teil der Gruppe sind. Dies kann die Effektivität ihrer Beschlüsse und Initiativen beeinträchtigen.

In jüngerer Zeit hat die G7 auch verstärkt die Verbindung zwischen Klimagovernance und anderen globalen Herausforderungen wie Biodiversitätsverlust, Ozeanverschmutzung und der Erhaltung der natürlichen Ressourcen betont. Diese integrative Sichtweise ist entscheidend, um ein umfassendes Verständnis der Umweltkrisen zu entwickeln und effektive Lösungen zu finden.

G8

Die G8, bestehend aus den acht größten Industrienationen der Welt (Vereinigte Staaten, Kanada, Frankreich, Deutschland, Italien, Japan, Russland und das Vereinigte Königreich), spielte eine bedeutende Rolle in der globalen Umwelt- und Klimagovernance, insbesondere in den späten 1990er und frühen 2000er Jahren. Diese Gruppe von Staaten hat nicht nur wirtschaftliche, sondern auch politische und umweltpolitische Verantwortung übernommen, da sie zusammen einen großen Teil der globalen Treibhausgasemissionen verursacht.

Im Kontext der Klimagovernance wurden die G8-Gipfel zunehmend zu Plattformen, um internationale Umweltpolitik zu diskutieren und zu koordinieren. Ein Schlüsselereignis in dieser Hinsicht war der G8-Gipfel in Kyoto im Jahr 1997, der zur Verabschiedung des Kyoto-Protokolls führte. Dieses Abkommen stellte einen Meilenstein in den Bemühungen dar, die globalen Treibhausgasemissionen zu reduzieren. Die G8-Staaten, als wichtige Akteure im internationalen System, waren entscheidend bei der Schaffung eines Rahmens, der sowohl rechtliche Verpflichtungen als auch flexible Mechanismen zur Emissionsreduktion beinhaltete.

Ein weiteres bedeutendes Gremium war der G8-Gipfel in Heiligendamm 2007, der den Klimawandel als eine der zentralen Herausforderungen der globalen Politik identifizierte. Hier wurde das Ziel formuliert, die Erderwärmung auf maximal zwei Grad Celsius über dem vorindustriellen Niveau zu begrenzen. Dies stellte einen wichtigen Schritt in der politischen Diskussion dar, da es die Notwendigkeit einer globalen Zusammenarbeit zur Bekämpfung des Klimawandels unterstrich.

Die G8 hat auch eine Rolle in der Förderung von Technologien zur Reduzierung von Emissionen und zur Anpassung an den Klimawandel gespielt. Initiativen wie die „Energieeffizienz- und Klimaschutz-Initiative" wurden ins Leben gerufen, um den Austausch von Wissen und Technologien zu fördern. Diese Ansätze zeugen von dem Bemühen, nicht nur politische Verpflichtungen zu schaffen, sondern auch konkrete Maßnahmen zur Umsetzung dieser Verpflichtungen zu unterstützen.

Jedoch steht die G8 auch in der Kritik. Viele Umweltaktivisten und Wissenschaftler argumentieren, dass die Maßnahmen der G8 oft nicht ausreichend sind, um die ehrgeizigen Klimaziele zu erreichen. Die Umsetzung der beschlossenen Maßnahmen blieb oft hinter den Erwartungen zurück, und die Abhängigkeit von Freiwilligkeit und nationalen Politiken führte zu ungleichen Fortschritten unter den Mitgliedsstaaten. Zudem wurde die G8 zunehmend von der G20 in den Hintergrund gedrängt, da diese Gruppe eine breitere Vertretung von Staaten bietet, einschließlich Schwellenländern, die ebenfalls bedeutende Emittenten von Treibhausgasen sind.

G20

Die G20, bestehend aus 19 Ländern und der Europäischen Union, ist ein zentrales Forum für internationale wirtschaftliche Zusammenarbeit und politische Diskussion. Sie wurde 1999 ins Leben gerufen, um auf die Herausforderungen der globalen Finanzkrise zu reagieren, hat sich jedoch im Laufe der Jahre zunehmend auch mit Fragen der Umwelt- und Klimapolitik beschäftigt. Im Kontext von Umwelt- und Klimagovernance spielt die G20 eine bedeutende Rolle, da die Mitglieder zusammen etwa 80 % des globalen Bruttoinlandsprodukts, 75 % des internationalen Handels und rund zwei Drittel der Weltbevölkerung ausmachen.

Ein zentrales Anliegen der G20 im Bereich der Umwelt- und Klimagovernance ist die Bekämpfung des Klimawandels. Die Gruppe hat sich verpflichtet, die Ziele des Pariser Abkommens von 2015 zu unterstützen, welches darauf abzielt, die Erderwärmung auf deutlich unter 2 Grad Celsius über dem vorindustriellen Niveau zu begrenzen, mit Bestrebungen, den Temperaturanstieg auf 1,5 Grad Celsius zu beschränken. Diese Verpflichtung wird jedoch durch die unterschiedlichen nationalen Interessen, wirtschaftlichen Realitäten und politischen Prioritäten der G20-Mitglieder erschwert. Die Entwicklungsländer unter den G20-Mitgliedern, wie Indien und Indonesien, stehen oft vor der Herausforderung, wirtschaftliches Wachstum mit Umweltverantwortung in Einklang zu bringen, während industrialisierte Nationen, wie die USA und die EU, auf schnellere Fortschritte bei der Reduktion von Treibhausgasemissionen drängen.

Ein weiterer wichtiger Aspekt der Umwelt- und Klimagovernance innerhalb der G20 ist die Diskussion über nachhaltige Entwicklung. Die Agenda 2030 für nachhaltige Entwicklung der Vereinten Nationen und die damit verbundenen 17 Ziele für nachhaltige Entwicklung (SDGs) sind Leitlinien, die auch in den G20-Gipfeln immer wieder aufgegriffen werden. Insbesondere die Zielsetzung zur Bekämpfung des Klimawandels (SDG 13) sowie zur Förderung nachhaltiger Städte (SDG 11) und dem verantwortungsvollen Konsum und Produktion (SDG 12) stehen im Fokus.

Die G20 hat auch Initiativen zur Förderung grüner Finanzen und Investitionen ins Leben gerufen. Die „G20 Green Finance Study Group", die 2016 gegründet wurde, hat die Aufgabe, Strategien zu entwickeln, um private Investitionen in Projekte zur Bekämpfung des Klimawandels zu mobilisieren. Hierbei wird die Rolle von Finanzinstitutionen, Regierungen und dem privaten Sektor betont, um eine nachhaltige wirtschaftliche Entwicklung zu unterstützen und gleichzeitig den globalen CO_2-Ausstoß zu reduzieren.

Ein weiteres zentrales Thema ist die Anpassung an die Folgen des Klimawandels, welches in den G20-Diskussionen zunehmend an Bedeutung gewinnt. Die Mitglieder erkennen an, dass die Auswirkungen des Klimawandels bereits spürbar sind und dass Länder, insbesondere solche mit niedrigem und mittlerem Einkommen, Unterstützung benötigen, um sich an die veränderten klimatischen Bedingungen anzupassen. Dies umfasst sowohl finanzielle als auch technologische Unterstützung, um widerstandsfähige Infrastrukturen und Systeme zu entwickeln.

Trotz dieser Bemühungen gibt es innerhalb der G20 auch erhebliche Spannungen und Herausforderungen. Die Divergenz zwischen den Verpflichtungen der Länder aus dem Pariser Abkommen und den tatsächlichen politischen Maßnahmen ist oft groß. Kritiker argumentieren, dass die G20 nicht ausreichend Druck auf ihre Mitglieder ausübt, um verbindliche und ambitionierte Klimaziele zu setzen. Zudem wird die Bedeutung von Nichtregierungsorganisationen und zivilgesellschaftlichen Akteuren in den G20-Prozessen oft als zu gering erachtet, was die Transparenz und Rechenschaftspflicht der Entscheidungen beeinträchtigen könnte.

G77

Die Gruppe der 77 (G77) ist ein Zusammenschluss von Entwicklungs- und Schwellenländern, der 1964 gegründet wurde, um ihre wirtschaftlichen Interessen in internationalen Foren zu vertreten. Ursprünglich als eine Plattform für wirtschaftliche Zusammenarbeit ins Leben gerufen, hat sich die G77 im Laufe der Jahre auch zu einer wichtigen Akteurin im Bereich Umwelt- und Klimagovernance entwickelt. Die Gruppe besteht heute aus über 130 Mitgliedsländern und spielt eine entscheidende Rolle bei der Formulierung und Verhandlung internationaler Umwelt- und Klimapolitiken.

Im Kontext der Umwelt- und Klimagovernance vertritt die G77 die Interessen ihrer Mitgliedstaaten, die oft von den negativen Auswirkungen des Klimawandels und der Umweltzerstörung besonders betroffen sind. Diese Länder haben häufig weniger Ressourcen, um sich an die Herausforderungen des Klimawandels anzupassen oder um die notwendigen Maßnahmen zur Minderung der Treibhausgasemissionen zu ergreifen. Daher ist die G77 ein wichtiger Vertreter der Forderungen nach finanzieller Unterstützung, technologischem Wissen und Kapazitätsaufbau von den wohlhabenderen Ländern.

Ein zentrales Anliegen der G77 in den Verhandlungen über den Klimawandel ist das Prinzip der gemeinsamen, aber differenzierten Verantwortung. Dieses Prinzip erkennt an, dass die industrialisierten Länder historisch gesehen einen größeren Beitrag zu den Treibhausgasemissionen geleistet haben und daher eine größere Verantwortung für die Bekämpfung des Klimawandels tragen. Die G77 setzt sich dafür ein, dass die reichen Länder ihre Emissionen reduzieren und gleichzeitig finanzielle und technologische Unterstützung für die Entwicklungsländer bereitstellen, um diesen zu helfen, ihre eigenen Emissionen zu senken und sich an die Auswirkungen des Klimawandels anzupassen.

Ein weiterer wichtiger Aspekt der G77 im Bereich der Umwelt- und Klimagovernance ist die Rolle, die sie in internationalen Abkommen wie dem Pariser Abkommen spielt. Die Gruppe hat sich aktiv an den Verhandlungen beteiligt und versucht, sicherzustellen, dass die spezifischen Bedürfnisse und Herausforderungen der Entwicklungsländer in den internationalen Klimapolitiken berücksichtigt werden. Dies beinhaltet auch die Forderung nach gerechten und transparenten Mechanismen zur

Bereitstellung von Finanzmitteln, die für die Umsetzung von Klimaschutzmaßnahmen in den Entwicklungsländern notwendig sind.

Die G77 hat auch eine bedeutende Rolle bei der Förderung von nachhaltiger Entwicklung und der Integration von Umwelt- und Klimafragen in die breitere Agenda der nachhaltigen Entwicklung gespielt. In diesem Kontext hat die Gruppe die Agenda 2030 für nachhaltige Entwicklung unterstützt, die die nachhaltige Nutzung von Ressourcen und den Schutz der Umwelt als zentrale Elemente für die Erreichung der globalen Entwicklungsziele betrachtet.

Geoengineering

Geoengineering bezieht sich auf eine Reihe von Technologien und Ansätzen, die darauf abzielen, das Klima der Erde absichtlich zu beeinflussen, um den Auswirkungen des Klimawandels entgegenzuwirken. In der wissenschaftlichen und politischen Diskussion ist Geoengineering ein kontroverses Thema, das sowohl technologische als auch ethische, soziale und governancebezogene Herausforderungen mit sich bringt.

Im Kontext der Umwelt- und Klimagovernance spielt Geoengineering eine zunehmend wichtige Rolle, da die globalen Bemühungen zur Reduzierung von Treibhausgasemissionen durch konventionelle Maßnahmen wie die Förderung erneuerbarer Energien, Energieeffizienz und nachhaltige Landnutzung oft nicht ausreichen, um die globalen Temperaturziele des Pariser Abkommens zu erreichen. Geoengineering wird oft als potenzieller „Plan B" betrachtet, um die Erderwärmung zu begrenzen oder ihre Auswirkungen abzumildern.

Es gibt zwei Hauptkategorien des Geoengineerings: Solar Radiation Management (SRM) und Carbon Dioxide Removal (CDR). SRM-Techniken zielen darauf ab, die Menge an Sonnenlicht, die die Erdoberfläche erreicht, zu reduzieren, beispielsweise durch die Sprühung von Aerosolen in die Stratosphäre oder durch die Reflexion von Sonnenlicht durch gezielte Veränderungen der Wolkenbedeckung. CDR-Technologien hingegen konzentrieren sich darauf, CO_2 aus der Atmosphäre zu entfernen, etwa durch Aufforstung, Bioenergie mit CO2-Abscheidung und -Speicherung (BECCS) oder direkte Luftabscheidung.

Die Implementierung solcher Technologien wirft jedoch bedeutende governancebezogene Fragen auf. Zunächst ist da die Unsicherheit bezüglich der ökologischen Auswirkungen. Geoengineering-Ansätze könnten unerwartete Nebenwirkungen auf Ökosysteme und das Klima haben, was die Notwendigkeit einer umfassenden Risikoanalyse und der Entwicklung internationaler Standards unterstreicht. Des Weiteren gibt es Bedenken hinsichtlich der Gerechtigkeit und der Verteilung von Kosten und Nutzen. Länder, die am wenigsten zur globalen Erwärmung beigetragen haben, könnten die stärksten negativen Auswirkungen von Geoengineering-Maßnahmen erfahren, was zu einer ungleichen Verteilung der Risiken führt.

Die internationale Zusammenarbeit ist für die Governance von Geoengineering entscheidend. Derzeit gibt es nur begrenzte regulatorische Rahmenbedingungen auf globaler Ebene, die die Forschung und Anwendung von Geoengineering-Technologien steuern. Initiativen wie das „Convention on Biological Diversity" und das „London Protocol" haben begonnen, Richtlinien zu entwickeln, aber es bleibt eine Herausforderung, eine umfassende und verbindliche Regelung zu etablieren. Viele Wissenschaftler und politische Entscheidungsträger plädieren für eine transparente und partizipative Governance-Struktur, die eine breite Beteiligung von Stakeholdern, einschließlich der Zivilgesellschaft, sichert.

Global Environment Facility (GEF) (dt. Globalen Umweltfazilität)
Die Global Environment Facility (GEF), im Deutschen als Globale Umweltfazilität bezeichnet, ist eine internationale Finanzierungsinstitution, die 1991 gegründet wurde, um globale Umweltprobleme zu bekämpfen und nachhaltige Entwicklung zu fördern. Die GEF spielt eine zentrale Rolle im Bereich der Umwelt- und Klimagovernance, indem sie finanzielle Unterstützung und technische Hilfe für Projekte bereitstellt, die darauf abzielen, die Umwelt zu schützen und die Auswirkungen des Klimawandels zu mindern.

Die GEF agiert als ein Fonds, der von 183 Mitgliedsstaaten unterstützt wird und neben Regierungen auch Nichtregierungsorganisationen und dem privaten Sektor einbezieht. Ihre Finanzierung stammt aus Beiträgen der Mitgliedsländer sowie aus Rückflüssen aus den unterstützten Projekten. Die GEF hat sich auf mehrere Schlüsselthemen konzentriert, darunter den Klimawandel, den Verlust der biologischen Vielfalt, die Degradation von Ökosystemen und die Verschmutzung von Gewässern.

Im Kontext der Umwelt- und Klimagovernance ist die GEF einzigartig, da sie mehrere internationale Umweltabkommen unterstützt. Dazu gehören unter anderem das Übereinkommen über die biologische Vielfalt (CBD), das Klimarahmenübereinkommen der Vereinten Nationen (UNFCCC) und das Übereinkommen zur Bekämpfung der Wüstenbildung (UNCCD). Die GEF fungiert als Finanzierungsmechanismus für diese Abkommen und trägt so zur Umsetzung globaler Umweltziele bei.

Ein bedeutender Aspekt der GEF-Arbeit ist die Förderung von Synergien zwischen verschiedenen Umweltzielen. In vielen Regionen der Welt sind die Herausforderungen in Bezug auf Biodiversität, Klimawandel und Landnutzung eng miteinander verknüpft. Die GEF unterstützt integrierte Ansätze, die es Ländern ermöglichen, mehrere Umweltprobleme gleichzeitig anzugehen, wodurch die Effizienz der Mittelverwendung erhöht und die Gesamtwirkung von Umweltinitiativen maximiert wird.

Die GEF hat auch eine wichtige Rolle bei der Mobilisierung zusätzlicher Ressourcen gespielt. Durch die Bereitstellung von Startkapital und technischer Unterstützung ermutigt sie Länder dazu, private Investitionen und nationale Haushaltsmittel für Umweltprojekte zu mobilisieren. Dies ist besonders wichtig, da die Finanzierung von Umwelt- und Klimaschutzmaßnahmen oft eine der größten Hürden für Entwicklungsländer darstellt. Darüber hinaus hat die GEF die Schaffung eines Netzwerks von Partnerschaften gefördert, das Regierungen, internationale Organisationen, den akademischen Sektor und die Zivilgesellschaft umfasst. Diese Zusammenarbeit ist entscheidend für den Wissensaustausch, die Kapazitätsentwicklung und die Umsetzung bewährter Praktiken im Bereich Umwelt- und Klimagovernance.

In den letzten Jahren hat die GEF auch auf die Herausforderungen reagiert, die durch den Klimawandel und die Biodiversitätskrise entstehen. Mit Initiativen wie dem GEF-7-Programm, das 2018 gestartet wurde, hat die GEF ihren Fokus auf die Unterstützung der Umsetzung der Ziele für nachhaltige Entwicklung (SDGs) sowie des Pariser Abkommens verstärkt. Dies zeigt das Engagement der GEF, sich an die sich verändernden globalen Umweltbedingungen anzupassen und gleichzeitig die Bedürfnisse der ärmsten und verletzlichsten Bevölkerungen zu berücksichtigen.

Globalbudget

Das Konzept des Globalbudgets ist ein wesentlicher Bestandteil der Umwelt- und Klimagovernance und bezieht sich auf die maximale Menge an Treibhausgasen, die global emittiert werden kann, um eine bestimmte Temperaturgrenze, häufig 1,5 oder 2 Grad Celsius über dem vorindustriellen Niveau, nicht zu überschreiten. Dieses Budget ist entscheidend für die Gestaltung von Klimaschutzstrategien und politischen Maßnahmen, da es eine quantitative Grundlage bietet, um die notwendigen Emissionsreduktionen zu planen und umzusetzen.

Die wissenschaftliche Basis für das Globalbudget basiert auf dem Verständnis der Klimasensitivität und der Beziehung zwischen Treibhausgasemissionen und globaler Erwärmung. Studien zeigen, dass es eine direkte Korrelation zwischen der kumulierten Menge an CO_2-Emissionen und der Temperaturerhöhung gibt. Diese Erkenntnisse sind in den Berichten des Intergovernmental Panel on Climate Change (IPCC) dokumentiert, die regelmäßig aktualisiert werden und die Dringlichkeit unterstreichen, die globalen Emissionen drastisch zu reduzieren.

Im Kontext der Umwelt- und Klimagovernance spielt das Globalbudget eine Schlüsselrolle bei der Entwicklung und Umsetzung internationaler Abkommen, wie dem Pariser Abkommen von 2015. Die Länder haben sich verpflichtet, ihre Emissionen im Einklang mit den Zielen des Abkommens zu reduzieren, wobei das Globalbudget als Leitlinie für die nationalen Klimaschutzpläne (Nationally Determined Contributions, NDCs) dient.

Diese Pläne müssen nicht nur ambitioniert, sondern auch wissenschaftlich fundiert sein, um die globalen Klimaziele zu erreichen.

Ein zentrales Problem in der Umsetzung des Globalbudgets ist die gerechte Verteilung der Emissionsrechte. Die Frage, wie die Emissionsbudgets zwischen den Ländern verteilt werden sollen, ist komplex und oft umstritten. Verschiedene Ansätze, wie die historische Verantwortung, die Fähigkeit zur Emissionsreduktion oder das Wohlergehen der Bevölkerung, werden diskutiert. Diese Fragen berühren nicht nur ökonomische und politische Aspekte, sondern auch ethische Überlegungen, da die Auswirkungen des Klimawandels oft die verletzlichsten Bevölkerungsgruppen am stärksten treffen.

Ein weiterer wichtiger Aspekt des Globalbudgets ist die Notwendigkeit, kohlenstoffarme Technologien und nachhaltige Praktiken zu fördern. Um die Emissionen im Rahmen des Globalbudgets zu halten, sind transformative Maßnahmen in verschiedenen Sektoren erforderlich, darunter Energie, Verkehr, Landwirtschaft und Abfallwirtschaft. Investitionen in erneuerbare Energien, Energieeffizienz und innovative Technologien sind entscheidend, um die Abhängigkeit von fossilen Brennstoffen zu reduzieren und die Emissionen nachhaltig zu senken.

Globale Energiepolitik und Globale Energiestrategie

Globale Energiepolitik und globale Energiestrategie sind zentrale Themen in der internationalen Politik, insbesondere im Kontext der Umwelt- und Klimagovernance. Sie beziehen sich auf die Art und Weise, wie Länder und internationale Organisationen Energieproduktion, -verbrauch und -verteilung steuern, um sowohl wirtschaftliche als auch ökologische Ziele zu erreichen.

Die globale Energiepolitik wird zunehmend von der Notwendigkeit beeinflusst, den Klimawandel zu bekämpfen. Die internationale Gemeinschaft hat erkannt, dass fossile Brennstoffe, die über lange Zeiträume hinweg die Hauptquelle für Energie waren, erhebliche Treibhausgasemissionen verursachen, die zur globalen Erwärmung beitragen. Daher ist die Transformation hin zu nachhaltigeren Energiequellen wie Solar-, Wind-

und Wasserkraft von zentraler Bedeutung. Diese Transformation erfordert eine koordinierte globale Strategie, die sowohl technologische Innovationen als auch politische Maßnahmen umfasst.

Ein Schlüsselelement der globalen Energiestrategie ist die Förderung erneuerbarer Energien. Internationale Abkommen wie das Pariser Klimaabkommen von 2015 haben das Ziel, die globale Erwärmung auf unter 2 Grad Celsius über dem vorindustriellen Niveau zu begrenzen, was eine drastische Reduzierung der CO_2-Emissionen erfordert. Die Verpflichtungen der Vertragsstaaten, ihre nationalen Beiträge (NDCs) zu erhöhen, sind Teil dieser Strategie. Um diese Ziele zu erreichen, müssen Länder ihre Energiesysteme transformieren, Investitionen in erneuerbare Energien fördern und gleichzeitig die Energieeffizienz steigern.

Ein weiterer wichtiger Aspekt der globalen Energiepolitik ist die Energiesicherheit. Staaten sind darauf angewiesen, dass sie über zuverlässige und nachhaltige Energiequellen verfügen, um ihre wirtschaftlichen und sozialen Bedürfnisse zu decken. Dies führt zu geopolitischen Spannungen, insbesondere in Regionen, die reich an fossilen Brennstoffen sind. Länder müssen daher Strategien entwickeln, um ihre Abhängigkeit von bestimmten Energiequellen und -lieferanten zu verringern, was oft auch die Diversifizierung ihrer Energiequellen und -wege umfasst.

Die Rolle internationaler Institutionen ist ebenso entscheidend. Organisationen wie die Internationale Energieagentur (IEA) und die Organisation der Erdöl exportierenden Länder (OPEC) spielen eine wesentliche Rolle bei der Formulierung und Umsetzung globaler Energiestrategien. Sie bieten Plattformen für den Dialog zwischen den Ländern, fördern den Austausch bewährter Praktiken und unterstützen die Entwicklung gemeinsamer Standards und Richtlinien zur Reduzierung von Emissionen.

Im Kontext der Klimagovernance ist die Integration von Energiepolitik in breitere Umwelt- und Klimastrategien unerlässlich. Dies erfordert einen interdisziplinären Ansatz, der Umweltwissenschaften, Wirtschaft, Politik und soziale Aspekte zusammenführt. Die Herausforderung besteht darin, wirtschaftliche Interessen und Umweltziele auszubalancieren, insbesondere in Entwicklungsländern, wo der Zugang zu Energie oft mit dem wirtschaftlichen Wachstum verknüpft ist.

Green Climate Fund

Der Green Climate Fund (GCF) wurde im Jahr 2010 während der 16. UN-Klimakonferenz in Cancún, Mexiko, ins Leben gerufen und spielt eine zentrale Rolle in der globalen Klimagovernance. Der Fonds wurde etabliert, um Entwicklungsländer bei der Bekämpfung des Klimawandels zu unterstützen, insbesondere in Bezug auf die Reduzierung von Treibhausgasemissionen und die Anpassung an die unvermeidlichen Auswirkungen des Klimawandels. Der GCF ist ein zentrales Instrument des Übereinkommens von Paris und verfolgt das Ziel, bis 2025 jährlich 100 Milliarden US-Dollar für Klimamaßnahmen bereitzustellen.

Im Kontext der Umwelt- und Klimagovernance fungiert der GCF als finanzieller Mechanismus, der eine Brücke zwischen öffentlichen und privaten Investitionen schlagen soll. Die Governance-Strukturen des Fonds sind so gestaltet, dass sie eine transparente und rechenschaftspflichtige Verteilung der Mittel gewährleisten. Der GCF ist als multilaterale Institution konzipiert und wird von einem Vorstand geleitet, der sich aus Vertretern der entwickelten und sich entwickelnden Länder zusammensetzt. Diese Zusammensetzung spiegelt die Prinzipien der Gleichheit und Fairness wider, die in der internationalen Klimapolitik von zentraler Bedeutung sind.

Ein weiterer wichtiger Aspekt des GCF ist seine Fähigkeit, Projekte und Programme in verschiedenen Sektoren zu finanzieren. Dazu gehören erneuerbare Energien, nachhaltige Landwirtschaft, Aufforstung und Maßnahmen zur Erhöhung der Resilienz gegenüber klimabedingten Risiken. Der Fonds unterstützt nicht nur die direkte Finanzierung von Klimaprojekten, sondern fördert auch die Entwicklung von nationalen und regionalen Klimaschutzstrategien. Hierbei wird ein integrativer Ansatz verfolgt, der es den Ländern ermöglicht, ihre spezifischen Bedürfnisse und Prioritäten zu definieren.

Die Effektivität des GCF wird jedoch durch verschiedene Herausforderungen beeinträchtigt. Dazu gehören administrative Hürden, die die Zugänglichkeit der Mittel für Entwicklungsländer einschränken können, sowie Bedenken hinsichtlich der Nachhaltigkeit und der langfristigen Auswirkungen der finanzierten Projekte. Kritiker argumentieren, dass der

GCF mehr Anstrengungen unternehmen sollte, um die Beteiligung der Zivilgesellschaft und der lokalen Gemeinschaften zu fördern, um sicherzustellen, dass die Projekte den Bedürfnissen der betroffenen Bevölkerungen gerecht werden.

Green-Growth-Strategy (dt. Grüne Wachstumsstrategie)

Die Grüne Wachstumsstrategie (Green Growth Strategy) ist ein Konzept, das darauf abzielt, wirtschaftliches Wachstum mit ökologischer Nachhaltigkeit zu verbinden. Diese Strategie gewinnt im Kontext der Umwelt- und Klimagovernance zunehmend an Bedeutung, da sie als ein Ansatz gesehen wird, der sowohl wirtschaftliche Entwicklung als auch den Schutz von Umweltressourcen in einer sich verändernden globalen Landschaft fördert.

Ein zentrales Merkmal der Grünen Wachstumsstrategie ist die Vorstellung, dass wirtschaftliches Wachstum nicht zwangsläufig mit einer Zunahme des Ressourcenverbrauchs und der Umweltverschmutzung einhergehen muss. Stattdessen wird argumentiert, dass durch technologische Innovationen, effizientere Ressourcennutzung und den Übergang zu einer kreislauforientierten Wirtschaft ein „grüneres" Wachstum erreicht werden kann. Diese Strategie umfasst verschiedene Maßnahmen, wie zum Beispiel die Förderung erneuerbarer Energien, die Verbesserung der Energieeffizienz, die Entwicklung nachhaltiger Infrastrukturen sowie die Implementierung von umweltfreundlichen Technologien.

Im Rahmen der Umwelt- und Klimagovernance wird die Grüne Wachstumsstrategie durch eine Vielzahl von politischen, wirtschaftlichen und sozialen Maßnahmen unterstützt. Regierungen und internationale Organisationen implementieren Richtlinien, die umweltfreundliche Praktiken incentivieren, wie etwa Subventionen für grüne Technologien oder die Einführung von CO2-Preisen. Diese Governance-Ansätze zielen darauf ab, Anreize für Unternehmen und Verbraucher zu schaffen, um nachhaltigere Entscheidungen zu treffen.

Ein weiterer wichtiger Aspekt der Grünen Wachstumsstrategie ist die Berücksichtigung sozialer Gerechtigkeit. Die Umsetzung umweltfreundlicher Maßnahmen darf nicht auf Kosten von sozialer Inklusion oder wirtschaftlicher Gerechtigkeit erfolgen. Daher ist es wichtig, dass die Strategie auch die Bedürfnisse vulnerabler Gruppen berücksichtigt und sicherstellt, dass der Übergang zu einem grüneren Wirtschaftsansatz gerecht gestaltet wird.

Die Herausforderungen, die mit der Umsetzung der Grünen Wachstumsstrategie verbunden sind, sind vielfältig. Dazu gehören technologische Hürden, die Notwendigkeit von Investitionen in neue Infrastrukturen, sowie politische Widerstände, die oft aus bestehenden wirtschaftlichen Interessen resultieren. Zudem gibt es Bedenken hinsichtlich der Messung und Bewertung des Erfolgs solcher Strategien, da die langfristigen ökologischen und sozialen Auswirkungen oft schwer quantifizierbar sind.

Greenhouse Gas Protocol (dt. Treibhausgasprotokoll)

Das Greenhouse Gas Protocol (GHG Protocol) ist ein international anerkanntes Rahmenwerk zur Bilanzierung von Treibhausgasemissionen, das Unternehmen, Regierungen und Organisationen dabei unterstützt, ihre Emissionen systematisch zu erfassen, zu berichten und zu reduzieren. Es wurde in den frühen 2000er Jahren entwickelt und ist das Ergebnis einer Zusammenarbeit zwischen dem World Resources Institute (WRI) und dem World Business Council for Sustainable Development (WBCSD). Das Protokoll bietet standardisierte Methoden zur Berechnung und Berichterstattung von Treibhausgasemissionen und ist in zwei Hauptstandards unterteilt: den Corporate Standard und den Project Quantification Standard.

Im Kontext der Umwelt- und Klimagovernance spielt das GHG Protocol eine entscheidende Rolle. Es fördert Transparenz und Verantwortlichkeit, indem es Organisationen eine strukturierte Methode zur Verfolgung ihrer Emissionen an die Hand gibt. Dies ist besonders wichtig in einer Zeit, in der der Klimawandel zu einer der größten globalen Herausforderungen geworden ist und die Notwendigkeit, Emissionen zu reduzieren, dringlicher denn je ist. Durch die Bereitstellung eines einheitlichen Rahmens ermöglicht das Protokoll eine bessere Vergleichbarkeit von Emissionen zwischen verschiedenen Akteuren und Sektoren, was für die Entwicklung und Umsetzung effektiver Klimapolitiken unerlässlich ist.

Ein zentraler Aspekt des GHG Protocols ist die Differenzierung zwischen direkten und indirekten Emissionen. Direkte Emissionen (Scope 1) sind jene, die aus Quellen stammen, die von der berichtenden Organisation kontrolliert werden, wie beispielsweise Emissionen aus der Verbrennung fossiler Brennstoffe in eigenen Anlagen. Indirekte Emissionen (Scope 2) entstehen durch den Verbrauch von eingekaufter Energie, während andere indirekte Emissionen (Scope 3) aus der gesamten Wertschöpfungskette resultieren, einschließlich der Produktion und des Transports von Waren. Diese Differenzierung ermöglicht es Unternehmen nicht nur, ihre eigenen Emissionen besser zu verstehen, sondern auch die Auswirkungen ihrer Lieferketten und Geschäftsmodelle zu berücksichtigen.

Im Rahmen der Klimagovernance trägt das GHG Protocol dazu bei, dass Unternehmen und Regierungen nicht nur ihre Emissionen messen, sondern auch spezifische Ziele zur Emissionsreduktion setzen. Viele Organisationen nutzen die Daten, die sie durch die Anwendung des Protokolls gewinnen, um ihre Klimastrategien zu entwickeln und ihre Fortschritte transparent zu kommunizieren. Dies fördert nicht nur das öffentliche Vertrauen, sondern kann auch das Engagement von Stakeholdern, einschließlich Investoren und Kunden, stärken.

Ein weiterer wichtiger Aspekt des GHG Protocols ist seine Rolle bei der Unterstützung internationaler Klimaziele, wie sie im Pariser Abkommen festgelegt sind. Indem es Unternehmen und Regierungen ermöglicht, ihre Emissionen zu quantifizieren und zu berichten, leistet das Protokoll einen Beitrag zur globalen Transparenz und zur Rechenschaftspflicht in Bezug auf Klimaziele. Viele Länder und Regionen integrieren das GHG Protocol in ihre nationalen Berichterstattungssysteme, um die Fortschritte bei der Erreichung ihrer Klimaziele zu überwachen.

Greenpeace

Greenpeace ist eine international agierende Umweltorganisation, die 1971 gegründet wurde und sich für den Schutz der Umwelt und die Förderung nachhaltiger Entwicklung einsetzt. Im Kontext von Umwelt- und Klimagovernance spielt Greenpeace eine bedeutende Rolle, indem die Organisation nicht nur auf Umweltprobleme hinweist, sondern auch aktiv an der Gestaltung von Politiken und Maßnahmen zur Bekämpfung des Klimawandels und zum Schutz der Biodiversität beteiligt ist.

Die Umwelt- und Klimagovernance bezieht sich auf die Strukturen, Prozesse und Akteure, die an der Steuerung und Regulierung von Umweltfragen und Klimafragen beteiligt sind. Diese Governance umfasst sowohl staatliche als auch nichtstaatliche Akteure, von Regierungen und internationalen Organisationen bis hin zu NGOs wie Greenpeace. Ein zentrales Anliegen von Greenpeace ist die Förderung von Transparenz und Teilhabe, um sicherzustellen, dass Umwelt- und Klimapolitiken nicht nur von einer kleinen Elite, sondern unter Einbeziehung der Öffentlichkeit und betroffener Gemeinschaften entwickelt werden.

Ein wichtiges Instrument von Greenpeace in der Umwelt- und Klimagovernance ist das Advocacy. Die Organisation nutzt wissenschaftliche Erkenntnisse, um auf Missstände aufmerksam zu machen, beispielsweise durch die Veröffentlichung von Berichten, die Umweltverschmutzung, das Verschwinden von Arten oder die Auswirkungen des Klimawandels dokumentieren. Diese Berichte dienen nicht nur der Aufklärung der Öffentlichkeit, sondern sollen auch politischen Druck auf Regierungen und Unternehmen ausüben, um nachhaltige Praktiken zu fördern und umweltfreundliche Politiken umzusetzen. Greenpeace hat sich in zahlreichen Kampagnen gegen fossile Brennstoffe, für den Erhalt der Wälder und den Schutz der Ozeane engagiert.

Im Rahmen der globalen Klimagovernance hat Greenpeace an internationalen Verhandlungen, wie dem Klimaabkommen von Paris, teilgenommen und versucht, die Ambitionen der Staaten zu erhöhen. Die Organisation setzt sich für eine drastische Reduktion der Treibhausgasemissionen und einen gerechten Übergang zu erneuerbaren Energien ein. Greenpeace fordert von den Staaten, ihre Klimaziele zu überprüfen und zu verstärken, um die Ziele des Pariser Abkommens zu erreichen und die Erderwärmung auf deutlich unter 2 Grad Celsius zu begrenzen.

Ein weiterer Aspekt der Arbeit von Greenpeace in der Klimagovernance ist die Mobilisierung von Bürgerinnen und Bürgern. Die Organisation nutzt moderne Kommunikationsmittel und soziale Medien, um Bewusstsein zu schaffen und Menschen zur Teilnahme an Protesten oder Petitionen zu ermutigen. Diese Form der Bürgerbeteiligung ist entscheidend für die Schaffung eines Drucks auf Entscheidungsträger, um umweltfreundliche Politiken zu fördern.

Greenpeace ist jedoch nicht ohne Kontroversen. Die Methoden der Organisation, einschließlich direkter Aktionen und zivilem Ungehorsam, werden manchmal kritisch betrachtet. Unterstützer argumentieren, dass solche Maßnahmen notwendig sind, um auf dringende Umweltprobleme aufmerksam zu machen, während Kritiker die Methoden als extrem oder kontraproduktiv ansehen.

Hitzewellen und deren Auswirkungen auf das globale Klima und Umwelt

Hitzewellen sind extreme Wetterereignisse, die durch eine überdurchschnittliche Temperatur über einen längeren Zeitraum, meist mehrere Tage bis Wochen, gekennzeichnet sind. Sie entstehen häufig durch stabile Hochdruckgebiete, die warme Luft anstauen und die natürliche Zirkulation der Atmosphäre behindern. Mit dem Klimawandel, der durch menschliche Aktivitäten wie die Verbrennung fossiler Brennstoffe und Abholzung vorangetrieben wird, haben sich die Häufigkeit, Intensität und Dauer von Hitzewellen weltweit erhöht.

Die Auswirkungen von Hitzewellen auf das globale Klima und die Umwelt sind vielschichtig. Einerseits führen erhöhte Temperaturen zu einer verstärkten Verdunstung von Wasser, was die Bodenfeuchtigkeit reduziert und in vielen Regionen zu Dürrebedingungen führt. Dies hat direkte Konsequenzen für die Landwirtschaft, da Erträge sinken und die Nahrungsmittelproduktion gefährdet wird. Andererseits können extreme Temperaturen das Ökosystem destabilisieren, indem sie das Überleben von Pflanzen- und Tierarten gefährden, die nicht an solche Bedingungen angepasst sind. So sind beispielsweise Korallenriffe besonders anfällig für Hitzewellen, die zu Korallenbleiche und damit zum Verlust von Biodiversität führen können.

Die sozialen und wirtschaftlichen Auswirkungen sind ebenfalls erheblich. Hitzewellen erhöhen die Gesundheitsrisiken, insbesondere für vulnerable Bevölkerungsgruppen wie ältere Menschen und Menschen mit Vorerkrankungen. Hitzebedingte Krankheiten und Todesfälle nehmen zu, was die Belastung der Gesundheitssysteme in vielen Ländern steigert. Zudem können Hitzewellen die Energieversorgung beeinträchtigen, da der erhöhte Bedarf an Klimaanlagen und Kühlung die Stromnetze überlastet.

Im Kontext der Umwelt- und Klimagovernance stellen Hitzewellen eine besondere Herausforderung dar. Die Notwendigkeit, klimatische Extremereignisse zu überwachen und zu bewältigen, erfordert koordinierte internationale Anstrengungen. Verträge wie das Pariser Abkommen zielen darauf ab, die globale Erwärmung zu begrenzen und die Anpassung an die Folgen des Klimawandels zu unterstützen. Nationale und lokale Regierungen müssen ebenfalls Strategien zur Minderung der Risiken entwickeln, die durch Hitzewellen entstehen. Dazu gehören Maßnahmen wie die Verbesserung der städtischen Infrastruktur, die Förderung von grünen Flächen, die Entwicklung hitzeresistenter Pflanzen und die Implementierung von Frühwarnsystemen.

Die Integration von wissenschaftlichen Erkenntnissen in die politische Entscheidungsfindung ist entscheidend, um effektive Maßnahmen zu ergreifen. Zudem muss die Umwelt- und Klimagovernance partizipativ gestaltet werden, um die Bedürfnisse und Perspektiven der betroffenen Gemeinschaften zu berücksichtigen. In diesem Zusammenhang sind auch nichtstaatliche Akteure, wie NGOs und Unternehmen, wichtig, da sie innovative Lösungen und Technologien bereitstellen können, um die Resilienz gegenüber Hitzewellen und anderen klimatischen Extremereignissen zu erhöhen.

Industrieländer

Industrieländer spielen eine zentrale Rolle im Kontext von Umwelt- und Klimagovernance, da sie historisch gesehen die Hauptverursacher von

Treibhausgasemissionen sind und über die notwendigen Ressourcen verfügen, um bedeutende Veränderungen in der Umweltpolitik und -praxis herbeizuführen. Diese Länder sind oft die ersten, die innovative Technologien entwickeln und implementieren, die zur Reduzierung von Emissionen und zur Förderung nachhaltiger Praktiken beitragen können. Gleichzeitig stehen sie vor der Herausforderung, ihre wirtschaftlichen Interessen mit den notwendigen Maßnahmen zur Bekämpfung des Klimawandels in Einklang zu bringen.

Ein zentrales Element der Umwelt- und Klimagovernance in Industrieländern ist die internationale Zusammenarbeit. Abkommen wie das Pariser Klimaabkommen von 2015 haben die Notwendigkeit betont, dass Industrieländer ihre Verantwortung zur Emissionsreduktion wahrnehmen und finanzielle Unterstützung für Entwicklungsländer bereitstellen, die häufig disproportional von den Auswirkungen des Klimawandels betroffen sind. Diese internationalen Verpflichtungen werden durch nationale Gesetze und Politiken ergänzt, die darauf abzielen, die Emissionen zu reduzieren und den Übergang zu einer kohlenstoffarmen Wirtschaft zu fördern.

Industrieländer sind auch Vorreiter in der Entwicklung von Umweltregulierungen und -standards. Diese beinhalten Maßnahmen wie Emissionshandelssysteme, Subventionen für erneuerbare Energien und strenge Vorschriften für industrielle Emissionen. Zudem gibt es in vielen Industrieländern eine zunehmende Beteiligung der Zivilgesellschaft und nichtstaatlicher Akteure an der Umweltpolitik, was zu einer stärkeren öffentlichen Sensibilisierung und einem höheren Druck auf Regierungen führt, nachhaltige Praktiken zu fördern.

Dennoch ist die Umsetzung effektiver Klimagovernance in Industrieländern oft mit Herausforderungen konfrontiert. Politische Widerstände, wirtschaftliche Interessen und soziale Ungleichheiten können den Fortschritt behindern. Beispielsweise können Lobbygruppen der fossilen Brennstoffindustrie erheblichen Einfluss auf politische Entscheidungen ausüben und den Übergang zu erneuerbaren Energiequellen verzögern. Zudem besteht die Gefahr, dass kurzfristige wirtschaftliche Ziele über langfristige Umweltziele gestellt werden, was die Glaubwürdigkeit und Effektivität der Klimapolitik untergraben.

Ein weiterer wichtiger Aspekt ist die Rolle von Technologie und Innovation. Industrieländer verfügen über fortschrittliche Forschungseinrichtungen und Kapital, um neue Technologien zur Emissionsminderung zu entwickeln. Initiativen zur Förderung von Forschung und Entwicklung in den Bereichen erneuerbare Energien, Energieeffizienz und nachhaltige Landwirtschaft sind entscheidend, um die Klimaziele zu erreichen. Die Integration von Klimarisiken in wirtschaftliche Planungen und Geschäftsmodelle wird zunehmend als notwendig erachtet, um Resilienz gegenüber den unvermeidlichen Auswirkungen des Klimawandels zu entwickeln.

Intergovernmental Panel on Climate Change (IPCC)
(dt. Weltklimarat)

Der Intergovernmental Panel on Climate Change (IPCC), auf Deutsch Weltklimarat, ist eine zwischenstaatliche Organisation, die 1988 von der Weltorganisation für Meteorologie (WMO) und dem Umweltprogramm der Vereinten Nationen (UNEP) ins Leben gerufen wurde. Der IPCC hat die Aufgabe, die wissenschaftlichen Grundlagen des Klimawandels zu bewerten und die daraus resultierenden Risiken für die Umwelt und die Gesellschaft zu analysieren. Er spielt eine zentrale Rolle in der globalen Umwelt- und Klimagovernance, indem er als wichtige Wissensquelle für politische Entscheidungsträger fungiert.

Die Struktur des IPCC besteht aus drei Arbeitsgruppen. Die erste Gruppe konzentriert sich auf die physikalischen Grundlagen des Klimawandels, die zweite auf die Auswirkungen und die Verwundbarkeit von Systemen und Gesellschaften sowie die Anpassungsmöglichkeiten, während die dritte Gruppe Strategien zur Minderung von Treibhausgasemissionen und zur Bekämpfung des Klimawandels untersucht. Diese Arbeitsweise gewährleistet eine umfassende Betrachtung des Klimawandels aus verschiedenen Perspektiven und ermöglicht es, sowohl wissenschaftliche Erkenntnisse als auch praktische Lösungen zu integrieren.

Im Kontext der Umwelt- und Klimagovernance ist der IPCC von entscheidender Bedeutung, da er eine Brücke zwischen Wissenschaft und Politik schlägt. Die Berichte des IPCC, die in regelmäßigen Abständen veröffentlicht werden, sind maßgebliche Dokumente, die Regierungen, internationale Organisationen und Zivilgesellschaft bei der Entwicklung und Umsetzung von Klimapolitik unterstützen. Die umfassenden Bewertungen und Szenarien, die der IPCC liefert, helfen Entscheidungsträgern, informierte Entscheidungen zu treffen, die auf den neuesten wissenschaftlichen Erkenntnissen basieren.

Ein weiteres wichtiges Element der Rolle des IPCC in der Klimagovernance ist die Förderung der internationalen Zusammenarbeit. Der IPCC hat zur Schaffung eines globalen Bewusstseins für die Dringlichkeit des Klimawandels beigetragen und die Notwendigkeit einer kollektiven Reaktion hervorgehoben. Die jährlichen UN-Klimakonferenzen (COP), die im Rahmen der UNFCCC (United Nations Framework Convention on Climate Change) stattfinden, sind stark von den Ergebnissen der IPCC-Berichte geprägt. Diese Konferenzen dienen als Plattform für die Verhandlungen über internationale Klimaziele und -verpflichtungen, wobei der IPCC als Autorität in Bezug auf die wissenschaftlichen Grundlagen des Klimawandels fungiert.

Ein weiterer Aspekt der Klimagovernance, den der IPCC adressiert, ist die Herausforderung der Gerechtigkeit und der Verteilung von Verantwortung. Der IPCC hebt hervor, dass die Auswirkungen des Klimawandels ungleich verteilt sind, wobei ärmere und verletzliche Bevölkerungsgruppen oft am stärksten betroffen sind. Dies wirft Fragen der sozialen Gerechtigkeit und der Verantwortlichkeit auf, die in politischen Diskussionen berücksichtigt werden müssen.

International Convention for the Prevention of Marine Pollution from Ships (MARPOL) (dt. Internationales Übereinkommen zur Verhütung der Meeresverschmutzung durch Schiffe)
Das Internationale Übereinkommen zur Verhütung der Meeresverschmutzung durch Schiffe, besser bekannt als MARPOL, ist ein zentrales Instrument der

internationalen Umwelt- und Klimagovernance, das seit seiner Verabschiedung im Jahr 1973 in Kraft ist. MARPOL wurde entwickelt, um die Verschmutzung der Meere durch Schiffsverkehr zu minimieren und besteht aus verschiedenen Anhängen, die spezifische Regelungen für unterschiedliche Arten von Schadstoffen enthalten.

Die Relevanz von MARPOL im Kontext der Umwelt- und Klimagovernance ist vielschichtig. Zunächst einmal stellt das Übereinkommen einen globalen Rahmen dar, der es den Mitgliedstaaten ermöglicht, einheitliche Standards zur Verringerung der Meeresverschmutzung zu etablieren. Die Konvention adressiert verschiedene Schadstoffe, darunter Öl, Chemikalien, Abfälle und Luftschadstoffe, und trägt somit zur Erhaltung der marinen Ökosysteme und zur Verbesserung der Wasserqualität bei. Dies ist besonders wichtig, da saubere Ozeane nicht nur für die marine Biodiversität von Bedeutung sind, sondern auch für die menschliche Gesundheit, den Tourismus und die Fischerei.

Im Kontext der Klimagovernance spielt MARPOL auch eine entscheidende Rolle, da der Schiffsverkehr ein bedeutender Verursacher von Treibhausgasemissionen ist. Die Regelungen zur Reduktion von Emissionen aus Schiffen, die im Rahmen der MARPOL-Anhänge, insbesondere dem Anhang VI, festgelegt sind, zielen darauf ab, die Auswirkungen des Schiffsverkehrs auf das Klima zu minimieren. Dies geschieht durch die Festlegung von Emissionsgrenzwerten und die Förderung von Technologien zur Reduzierung von Schadstoffen. Die Implementierung dieser Regelungen wird von der Internationalen Seeschifffahrtsorganisation (IMO) überwacht, die dafür sorgt, dass die Mitgliedstaaten ihre Verpflichtungen erfüllen.

Ein weiterer wichtiger Aspekt von MARPOL ist die Einbindung in das umfassendere System internationaler Umweltabkommen. MARPOL ergänzt andere globale Initiativen zur Bekämpfung der Meeresverschmutzung und zur Förderung nachhaltiger Praktiken, wie beispielsweise die Agenda 2030 für nachhaltige Entwicklung und das Pariser Abkommen zur Bekämpfung des Klimawandels. Durch die Harmonisierung von

Regelungen und Zielen trägt MARPOL dazu bei, ein kohärentes und integratives Vorgehen zur Bewältigung von Umweltproblemen zu gewährleisten. Zusätzlich ist MARPOL ein Beispiel für die Zusammenarbeit zwischen Staaten, internationalen Organisationen und der Industrie im Bereich der Umwelt- und Klimagovernance. Die Konvention erfordert die aktive Teilnahme der Mitgliedstaaten, die ihrer Verantwortung gerecht werden müssen, um die vorgeschriebenen Standards umzusetzen. Dies führt nicht nur zu einer Verbesserung der Umweltstandards im maritimen Sektor, sondern auch zu einer verstärkten Sensibilisierung für die Bedeutung des Schutzes der Ozeane und der globalen Umwelt.

International Convention for the Regulation of Whaling (ICRW) (dt. Internationales Übereinkommen zur Regelung des Walfangs)

Das Internationale Übereinkommen zur Regelung des Walfangs (ICRW), das 1946 ins Leben gerufen wurde, stellt einen bedeutenden Meilenstein im Bereich der internationalen Umwelt- und Klimagovernance dar. Es wurde gegründet, um den Walfang nachhaltig zu regulieren, die Bestände von Walen zu schützen und die Erhaltung mariner Ökosysteme zu fördern. Die Schaffung des ICRW erfolgte im Kontext der weit verbreiteten Überfischung und des dramatischen Rückgangs der Walpopulationen im frühen 20. Jahrhundert, was eine internationale Reaktion erforderte.

Das Übereinkommen führte zur Gründung der Internationalen Walfangkommission (IWC), die die Aufgabe hat, die Walfangpraktiken der Mitgliedsstaaten zu überwachen und zu regulieren. Ein zentrales Element des ICRW ist das Prinzip der wissenschaftlichen Forschung, das es der IWC ermöglicht, fundierte Entscheidungen über Fangquoten und Schutzmaßnahmen zu treffen. Dies stellt einen integralen Bestandteil der Umweltgovernance dar, da es die Notwendigkeit unterstreicht, Entscheidungen auf der Grundlage von wissenschaftlichen Erkenntnissen zu treffen, um die Biodiversität zu bewahren und die Ökosysteme der Ozeane zu schützen. Im Kontext der Klimagovernance ist der Schutz von Walen und marinen Ökosystemen von entscheidender Bedeutung. Wale spielen eine wesentliche Rolle im Kohlenstoffkreislauf der Ozeane, da sie zur Kohlenstoffbindung beitragen. Ihre Exkremente fördern das Wachstum von Phytoplankton, das durch Photosynthese CO2 aus der Atmosphäre aufnimmt. Der Rückgang der Walpopulationen kann daher nicht nur die marine Biodiversität gefährden, sondern auch negative Auswirkungen auf das globale Klima haben. Die IWC hat in den letzten Jahrzehnten auch neue Herausforderungen angenommen, die über den traditionellen Walfang hinausgehen. Dazu gehören Themen wie der Einfluss des Klimawandels auf Walpopulationen, die Auswirkungen von Meeresverschmutzung und der Schutz von Walmigration. Diese Aspekte erfordern eine integrative Ansätze, die verschiedene Disziplinen und internationale Kooperationen einbeziehen. Die IWC hat sich zudem mit der Frage des „nachhaltigen Walfangs" auseinandergesetzt und versucht, ein Gleichgewicht zwischen den wirtschaftlichen Interessen einiger Staaten, die den Walfang weiterhin praktizieren, und dem Schutz der Walpopulationen zu finden.

In den letzten Jahren wurde das ICRW jedoch auch kritisiert, insbesondere von Umweltorganisationen, die argumentieren, dass der Schutz der Wale nicht ausreichend gewährleistet ist. Einige Länder, wie Japan, Norwegen und Island, haben sich nicht an das Moratorium für kommerziellen Walfang gehalten, das 1986 von der IWC eingeführt wurde. Diese Handlungen werfen Fragen zur Effektivität der Governance-Strukturen auf und verdeutlichen die Herausforderungen, vor denen das internationale Umweltregime steht.

International Convention on Oil Pollution Preparedness, Response and Cooperation (OPRC) (dt. Internationales Übereinkommen über Schutzvorkehrungen, Gegenmaßnahmen und Zusammenarbeit bei Ölverschmutzungen)

Das Internationale Übereinkommen über Schutzvorkehrungen, Gegenmaßnahmen und Zusammenarbeit bei Ölverschmutzungen (OPRC) wurde 1990 in der Stadt Nairobi, Kenia, unter der Schirmherrschaft der Internationalen Seeschifffahrtsorganisation (IMO) verabschiedet. Es stellt einen signifikanten Schritt im Bereich der internationalen Umwelt- und

Klimagovernance dar, insbesondere in Bezug auf die Bekämpfung von Ölverschmutzungen in maritimen Gewässern.

Das OPRC-Übereinkommen zielt darauf ab, die Vorbereitung und Reaktion auf Ölverschmutzungen zu verbessern und die internationale Zusammenarbeit in diesem Bereich zu fördern. Es ist ein bindendes rechtliches Instrument, das die Vertragsstaaten verpflichtet, nationale Pläne für den Umgang mit Ölverschmutzungen zu entwickeln und geeignete Maßnahmen zu ergreifen, um im Falle eines Vorfalls schnell und effektiv reagieren zu können. Die Grundlage des Übereinkommens ist die Erkenntnis, dass Ölverschmutzungen nicht nur lokale Umweltprobleme darstellen, sondern auch grenzüberschreitende Auswirkungen haben können, die internationale Zusammenarbeit erfordern.

Ein zentrales Element des OPRC ist die Förderung der nationalen Kapazitäten zur Bewältigung von Ölverschmutzungsereignissen. Die Vertragsstaaten sind angehalten, geeignete Ressourcen bereitzustellen, um im Falle eines Ölaustritts rasch zu handeln. Dies umfasst die Ausbildung von Fachkräften, die Durchführung von Übungen sowie die Ausarbeitung von Notfallplänen. Darüber hinaus fördert das Übereinkommen die Entwicklung und den Austausch von Technologien und Informationen, die für die Bekämpfung von Ölverschmutzungen nützlich sind.

In der Praxis zeigt sich die Relevanz des OPRC-Übereinkommens besonders in den letzten Jahrzehnten, in denen Ölunfälle wie der Unfall der Deepwater Horizon 2010 und andere maritime Katastrophen gravierende ökologische und wirtschaftliche Folgen hatten. Diese Ereignisse haben die Notwendigkeit einer effektiven internationalen Zusammenarbeit unterstrichen, um die Auswirkungen von Ölverschmutzungen auf marine Ökosysteme und Küstengemeinden zu minimieren.

Das OPRC-Übereinkommen ist auch in den Kontext der globalen Umwelt- und Klimagovernance einzuordnen. Es steht im Einklang mit verschiedenen internationalen Abkommen, die sich mit Umweltschutz und nachhaltiger Entwicklung beschäftigen, darunter das Übereinkommen der Vereinten Nationen über das Recht des Meeres (UNCLOS) und die Agenda 2030 für nachhaltige Entwicklung. Diese Vereinbarungen betonen die Wichtigkeit des Schutzes mariner Ökosysteme und der nachhaltigen Nutzung der Meeresressourcen, was in direktem Zusammenhang mit den Zielen des OPRC steht.

Trotz der Fortschritte, die durch das OPRC-Übereinkommen erzielt wurden, stehen die Vertragsstaaten weiterhin vor Herausforderungen. Dazu zählen die unzureichende Umsetzung der nationalen Pläne, die Notwendigkeit für zusätzliche Ressourcen und Schulungen sowie die Anpassung an neue Technologien und Methoden zur Bekämpfung von Ölverschmutzungen. Ein weiterer Aspekt ist die Berücksichtigung der Auswirkungen des Klimawandels auf maritime Ökosysteme, die möglicherweise neue Risiken im Zusammenhang mit Ölverschmutzungen mit sich bringen.

International Energy Agency (dt. Internationale Energieagentur)

Die Internationale Energieagentur (IEA), gegründet im Jahr 1974 als Reaktion auf die Ölkrise, spielt eine entscheidende Rolle im globalen Energiesystem und ist ein wichtiger Akteur im Kontext der Umwelt- und Klimagovernance. Ihr Hauptziel ist es, die Energiesicherheit der Mitgliedsländer zu fördern, den Energieverbrauch effizienter zu gestalten und die Umweltauswirkungen der Energieproduktion und -nutzung zu minimieren. Die IEA hat sich im Laufe der Jahre weiterentwickelt und ihre Aufgaben ausgeweitet, um den Herausforderungen des Klimawandels und der globalen Umweltkrisen gerecht zu werden. Im Rahmen der Umwelt- und Klimagovernance fördert die IEA Initiativen, die auf die Reduzierung der Treibhausgasemissionen abzielen. Dazu gehört die Veröffentlichung von Berichten, wie dem „World Energy Outlook", der umfassende Analysen der globalen Energiemärkte bietet und verschiedene Szenarien zur zukünftigen Energie- und Klimapolitik skizziert. Diese Berichte sind wertvolle Ressourcen für Regierungen, Unternehmen und Nichtregierungsorganisationen, um informierte Entscheidungen zu treffen und politische Maßnahmen zu entwickeln.

Ein zentrales Element der Arbeit der IEA ist die Förderung von Energieeffizienz und erneuerbaren Energien. Die Agentur bietet technische Unterstützung und politische Empfehlungen, um den Übergang zu nachhaltigeren Energiequellen zu beschleunigen. Durch Programme wie die „Energy Efficiency Action Plans" und „Renewables 2020" unterstützt die IEA Länder dabei, ihre nationalen Klimaziele zu erreichen und gleichzeitig die Energieversorgung zu diversifizieren und zu sichern.

Die IEA hat auch eine wichtige Rolle in internationalen Foren und Verhandlungen gespielt, insbesondere im Zusammenhang mit den Klimazielen des Pariser Abkommens. Sie arbeitet eng mit anderen internationalen Organisationen, wie den Vereinten Nationen und der Weltbank, zusammen, um die globalen Anstrengungen zur Bekämpfung des Klimawandels zu koordinieren. Ihre Expertise und Datenanalysen sind entscheidend für die Entwicklung von Politiken, die sowohl wirtschaftliche als auch ökologische Ziele berücksichtigen.

Ein weiterer Aspekt der Umwelt- und Klimagovernance, in dem die IEA aktiv ist, ist die Förderung von Technologien zur Kohlenstoffabscheidung und -speicherung (CCS) sowie die Unterstützung innovativer Lösungen im Energiesektor. Diese Technologien sind entscheidend, um die Emissionen aus fossilen Brennstoffen zu reduzieren und den Übergang zu einer kohlenstoffarmen Wirtschaft zu ermöglichen.

International Renewable Energy Agency (IRENA) (dt. Internationale Organisation für erneuerbare Energien)

Die Internationale Organisation für erneuerbare Energien (IRENA) wurde im Jahr 2009 in Bonn, Deutschland, gegründet und hat sich als zentrale Plattform für die Förderung der weltweiten Nutzung erneuerbarer Energien etabliert. IRENA spielt eine entscheidende Rolle im Kontext der Umwelt- und Klimagovernance, indem sie Länder und Regierungen dabei unterstützt, ihre Energiepolitiken zu transformieren und nachhaltige Entwicklung zu fördern.

Die Organisation befasst sich mit einem breiten Spektrum von Themen, die von der Förderung erneuerbarer Energien über technologische Innovationen bis hin zur Entwicklung von politischen Rahmenbedingungen reichen. IRENA bietet technische Unterstützung und Beratungsdienste, um Länder bei der Umsetzung ihrer nationalen Beiträge (NDCs) im

Rahmen des Pariser Abkommens zu helfen. Diese Beiträge sind entscheidend, um die globalen Klimaziele zu erreichen und die Erderwärmung auf unter 2 Grad Celsius zu begrenzen. IRENA fördert insbesondere die Nutzung von Solarenergie, Windenergie, Biomasse, Wasserkraft und Geothermie und unterstützt die Entwicklung entsprechender Strategien zur Integration dieser Technologien in nationale Energiesysteme.

Ein zentrales Element der Arbeit von IRENA ist die Bereitstellung von Daten und Analysen, die es den Mitgliedsstaaten ermöglichen, informierte Entscheidungen zu treffen. Die Organisation veröffentlicht regelmäßig Berichte, die Trends im Bereich erneuerbarer Energien aufzeigen und die wirtschaftlichen, sozialen und ökologischen Vorteile der Energiewende hervorheben. Diese Erkenntnisse sind von großer Bedeutung für die Umwelt- und Klimagovernance, da sie sowohl politische Entscheidungsträger als auch die Öffentlichkeit über die Vorteile einer nachhaltigen Energiezukunft informieren.

Darüber hinaus fördert IRENA den internationalen Austausch von Wissen und Best Practices. Durch Netzwerke und Partnerschaften mit anderen internationalen Organisationen, Regierungen, der Zivilgesellschaft und dem privaten Sektor trägt IRENA dazu bei, innovative Lösungen für die Herausforderungen der Energiewende zu entwickeln und umzusetzen. Diese Kooperationen sind besonders wichtig, da der Übergang zu erneuerbaren Energien oft mit komplexen sozialen, wirtschaftlichen und technologischen Fragen verbunden ist.

Im Kontext der globalen Umwelt- und Klimagovernance ist IRENA eine Schlüsselakteurin, die dazu beiträgt, die internationale Zusammenarbeit zu stärken und den Dialog zwischen den Ländern zu fördern. Ihre Rolle als Plattform für den Wissensaustausch und als Berater für politische Entscheidungen ist entscheidend, um die globalen Klimaziele zu erreichen und die Resilienz gegenüber den Auswirkungen des Klimawandels zu erhöhen. IRENA unterstützt auch die Entwicklung von Finanzierungsmechanismen, die notwendig sind, um den Übergang zu einer nachhaltigen Energiezukunft zu beschleunigen, insbesondere in Entwicklungsländern, die oft mit begrenzten Ressourcen und technologischen Herausforderungen konfrontiert sind.

International Tropical Timber Agreement (ITTA) (dt. Internationales Tropenholz-Übereinkommen

Das International Tropical Timber Agreement (ITTA) ist ein zentraler internationaler Rahmen, der 1983 ins Leben gerufen wurde, um den Handel mit tropischem Holz und tropischen Holzprodukten zu regulieren und gleichzeitig die nachhaltige Bewirtschaftung der tropischen Wälder zu fördern. Das Abkommen wurde in mehreren Revisionen aktualisiert, wobei das derzeit gültige ITTA 2006 in Kraft trat. Es wird von der International Tropical Timber Organization (ITTO) verwaltet, einer zwischenstaatlichen Organisation mit dem Ziel, die nachhaltige Entwicklung der tropischen Waldressourcen zu unterstützen und den Handel mit diesen Ressourcen zu fördern.

Im Kontext von Umwelt- und Klimagovernance spielt das ITTA eine bedeutende Rolle, da tropische Wälder eine entscheidende Funktion im globalen Klimasystem einnehmen. Sie sind nicht nur Biodiversitäts-Hotspots, sondern wirken auch als Kohlenstoffsenken, die große Mengen an CO_2 speichern und somit zur Minderung des Klimawandels beitragen. Durch die Förderung nachhaltiger Bewirtschaftungspraktiken zielt das ITTA darauf ab, die Abholzung und Degradierung tropischer Wälder zu reduzieren, was wiederum positive Auswirkungen auf die Klimastabilität hat.

Das ITTA fördert eine integrative Herangehensweise an die Waldnutzung, indem es die Beteiligung von Anwohnern und indigenen Gemeinschaften an der Waldbewirtschaftung betont und deren Rechte schützt. Diese sozialen Aspekte sind entscheidend, da viele dieser Gemeinschaften auf die Ressourcen der Wälder angewiesen sind und traditionelles Wissen über nachhaltige Praktiken besitzen. Im Rahmen von Umwelt- und Klimagovernance wird auch die Notwendigkeit betont, die wirtschaftlichen Anreize für den Erhalt von Wäldern zu stärken, um illegale Holzernte und andere zerstörerische Praktiken zu unterbinden.

Zudem integriert das ITTA Strategien, die mit anderen internationalen Abkommen und Zielen in Einklang stehen, wie den Zielen für nachhaltige Entwicklung (SDGs) der Vereinten Nationen und dem Übereinkommen von Paris zur Bekämpfung des Klimawandels. Indem das ITTA die

Bedeutung von Wäldern in den globalen Klimadiskurs einbringt, trägt es dazu bei, die Aufmerksamkeit auf die Notwendigkeit einer nachhaltigen Waldwirtschaft im Kontext der globalen Klimapolitik zu lenken.

Ein weiteres wichtiges Element der ITTA ist die Unterstützung von Forschung und Entwicklung in Bezug auf tropische Holzprodukte sowie die Schaffung von Marktbedingungen, die nachhaltige Praktiken fördern. Die Organisation trägt auch zur Schaffung und Verbreitung von Standards für nachhaltige Waldbewirtschaftung und die Zertifizierung von Holzprodukten bei, um Transparenz und Vertrauen im internationalen Holzhandel zu fördern.

Internationales Grünes Kreuz

Das Internationale Grüne Kreuz (IGK) ist eine bedeutende Organisation, die sich der Förderung von Umwelt- und Klimaschutz widmet. Es wurde 1993 gegründet und hat sich seitdem zu einem wichtigen Akteur im Bereich der Umwelt- und Klimagovernance entwickelt. Die Organisation verfolgt das Ziel, eine nachhaltige Entwicklung zu fördern, indem sie sich für den Schutz der natürlichen Ressourcen und die Verbesserung der Lebensqualität einsetzt.

Im Kontext der Umwelt- und Klimagovernance spielt das Internationale Grüne Kreuz eine zentrale Rolle, indem es als Brücke zwischen verschiedenen Stakeholdern fungiert, darunter Regierungen, Nichtregierungsorganisationen (NGOs), Wissenschaftler und die Zivilgesellschaft. Durch die Förderung von Dialog und Zusammenarbeit zwischen diesen Akteuren trägt das IGK dazu bei, Lösungen für komplexe Umweltprobleme zu finden, die oft grenzüberschreitend sind und ein koordiniertes Handeln erfordern.

Ein wichtiger Aspekt der Arbeit des Internationalen Grünen Kreuzes ist die Sensibilisierung der Öffentlichkeit für Umweltfragen. Die Organisation nutzt verschiedene Kommunikationsstrategien und Kampagnen, um das Bewusstsein für die Dringlichkeit von Klimaschutzmaßnahmen zu schärfen und die Menschen zu ermutigen, aktiv zu werden. Dies geschieht oft durch Bildungsprogramme, Workshops und öffentliche Veranstaltungen, die darauf abzielen, das Wissen über ökologische Zusammenhänge und die Auswirkungen menschlichen Handelns auf das Klima zu erweitern.

Darüber hinaus engagiert sich das IGK in der politischen Advocacy, um umweltfreundliche Politiken auf nationaler und internationaler Ebene zu fördern. Es arbeitet eng mit internationalen Organisationen wie den Vereinten Nationen zusammen, um sicherzustellen, dass Umwelt- und Klimafragen in die globale Agenda integriert werden. In diesem Zusammenhang hat das IGK auch an zahlreichen Konferenzen und Verhandlungen teilgenommen, bei denen es darum geht, verbindliche Vereinbarungen zur Reduzierung von Treibhausgasemissionen und zur Förderung nachhaltiger Entwicklung zu erreichen.

Ein weiterer wichtiger Aspekt der internationalen Klimagovernance, in dem das Internationale Grüne Kreuz eine Rolle spielt, ist die Förderung von Innovation und nachhaltigen Technologien. Die Organisation unterstützt Projekte, die auf erneuerbare Energien, Ressourcenschonung und umweltfreundliche Praktiken abzielen. Durch Partnerschaften mit Unternehmen und Forschungseinrichtungen trägt das IGK dazu bei, innovative Lösungen zu entwickeln, die nicht nur ökologisch, sondern auch ökonomisch tragfähig sind.

Internationales Klima- und Umweltabkommen

Internationale Klima- und Umweltabkommen spielen eine entscheidende Rolle im globalen Governance-System, das darauf abzielt, Umweltprobleme und den Klimawandel zu bewältigen. Diese Abkommen sind das Ergebnis von multilateralen Verhandlungen zwischen Staaten, internationalen Organisationen und zivilgesellschaftlichen Akteuren, und sie zielen darauf ab, kollektive Maßnahmen zur Reduzierung von Treibhausgasemissionen, zum Schutz der Biodiversität und zur Förderung nachhaltiger Entwicklung zu koordinieren.

Ein zentrales Element der internationalen Klimagovernance ist das Rahmenübereinkommen der Vereinten Nationen über den Klimawandel (UNFCCC), das 1992 auf der Erde-Konferenz in Rio de Janeiro ins Leben gerufen wurde. Dieses Abkommen legte den Grundstein für eine Vielzahl von Folgeabkommen, darunter das Kyoto-Protokoll von 1997, das verbindliche Emissionsziele für Industrieländer festlegte, und das Pariser Abkommen von 2015, das einen neuen Ansatz für die globale Klimapolitik einführt. Das Pariser Abkommen, das von fast allen Staaten der Welt ratifiziert wurde, zielt darauf ab, die Erderwärmung auf deutlich unter 2 Grad Celsius über dem vorindustriellen Niveau zu begrenzen, wobei die Bemühungen, den Temperaturanstieg auf 1,5 Grad Celsius zu beschränken, als besonders dringlich erachtet werden.

Die Effektivität dieser Abkommen hängt jedoch von der Fähigkeit der Staaten ab, ihre Verpflichtungen einzuhalten und ambitionierte nationale Beiträge (NDCs) zu formulieren und umzusetzen. Ein kritischer Aspekt der Klimagovernance ist die Frage der Gerechtigkeit und der Differenzierung von Verpflichtungen, da entwickelten Ländern oft eine größere Verantwortung für historische Emissionen zugeschrieben wird, während Entwicklungsländer Unterstützung benötigen, um ihre eigenen Emissionen zu reduzieren und sich an die Folgen des Klimawandels anzupassen. Diese Dynamik führt zu komplexen Verhandlungen über Finanzierungsmechanismen, Technologietransfer und Kapazitätsaufbau, die für die Umsetzung der Abkommen unerlässlich sind.

Neben der Klimagovernance umfasst die internationale Umweltpolitik auch eine Vielzahl von Abkommen, die andere Umweltprobleme ansprechen, wie die Konvention über die biologische Vielfalt (CBD) und die Stockholmer Konvention über persistente organische Schadstoffe. Diese Abkommen sind Teil eines breiteren Rahmens von Umweltgovernance, der darauf abzielt, die Wechselwirkungen zwischen verschiedenen Umweltproblemen zu berücksichtigen und integrative Ansätze zu fördern. In den letzten Jahren hat sich die internationale Umwelt- und Klimagovernance auch durch die Einbeziehung nichtstaatlicher Akteure, wie Unternehmen, Nichtregierungsorganisationen und lokale Gemeinschaften, weiterentwickelt. Diese Akteure spielen eine immer wichtigere Rolle bei der Umsetzung von Maßnahmen auf nationaler und lokaler Ebene und tragen zur Schaffung von Innovationen und zur Mobilisierung von Ressourcen bei. Initiativen wie die „Global Climate Action" und Partnerschaften zwischen Städten und Unternehmen zeigen, wie die Zusammenarbeit zwischen verschiedenen Akteuren zu einer effektiveren Umsetzung der internationalen Verpflichtungen führen kann.

Kippprozesse und Kippelemente

Kippprozesse und Kippelemente sind zentrale Konzepte in der Umwelt- und Klimawissenschaft, die sich auf potenzielle, abrupt eintretende Veränderungen in klimatischen und ökologischen Systemen beziehen. Diese Prozesse sind von großer Bedeutung für die Umwelt- und Klimagovernance, da sie erhebliche Auswirkungen auf die menschliche Gesellschaft und die natürlichen Ökosysteme haben können.

Ein Kippelement ist ein spezifisches System oder Teil des globalen Klimasystems, das bei Überschreiten bestimmter Schwellenwerte (Tipping Points) plötzlich und oft irreversibel in einen neuen Zustand übergehen kann. Beispiele für Kippelemente sind das arktische Meereis, die tropischen Regenwälder, die Grönland- und Antarktis-Eisschilde sowie der Atlantische Meridionale Umwälzzirkulation (AMOC). Diese Elemente sind durch nichtlineare Rückkopplungen gekennzeichnet, die kleine Änderungen in den Umgebungsbedingungen verstärken können.

Ein klassisches Beispiel ist das Schmelzen des arktischen Meereises. Mit dem Rückgang des Eises wird weniger Sonnenlicht reflektiert, was zu einer Erhöhung der Wassertemperatur führt. Diese zusätzliche Wärme beschleunigt das Schmelzen des Eises, was wiederum die Erwärmung weiter verstärkt. Solche Rückkopplungsmechanismen können dazu führen, dass ein Kippelement einen Punkt erreicht, an dem es nicht mehr in seinen ursprünglichen Zustand zurückkehrt.

Die Identifikation und das Verständnis von Kippprozessen sind entscheidend für die Umwelt- und Klimagovernance, denn sie beeinflussen die Strategien, die Länder und internationale Organisationen zur Minderung der Klimaerwärmung und zur Anpassung an ihre Folgen entwickeln. Ein frühzeitiges Erkennen von Kipppunkten kann dazu beitragen, präventive Maßnahmen zu ergreifen, um katastrophale Auswirkungen zu vermeiden.

Ein Beispiel für die Governance-Relevanz dieser Prozesse findet sich im Pariser Abkommen, in dem die internationale Gemeinschaft sich verpflichtet hat, die globale Erwärmung auf deutlich unter 2 °C über dem vorindustriellen Niveau zu begrenzen, um das Risiko des Überschreitens kritischer Kipppunkte zu minimieren. Dies erfordert jedoch nicht nur die

Reduktion von Treibhausgasemissionen, sondern auch eine umfassende Betrachtung der sozialen, wirtschaftlichen und ökologischen Dimensionen des Wandels.

Zudem sind Kippprozesse auch mit sozialen und politischen Herausforderungen verbunden. Die Wahrnehmung von Risiken und Unsicherheiten in Bezug auf Kipppunkte kann zu unterschiedlichen Reaktionen und Maßnahmen in verschiedenen Ländern führen. Einige Staaten könnten zögerlich sein, umfangreiche Maßnahmen zur Emissionsreduktion zu ergreifen, während andere proaktive Ansätze verfolgen. Dies führt zu einem komplexen Zusammenspiel zwischen Wissenschaft, Politik und Gesellschaft, das die Effektivität der globalen Klimagovernance beeinflusst.

Klima- und Umweltanpassungsgovernance

Klima- und Umweltanpassungsgovernance ist ein zentrales Thema in der wissenschaftlichen und politischen Diskussion über den Umgang mit den Herausforderungen des Klimawandels und seiner Auswirkungen auf natürliche und menschliche Systeme. Diese Form der Governance bezieht sich auf die Strategien, Institutionen und Prozesse, die darauf abzielen, die Resilienz von Gesellschaften und Ökosystemen gegenüber den unvermeidlichen Veränderungen des Klimas zu erhöhen. Sie ist eng verknüpft mit dem breiteren Feld der Umwelt- und Klimagovernance, das sich mit der Regulierung und dem Management von Umweltfragen und Klimafolgen befasst.

Ein zentraler Aspekt der Klima- und Umweltanpassungsgovernance ist die multidimensionale Natur der Herausforderungen, die durch den Klimawandel entstehen. Diese Herausforderungen sind nicht nur ökologisch, sondern auch sozial, ökonomisch und politisch. Daher erfordert die Anpassung an den Klimawandel einen integrativen Ansatz, der verschiedene Sektoren und Akteure einbezieht, darunter Regierungen, Unternehmen, NGOs und die Zivilgesellschaft. Die Governance-Strukturen müssen flexibel genug sein, um auf sich verändernde Bedingungen und neue wissenschaftliche Erkenntnisse reagieren zu können.

Die Implementierung von Anpassungsstrategien erfolgt häufig auf mehreren Ebenen, von der globalen bis zur lokalen. Auf internationaler Ebene spielen Abkommen wie das Pariser Abkommen eine entscheidende Rolle, indem sie Rahmenbedingungen für die nationale und subnationale Anpassung schaffen. Auf nationaler Ebene sind Regierungen gefordert, politische Maßnahmen zu entwickeln, die den spezifischen Risiken und vulnerablen Regionen gerecht werden. Lokale Gemeinschaften sind oft am stärksten betroffen und sollten aktiv in den Anpassungsprozess eingebunden werden, um sicherzustellen, dass die Maßnahmen sowohl kulturell als auch ökologisch angemessen sind.

Ein weiterer wichtiger Aspekt der Klima- und Umweltanpassungsgovernance ist die Frage der Finanzierung. Die Umsetzung von Anpassungsmaßnahmen erfordert erhebliche finanzielle Mittel, insbesondere in Entwicklungsländern, die oft am stärksten von den Auswirkungen des Klimawandels betroffen sind, jedoch über begrenzte Ressourcen verfügen. Internationale Finanzierungsmechanismen, wie der Grüne Klimafonds, spielen eine entscheidende Rolle bei der Bereitstellung von Mitteln für Anpassungsprojekte und -maßnahmen.

Zusätzlich zur finanziellen Unterstützung ist auch der Wissensaustausch und die Kapazitätsbildung entscheidend für eine effektive Anpassungsgovernance. Der Zugang zu relevanten Daten, Forschungsergebnissen und Best-Practice-Beispielen kann lokalen Akteuren helfen, informierte Entscheidungen zu treffen und geeignete Anpassungsstrategien zu entwickeln. Netzwerke und Partnerschaften zwischen verschiedenen Akteuren fördern den Austausch von Wissen und Erfahrungen und tragen zur Stärkung der Resilienz bei.

In der wissenschaftlichen Diskussion wird auch die Rolle der Technologie und Innovation als entscheidend für die Anpassungsfähigkeit von Gesellschaften hervorgehoben. Technologische Lösungen, wie Frühwarnsysteme, nachhaltige Landwirtschaftspraktiken und grüne Infrastruktur, können dazu beitragen, die Verwundbarkeit gegenüber klimatischen Veränderungen zu reduzieren und die Anpassungsfähigkeit zu erhöhen.

Klima- und Umweltanpassungskonflikte

Klima- und Umweltanpassungskonflikte stellen eine bedeutende Herausforderung im Kontext der Umwelt- und Klimagovernance dar. Diese Konflikte entstehen häufig aus der Notwendigkeit, sich an die sich verändernden klimatischen Bedingungen anzupassen, und sind oft das Ergebnis komplexer Wechselwirkungen zwischen sozialen, wirtschaftlichen und ökologischen Faktoren.

Die Auswirkungen des Klimawandels, wie steigende Temperaturen, veränderte Niederschlagsmuster und häufigere extreme Wetterereignisse, zwingen Gemeinschaften, ihre Lebens- und Wirtschaftsweisen anzupassen. Diese Anpassungsprozesse sind jedoch nicht neutral und können bestehende Ungleichheiten verstärken oder neue Konflikte hervorrufen. In vielen Fällen sind die Ressourcen, die für Anpassungsmaßnahmen benötigt werden, begrenzt oder ungleich verteilt, was zu Konkurrenz und Spannungen zwischen verschiedenen Interessengruppen führt.

Ein zentraler Aspekt der Klima- und Umweltanpassungskonflikte ist die Frage der Governance. Umwelt- und Klimagovernance bezieht sich auf die Strukturen, Prozesse und Institutionen, die zur Entscheidungsfindung und Umsetzung von Maßnahmen zur Bewältigung von Umwelt- und Klimafragen eingesetzt werden. Diese Governance-Mechanismen sind entscheidend, um faire und effektive Anpassungsstrategien zu entwickeln und umzusetzen.

Ein Beispiel für solche Konflikte kann in der Landwirtschaft gefunden werden. Bauern in wasserarmen Regionen sehen sich oft gezwungen, sich an veränderte Wasserverfügbarkeiten anzupassen. Dies kann zu Konflikten mit anderen Wassernutzern führen, wie etwa der Industrie oder städtischen Gebieten, die ebenfalls auf dieselben Wasserressourcen angewiesen sind. Wenn die Governance-Strukturen nicht in der Lage sind, diese unterschiedlichen Bedürfnisse und Ansprüche zu berücksichtigen, kann dies zu sozialer Unruhe und ökologischer Degradation führen.

Ein weiterer Konfliktbereich ist der Zugang zu Land und natürlichen Ressourcen. In vielen Ländern sind Landnutzungsrechte unklar oder ungerecht verteilt. Klimaanpassungsmaßnahmen wie Aufforstung oder die

Schaffung von Schutzgebieten können bestehende Landnutzungsrechte in Frage stellen und zu Widerstand von lokalen Gemeinschaften führen, die auf diese Ressourcen angewiesen sind. Eine gerechte und inklusive Governance ist daher unerlässlich, um solche Konflikte zu vermeiden. Darüber hinaus ist die Berücksichtigung von indigenem Wissen und lokalen Perspektiven in der Klimagovernance entscheidend. Oft verfügen indigene Gemeinschaften über umfangreiche Kenntnisse über ihre Umwelt und nachhaltige Praktiken. Ihre Einbeziehung in die Entscheidungsprozesse kann dazu beitragen, Konflikte zu minimieren und die Wirksamkeit von Anpassungsstrategien zu erhöhen.

Klima- und Umweltanpassungskosten

Klima- und Umweltanpassungskosten sind ein zentrales Thema in der Forschung und Praxis der Umwelt- und Klimagovernance. Diese Kosten beziehen sich auf die finanziellen Aufwendungen, die notwendig sind, um sich an die unvermeidlichen Auswirkungen des Klimawandels anzupassen und gleichzeitig die Umwelt zu schützen. Die Anpassungskosten können in verschiedene Kategorien unterteilt werden, darunter Infrastrukturinvestitionen, technologische Innovationen, Bildung und Sensibilisierung sowie soziale Programme zur Unterstützung vulnerabler Gemeinschaften.

Im Kontext der Klimagovernance spielt die Identifizierung und Bewertung dieser Kosten eine entscheidende Rolle. Regierungen, internationale Organisationen und Nichtregierungsorganisationen müssen die finanziellen Mittel bereitstellen, um effektive Anpassungsstrategien zu entwickeln und umzusetzen. Hierbei kommt dem Konzept der Klimafinanzierung eine zentrale Bedeutung zu, das darauf abzielt, sowohl öffentliche als auch private Investitionen in Anpassungsmaßnahmen zu mobilisieren.

Ein weiterer wichtiger Aspekt ist die Interdependenz zwischen Anpassungskosten und den Kosten der Minderung von Treibhausgasemissionen. Während die Minderung darauf abzielt, die Ursachen des Klimawandels zu bekämpfen, konzentriert sich die Anpassung auf die Bewältigung der Folgen. Eine ineffiziente oder unzureichende Minderung kann die Anpassungskosten erheblich erhöhen, da die Intensität und Häufigkeit klimatischer Extremereignisse ansteigen. Daher ist eine integrierte Governance-Strategie erforderlich, die sowohl Anpassungs- als auch Minderungsmaßnahmen berücksichtigt.

Das Governance-Modell spielt eine entscheidende Rolle bei der Festlegung von Prioritäten und der Zuweisung von Ressourcen. Ein partizipativer Ansatz, der die Stimmen von betroffenen Gemeinschaften und Interessengruppen einbezieht, ist entscheidend, um die Akzeptanz und Effektivität von Anpassungsmaßnahmen zu erhöhen. Darüber hinaus können innovative Ansätze wie die Nutzung von Natur-basierten Lösungen (NbS) dazu beitragen, die Anpassungskosten zu senken, indem sie natürliche Ökosysteme zur Minderung von Klimarisiken nutzen.

Schließlich ist die Berücksichtigung von Gerechtigkeit und Ungleichheit in der Klima- und Umweltanpassung von wesentlicher Bedeutung. Vulnerable Gemeinschaften, die am stärksten von den Auswirkungen des Klimawandels betroffen sind, oft jedoch die geringsten Ressourcen haben, benötigen besondere Unterstützung. Eine gerechte Verteilung der Anpassungskosten und der Zugang zu Finanzmitteln sind entscheidend, um die Resilienz dieser Gemeinschaften zu stärken und die soziale Gerechtigkeit zu fördern.

Klima- und Umweltanpassungsstrategien

Klima- und Umweltanpassungsstrategien sind entscheidende Komponenten des Umwelt- und Klimagovernance, insbesondere angesichts der zunehmenden Herausforderungen, die der Klimawandel mit sich bringt. Diese Strategien zielen darauf ab, die Resilienz von Ökosystemen und menschlichen Gemeinschaften gegenüber den Auswirkungen des Klimawandels zu erhöhen und gleichzeitig die Nachhaltigkeit der Umwelt zu wahren.

Im Kontext der Klimagovernance beziehen sich Anpassungsstrategien auf Maßnahmen, die darauf abzielen, die Verwundbarkeit von Gesellschaften und Ökosystemen zu reduzieren. Diese Strategien sind notwendig, da die Auswirkungen des Klimawandels bereits spürbar sind und sich in Form von extremen Wetterereignissen, Anstieg des Meeresspiegels, Veränderungen in der

Biodiversität und der Verfügbarkeit von Wasserressourcen manifestieren. Eine effektive Anpassung erfordert sowohl lokale als auch globale Ansätze, da Klimafolgen nicht an nationalen Grenzen haltmachen.

Ein zentrales Element der Umwelt- und Klimagovernance ist die Integration von Wissenschaft, Politik und Gesellschaft. Die Evidenzbasierung ist von entscheidender Bedeutung, um fundierte Entscheidungen zu treffen und Anpassungsstrategien zu entwickeln, die sowohl wirksam als auch gerecht sind. Hierbei spielen auch Stakeholder-Engagement und partizipative Ansätze eine wichtige Rolle, um sicherzustellen, dass die Bedürfnisse und Perspektiven aller betroffenen Akteure – von indigenen Gemeinschaften bis hin zu städtischen Verwaltungen – in den Anpassungsprozess einfließen.

Ein Beispiel für erfolgreiches Klimagovernance ist die Umsetzung der Nationalen Anpassungspläne (NAPs), die im Rahmen des Pariser Abkommens von den Staaten gefordert werden. Diese Pläne sollen eine systematische Herangehensweise zur Identifizierung von Risiken und zur Entwicklung von Maßnahmen zur Anpassung an den Klimawandel bieten. Sie fördern auch den Austausch bewährter Praktiken zwischen Ländern und Regionen, was zu einer globalen Wissensbasis beiträgt.

Darüber hinaus sind Anpassungsstrategien oft eng mit der Mitigation von Klimafolgen verknüpft. Eine ganzheitliche Herangehensweise, die sowohl Anpassung als auch Minderung berücksichtigt, ist notwendig, um die Herausforderungen des Klimawandels effektiv zu bewältigen. Dies kann durch die Förderung nachhaltiger Praktiken in der Landwirtschaft, dem Wassermanagement und der Stadtplanung erreicht werden. Beispielsweise kann die Schaffung grüner Infrastrukturen in städtischen Gebieten dazu beitragen, die Auswirkungen von Hitzewellen zu mildern und gleichzeitig die Biodiversität zu fördern.

Ein weiterer wichtiger Aspekt der Klima- und Umweltanpassungsstrategien ist die Finanzierung. Viele Länder, insbesondere Entwicklungsländer, sind mit erheblichen finanziellen Hürden konfrontiert, die es ihnen erschweren, effektive Anpassungsmaßnahmen zu implementieren. Internationale Finanzierungsmechanismen, wie der Grüne Klimafonds, spielen eine entscheidende Rolle bei der Bereitstellung der notwendigen Ressourcen, um die Anpassungsfähigkeit der verletzlichen Gemeinschaften zu stärken.

Klima- und Umweltbeobachtung

Die Klima- und Umweltbeobachtung spielt eine zentrale Rolle im Rahmen der Umwelt- und Klimagovernance, da sie die Grundlage für informierte Entscheidungen und Maßnahmen zur Bekämpfung des Klimawandels und zur Förderung einer nachhaltigen Entwicklung bildet. Diese Beobachtungen umfassen eine Vielzahl von Datensammlungs- und Analyseverfahren, die sowohl natürliche als auch anthropogene Veränderungen in der Umwelt überwachen.

Ein wesentlicher Aspekt der Klima- und Umweltbeobachtung ist die Nutzung von Satellitentechnologie. Satelliten ermöglichen eine großflächige und kontinuierliche Überwachung von Klimaparametern wie Temperatur, Niederschlag, Luftfeuchtigkeit und Vegetationsbedeckung. Diese Daten sind entscheidend für die Modellierung von Klimaveränderungen und deren Auswirkungen auf Ökosysteme sowie menschliche Gesellschaften. Darüber hinaus können Satelliten auch Veränderungen in der Landnutzung und der urbanen Expansion erfassen, was für die Planung und Umsetzung nachhaltiger städtischer Entwicklungen unerlässlich ist.

Ein weiterer wichtiger Bestandteil der Umweltbeobachtung sind bodengestützte Messstationen und Forschungsinstitute, die spezifische Daten zu Luftqualität, Wasserressourcen und Biodiversität sammeln. Diese Daten werden häufig in groß angelegten Monitoring-Programmen integriert, die darauf abzielen, Trends und Muster im Umweltverhalten zu identifizieren. Die Kombination von Satelliten- und bodengestützten Daten verbessert die Genauigkeit und Zuverlässigkeit der Analysen und unterstützt die Entwicklung von Anpassungsstrategien an den Klimawandel.

Im Kontext der Umwelt- und Klimagovernance sind diese Beobachtungsdaten entscheidend für die Formulierung von politischen Strategien. Regierungen und internationale Organisationen nutzen die gesammelten Informationen, um zielgerichtete Maßnahmen zu ergreifen, die auf empirischen Beweisen basieren. Ein Beispiel hierfür ist das Pariser Abkommen, das Länder dazu verpflichtet, ihre Treibhausgasemissionen zu überwachen und zu berichten. Die genaue und konsistente Messung von Emissionen ist entscheidend, um die Fortschritte zu bewerten und die Einhaltung der Verpflichtungen sicherzustellen.

Darüber hinaus fördert die Klima- und Umweltbeobachtung auch die Transparenz und Rechenschaftspflicht in der Governance. Durch die Veröffentlichung von Umwelt- und Klimadaten können Bürger und zivilgesellschaftliche Organisationen die Maßnahmen der Regierungen überprüfen und Druck auf Entscheidungsträger ausüben, um umweltfreundlichere Politiken zu implementieren. Dies ist besonders wichtig in Zeiten des Klimawandels, wo die öffentliche Wahrnehmung und das Engagement eine Schlüsselrolle bei der Umsetzung nachhaltiger Lösungen spielen.

Klima- und Umweltethik

Klima- und Umweltethik ist ein interdisziplinäres Feld, das sich mit den moralischen und philosophischen Fragen beschäftigt, die im Zusammenhang mit Umwelt- und Klimafragen stehen. Im Kontext von Umwelt- und Klimagovernance spielt diese Ethik eine zentrale Rolle, da sie die Grundlagen für politische Entscheidungen und Handlungen in Bezug auf den Umgang mit natürlichen Ressourcen, den Klimawandel und die damit verbundenen sozialen Gerechtigkeitsfragen liefert.

Umwelt- und Klimagovernance bezieht sich auf die Strukturen, Prozesse und Institutionen, die zur Steuerung von Umwelt- und Klimafragen eingesetzt werden. Hierbei sind sowohl staatliche als auch nichtstaatliche Akteure involviert, darunter Regierungen, internationale Organisationen, Unternehmen und zivilgesellschaftliche Gruppen. Die Herausforderungen, die durch den Klimawandel und die Umweltzerstörung entstehen, erfordern koordinierte Anstrengungen auf globaler, nationaler und lokaler Ebene. In diesem Kontext wird die Frage der Verantwortung zentral: Wer ist für die schädlichen Auswirkungen des Klimawandels verantwortlich, und wer sollte die Lasten der notwendigen Anpassungs- und Mitigationsstrategien tragen? Die klima- und umweltethische Perspektive betont die Notwendigkeit von Gerechtigkeit und Fairness in der Governance. Dies beinhaltet sowohl intergenerationale Gerechtigkeit – die Verantwortung gegenüber zukünftigen Generationen – als auch intragenerationale Gerechtigkeit, die sicherstellt, dass die Bedürfnisse der gegenwärtigen Generationen, insbesondere der am stärksten benachteiligten Gruppen, angemessen berücksichtigt werden. Ethische Überlegungen helfen dabei, die komplexen Fragen der Ressourcenverteilung und des Zugangs zu nachhaltigen Technologien zu adressieren.

Ein weiterer wichtiger Aspekt der Klima- und Umweltethik ist die Anerkennung der intrinsischen Werte der Natur und der nichtmenschlichen Wesen. Diese Sichtweise fordert eine Abkehr von anthropozentrischen Ansätzen, die den Menschen als Mittelpunkt der Umweltpolitik betrachten. Stattdessen wird ein ökozentrischer Ansatz propagiert, der die Rechte und den Wert aller Lebensformen berücksichtigt. Diese Perspektive kann helfen, eine umfassendere und nachhaltig orientierte Governance zu entwickeln, die über kurzfristige wirtschaftliche Interessen hinausblickt.

Die Umsetzung ethischer Prinzipien in die Praxis der Umwelt- und Klimagovernance ist jedoch mit Herausforderungen verbunden. Häufig stehen wirtschaftliche Interessen, Machtverhältnisse und institutionelle Barrieren der Implementierung von gerechten und nachhaltigen Lösungen entgegen. Zudem erfordert die globale Natur des Klimawandels internationale Kooperation und die Bereitschaft, von nationalen Interessen abzuweichen, was oft politisch schwierig ist.

Klima- und Umweltgenerationsgerechtigkeit

Klima- und Umweltgenerationsgerechtigkeit sind zentrale Konzepte im Rahmen der Umwelt- und Klimagovernance, die sich mit der gerechten Verteilung von Ressourcen und den Lasten des Klimawandels über verschiedene Generationen hinweg befassen. Diese Konzepte sind von erheblicher Bedeutung, da die Entscheidungen, die gegenwärtige Generationen treffen, weitreichende Auswirkungen auf zukünftige Generationen haben können.

Generationsgerechtigkeit impliziert, dass gegenwärtige Generationen die Verantwortung tragen, die Lebensbedingungen zukünftiger Generationen nicht zu gefährden. Dies beinhaltet sowohl die Bewahrung der natürlichen Ressourcen als auch die Gewährleistung eines stabilen und lebenswerten

Klimas. Der Klimawandel stellt eine der größten Herausforderungen für die Generationsgerechtigkeit dar, da die Emissionen von Treibhausgasen heute zu unvermeidbaren Veränderungen in der globalen Umwelt führen, die zukünftige Generationen möglicherweise stark beeinträchtigen. Wissenschaftliche Studien zeigen, dass die Kosten des Klimawandels – sowohl in Form von direkten wirtschaftlichen Verlusten als auch in Form von sozialen und ökologischen Schäden – in den kommenden Jahrzehnten exponentiell steigen könnten, wenn nicht umgehend Maßnahmen zur Minderung ergriffen werden.

Im Kontext der Umwelt- und Klimagovernance bedeutet dies, dass politische Entscheidungsträger bei der Formulierung und Umsetzung von Umweltstrategien und Klimapolitiken die langfristigen Folgen ihrer Entscheidungen berücksichtigen müssen. Dies erfordert ein Umdenken in der Art und Weise, wie Governance-Strukturen gestaltet sind. Partizipative Ansätze, die auch die Stimmen junger Menschen und zukünftiger Generationen einbeziehen, sind entscheidend. Beispielsweise können Kinder und Jugendliche durch Schulprojekte, Umweltbildungsprogramme und politische Beteiligung auf die Herausforderungen des Klimawandels aufmerksam gemacht werden, wodurch sie aktiv in die politische Diskussion einbezogen werden.

Ein weiterer Aspekt der Klima- und Umweltgenerationsgerechtigkeit ist die Verteilungsgerechtigkeit. Die Auswirkungen des Klimawandels sind ungleich verteilt: Während industrialisierte Nationen historisch gesehen einen Großteil der Treibhausgasemissionen verursacht haben, sind es oft die ärmsten und am wenigsten entwickelten Länder, die am stärksten unter den Folgen leiden. Daher muss bei der internationalen Klimapolitik auch die Verantwortung für den Klimaschutz und die Anpassung an den Klimawandel gerecht verteilt werden. Dies kann durch Mechanismen wie Klimafonds und internationale Abkommen geschehen, die sicherstellen, dass wohlhabendere Länder ihre Verantwortung wahrnehmen und Entwicklungsländer unterstützen.

Klima- und Umweltgovernance
Klima- und Umweltgovernance sind zentrale Konzepte in der Diskussion um die Bewältigung globaler Umweltprobleme, insbesondere im Kontext

des Klimawandels. Diese Governance-Ansätze beziehen sich auf die Strukturen, Prozesse und Akteure, die an der Regelung und Verwaltung von Umwelt- und Klimafragen beteiligt sind. Sie umfassen sowohl formelle als auch informelle Mechanismen, durch die Entscheidungen getroffen, Ressourcen verwaltet und umweltpolitische Ziele erreicht werden.

Im Rahmen der Umweltgovernance liegt der Fokus auf den vielfältigen Herausforderungen, die sich aus der Interaktion zwischen menschlichen Aktivitäten und ökologischen Systemen ergeben. Umweltprobleme wie Luft- und Wasserverschmutzung, Verlust der Biodiversität und Bodendegradation erfordern koordinierte Anstrengungen auf lokaler, nationaler und internationaler Ebene. Umweltgovernance umfasst daher eine Vielzahl von Akteuren, darunter Regierungen, internationale Organisationen, Nichtregierungsorganisationen (NGOs), Unternehmen und die Zivilgesellschaft. Diese Akteure arbeiten zusammen, um umweltpolitische Rahmenbedingungen zu schaffen, die sowohl den Schutz der Umwelt als auch die Berücksichtigung sozialer und wirtschaftlicher Aspekte gewährleisten.

Die Klimagovernance hingegen konzentriert sich spezifisch auf die Herausforderungen des Klimawandels, der als eine der größten Bedrohungen für die globale Umwelt und menschliche Gesellschaft angesehen wird. Die Klimagovernance umfasst Maßnahmen zur Minderung von Treibhausgasemissionen und zur Anpassung an die bereits unvermeidlichen Auswirkungen des Klimawandels. Wichtige Elemente der Klimagovernance sind internationale Vereinbarungen wie das Pariser Abkommen, das darauf abzielt, die Erderwärmung auf unter 2 Grad Celsius im Vergleich zum vorindustriellen Niveau zu begrenzen. Solche Abkommen erfordern von den Staaten, nationale Beiträge (NDCs) zu formulieren und zu berichten, um Transparenz und Verantwortlichkeit zu gewährleisten.

Ein entscheidender Aspekt der Klima- und Umweltgovernance ist die Rolle der Wissenschaft. Wissenschaftliche Erkenntnisse sind unerlässlich für das Verständnis der Ursachen und Folgen von Umwelt- und Klimaveränderungen sowie für die Entwicklung wirksamer Politiken. Zudem ist die Einbindung von Wissenschaft in den Entscheidungsprozess von großer Bedeutung, um evidenzbasierte Lösungen zu fördern und das Vertrauen der Öffentlichkeit in die politischen Maßnahmen zu stärken.

Ein weiterer wichtiger Punkt ist die Berücksichtigung von Gerechtigkeitsfragen in der Klima- und Umweltgovernance. Der Klimawandel trifft vulnerable Bevölkerungsgruppen oft überproportional, was Fragen der Verteilungsgerechtigkeit und der sozialen Gerechtigkeit aufwirft. Eine gerechte Governance muss daher die Bedürfnisse und Perspektiven dieser Bevölkerungsgruppen einbeziehen und sicherstellen, dass alle Akteure, insbesondere die am stärksten Betroffenen, an Entscheidungsprozessen beteiligt sind.

Klima- und Umweltgovernanceakteure

Klima- und Umweltgovernance bezieht sich auf die Systeme, Prozesse und Akteure, die an der Entscheidungsfindung und der Umsetzung von Maßnahmen zur Bewältigung von Umwelt- und Klimafragen beteiligt sind. Diese Governance-Formen sind entscheidend für die Entwicklung und Implementierung von Strategien, die auf eine nachhaltige Entwicklung abzielen und den Herausforderungen des Klimawandels sowie der Umweltzerstörung begegnen.

Die Akteure in der Klima- und Umweltgovernance sind vielfältig und lassen sich in mehrere Kategorien unterteilen: staatliche Akteure, nichtstaatliche Akteure, internationale Organisationen und die Zivilgesellschaft.

Staatliche Akteure sind in der Regel die Regierungen von Ländern, die nationale und lokale Politik gestalten. Sie sind verantwortlich für die Umsetzung internationaler Abkommen, wie dem Pariser Klimaabkommen, und spielen eine zentrale Rolle bei der Schaffung von Rechtsrahmen, die umweltfreundliche Praktiken fördern. Die politische Willensbildung auf verschiedenen Regierungsebenen ist entscheidend, um wirksame Umwelt- und Klimaschutzmaßnahmen zu implementieren.

Nichtstaatliche Akteure, darunter Unternehmen, NGOs und wissenschaftliche Institutionen, haben ebenfalls einen bedeutenden Einfluss auf die Umwelt- und Klimagovernance. Unternehmen können durch nachhaltige Praktiken und Innovationen zur Reduzierung von Treibhausgasemissionen beitragen, während NGOs oft als Interessenvertreter fungieren, die das Bewusstsein für Umweltfragen schärfen und politischen Druck ausüben. Wissenschaftliche Institutionen tragen durch Forschung und Datenanalyse zur Evidenzbasis für politische Entscheidungen bei.

Internationale Organisationen, wie die Vereinten Nationen (UN) und deren Unterorganisationen, spielen eine koordinierende Rolle im globalen Klimaschutz, indem sie multilaterale Verhandlungen fördern und technische Unterstützung anbieten. Diese Organisationen sind oft Plattformen für den Austausch von Wissen und Ressourcen, die erforderlich sind, um globale Umweltziele zu erreichen.

Die Zivilgesellschaft, einschließlich Bürgerbewegungen und Gemeinschaftsorganisationen, hat ebenfalls eine unerlässliche Rolle in der Klima- und Umweltgovernance. Diese Akteure mobilisieren öffentliche Unterstützung für umweltfreundliche Politiken, fördern das Bewusstsein für Umweltprobleme und können durch direkte Aktionen oder Kampagnen Einfluss auf politische Entscheidungen nehmen.

Die Interaktionen zwischen diesen verschiedenen Akteuren sind komplex und oft durch Machtverhältnisse, Interessen und Ressourcen geprägt. Effektive Klima- und Umweltgovernance erfordert daher eine integrative Herangehensweise, die die Perspektiven und Bedürfnisse aller relevanten Akteure berücksichtigt.

Darüber hinaus ist die Rolle von Netzwerken und Kooperationen zwischen diesen Akteuren von großer Bedeutung. Multi-Stakeholder-Plattformen und Partnerschaften können den Austausch von Wissen und bewährten Praktiken erleichtern und die Entwicklung innovativer Lösungen fördern. Die Fähigkeit, verschiedene Akteure zusammenzubringen, ist somit ein Schlüssel zu erfolgreicher Umwelt- und Klimagovernance.

Klima- und Umweltgovernanceinstrumente

Klima- und Umweltgovernanceinstrumente spielen eine entscheidende Rolle im Management und der Regulierung von Umwelt- und Klimafragen. Diese Instrumente sind Teil eines komplexen Systems von Politiken, Vorschriften und Initiativen, die darauf abzielen, umweltfreundliche

Praktiken zu fördern, den Klimawandel zu bekämpfen und nachhaltige Entwicklungsziele zu erreichen. Sie integrieren sowohl staatliche als auch nichtstaatliche Akteure und basieren auf unterschiedlichen Ansätzen, die von rechtlichen Rahmenbedingungen bis hin zu freiwilligen Vereinbarungen reichen.

Ein zentrales Element der Klima- und Umweltgovernance sind rechtliche Instrumente, die durch nationale und internationale Abkommen entstehen. Diese Abkommen, wie das Pariser Abkommen von 2015, setzen verbindliche Ziele zur Reduktion von Treibhausgasemissionen und fordern die Unterzeichnerstaaten auf, nationale Klimaschutzpläne zu entwickeln. Solche rechtlichen Rahmenbedingungen schaffen einen verbindlichen Rahmen, innerhalb dessen Staaten und andere Akteure handeln müssen, und fördern Transparenz sowie Rechenschaftspflicht.

Neben rechtlichen Instrumenten spielen wirtschaftliche Anreize eine zentrale Rolle im Governance-Prozess. Emissionshandelssysteme (EHS) sind ein Beispiel für ein marktbasiertes Instrument, das es Unternehmen ermöglicht, Emissionsrechte zu kaufen und zu verkaufen. Diese Systeme schaffen einen finanziellen Anreiz zur Reduktion von Emissionen und fördern Innovationen im Bereich sauberer Technologien. Auch Subventionen für erneuerbare Energien und nachhaltige Praktiken sowie CO_2-Steuern sind wichtige wirtschaftliche Instrumente, die dazu beitragen, umweltfreundliche Technologien zu fördern und den Übergang zu einer kohlenstoffarmen Wirtschaft zu unterstützen.

Ein weiterer Ansatz der Umwelt- und Klimagovernance sind freiwillige Initiativen und Partnerschaften. Diese Instrumente ermöglichen es Unternehmen, Gemeinden und anderen Akteuren, sich auf gemeinsame Umweltziele zu verpflichten, ohne dass rechtliche Verpflichtungen bestehen. Solche Initiativen können oft flexibler und anpassungsfähiger sein, da sie auf spezifische lokale Gegebenheiten eingehen können. Beispiele hierfür sind das Carbon Disclosure Project (CDP) und verschiedene Nachhaltigkeitszertifizierungen. Die Rolle der Zivilgesellschaft und nichtstaatlicher Akteure in der Klima- und Umweltgovernance ist ebenfalls von großer Bedeutung. Nichtregierungsorganisationen (NGOs) und Bürgerinitiativen tragen zur

Sensibilisierung für Umwelt- und Klimafragen bei und üben Druck auf politische Entscheidungsträger aus, um stärkere Maßnahmen zu fordern. Ihre Beteiligung kann zu einer erhöhten Transparenz und einer stärkeren Rechenschaftspflicht führen und somit die Effektivität von Governance-Instrumenten erhöhen.

Klima- und Umweltgovernancekonflikte

Klima- und Umweltgovernancekonflikte sind komplexe Herausforderungen, die sich aus der Notwendigkeit ergeben, ökologische Nachhaltigkeit mit sozialen, wirtschaftlichen und politischen Interessen in Einklang zu bringen. Die Governance in diesem Kontext bezieht sich auf die verschiedenen Institutionen, Prozesse und Akteure, die an der Entscheidungsfindung und der Umsetzung von Umwelt- und Klimaschutzmaßnahmen beteiligt sind.

Ein zentraler Aspekt von Klima- und Umweltgovernance ist die Multilevel-Governance. Diese umfasst internationale, nationale und lokale Ebenen, die oft unterschiedliche Interessen und Prioritäten haben. Auf internationaler Ebene sind Abkommen wie das Pariser Abkommen von 2015 entscheidend, um globale Ziele zur Reduzierung von Treibhausgasemissionen zu setzen. Jedoch sind die nationalen Umsetzungen dieser internationalen Verpflichtungen oft von internen politischen Herausforderungen betroffen. Länder mit unterschiedlichen wirtschaftlichen Voraussetzungen oder politischen Systemen können Schwierigkeiten haben, einheitliche Maßnahmen zu ergreifen, was zu Konflikten führt.

Ein weiteres Problemfeld ist die Beteiligung von verschiedenen Interessengruppen. In vielen Ländern gibt es eine Vielzahl von Akteuren, darunter Regierungen, Unternehmen, NGOs und die Zivilgesellschaft, die alle unterschiedliche Perspektiven und Interessen vertreten. Konflikte können entstehen, wenn beispielsweise wirtschaftliche Interessen im Bereich der fossilen Brennstoffe mit Umweltzielen kollidieren. In einigen Fällen kann die lokale Bevölkerung von den Entscheidungen der Regierung oder multinationalen Unternehmen ausgeschlossen werden, was zu sozialen Ungerechtigkeiten und Widerstand führt.

Zusätzlich gibt es auch Konflikte, die aus der ungleichen Verteilung von Ressourcen und Macht resultieren. In vielen Entwicklungsländern sind die am stärksten von den Auswirkungen des Klimawandels betroffenen Gemeinschaften oft die am wenigsten in Entscheidungsprozesse eingebunden. Dies führt zu einem Ungleichgewicht, das nicht nur die Effektivität von Klimaschutzmaßnahmen beeinträchtigt, sondern auch das Vertrauen in die Governance-Strukturen untergräbt.

Die Komplexität der Klima- und Umweltgovernance wird zudem durch die Unsicherheit und die dynamischen Veränderungen, die mit klimatischen Veränderungen einhergehen, verstärkt. Wissenschaftliche Prognosen über zukünftige klimatische Entwicklungen sind oft mit Ungewissheiten behaftet, was die Planung und Umsetzung effektiver Maßnahmen erschwert. Diese Unsicherheiten können zu unterschiedlichen Interpretationen von Risiken und Chancen führen, was wiederum Konflikte zwischen verschiedenen Akteuren verstärken kann.

Um Konflikte in der Klima- und Umweltgovernance zu lösen, sind integrative Ansätze erforderlich, die partizipative Entscheidungsprozesse fördern und die Stimmen marginalisierter Gruppen einbeziehen. Mechanismen der sozialen Gerechtigkeit und der fairen Verteilung von Ressourcen müssen in die Governance-Strukturen integriert werden, um eine gerechtere und nachhaltigere Umwelt- und Klimapolitik zu gewährleisten.

Klima- und Umweltgovernancemechanismen

Klima- und Umweltgovernance bezieht sich auf die politischen, wirtschaftlichen und sozialen Rahmenbedingungen sowie die Institutionen, die die Entscheidungsfindung und das Handeln in Bezug auf Umwelt- und Klimafragen steuern. Diese Governance-Mechanismen sind entscheidend, um die Herausforderungen des Klimawandels und der Umweltzerstörung anzugehen, die sowohl lokale als auch globale Dimensionen haben.

Ein zentrales Element der Klima- und Umweltgovernance ist die Interaktion zwischen verschiedenen Akteuren, darunter Staaten, internationale Organisationen, Nichtregierungsorganisationen (NGOs), die Privatwirtschaft sowie die Zivilgesellschaft. Diese Akteure agieren innerhalb eines komplexen Netzwerks von Institutionen und Regelwerken, das sowohl formale als auch informelle Mechanismen umfasst.

Auf globaler Ebene sind internationale Abkommen wie das Pariser Abkommen von 2015 von zentraler Bedeutung. Diese Vereinbarungen fördern die Zusammenarbeit zwischen den Staaten, um verbindliche Ziele zur Reduzierung von Treibhausgasemissionen zu setzen. Das Pariser Abkommen zielt darauf ab, die Erderwärmung auf deutlich unter 2 Grad Celsius zu begrenzen, wobei die Staaten ermutigt werden, nationale Beiträge (Nationally Determined Contributions, NDCs) zu formulieren und regelmäßig zu aktualisieren. Hierbei spielt die Transparenz eine wesentliche Rolle, da Staaten ihre Fortschritte öffentlich berichten müssen, um Verantwortlichkeit und Vertrauen zu fördern.

Auf nationaler Ebene sind klima- und umweltpolitische Strategien oft in Gesetzgebung und Verwaltung integriert. Regierungen implementieren verschiedene Politikinstrumente, darunter Emissionshandelssysteme, Steuern auf Kohlenstoffemissionen und Förderprogramme für erneuerbare Energien. Diese Maßnahmen sollen Anreize schaffen, um umweltfreundliches Verhalten zu fördern und Investitionen in nachhaltige Technologien zu lenken. Darüber hinaus spielen lokale Regierungen eine entscheidende Rolle, da sie häufig die ersten Akteure sind, die mit den unmittelbaren Auswirkungen des Klimawandels konfrontiert sind, etwa durch Anpassungsstrategien in Städten, die auf extreme Wetterereignisse reagieren müssen.

Ein weiterer wichtiger Aspekt ist die Rolle der Zivilgesellschaft und der NGOs, die oft als Widerspruchsinstanz fungieren und Druck auf Regierungen und Unternehmen ausüben, um umweltfreundliche Praktiken zu fördern. Diese Akteure können auch als Wissensvermittler auftreten, indem sie Forschung und Daten bereitstellen, um informierte Entscheidungen zu ermöglichen.

Zusätzlich zu den politischen und institutionellen Mechanismen sind auch wirtschaftliche Anreize und Marktmechanismen von Bedeutung. Der Übergang zu einer grünen Wirtschaft erfordert neue Finanzierungsmodelle, die sowohl öffentliche als auch private Investitionen in nachhaltige

Projekte fördern. Innovative Finanzierungsinstrumente wie grüne Anleihen oder Klimafonds können dazu beitragen, Kapital für umweltfreundliche Initiativen bereitzustellen.

Trotz der Fortschritte in der Klima- und Umweltgovernance stehen diese Systeme vor erheblichen Herausforderungen. Dazu gehören politische Widerstände, ungleiche Machtverhältnisse zwischen den Akteuren, fehlende Kohärenz in der Politikgestaltung sowie die Notwendigkeit, soziale Gerechtigkeit und wirtschaftliche Entwicklung in den Mittelpunkt zu stellen. Der erfolgreiche Umgang mit diesen Herausforderungen erfordert koordinierte Anstrengungen und eine integrative Herangehensweise, die verschiedene Perspektiven und Wissenssysteme einbezieht.

Klima- und Umweltgovernancemodell

Das Klima- und Umweltgovernancemodell ist ein vielschichtiges Konzept, das darauf abzielt, die komplexen Interaktionen zwischen gesellschaftlichen Akteuren, politischen Institutionen und ökologischen Systemen zu verstehen und zu steuern. Es befasst sich mit der Art und Weise, wie Governance-Strukturen geschaffen werden, um Umwelt- und Klimafragen zu adressieren, und berücksichtigt dabei sowohl die globalen als auch die lokalen Dimensionen dieser Herausforderungen.

Ein zentrales Element des Klimagovernance ist das Zusammenspiel zwischen verschiedenen Ebenen der Governance, einschließlich internationaler Abkommen, nationaler Politiken und regionaler sowie lokaler Initiativen. Auf internationaler Ebene sind Abkommen wie das Pariser Abkommen von 2015 entscheidend, da sie verbindliche Ziele zur Reduktion von Treibhausgasemissionen festlegen und Mechanismen zur Überprüfung und Berichterstattung implementieren. Diese internationalen Rahmenbedingungen sind jedoch oft nicht ausreichend, um die notwendigen Veränderungen auf nationaler und lokaler Ebene zu bewirken.

Auf nationaler Ebene müssen Regierungen geeignete Politiken und Strategien entwickeln, die den Verpflichtungen internationaler Abkommen Rechnung tragen. Dies kann die Förderung erneuerbarer Energien, die Implementierung von Emissionshandelsystemen oder die Schaffung von

Anreizen für nachhaltige Praktiken in der Landwirtschaft umfassen. Die Herausforderung besteht darin, diese Politiken so zu gestalten, dass sie sowohl effektiv als auch sozial gerecht sind, um Widerstand und Ungleichheiten zu vermeiden.

Auf lokaler Ebene spielt die Bürgerbeteiligung eine entscheidende Rolle. Lokale Gemeinschaften sind oft die ersten, die von den Auswirkungen des Klimawandels betroffen sind, und sie besitzen wertvolles Wissen über ihre spezifischen ökologischen Bedingungen. Partizipative Ansätze, die die Stimmen der Bürger in Entscheidungsprozesse einbeziehen, können die Akzeptanz und Effektivität von Umwelt- und Klimapolitiken erhöhen. Initiativen wie Bürgerforen oder lokale Klimawandelanpassungspläne sind Beispiele für solche Ansätze.

Ein weiteres wichtiges Element der Umweltgovernance ist die Rolle von nichtstaatlichen Akteuren, einschließlich NGOs, Unternehmen und der Zivilgesellschaft. Diese Akteure können als Innovatoren fungieren, indem sie neue Technologien entwickeln, Bewusstsein schaffen und politische Druck ausüben. Die Zusammenarbeit zwischen verschiedenen Sektoren und Interessengruppen, auch als Multi-Stakeholder-Ansatz bekannt, ist entscheidend für die Schaffung effektiver Governance-Strukturen.

Zusätzlich muss das Klima- und Umweltgovernancemodell auch die dynamischen und oft unvorhersehbaren Wechselwirkungen zwischen sozialen, wirtschaftlichen und ökologischen Systemen berücksichtigen. Adaptive Governance, die Flexibilität und Lernen über Zeit ermöglicht, ist in diesem Kontext besonders wichtig. Diese Art der Governance fördert eine kontinuierliche Anpassung von Politiken und Strategien an sich verändernde Bedingungen und neue wissenschaftliche Erkenntnisse.

Klima- und Umweltgovernancestrategie

Die Klima- und Umweltgovernancestrategie bezieht sich auf die politischen, institutionellen und gesellschaftlichen Rahmenbedingungen, die darauf abzielen, den Herausforderungen des Klimawandels und der Umweltzerstörung zu begegnen. Im Kontext der Umwelt- und Klimagovernance stellt sich die Frage, wie verschiedene Akteure – von Regierungen über Unternehmen bis hin zu zivilgesellschaftlichen Organisationen – zusammenarbeiten können, um wirksame Strategien zur Minderung von Treibhausgasemissionen und zur Förderung nachhaltiger Entwicklungsziele zu entwickeln.

Ein zentrales Element der Umwelt- und Klimagovernance ist die Interdependenz zwischen globalen und lokalen Ansätzen. Der Klimawandel ist ein globales Phänomen, das jedoch lokal unterschiedlich wahrgenommen und bekämpft wird. Internationale Abkommen wie das Pariser Abkommen bieten einen Rahmen, innerhalb dessen Staaten ihre Verpflichtungen zur Reduktion von Emissionen festlegen können. Diese Verpflichtungen sind oft nicht bindend, was zu einem Spannungsfeld zwischen nationalen Interessen und globalen Zielen führt.

Auf der nationalen Ebene müssen Regierungen robuste Politiken entwickeln, die sowohl ökologische als auch wirtschaftliche Aspekte berücksichtigen. Dies kann durch die Implementierung von CO2-Steuern, Emissionshandelssystemen oder durch die Förderung erneuerbarer Energien geschehen. Solche Politiken erfordern eine klare Governance-Struktur, die Transparenz, Rechenschaftspflicht und Bürgerbeteiligung fördert. In vielen Ländern sind partizipative Ansätze zur Entscheidungsfindung von Bedeutung, um das Engagement der Öffentlichkeit zu sichern und lokale Bedürfnisse zu berücksichtigen.

Zusätzlich spielt die Rolle der nichtstaatlichen Akteure eine entscheidende Rolle in der Governance-Strategie. Unternehmen, insbesondere in emissionsintensiven Sektoren, stehen unter Druck, ihre Praktiken zu ändern und nachhaltige Innovationen voranzutreiben. Zivilgesellschaftliche Organisationen tragen zur Sensibilisierung und Mobilisierung der Öffentlichkeit bei, indem sie auf Missstände hinweisen und nachhaltige Lösungen fördern. Die Zusammenarbeit zwischen diesen Akteuren kann zu einer effektiveren Umsetzung von Klimazielen führen, indem Wissen und Ressourcen gebündelt werden.

Ein weiterer Aspekt der Klima- und Umweltgovernancestrategie ist die Berücksichtigung von Gerechtigkeitsfragen. Der Klimawandel wirkt sich unverhältnismäßig auf vulnerable Bevölkerungsgruppen aus, die oft am wenigsten zu den Ursachen beitragen. Daher ist es wichtig, dass Governance-Strategien auf soziale Gerechtigkeit ausgerichtet sind und die Bedürfnisse dieser Gruppen in den Vordergrund stellen. Dies kann durch integrative Politiken geschehen, die sicherstellen, dass die Stimmen marginalisierter Gemeinschaften gehört und in Entscheidungsprozesse einbezogen werden.

Klima- und Umweltgovernancestruktur

Die Klima- und Umweltgovernancestruktur bezieht sich auf die institutionellen Rahmenbedingungen, Mechanismen und Prozesse, die darauf abzielen, umweltpolitische und klimabezogene Herausforderungen zu bewältigen. Diese Strukturen sind entscheidend, um die komplexen Wechselwirkungen zwischen menschlichen Aktivitäten und ökologischen Systemen zu steuern und nachhaltige Entwicklung zu fördern.

Eine zentrale Komponente der Umwelt- und Klimagovernance ist die Multi-Level-Governance (MLG), die die Interaktion zwischen verschiedenen Regierungsebenen (lokal, national, international) sowie zwischen staatlichen und nicht-staatlichen Akteuren (z. B. NGOs, Unternehmen und Zivilgesellschaft) umfasst. Diese MLG-Ansätze sind besonders relevant, da viele Umweltprobleme, wie der Klimawandel, grenzüberschreitender Natur sind und daher eine koordinierte Anstrengung auf verschiedenen Ebenen erfordern.

Auf internationaler Ebene sind wichtige Abkommen wie das Pariser Abkommen von 2015 von zentraler Bedeutung. Dieses Abkommen hat das Ziel, die globale Erwärmung auf deutlich unter 2 °C zu begrenzen und die Bemühungen zu verstärken, die Temperaturerhöhung auf 1,5 °C zu beschränken. Es fördert die Zusammenarbeit zwischen den Nationen und sieht vor, dass diese regelmäßig ihre Fortschritte überprüfen und ihre nationalen Klimaschutzbeiträge (NDCs) anpassen. Die Mechanismen zur Berichterstattung und Überprüfung sind entscheidend, um Transparenz und Verantwortlichkeit zu gewährleisten.

Auf nationaler und subnationaler Ebene erfolgt die Umsetzung von Umwelt- und Klimapolitiken durch verschiedene Institutionen, die oft aufeinander abgestimmt werden müssen. Diese Institutionen sind für die Entwicklung von Gesetzen, Vorschriften und Programmen verantwortlich, die auf die Verringerung von Treibhausgasemissionen und den Schutz von Ökosystemen abzielen. Hierbei spielen auch wirtschaftliche Anreize, wie Emissionshandelssysteme oder Subventionen für erneuerbare Energien, eine wichtige Rolle.

Ein weiterer Aspekt der Klima- und Umweltgovernance ist die Einbeziehung der Zivilgesellschaft und der lokalen Gemeinschaften. Diese Stakeholder bringen oft wertvolle lokale Kenntnisse und Perspektiven ein, die für die Entwicklung effektiver und gerechter Umweltstrategien entscheidend sind. Partizipative Ansätze in der Governance können dazu beitragen, die Akzeptanz von Umweltmaßnahmen zu erhöhen und sicherzustellen, dass die Bedürfnisse aller Betroffenen berücksichtigt werden.

Die Herausforderungen in der Klima- und Umweltgovernance sind vielfältig und umfassen unter anderem die Notwendigkeit, wissenschaftliche Erkenntnisse in politische Entscheidungen zu integrieren, den Umgang mit Unsicherheiten und Risiken, und die Schaffung von Anreizen für nachhaltiges Verhalten. Zudem sind Fragen der Gerechtigkeit und der Verteilung von Ressourcen und Lasten von zentraler Bedeutung, da die Auswirkungen des Klimawandels und von Umweltbelastungen oft ungleich verteilt sind.

Klima- und Umweltgovernanceversagen

Klima- und Umweltgovernanceversagen beziehen sich auf die Unfähigkeit von Institutionen, politischen Akteuren und gesellschaftlichen Strukturen, effektive Maßnahmen zur Bewältigung von Umwelt- und Klimakrisen zu ergreifen. Diese Versagen manifestieren sich auf verschiedenen Ebenen, von der internationalen bis zur lokalen Ebene, und sind häufig das Ergebnis einer Vielzahl von Faktoren, darunter unzureichende politische Rahmenbedingungen, mangelnde Kooperation zwischen den Akteuren, unzureichende finanzielle Ressourcen sowie soziale und wirtschaftliche Ungleichheiten.

Ein zentrales Element des Governanceversagens ist die Diskrepanz zwischen den wissenschaftlichen Erkenntnissen über die Dringlichkeit von Klimamaßnahmen und der politischen Reaktion darauf. Trotz überwältigender Beweise für den Klimawandel und dessen potenziell katastrophale Folgen bleiben viele Regierungen in ihren Maßnahmen unzureichend. Dies kann auf eine Vielzahl von Gründen zurückgeführt werden, wie z.B. den Einfluss von Interessenvertretern, die auf fossile Brennstoffe angewiesen sind, oder die Kurzfristigkeit politischer Entscheidungsprozesse, die oft weder die langfristigen Risiken des Klimawandels noch die Notwendigkeit nachhaltiger Entwicklung berücksichtigen.

Ein weiterer Aspekt ist die Fragmentierung der Governance-Strukturen. Oft existieren zahlreiche Institutionen auf verschiedenen Ebenen, die für den Umweltschutz zuständig sind, jedoch fehlt es an einer kohärenten und integrierten Strategie. Diese Fragmentierung kann zu Doppelarbeit, ineffizienten Ressourcennutzungen und einem Mangel an klaren Verantwortlichkeiten führen. In vielen Fällen sind Umwelt- und Klimapolitiken nicht ausreichend mit anderen politischen Bereichen wie der Wirtschaft, Energie und Gesundheit verknüpft, was die Umsetzung effektiver Maßnahmen behindert.

Zudem spielt die globale Ungleichheit eine entscheidende Rolle im Kontext des Klima- und Umweltgovernanceversagens. Industrieländer haben historisch gesehen den Großteil der Treibhausgasemissionen produziert und verfügen über die notwendigen Ressourcen, um sich an die Auswirkungen des Klimawandels anzupassen. Im Gegensatz dazu sind Entwicklungsländer oft unverhältnismäßig stark von den negativen Folgen des Klimawandels betroffen, verfügen jedoch über begrenzte Kapazitäten, um sich zu schützen oder Anpassungsstrategien zu implementieren. Diese Ungleichheit führt zu einem Ungleichgewicht in den Verhandlungen und der Umsetzung internationaler Umweltabkommen, was die Effektivität globaler Governance-Strukturen weiter untergräbt.

Ein weiteres relevantes Element ist die Herausforderung der Bürgerbeteiligung und des sozialen Wandels. Oftmals werden Entscheidungen über Umwelt- und Klimafragen ohne ausreichende Einbeziehung der betroffenen Gemeinschaften getroffen. Dies kann zu Widerstand und Misstrauen gegenüber politischen Maßnahmen führen, die als nicht legitim oder nicht repräsentativ wahrgenommen werden. Eine inklusivere Governance, die lokale Stimmen und Wissen berücksichtigt, ist entscheidend, um effektive und gerechte Lösungen für Umwelt- und Klimaprobleme zu finden.

Klima- und Umweltkonferenzen

Klima- und Umweltkonferenzen spielen eine zentrale Rolle im internationalen Umwelt- und Klimagovernance-System. Diese Konferenzen bieten eine Plattform für Staaten, Nichtregierungsorganisationen, Wissenschaftler und andere Stakeholder, um gemeinsam Strategien zur Bewältigung der globalen Umweltkrisen zu entwickeln. Die Governance in diesem Kontext bezieht sich auf die komplexen Interaktionen zwischen verschiedenen Akteuren, Institutionen und politischen Prozessen, die darauf abzielen, umweltpolitische Ziele zu erreichen und nachhaltige Entwicklung zu fördern.

Ein herausragendes Beispiel für solche Konferenzen ist die UN-Klimakonferenz, die regelmäßig im Rahmen der UN Framework Convention on Climate Change (UNFCCC) stattfindet. Diese Konferenzen, oft als COP (Conference of the Parties) bezeichnet, versammeln Länder aus der ganzen Welt, um Maßnahmen zur Minderung der Treibhausgasemissionen zu diskutieren und zu vereinbaren. Die erste COP fand 1995 in Berlin statt, und seither hat sich das Format weiterentwickelt, um den sich verändernden Herausforderungen im Bereich des Klimawandels gerecht zu werden. Ein entscheidender Meilenstein war das Pariser Abkommen von 2015, das die Staaten verpflichtet, nationale Klimaschutzpläne zu entwickeln und regelmäßig zu aktualisieren.

Die Governance-Strukturen, die durch diese Konferenzen entstehen, sind oft mehrschichtig und beinhalten sowohl formelle als auch informelle Mechanismen. Formelle Strukturen umfassen Verträge und Vereinbarungen, während informelle Mechanismen den Austausch von Wissen und Best Practices zwischen Ländern und anderen Akteuren fördern. Diese Mischung aus Ansätzen ist entscheidend, um die unterschiedlichen

Interessen und Kapazitäten der Staaten zu berücksichtigen, insbesondere in einer Welt, in der Entwicklungsländer oft mit anderen Prioritäten konfrontiert sind.

Ein weiterer bedeutender Aspekt der Klima- und Umweltkonferenzen ist die Rolle von Wissenschaft und Forschung. Wissenschaftliche Erkenntnisse sind entscheidend, um informierte Entscheidungen zu treffen und politische Maßnahmen zu gestalten. Daher sind Konferenzen oft auch Foren, in denen neueste Forschungsergebnisse präsentiert und diskutiert werden. Initiativen wie der Weltklimarat (IPCC) liefern essentielle Daten, die als Grundlage für politische Verhandlungen dienen.

Trotz ihrer Bedeutung sehen sich Klima- und Umweltkonferenzen jedoch zahlreichen Herausforderungen gegenüber. Die Einhaltung von Verpflichtungen, die Erreichung von Zielen und die Finanzierung von Klimaschutzmaßnahmen sind häufig umstrittene Themen. Insbesondere die Frage der finanziellen Unterstützung für Entwicklungsländer bleibt ein kritischer Punkt im globalen Klimadialog. Die Schaffung von Mechanismen zur gerechten Verteilung von Ressourcen und Technologien ist daher unerlässlich, um die Wirksamkeit der globalen Klimagovernance zu erhöhen.

Klima- und Umweltmigration

Klima- und Umweltmigration stellt ein zunehmend relevantes Thema im Kontext der globalen Umwelt- und Klimagovernance dar. Diese Form der Migration bezieht sich auf die Bewegung von Menschen, die durch Umweltveränderungen oder klimatische Extremereignisse bedingt ist. Zu den Hauptursachen zählen unter anderem der Anstieg des Meeresspiegels, extreme Wetterereignisse wie Dürren, Überschwemmungen und Stürme sowie die Verschlechterung von Lebensbedingungen durch den Verlust von Biodiversität und die Degradation von Ökosystemen.

Die Auswirkungen des Klimawandels sind global, doch die Anfälligkeit und die Anpassungsfähigkeit der betroffenen Regionen variieren stark. Besonders vulnerable Gemeinschaften, oft in Entwicklungsländern, sind häufig am stärksten betroffen, da sie oft über weniger Ressourcen verfügen, um sich an die Veränderungen anzupassen oder sie zu mitigieren.

Diese Ungleichheit wird durch soziale, wirtschaftliche und politische Faktoren verstärkt, die die Resilienz von Gemeinschaften beeinflussen.

Im Hinblick auf die Governance ist es wichtig, dass Klima- und Umweltmigration nicht isoliert betrachtet wird, sondern als Teil eines umfassenderen Rahmens für Klimagerechtigkeit und nachhaltige Entwicklung. Internationale Abkommen, wie das Pariser Abkommen, zielen darauf ab, den globalen Temperaturanstieg zu begrenzen und die Anpassungsfähigkeit der Länder zu stärken. Doch es fehlt häufig an konkreten Mechanismen, um die spezifischen Bedürfnisse von Migranten zu adressieren.

Ein zentraler Aspekt der Klima- und Umweltmigration ist die Notwendigkeit einer integrativen Governance, die sowohl die Prävention als auch die Reaktion auf Migration berücksichtigt. Dies umfasst die Entwicklung von Politiken, die die Resilienz der betroffenen Gemeinschaften stärken, sowie die Schaffung sicherer und legaler Migrationswege. Darüber hinaus müssen Länder, die von Klimaflüchtlingen betroffen sind, Unterstützung erhalten, um die sozialen, wirtschaftlichen und rechtlichen Herausforderungen zu bewältigen, die mit der Ankunft neuer Migranten verbunden sind.

Ein weiteres wichtiges Element ist die Rolle der lokalen und regionalen Akteure in der Governance. Diese Gruppen sind oft am besten in der Lage, spezifische Bedürfnisse und Kontexte zu verstehen und können entscheidend zur Entwicklung von Anpassungsstrategien beitragen. Die Einbeziehung von lokalen Gemeinschaften in den Entscheidungsprozess fördert nicht nur die Akzeptanz, sondern erhöht auch die Effektivität von Maßnahmen zur Bewältigung von Klima- und Umweltmigration.

Klima- und Umweltveränderungen

Klima- und Umweltveränderungen sind zentrale Herausforderungen des 21. Jahrhunderts, die sowohl lokale als auch globale Dimensionen haben und tiefgreifende Auswirkungen auf Ökosysteme, menschliche Gesundheit und wirtschaftliche Stabilität mit sich bringen. Diese Veränderungen sind primär durch anthropogene Aktivitäten bedingt, insbesondere durch die Verbrennung fossiler Brennstoffe, Abholzung, industrielle Landwirtschaft und Urbanisierung, die zu einer Erhöhung der Treibhausgase in der

Atmosphäre führen. Die Konsequenzen sind vielfältig und reichen von steigenden Temperaturen und extremen Wetterereignissen über den Anstieg des Meeresspiegels bis hin zu Verlust der Biodiversität.

Im Kontext von Umwelt- und Klimagovernance bezieht sich der Begriff auf die politischen, rechtlichen und sozialen Strukturen und Prozesse, die zur Steuerung von Klima- und Umweltschutzmaßnahmen eingesetzt werden. Governance umfasst sowohl staatliche als auch nichtstaatliche Akteure und Institutionen, die gemeinsam versuchen, umweltpolitische Ziele zu erreichen. Die Komplexität der globalen Umweltkrisen erfordert koordinierte Ansätze, die über nationale Grenzen hinausgehen. Internationale Abkommen wie das Pariser Abkommen von 2015 sind Beispiele für solcherart Governance-Strukturen, die darauf abzielen, die globale Erwärmung zu begrenzen und die Anpassungsfähigkeit an unvermeidbare Klimaauswirkungen zu stärken.

Klimagovernance ist oft geprägt von einem Spannungsfeld zwischen den Bedürfnissen der Entwicklungsländer, die häufig am stärksten von den Auswirkungen des Klimawandels betroffen sind, und den Interessen der industrialisierten Nationen, die historisch die Hauptverursacher von Treibhausgasemissionen sind. Diese Ungleichheit führt zu einem komplexen Verhandlungsprozess, in dem Fragen der Gerechtigkeit, Verantwortung und Ressourcenverteilung eine bedeutende Rolle spielen. Mechanismen wie der Grüne Klimafonds wurden eingerichtet, um finanzielle Mittel bereitzustellen, die Entwicklungsländer bei der Umsetzung von Klimaschutzmaßnahmen unterstützen sollen.

Ein weiterer wichtiger Aspekt der Klima- und Umweltveränderungen ist das Konzept der Resilienz. Resilienz bezieht sich auf die Fähigkeit von Systemen – seien es natürliche Ökosysteme oder menschliche Gemeinschaften – sich an Veränderungen anzupassen und sich von Störungen zu erholen. Governance-Strategien, die Resilienz fördern, beinhalten oft integrative Ansätze, die verschiedene Sektoren und Stakeholder einbeziehen, sowie die Berücksichtigung traditioneller Wissenssysteme und lokaler Gemeinschaften.

Klima-/Umweltszenarien und Klima-/Umweltprognosen

Klima- und Umweltszenarien sowie deren Prognosen spielen eine zentrale Rolle im Kontext der Umwelt- und Klimagovernance. Diese Konzepte sind entscheidend, um die Herausforderungen des Klimawandels und der Umweltverschmutzung zu verstehen und darauf basierend effektive politische Maßnahmen zu entwickeln.

Klima- und Umweltszenarien sind hypothetische Beschreibungen möglicher zukünftiger Zustände des Klimas und der Umwelt, die auf unterschiedlichen Annahmen über gesellschaftliche, wirtschaftliche und technologische Entwicklungen beruhen. Sie werden häufig in Form von Modellen erstellt, die verschiedene Variablen und deren Wechselwirkungen berücksichtigen. Diese Szenarien können als Werkzeuge zur Risikobewertung und Entscheidungsfindung genutzt werden, indem sie potenzielle Auswirkungen von verschiedenen politischen Handlungen oder wirtschaftlichen Entscheidungen auf das Klima und die Umwelt aufzeigen.

Ein prominentes Beispiel sind die Szenarien des Intergovernmental Panel on Climate Change (IPCC), die in den Assessment Reports veröffentlicht werden. Diese Szenarien reichen von „Business as usual"-Ansätzen, bei denen keine weiteren Maßnahmen zur Emissionsreduktion ergriffen werden, bis hin zu ambitionierten Klimaschutzmaßnahmen, die auf die Erreichung der Klimaziele des Pariser Abkommens abzielen. Die Ergebnisse dieser Szenarien umfassen sowohl physikalische Veränderungen, wie Temperaturanstiege und Meeresspiegelveränderungen, als auch soziale und wirtschaftliche Auswirkungen, die durch Klimafolgen entstehen können.

Klima- und Umweltprognosen basieren auf diesen Szenarien und zielen darauf ab, spezifische Vorhersagen über zukünftige Umweltzustände zu machen. Sie nutzen statistische Modelle und Klimasimulationswerkzeuge, um die Wahrscheinlichkeit bestimmter Ereignisse oder Trends zu quantifizieren. Prognosen können sowohl kurzfristige als auch langfristige Zeiträume abdecken und sind essenziell für die Planung und Umsetzung von Anpassungsstrategien. Beispielsweise können Prognosen zur Häufigkeit von Extremwetterereignissen Entscheidungsträger dabei unterstützen, Infrastrukturmaßnahmen zu priorisieren oder Notfallpläne zu entwickeln.

Im Kontext der Umwelt- und Klimagovernance sind diese Szenarien und Prognosen von entscheidender Bedeutung, da sie als Grundlage für politische Entscheidungen dienen. Sie ermöglichen es Regierungen, internationale Organisationen und andere Akteure, informierte Entscheidungen zu treffen und ihre Strategien an den erwarteten Auswirkungen des Klimawandels auszurichten. Die Integration wissenschaftlicher Erkenntnisse in die politische Entscheidungsfindung ist ein zentrales Element der Governance, da sie Transparenz und Nachvollziehbarkeit fördert.

Ein weiterer wichtiger Aspekt ist die Partizipation der Zivilgesellschaft. In vielen Governance-Modellen wird Wert auf eine inklusive Herangehensweise gelegt, bei der Stakeholder, einschließlich der Zivilgesellschaft, der Industrie und der Wissenschaft, in den Prozess der Szenarienentwicklung und -bewertung einbezogen werden. Dies fördert nicht nur das Vertrauen in die Ergebnisse, sondern stellt auch sicher, dass die Vielfalt der Perspektiven und Erfahrungen in die Entscheidungsfindung einfließt.

Klimaaktivismus

Klimaaktivismus ist ein bedeutendes Phänomen im Kontext der Umwelt- und Klimagovernance, das sich aus der dringenden Notwendigkeit ergibt, auf die Herausforderungen des Klimawandels zu reagieren. Dieser Aktivismus umfasst eine Vielzahl von Aktivitäten, die von Protesten und Kampagnen bis hin zu Bildung und Advocacy reichen, und zielt darauf ab, politischen Druck auf Entscheidungsträger auszuüben, um nachhaltige Umweltpraktiken und -politiken zu fördern.

Im Rahmen der Umwelt- und Klimagovernance bezieht sich der Begriff auf die Strukturen, Prozesse und Akteure, die an der Entscheidungsfindung und Umsetzung von Maßnahmen zur Bekämpfung des Klimawandels beteiligt sind. Diese Governance ist oft komplex und umfasst eine Vielzahl von Ebenen, von lokal bis global, sowie verschiedene Akteure, darunter Regierungen, internationale Organisationen, Nichtregierungsorganisationen (NGOs), Unternehmen und die Zivilgesellschaft.

Ein zentrales Element des Klimaaktivismus ist die Mobilisierung der Zivilgesellschaft, die in den letzten Jahren erheblich zugenommen hat. Bewegungen wie „Fridays for Future", inspiriert von der schwedischen Aktivistin Greta Thunberg, haben weltweit Millionen von Menschen mobilisiert, um auf die Dringlichkeit des Klimaschutzes aufmerksam zu machen. Diese Bewegungen fördern nicht nur das Bewusstsein für die ökologischen Krisen, sondern fordern auch konkrete Maßnahmen von Regierungen und Unternehmen. Die Forderungen reichen von der Reduktion der Treibhausgasemissionen über den Ausbau erneuerbarer Energien bis hin zur Umsetzung sozial gerechter Klimapolitiken.

Klimaaktivismus hat auch die Art und Weise verändert, wie Umwelt- und Klimagovernance funktioniert. Er hat das Potenzial, traditionelle Machtverhältnisse zu hinterfragen und neue Formen der Partizipation und Entscheidungsfindung zu fördern. Beispielsweise haben viele Klimaaktivisten gefordert, dass die Stimmen von am stärksten von den Auswirkungen des Klimawandels betroffenen Gemeinschaften, einschließlich indigenen Völkern und benachteiligten Gruppen, in den Entscheidungsprozess einfließen. Dies hat zu einer breiteren Diskussion über Gerechtigkeit und Gleichheit in der Klimapolitik geführt.

Darüber hinaus hat der Klimaaktivismus auch Auswirkungen auf internationale Verhandlungen und Abkommen, wie das Pariser Abkommen von 2015, das darauf abzielt, die globale Erwärmung auf unter 2 Grad Celsius zu begrenzen. Die intensive Öffentlichkeitsarbeit und der Druck von Aktivisten haben dazu beigetragen, dass Klimafragen auf die politische Agenda gesetzt wurden und dass Regierungen sich stärker zu ambitionierten Klimazielen bekennen.

Trotz der positiven Entwicklungen gibt es auch Herausforderungen im Klimaaktivismus und der Klimagovernance. Oft stehen Aktivisten Repression und Widerstand von staatlichen Akteuren oder Unternehmen gegenüber, die ihre Interessen wahren wollen. Zudem gibt es innerhalb der Bewegung unterschiedliche Ansichten darüber, welche Strategien und Maßnahmen am effektivsten sind, um den Klimawandel zu bekämpfen.

Klimabilanzierung

Die Klimabilanzierung ist ein zentrales Instrument im Rahmen der Umwelt- und Klimagovernance, das darauf abzielt, die Treibhausgasemissionen von Individuen, Unternehmen, Städten und Ländern systematisch zu erfassen, zu bewerten und zu steuern. Sie liefert entscheidende Informationen über die Quellen und Mengen von Emissionen, die für die Entwicklung von Strategien zur Reduktion und zur Anpassung an den Klimawandel notwendig sind.

Im Kern basiert die Klimabilanzierung auf dem Prinzip der Bilanzierung von Emissionen, das heißt, es werden alle relevanten Emissionsquellen identifiziert und quantifiziert. Diese Quellen können sowohl direkte Emissionen, die aus der Verbrennung fossiler Brennstoffe in der Industrie oder im Verkehr resultieren, als auch indirekte Emissionen umfassen, die durch den Energieverbrauch oder die Lieferkette entstehen. Die häufigste Methode zur Erstellung einer Klimabilanz ist das sogenannte „Greenhouse Gas Protocol", das standardisierte Verfahren zur Berechnung und Berichterstattung von Treibhausgasemissionen bereitstellt.

Im Kontext der Umwelt- und Klimagovernance spielt die Klimabilanzierung eine entscheidende Rolle, da sie als Grundlage für die Entwicklung von Klimaschutzmaßnahmen dient. Regierungen und Organisationen nutzen die Daten aus Klimabilanzen, um nationale und internationale Klimaziele zu formulieren und zu verfolgen. Ein Beispiel hierfür ist das Pariser Abkommen, das darauf abzielt, die globale Erwärmung auf deutlich unter 2 °C zu begrenzen. Im Rahmen dieses Abkommens sind die Staaten verpflichtet, nationale Beiträge zur Emissionsminderung (Nationally Determined Contributions, NDCs) zu formulieren, die auf wissenschaftlicher Evidenz und Klimabilanzdaten basieren.

Die Transparenz und Nachvollziehbarkeit von Klimabilanzen sind entscheidend für die Glaubwürdigkeit der Umwelt- und Klimagovernance. Unzureichende oder intransparente Daten können das Vertrauen der Öffentlichkeit und der internationalen Gemeinschaft untergraben. Daher sind viele Länder dazu übergegangen, ihre Emissionsdaten regelmäßig zu überprüfen und zu verifizieren, oft durch unabhängige Dritte. Dies fördert nicht nur die Verantwortlichkeit, sondern ermöglicht es auch, Fortschritte zu messen und gegebenenfalls Anpassungen an den Strategien vorzunehmen.

Ein weiterer wichtiger Aspekt der Klimabilanzierung ist die Berücksichtigung von Kohlenstoffsenken, wie Wälder und Ozeane, die CO_2 aus der Atmosphäre aufnehmen. Die Integration dieser Elemente in die Klimabilanz ermöglicht eine umfassendere Sicht auf die Klimasituation und die Möglichkeiten zur Emissionsreduktion.

Allerdings stehen die Klimabilanzierung und die damit verbundene Governance auch vor Herausforderungen. Dazu gehören methodische Schwierigkeiten bei der Erfassung und Schätzung von Emissionen, insbesondere in weniger entwickelten Regionen, sowie politische und wirtschaftliche Interessen, die eine ehrliche und präzise Bilanzierung behindern können. Zudem ist die Diskussion um die Gerechtigkeit und die Verteilung der Lasten im Rahmen der Klimapolitik von zentraler Bedeutung, da unterschiedliche Länder und Bevölkerungsgruppen unterschiedliche Beiträge zur globalen Erwärmung geleistet haben und daher auch unterschiedliche Verantwortlichkeiten tragen.

Klimabudget

Das Konzept des Klimabudgets ist ein zentrales Element in der Diskussion um Umwelt- und Klimagovernance, insbesondere im Hinblick auf die Notwendigkeit, die globalen Treibhausgasemissionen zu reduzieren, um die Erderwärmung auf unter 2 °C, idealerweise 1,5 °C, im Vergleich zum vorindustriellen Niveau zu begrenzen. Ein Klimabudget definiert die maximal tolerierbare Menge an Treibhausgasemissionen, die in einem bestimmten Zeitraum ausgestoßen werden dürfen, um ein festgelegtes Klimaziel zu erreichen.

Wissenschaftliche Studien, insbesondere die Berichte des Intergovernmental Panel on Climate Change (IPCC), haben gezeigt, dass es eine klare Beziehung zwischen der Menge an Emissionen, die in die Atmosphäre gelangen, und der globalen Temperaturerhöhung gibt. Das Klimabudget formuliert diesen Zusammenhang quantitativ und basiert auf physikalischen und chemischen Modellen, die die Wechselwirkungen zwischen

Treibhausgasen und dem Klimasystem berücksichtigen. Der IPCC hat beispielsweise Schätzungen veröffentlicht, die darauf hindeuten, dass seit 2020 ein verbleibendes globales Kohlenstoffbudget von etwa 500 Gigatonnen CO_2 besteht, um die 1,5 °C-Grenze nicht zu überschreiten.

Im Kontext der Umwelt- und Klimagovernance spielt das Klimabudget eine entscheidende Rolle, da es als Werkzeug dient, um politische Maßnahmen zu legitimieren und zu steuern. Regierungen, Unternehmen und zivilgesellschaftliche Organisationen nutzen das Konzept, um Emissionsziele zu setzen, Fortschritte zu messen und die Verantwortung für Handlungen zu übernehmen. Die Einhaltung eines Klimabudgets erfordert klare politische Rahmenbedingungen, die auf wissenschaftlicher Evidenz basieren. Dazu gehören Emissionshandelssysteme, CO_2-Steuern und andere regulatorische Maßnahmen, die darauf abzielen, den Ausstoß von Treibhausgasen zu reduzieren.

Ein weiterer wichtiger Aspekt des Klimabudgets ist die Gerechtigkeit im globalen Kontext. Die Verteilung des verbleibenden Budgets ist ein umstrittenes Thema, das Fragen der Verantwortung und der Fairness aufwirft. Industrieländer haben historisch gesehen einen größeren Anteil an den globalen Emissionen verursacht, während Entwicklungsländer oft die stärksten Auswirkungen des Klimawandels spüren und gleichzeitig über begrenzte Ressourcen zur Minderung ihrer Emissionen verfügen. In der Klimagovernance ist daher die Diskussion über Klimagerechtigkeit und die Notwendigkeit von Unterstützung für Entwicklungsländer von zentraler Bedeutung.

Klimafinanzierung

Klimafinanzierung ist ein zentrales Element der Umwelt- und Klimagovernance, das darauf abzielt, die globalen Herausforderungen des Klimawandels zu bewältigen. Sie umfasst die Bereitstellung von finanziellen Mitteln, um Maßnahmen zur Mitigation (Minderung von Treibhausgasemissionen) und Anpassung (Anpassung an die unvermeidlichen Auswirkungen des Klimawandels) zu unterstützen. Diese Finanzierung ist besonders wichtig für Entwicklungsländer, die oft am stärksten von den

Folgen des Klimawandels betroffen sind, jedoch über begrenzte Ressourcen verfügen, um notwendige Maßnahmen zu ergreifen.

Die Klimafinanzierung wird durch eine Vielzahl von Akteuren bereitgestellt, einschließlich nationaler Regierungen, internationaler Organisationen, multilateraler Entwicklungsbanken, privater Investoren und philanthropischer Einrichtungen. Ein bedeutendes Instrument in diesem Kontext ist der Grüne Klimafonds (GCF), der im Rahmen der UN-Klimakonferenzen (UNFCCC) ins Leben gerufen wurde. Der GCF hat das Ziel, Investitionen in Projekte zu mobilisieren, die sowohl zur Reduktion von Emissionen als auch zur Stärkung der Resilienz gegenüber klimatischen Veränderungen beitragen.

Ein weiterer wichtiger Aspekt der Klimafinanzierung ist die Rolle der internationalen Klimapolitik und der damit verbundenen Governance-Strukturen. Der Pariser Klimavertrag von 2015 stellt einen Meilenstein dar, da er die Verpflichtung zur Mobilisierung von 100 Milliarden US-Dollar pro Jahr bis 2020 für Entwicklungsländer formuliert hat. Diese Mittel sollen dazu dienen, den Übergang zu einer kohlenstoffarmen Wirtschaft zu fördern und gleichzeitig die Anpassungsfähigkeit an den Klimawandel zu erhöhen. Die Umsetzung dieser Verpflichtungen erfordert jedoch eine transparente und effektive Governance-Struktur, um sicherzustellen, dass die Mittel effizient verwendet werden und die beabsichtigten Ziele erreicht werden.

Die Effektivität der Klimafinanzierung hängt auch von der Koordination zwischen verschiedenen Akteuren und Institutionen ab. Oftmals gibt es Überschneidungen und Inkonsistenzen zwischen den verschiedenen Finanzierungsquellen, was zu Ineffizienzen führen kann. Eine klare Governance-Struktur ist notwendig, um diese Herausforderungen zu adressieren und sicherzustellen, dass die Mittel dort eingesetzt werden, wo sie am dringendsten benötigt werden.

Zusätzlich ist die Partizipation der Zivilgesellschaft und der lokalen Gemeinschaften von entscheidender Bedeutung. Diese Gruppen sind oft die ersten, die von den Auswirkungen des Klimawandels betroffen sind, und ihr Wissen und ihre Erfahrungen sind wertvoll für die Entwicklung und

Umsetzung effektiver Anpassungsstrategien. Eine inklusive Klimafinanzierung, die die Stimmen und Bedürfnisse dieser Akteure berücksichtigt, kann die Resilienz der betroffenen Gemeinschaften stärken und dazu beitragen, dass Finanzmittel nachhaltiger und gerechter eingesetzt werden.

Klimaflüchtlinge

Klimaflüchtlinge, ein Begriff, der zunehmend in der politischen und wissenschaftlichen Diskussion auftaucht, bezieht sich auf Personen, die ihre Heimat aufgrund von klimabedingten Veränderungen und Umweltkrisen verlassen müssen. Diese Veränderungen können durch extreme Wetterereignisse wie Überschwemmungen, Dürreperioden, Stürme oder den Anstieg des Meeresspiegels verursacht werden, die in vielen Regionen der Welt bereits spürbare Auswirkungen zeigen. Die Herausforderungen, die mit der Migration von Klimaflüchtlingen verbunden sind, erfordern eine umfassende Betrachtung im Kontext der Umwelt- und Klimagovernance. Umwelt- und Klimagovernance bezieht sich auf die institutionellen, politischen und rechtlichen Rahmenbedingungen, die notwendig sind, um den Umgang mit Umwelt- und Klimafragen zu steuern. In diesem Kontext ist die Anerkennung von Klimaflüchtlingen eine bedeutende Herausforderung. Derzeit gibt es kein einheitliches internationales rechtliches Framework, das den Status von Klimaflüchtlingen anerkennt. Während das Flüchtlingsrecht, insbesondere die Genfer Flüchtlingskonvention von 1951, Schutz für Personen bietet, die aufgrund von Verfolgung vor Kriegen oder Gewalt fliehen, bleibt der Schutz für diejenigen, die aufgrund von Umweltveränderungen migrieren, unzureichend geregelt.

Ein zentrales Element der Klimagovernance ist die Notwendigkeit, präventive Maßnahmen zu ergreifen, um die Ursachen des Klimawandels zu bekämpfen und die Resilienz von Gemeinschaften gegenüber den Auswirkungen klimatischer Veränderungen zu stärken. Hierzu gehören Maßnahmen wie die Förderung erneuerbarer Energien, die Verbesserung der Infrastruktur und die Unterstützung nachhaltiger landwirtschaftlicher Praktiken. Diese Ansätze können dazu beitragen, die Zahl der Klimaflüchtlinge zu

reduzieren, indem sie die Verwundbarkeit der betroffenen Bevölkerungsgruppen verringern.

Auf globaler Ebene sind Initiativen wie das Pariser Klimaabkommen von
2015 von zentraler Bedeutung. Dieses Abkommen zielt darauf ab, die globale Erwärmung auf deutlich unter 2 °C über dem vorindustriellen Niveau
zu begrenzen, was langfristig auch die Migration von Klimaflüchtlingen
beeinflussen könnte. Die Verantwortung für die Unterstützung von Klimaflüchtlingen und die Anpassung an die Folgen des Klimawandels liegt
jedoch nicht nur bei den nationalen Regierungen, sondern erfordert auch
eine internationale Zusammenarbeit. Multilaterale Ansätze und Partnerschaften sind entscheidend, um die Herausforderungen der Klimamigra-
tion wirksam zu bewältigen.

Darüber hinaus spielt die Rolle der Zivilgesellschaft und internationaler
Organisationen eine entscheidende Rolle in der Klimagovernance. Diese
Akteure können helfen, das Bewusstsein für die Probleme von Klimaflüchtlingen zu schärfen, Unterstützung für betroffene Gemeinschaften bereitzustellen und Druck auf Regierungen auszuüben, um angemessene
rechtliche Rahmenbedingungen zu schaffen. Eine integrative Governance, die die Stimmen der direkt betroffenen Menschen einbezieht, ist
unerlässlich, um effektive und gerechte Lösungen zu entwickeln.

Klimagerechtigkeit

Klimagerechtigkeit ist ein zentraler Begriff in der Debatte um Umwelt-
und Klimagovernance, der die Verknüpfung von sozialen, ökologischen
und wirtschaftlichen Aspekten im Kontext des Klimawandels themati-
siert. Die Idee der Klimagerechtigkeit geht davon aus, dass die Auswirkungen des Klimawandels und die Verantwortung für dessen Ursachen
nicht gleichmäßig auf alle Länder und Bevölkerungsgruppen verteilt sind.
Insbesondere die ärmsten und am stärksten verletzlichen Gemeinschaften,
oft in Entwicklungsländern, tragen die schwersten Lasten, obwohl sie am
wenigsten zur Erderwärmung beigetragen haben.

Im Rahmen der Umwelt- und Klimagovernance wird Klimagerechtigkeit
als ein grundlegendes Prinzip betrachtet, das sowohl in nationalen als

auch in internationalen politischen Entscheidungsprozessen Berücksichtigung finden sollte. Die Governance-Strukturen müssen so gestaltet werden, dass sie die Interessen aller Stakeholder, insbesondere der marginalisierten Gruppen, einbeziehen. Dies erfordert eine partizipative Herangehensweise, die es diesen Gemeinschaften ermöglicht, in Entscheidungsprozesse eingebunden zu werden und ihre Stimmen zu Gehör zu bringen.

Ein wichtiger Aspekt der Klimagerechtigkeit ist die Verantwortung der Industrieländer, die historisch gesehen den größten Beitrag zu den Treibhausgasemissionen geleistet haben. Diese Länder sind gefordert, nicht nur ihre Emissionen zu reduzieren, sondern auch finanzielle und technologische Unterstützung für Entwicklungsländer bereitzustellen, um ihnen zu helfen, sich an die Folgen des Klimawandels anzupassen und umweltfreundliche Technologien zu implementieren. Dies wird häufig im Rahmen von internationalen Abkommen wie dem Pariser Klimaabkommen diskutiert, das die Notwendigkeit betont, die globale Erwärmung auf unter 2 °C zu begrenzen und die Bemühungen zu verstärken, um die Temperatursteigerung auf 1,5 °C zu beschränken.

Ein weiterer wichtiger Aspekt der Klimagerechtigkeit ist das Konzept der intergenerationalen Gerechtigkeit, das die Verantwortung der gegenwärtigen Generationen gegenüber zukünftigen Generationen betont. Diese Perspektive fordert eine nachhaltige Nutzung der Ressourcen und den Schutz der Umwelt, um sicherzustellen, dass zukünftige Generationen nicht unter den gegenwärtigen Entscheidungen leiden müssen.

In der Praxis stehen Umwelt- und Klimagovernance-Systeme vor erheblichen Herausforderungen, wenn es darum geht, Klimagerechtigkeit zu gewährleisten. Oftmals sind politische Entscheidungen von kurzfristigen wirtschaftlichen Interessen geprägt, die langfristige ökologische und soziale Ziele gefährden. Zudem können Machtungleichgewichte und die Dominanz bestimmter Interessenvertreter, häufig in Form von großen Unternehmen oder politischen Akteuren, dazu führen, dass die Belange der am stärksten betroffenen Gemeinschaften übersehen werden.

Die Umsetzung von Klimagerechtigkeit erfordert daher nicht nur eine Reform der bestehenden Governance-Strukturen, sondern auch einen

Wandel in der Wahrnehmung und den Werten, die den politischen Diskurs über den Klimawandel prägen. Es ist entscheidend, die Prinzipien der Gerechtigkeit, Solidarität und Verantwortung in die Kernstrategien zur Bekämpfung des Klimawandels zu integrieren, um eine gerechtere und nachhaltigere Zukunft für alle zu schaffen.

Klimakonferenzen

Klimakonferenzen stellen einen zentralen Bestandteil der internationalen Umwelt- und Klimagovernance dar. Diese Konferenzen, insbesondere die jährlich stattfindenden UN-Klimakonferenzen (COP, Conference of the Parties), sind Plattformen, auf denen Staaten, internationale Organisationen, Nichtregierungsorganisationen (NGOs) und andere Akteure zusammenkommen, um über Maßnahmen zur Bekämpfung des Klimawandels zu verhandeln und zu koordinieren.

Die Notwendigkeit solcher Konferenzen ergibt sich aus der globalen Natur des Klimawandels, der nicht an nationale Grenzen gebunden ist und somit kollektive Anstrengungen erfordert. Die erste bedeutende Klimakonferenz fand 1992 im Rahmen des Erdgipfels in Rio de Janeiro statt, wo die UN-Klimarahmenkonvention (UNFCCC) ins Leben gerufen wurde. Diese Konvention bildet das rechtliche Fundament für die nachfolgenden Verhandlungen und Vereinbarungen. Ihre Hauptziele sind die Stabilisierung der Treibhausgaskonzentrationen in der Atmosphäre und die Unterstützung von Maßnahmen zur Anpassung an die unvermeidlichen Auswirkungen des Klimawandels.

Ein bedeutender Meilenstein in der Geschichte der Klimakonferenzen war das Kyoto-Protokoll von 1997, das erstmals verbindliche Emissionsziele für entwickelte Länder festlegte. Allerdings blieb das Protokoll bei vielen Staaten umstritten, da es keine verbindlichen Verpflichtungen für Entwicklungsländer enthielt. Dies führte zu einer kritischen Debatte über Gerechtigkeit und Verantwortung im Klimaschutz, die auch in späteren Verhandlungen eine Rolle spielte.

Die COP21 in Paris 2015 stellte einen weiteren Wendepunkt dar, als das Pariser Abkommen verabschiedet wurde. Dieses Abkommen verfolgt das

Ziel, die globale Erderwärmung auf deutlich unter 2 Grad Celsius zu begrenzen und Streben nach maximal 1,5 Grad Celsius. Ein wichtiger Aspekt des Pariser Abkommens ist der Bottom-up-Ansatz, bei dem die Staaten selbständig nationale Klimaschutzbeiträge (NDCs) formulieren und einreichen. Dies fördert die Eigenverantwortung der Länder und ermöglicht gleichzeitig eine gewisse Flexibilität in der Umsetzung.

Die Rolle von Klimakonferenzen im Kontext der Umwelt- und Klimagovernance ist jedoch nicht auf die Verhandlungen allein beschränkt. Sie dienen auch als Schaufenster für innovative Lösungen, den Austausch von Technologien und Best Practices sowie die Mobilisierung von Finanzmitteln. In diesem Sinne sind sie integrale Bestandteile eines globalen Governance-Netzwerks, das auch Akteure aus der Zivilgesellschaft, dem privaten Sektor und multilateralen Institutionen einbezieht.

Dennoch stehen Klimakonferenzen vor erheblichen Herausforderungen. Politische Uneinigkeit, wirtschaftliche Interessen und unterschiedliche nationale Prioritäten können die Verhandlungen erschweren. Zudem gibt es Kritik an der Effektivität der Vereinbarungen und der Umsetzung der Verpflichtungen. Die Frage der Finanzierung für Entwicklungsländer, die oft am stärksten vom Klimawandel betroffen sind, bleibt ein zentrales Anliegen.

Klimamodelle

Klimamodelle sind zentrale Werkzeuge in der Klimawissenschaft, die dazu dienen, die komplexen Wechselwirkungen zwischen verschiedenen Klimafaktoren zu verstehen und zukünftige klimatische Entwicklungen vorherzusagen. Sie sind mathematische Darstellungen der physikalischen, chemischen und biologischen Prozesse, die das Klima der Erde beeinflussen. Diese Modelle variieren in ihrer Komplexität, von einfachen Energie-Bilanzen bis hin zu hochentwickelten Coupled Atmosphere-Ocean General Circulation Models (AOGCMs), die die Interaktionen zwischen Atmosphäre, Ozeanen, Landoberflächen und Eisschilde berücksichtigen.

Im Kontext der Umwelt- und Klimagovernance spielen Klimamodelle eine entscheidende Rolle, da sie die Grundlage für die Entwicklung von politischen Strategien und Maßnahmen zur Bekämpfung des Klimawandels bilden. Durch die Bereitstellung von Szenarien, die verschiedene Emissionspfade und deren Auswirkungen auf Temperatur, Niederschlag und andere klimatische Variablen simulieren, ermöglichen diese Modelle Entscheidungsträgern, informierte Entscheidungen zu treffen. Die Szenarien, die häufig in den Berichten des Intergovernmental Panel on Climate Change (IPCC) verwendet werden, helfen Regierungen und internationalen Organisationen, die potenziellen Folgen ihrer politischen Maßnahmen zu bewerten.

Ein zentrales Element der Klimagovernance ist die Fähigkeit, wissenschaftliche Erkenntnisse aus Klimamodellen in politische Maßnahmen zu übersetzen. Dies erfordert eine enge Zusammenarbeit zwischen Wissenschaftlern, politischen Entscheidungsträgern und der Zivilgesellschaft. Die Unsicherheiten, die mit Klimamodellen verbunden sind, insbesondere hinsichtlich lokaler Auswirkungen und langfristiger Vorhersagen, stellen jedoch eine Herausforderung dar. Diese Unsicherheiten können dazu führen, dass politische Maßnahmen zögerlich oder inkonsistent umgesetzt werden. Daher ist es wichtig, dass die Ergebnisse der Klimamodelle klar kommuniziert werden, um ein besseres Verständnis und eine breitere Akzeptanz in der Gesellschaft zu fördern.

Darüber hinaus können Klimamodelle auch als Instrumente der sozialen Gerechtigkeit fungieren, indem sie die Auswirkungen des Klimawandels auf verschiedene Bevölkerungsschichten und Regionen analysieren. Dies ist besonders relevant im Rahmen von Klimagovernance, die zunehmend auf die Notwendigkeit aufmerksam macht, soziale Ungleichheiten zu adressieren. Modelle können dazu beitragen, die Risiken und Verwundbarkeiten, die verschiedene Gruppen betreffen, zu identifizieren und damit eine gerechtere Verteilung von Ressourcen und Unterstützung zu fördern.

Klimaneutralität

Klimaneutralität bezeichnet den Zustand, in dem die Treibhausgasemissionen eines Systems, sei es ein Land, ein Unternehmen oder eine Organisation, ausgeglichen sind durch Maßnahmen zur Reduktion, Vermeidung oder

Kompensation dieser Emissionen. Im Kontext von Umwelt- und Klimagovernance ist Klimaneutralität ein zentrales Ziel, das durch eine Vielzahl von politischen, wirtschaftlichen und sozialen Maßnahmen angestrebt wird.

Die Notwendigkeit, Klimaneutralität zu erreichen, ist eng mit der globalen Erwärmung und den damit verbundenen klimatischen Veränderungen verknüpft. Der Bericht des Intergovernmental Panel on Climate Change (IPCC) stellt eindringlich fest, dass die Erderwärmung auf maximal 1,5 Grad Celsius über dem vorindustriellen Niveau begrenzt werden muss, um katastrophale ökologische und soziale Folgen zu vermeiden. Um dieses Ziel zu erreichen, sind tiefgreifende Veränderungen in den Energie-, Verkehrs- und Industriesektoren erforderlich, die auf eine drastische Reduktion der Treibhausgasemissionen abzielen. Im Rahmen der Umwelt- und Klimagovernance wird Klimaneutralität durch verschiedene Mechanismen gefördert. Dazu gehören internationale Abkommen wie das Pariser Abkommen von 2015, in dem sich die Vertragsstaaten verpflichten, ihre nationalen Emissionen zu reduzieren und Strategien zur Anpassung an den Klimawandel zu entwickeln. Nationale Regierungen spielen eine entscheidende Rolle, indem sie rechtliche Rahmenbedingungen schaffen, Anreize für erneuerbare Energien bieten und Maßnahmen zur Energieeffizienz implementieren.

Ein weiterer wichtiger Aspekt der Klimagovernance ist die Rolle der Unternehmen und der Zivilgesellschaft. In den letzten Jahren haben viele Unternehmen Klimaneutralitätsziele formuliert und Strategien entwickelt, um ihre Emissionen zu reduzieren. Initiativen wie die Science Based Targets Initiative (SBTi) helfen Unternehmen, wissenschaftlich fundierte Ziele zu setzen, die mit den globalen Klimazielen in Einklang stehen. Auch die Zivilgesellschaft spielt eine entscheidende Rolle, indem sie Druck auf Regierungen und Unternehmen ausübt, um nachhaltige Praktiken zu fördern und umweltfreundliche Politiken zu unterstützen. Darüber hinaus sind innovative Technologien und Ansätze zur Kohlenstoffbindung und -speicherung entscheidend für die Erreichung von Klimaneutralität. Die Entwicklung und Implementierung von Technologien zur Erzeugung erneuerbarer Energien, zur Verbesserung der Energieeffizienz und zur Förderung nachhaltiger Landnutzung sind zentrale Elemente, die in die Strategien der Klimagovernance integriert werden müssen.

Klimapolitik

Klimapolitik ist ein zentraler Bestandteil der Umwelt- und Klimagovernance, die sich mit der Steuerung und Regulierung von Maßnahmen zur Bekämpfung des Klimawandels und zur Förderung einer nachhaltigen Entwicklung befasst. Im Kontext dieser Governance-Strukturen wird Klimapolitik nicht nur als nationale Angelegenheit betrachtet, sondern in einem vielschichtigen Rahmen, der internationale Abkommen, nationale Gesetzgebungen, regionale Initiativen und lokale Maßnahmen umfasst.

Die grundlegenden Herausforderungen des Klimawandels erfordern ein koordiniertes und integratives Vorgehen, da die Ursachen und Folgen des Klimawandels geografisch und temporär weitreichend sind. Der Klimawandel ist nicht nur ein Umweltproblem, sondern auch ein sozioökonomisches, das Auswirkungen auf Gesundheit, Ernährungssicherheit, Wasserressourcen und Biodiversität hat. Daher implizieren effektive Klimapolitiken eine enge Zusammenarbeit zwischen verschiedenen Akteuren, darunter Regierungen, Unternehmen, Nichtregierungsorganisationen und der Zivilgesellschaft.

Im internationalen Kontext ist das Pariser Abkommen von 2015 ein wegweisendes Beispiel für Klimagovernance. Es verpflichtet die Unterzeichnerstaaten, nationale Klimaschutzbeiträge (NDCs) festzulegen und regelmäßig zu aktualisieren, um die globale Erwärmung auf deutlich unter 2 Grad Celsius zu begrenzen. Die Verhandlungen und Vereinbarungen, die diesem Abkommen zugrunde liegen, verdeutlichen die Notwendigkeit eines mehrstufigen Ansatzes, der globale, nationale und lokale Maßnahmen integriert.

Auf nationaler Ebene manifestiert sich Klimapolitik durch Gesetzgebungen, die Emissionsstandards, Förderprogramme für erneuerbare Energien und Maßnahmen zur Energieeffizienz umfassen. In vielen Ländern sind zudem nationale Anpassungspläne entwickelt worden, die darauf abzielen, die Resilienz gegenüber den bereits spürbaren Auswirkungen des Klimawandels zu stärken. Die Herausforderung besteht darin, diese politischen Maßnahmen so zu gestalten, dass sie sowohl ökologisch wirksam

als auch sozial gerecht sind, um die Akzeptanz in der Bevölkerung zu gewährleisten und soziale Ungleichheiten zu vermeiden.

Ein weiterer Aspekt der Klimagovernance ist die Rolle von nichtstaatlichen Akteuren. Unternehmen, insbesondere in der Industrie und im Ener-
giebereich, spielen eine entscheidende Rolle bei der Umsetzung von Klimazielen. Viele Unternehmen haben freiwillige Nachhaltigkeitsziele gesetzt und setzen zunehmend auf transparente Berichterstattung über ihre
$CO2$-Emissionen. Zudem sind zivilgesellschaftliche Organisationen und
lokale Gemeinschaften oft Vorreiter bei innovativen Projekten zur Minderung von Treibhausgasemissionen und zur Anpassung an den Klimawandel.

Schließlich ist die Integration von Wissenschaft und Forschung in die
Klimapolitik von zentraler Bedeutung. Wissenschaftliche Erkenntnisse
liefern die notwendige Grundlage für evidenzbasierte Politiken und helfen dabei, die potenziellen Auswirkungen von Klimamaßnahmen zu bewerten. Interdisziplinäre Ansätze, die Umweltwissenschaften, Sozialwissenschaften und Wirtschaftswissenschaften kombinieren, sind entscheidend, um die Komplexität des Klimawandels zu verstehen und effektive
Lösungen zu entwickeln.

Klimapolitik und Umweltpolitik der Europäischen Union

Die Klimapolitik und Umweltpolitik der Europäischen Union (EU) sind
zentraler Bestandteil ihrer Governance-Strategien im Bereich des Umweltschutzes und der nachhaltigen Entwicklung. Diese Politiken sind
nicht nur entscheidend für die Bewältigung der Herausforderungen des
Klimawandels, sondern spiegeln auch die Verpflichtung der EU wider,
eine Vorreiterrolle im globalen Umweltschutz einzunehmen.

Die EU verfolgt eine integrierte Herangehensweise an die Klimapolitik,
die sich in verschiedenen politischen Rahmenwerken und Maßnahmen
manifestiert. Ein zentrales Element ist der Europäische Grüne Deal, der
2019 vorgestellt wurde. Dieser Deal zielt darauf ab, die EU bis 2050 klimaneutral zu machen und umfasst eine Vielzahl von Initiativen, die von
der Reduktion von Treibhausgasemissionen über den Übergang zu

erneuerbaren Energien bis hin zur Förderung nachhaltiger Mobilität reichen. Der Grüne Deal stellt eine umfassende Strategie dar, die auch soziale Dimensionen berücksichtigt, um die potenziellen negativen Auswirkungen auf Beschäftigung und Lebensqualität in den betroffenen Sektoren abzufedern.

Ein weiteres wichtiges Instrument der EU-Klimapolitik ist das Emissionshandelssystem (ETS), das 2005 eingeführt wurde. Dieses System ermöglicht es den Unternehmen, Emissionszertifikate zu handeln, was ökonomische Anreize zur Reduktion von Emissionen schafft. Durch die Festlegung eines Gesamtobergrenze für Emissionen und die schrittweise Reduzierung dieser Obergrenze soll eine marktorientierte Lösung zur Bekämpfung des Klimawandels gefördert werden. Das ETS hat sich als effektives Werkzeug zur Reduktion von CO2-Emissionen in der Industrie und im Energiesektor erwiesen.

Im Bereich der Umweltpolitik hat die EU eine Vielzahl von Richtlinien und Verordnungen erlassen, die den Schutz der natürlichen Ressourcen und die Förderung einer nachhaltigen Entwicklung zum Ziel haben. Dazu gehören die Wasserrahmenrichtlinie, die Richtlinie über die Umweltverträglichkeitsprüfung und die Biodiversitätsstrategie. Diese Richtlinien sind oft miteinander verknüpft und zielen darauf ab, ein kohärentes und umfassendes Umweltmanagement zu gewährleisten. Die EU hat sich auch verpflichtet, die Ziele der Agenda 2030 für nachhaltige Entwicklung der Vereinten Nationen umzusetzen, was eine weitere Dimension ihrer Umweltpolitik darstellt.

Die Governance-Strukturen der EU im Bereich Klima und Umwelt sind komplex und beinhalten sowohl supranationale als auch nationale Elemente. Die Europäische Kommission spielt eine zentrale Rolle bei der Initiierung und Umsetzung von Politiken, während der Rat der EU und das Europäische Parlament entscheidende Funktionen in der Gesetzgebung und der politischen Kontrolle übernehmen. Zudem sind die Mitgliedstaaten gefordert, nationale Maßnahmen zu ergreifen, die den EU-Vorgaben entsprechen, was oft zu Spannungen zwischen nationalen Interessen und europäischen Zielen führt.

Die Herausforderungen der Klimagovernance in der EU sind vielfältig. Dazu gehören die Notwendigkeit, einheitliche Standards zu setzen, unterschiedliche nationale Interessen zu berücksichtigen und die Integration von Umwelt- und Klimazielen in andere politische Bereiche wie Landwirtschaft, Verkehr und Energie zu gewährleisten. Darüber hinaus ist die EU in internationalen Verhandlungen, wie dem Pariser Abkommen, aktiv und versucht, globalen Einfluss auszuüben, um eine gemeinsame internationale Antwort auf den Klimawandel zu fördern.

Klimapolitik und Umweltpolitik der USA

Die Klimapolitik und Umweltpolitik der USA sind komplexe und dynamische Bereiche, die sowohl nationale als auch internationale Dimensionen berücksichtigen. Sie stehen im Kontext einer sich verändernden Umwelt- und Klimagovernance, die durch verschiedene Akteure, Institutionen und politische Rahmenbedingungen geprägt ist.

Historisch gesehen hat die USA eine ambivalente Rolle in der globalen Klimapolitik gespielt. Während sie in den 1970er Jahren mit der Gründung der Environmental Protection Agency (EPA) und der Verabschiedung wichtiger Umweltschutzgesetze wie dem Clean Air Act (1970) und dem Clean Water Act (1972) vorangegangen ist, hat sich die Haltung zur Klimapolitik in den folgenden Jahrzehnten verändert. Besonders auffällig war der Rückzug der USA aus dem Kyoto-Protokoll unter der Bush-Administration, was die internationale Zusammenarbeit zur Bekämpfung des Klimawandels stark beeinträchtigte.

Mit dem Amtsantritt von Präsident Barack Obama im Jahr 2009 kam es zu einem Wandel in der Klimapolitik. Obama setzte auf eine aggressive Agenda zur Reduzierung von Treibhausgasemissionen, die unter anderem durch die Einführung des Clean Power Plan und die Unterzeichnung des Pariser Abkommens von 2015 geprägt war. Letzteres zielte darauf ab, die globale Erwärmung auf deutlich unter 2 Grad Celsius über dem vorindustriellen Niveau zu begrenzen und fand breite internationale Unterstützung.

Die Klimapolitik der USA erlebte jedoch einen weiteren Rückschlag, als Donald Trump 2017 ankündigte, dass die USA aus dem Pariser Abkommen austreten würden. Dies führte zu einer verstärkten Fragmentierung der Klimagovernance, da viele Bundesstaaten und Städte, sowie private Akteure, wie Unternehmen und Nichtregierungsorganisationen, eigene Initiativen zur Reduktion von Emissionen einführten, um die nationalen Rückschritte auszugleichen. Diese Entwicklungen verdeutlichen, dass Klimagovernance zunehmend dezentralisiert und vielschichtig ist, wobei subnationale Akteure eine immer wichtigere Rolle spielen.

Mit der Wahl von Joe Biden im Jahr 2020 kehrte die USA zu einer proaktiven Klimapolitik zurück. Biden setzte sich das Ziel, die Treibhausgasemissionen bis 2030 um 50-52 % im Vergleich zu 2005 zu senken und strebt an, bis 2050 eine Netto-Null-Emission zu erreichen. Diese Ziele werden durch verschiedene Initiativen unterstützt, darunter Investitionen in erneuerbare Energien, Infrastrukturprojekte und die Förderung von Elektrofahrzeugen. Zudem wird die Rückkehr zum Pariser Abkommen und die Stärkung internationaler Klimaallianzen betont.

Die Umweltpolitik der USA ist ebenso von einem komplizierten Zusammenspiel zwischen Bund, Ländern und Kommunen geprägt. Während der Bund durch Gesetze und Regulierungen einen Rahmen schafft, haben viele Bundesstaaten eigene Umweltschutzgesetze, die oft strenger sind als die bundesstaatlichen Vorgaben. Dieses föderale System ermöglicht eine gewisse Flexibilität und Anpassungsfähigkeit, führt jedoch auch zu einem Flickenteppich von Standards und Vorschriften, die die nationale Effizienz der Klimapolitik beeinträchtigen können.

Klimapolitik und Umweltpolitik der Volksrepublik China

Die Klimapolitik und Umweltpolitik der Volksrepublik China sind zentrale Elemente der nationalen Governance und spielen eine entscheidende Rolle im globalen Kontext der Umwelt- und Klimagovernance. China, als das bevölkerungsreichste Land der Welt und zweitgrößte Volkswirtschaft, hat in den letzten Jahrzehnten ein bemerkenswertes Wirtschaftswachstum erlebt, das jedoch auch erhebliche Umweltprobleme mit sich brachte. Diese Herausforderungen haben die chinesische Regierung dazu veranlasst, umfassende Strategien zu entwickeln, um sowohl die Umwelt zu schützen als auch den Klimawandel zu bekämpfen.

Ein zentrales Merkmal der chinesischen Klimapolitik ist die Verknüpfung von wirtschaftlicher Entwicklung und ökologischer Nachhaltigkeit. China hat sich in den letzten Jahren verstärkt auf eine grüne Wachstumsstrategie konzentriert, die darauf abzielt, die Abhängigkeit von fossilen Brennstoffen zu reduzieren und den Anteil erneuerbarer Energien am Energiemix zu erhöhen. Im Rahmen des 13. Fünfjahresplans (2016-2020) und des 14. Fünfjahresplans (2021-2025) wurden konkrete Ziele festgelegt, um die CO_2-Emissionen pro Einheit des BIP bis 2025 um 18% im Vergleich zu 2020 zu reduzieren und den Anteil nicht-fossiler Energien am Gesamtenergieverbrauch auf 20% zu steigern.

Ein weiterer wichtiger Aspekt der Klimapolitik Chinas ist das Engagement in internationalen Klimaverhandlungen. China hat sich im Rahmen des Pariser Abkommens verpflichtet, bis 2030 seinen Höhepunkt an CO_2-Emissionen zu erreichen und bis 2060 klimaneutral zu werden. Diese Verpflichtung spiegelt nicht nur Chinas wachsende Verantwortung auf der globalen Bühne wider, sondern auch den Druck, den internationalen Gemeinschaften und Umweltorganisationen ausüben, um eine nachhaltige Entwicklung zu fördern. Die Umweltpolitik Chinas umfasst auch eine Vielzahl von gesetzlichen und administrativen Maßnahmen, die darauf abzielen, Umweltverschmutzung zu reduzieren und die ökologische Integrität zu schützen. Dazu zählen strengere Umweltgesetzgebungen, die Einführung von Emissionszertifikaten und die Förderung von umweltfreundlichen Technologien. Die chinesische Regierung hat zudem Initiativen zur Aufforstung und zur Bekämpfung der Wüstenbildung ins Leben gerufen, um die Biodiversität zu fördern und die Anpassungsfähigkeit an den Klimawandel zu stärken. Die Umsetzung dieser Politiken erfolgt jedoch nicht ohne Herausforderungen. Die Dezentralisierung der politischen Macht in China führt dazu, dass lokale Regierungen oft unterschiedlich auf Umweltvorschriften reagieren. Dies kann zu Inkonsistenzen in der Umsetzung von Umweltstandards führen. Zudem stehen wirtschaftliche Interessen häufig im Widerspruch zu ökologischen Zielen, da viele lokale Regierungen stark von industriellen Einnahmen abhängig sind.

Klimaschutz und Klimaschutzstrategie

Klimaschutz und Klimaschutzstrategien sind zentrale Elemente der Umwelt- und Klimagovernance, die darauf abzielen, die Erderwärmung zu begrenzen und die globalen Klimaziele zu erreichen. Klimaschutz umfasst Maßnahmen zur Reduktion von Treibhausgasemissionen (THG) sowie Strategien zur Anpassung an die bereits eingetretenen und künftig zu erwartenden klimatischen Veränderungen.

Die Notwendigkeit effektiver Klimaschutzstrategien wird durch die Erkenntnisse des Klimawandels untermauert, die durch zahlreiche wissenschaftliche Studien, wie die Berichte des Intergovernmental Panel on Climate Change (IPCC), belegt sind. Diese Berichte zeigen, dass menschliche Aktivitäten, insbesondere die Verbrennung fossiler Brennstoffe und Abholzung, zu einem signifikanten Anstieg der atmosphärischen CO_2-Konzentrationen geführt haben, was wiederum globale Temperaturerhöhungen zur Folge hat. Um die schwerwiegenden Folgen des Klimawandels, wie extreme Wetterereignisse, den Anstieg des Meeresspiegels und den Verlust von Biodiversität, zu verhindern, sind umfassende und koordinierte Ansätze erforderlich.

Im Rahmen der Umwelt- und Klimagovernance werden verschiedene Akteure, darunter Staaten, internationale Organisationen, Nichtregierungsorganisationen und die Zivilgesellschaft, in Entscheidungsprozesse einbezogen. Die Governance-Modelle reichen von verbindlichen internationalen Abkommen, wie dem Pariser Abkommen von 2015, bis hin zu nationalen und lokalen Initiativen. Das Pariser Abkommen, das die Begrenzung der globalen Temperaturerhöhung auf deutlich unter 2 °C im Vergleich zum vorindustriellen Niveau zum Ziel hat, setzt auf freiwillige nationale Klimaschutzbeiträge (Nationally Determined Contributions, NDCs), die regelmäßig überprüft und aktualisiert werden sollen.

Klimaschutzstrategien können in verschiedene Kategorien unterteilt werden: Emissionsminderungsstrategien, Anpassungsstrategien und Technologieförderung. Emissionsminderungsstrategien beinhalten Maßnahmen zur Effizienzsteigerung, den Wechsel zu erneuerbaren Energien, die Förderung nachhaltiger Verkehrssysteme und die Implementierung von CO_2-

Bepreisungssystemen. Anpassungsstrategien hingegen konzentrieren sich auf die Erhöhung der Resilienz von Gesellschaften gegenüber den unvermeidlichen Auswirkungen des Klimawandels, wie etwa durch den Bau von Hochwasserschutzanlagen oder die Entwicklung klimaresistenter Landwirtschaftspraktiken.

Ein weiterer wichtiger Aspekt der Klimaschutzstrategie ist die Einbeziehung von sozialen und wirtschaftlichen Faktoren. Eine erfolgreiche Klimagovernance berücksichtigt die Bedürfnisse und Perspektiven benachteiligter Gruppen, um sicherzustellen, dass der Übergang zu einer kohlenstoffarmen Wirtschaft gerecht gestaltet wird. Diese Integration von sozialen Aspekten in die Klimapolitik wird oft als „Just Transition" bezeichnet und ist entscheidend, um soziale Spaltungen und Widerstand gegen notwendige Veränderungen zu vermeiden.

Klimastress

Klimastress bezeichnet die vielfältigen physischen und psychischen Belastungen, die Individuen, Gemeinschaften und Ökosysteme durch die Auswirkungen des Klimawandels erfahren. Im Kontext von Umwelt- und Klimagovernance spielt Klimastress eine zentrale Rolle, da er nicht nur die Dringlichkeit und die Notwendigkeit von Maßnahmen zur Minderung des Klimawandels verdeutlicht, sondern auch die Komplexität der Herausforderungen, die mit der Anpassung an bereits unvermeidbare Veränderungen verbunden sind.

Umwelt- und Klimagovernance bezieht sich auf die politischen, rechtlichen und institutionellen Rahmenbedingungen, die das Management von Umweltressourcen und den Klimaschutz steuern. In den letzten Jahrzehnten hat sich die Governance zunehmend von rein staatlichen Akteuren hin zu einem vielschichtigen Netzwerk entwickelt, das auch nichtstaatliche Akteure, lokale Gemeinschaften und internationale Organisationen einbezieht. Diese Diversifizierung ist notwendig geworden, da Klimastress nicht nur in verschiedenen geografischen Regionen unterschiedlich ausgeprägt ist, sondern auch soziale, wirtschaftliche und kulturelle Dimensionen hat, die in die Governance-Strategien integriert werden müssen.

Klimastress manifestiert sich in Form von extremen Wetterereignissen, wie Dürren, Überschwemmungen oder Hitzewellen, die nicht nur die physische Umwelt, sondern auch die Lebensgrundlagen der Menschen und die Stabilität von Gesellschaften gefährden. Diese Belastungen führen zu einer erhöhten Vulnerabilität, insbesondere in einkommensschwachen Regionen, wo die Ressourcen für Anpassungsmaßnahmen oft begrenzt sind. Die Governance-Strukturen müssen daher nicht nur Maßnahmen zur Minderung der Treibhausgasemissionen implementieren, sondern auch Strategien zur Förderung der Resilienz entwickeln, um den Auswirkungen des Klimawandels entgegenzuwirken.

Ein wichtiger Aspekt der Klimagovernance ist die Berücksichtigung von Gerechtigkeitsfragen. Klimastress betrifft oft zuerst und am schwersten die am wenigsten verantwortlichen Akteure, wie indigene Gemeinschaften oder Länder mit geringer industrieller Entwicklung. Daher ist es entscheidend, dass Governance-Ansätze partizipativ sind und die Stimmen der am stärksten betroffenen Gruppen einbeziehen. Solche inklusiven Ansätze können dazu beitragen, soziale Spannungen zu reduzieren und die Effektivität von Anpassungsstrategien zu erhöhen.

Zusätzlich zu den sozialen Dimensionen von Klimastress ist auch die Rolle der Wissenschaft in der Umwelt- und Klimagovernance von Bedeutung. Wissenschaftliche Erkenntnisse über die Auswirkungen des Klimawandels und die Wirksamkeit von Anpassungsmaßnahmen sind entscheidend für die Entwicklung fundierter Politiken. Die Herausforderung besteht darin, wissenschaftliche Erkenntnisse in verständliche Informationen zu übersetzen, die Entscheidungsträger und die breite Öffentlichkeit erreichen. Dies erfordert eine enge Zusammenarbeit zwischen Wissenschaftlern, politischen Entscheidungsträgern und der Zivilgesellschaft.

Klimawandel

Der Klimawandel stellt eine der größten Herausforderungen des 21. Jahrhunderts dar und beeinflusst nicht nur die Umwelt, sondern auch soziale, wirtschaftliche und politische Strukturen weltweit. Im Kontext des Umwelt- und Klimagovernance ist es entscheidend zu verstehen, wie verschiedene

Akteure und Institutionen auf diese globale Krise reagieren und welche Mechanismen zur Minderung und Anpassung an den Klimawandel entwickelt wurden.

Klimagovernance bezieht sich auf die Gesamtheit der politischen, rechtlichen und institutionellen Rahmenbedingungen, die darauf abzielen, die Ursachen und Auswirkungen des Klimawandels zu steuern. Diese Governance wird durch internationale Abkommen, nationale Politiken, regionale Initiativen und lokale Maßnahmen geprägt. Ein zentrales Instrument der internationalen Klimagovernance ist das Pariser Abkommen von 2015, das die Staaten dazu verpflichtet, ihre Treibhausgasemissionen zu reduzieren und Maßnahmen zur Anpassung an die unvermeidlichen Folgen des Klimawandels zu ergreifen. Das Abkommen verfolgt das Ziel, die globale Erwärmung auf deutlich unter 2 °C über dem vorindustriellen Niveau zu begrenzen, wobei angestrebt wird, die Temperaturerhöhung auf 1,5 °C zu beschränken.

Die Effektivität der Klimagovernance hängt von verschiedenen Faktoren ab, darunter die Bereitschaft der Staaten zur Zusammenarbeit, die Verfügbarkeit finanzieller Ressourcen und technologische Innovationen. Ein zentrales Anliegen ist die Frage der Gerechtigkeit, insbesondere im Hinblick auf die unterschiedlichen Verantwortlichkeiten und Kapazitäten der Länder. Industrieländer, die historisch am meisten zur Erderwärmung beigetragen haben, stehen in der Verantwortung, Entwicklungsländer bei der Umsetzung nachhaltiger Praktiken zu unterstützen. Diese Unterstützung kann durch finanzielle Mittel, Technologietransfer und Kapazitätsaufbau erfolgen.

Auf nationaler Ebene verfolgen viele Länder eigene Klimaschutzstrategien, die oft in nationale Entwicklungspläne integriert sind. Diese Strategien müssen jedoch häufig mit anderen politischen Zielen, wie wirtschaftlicher Entwicklung, Armutsbekämpfung und sozialer Gerechtigkeit, in Einklang gebracht werden. Die Herausforderung besteht darin, eine integrative und kohärente Politik zu entwickeln, die sowohl Umwelt- als auch Entwicklungsziele berücksichtigt.

Ein weiterer wichtiger Aspekt der Klimagovernance ist die Rolle nichtstaatlicher Akteure, zu denen Unternehmen, Nichtregierungsorganisationen (NGOs) und Bürgerbewegungen gehören. Diese Akteure können
durch Advocacy, Innovationsförderung und die Schaffung von Bewusstsein einen erheblichen Einfluss auf politische Entscheidungen ausüben.
Initiativen wie die „Fridays for Future"-Bewegung oder die Zusammenarbeit zwischen Städten und Unternehmen im Rahmen von Netzwerken
wie C40 Cities belegen, dass der Druck aus der Zivilgesellschaft und der
Wirtschaft einen wesentlichen Beitrag zur Klimagovernance leisten kann.
Schließlich ist die wissenschaftliche Forschung ein unverzichtbarer Bestandteil der Klimagovernance. Sie liefert die notwendigen Daten und
Analysen, um fundierte Entscheidungen zu treffen und die Wirksamkeit
von Klimaschutzmaßnahmen zu evaluieren. Interdisziplinäre Ansätze
sind hierbei besonders wichtig, da der Klimawandel nicht nur eine Um-
welt- und Klimafrage ist, sondern auch soziale, wirtschaftliche und ge-
sundheitliche Dimensionen umfasst.

Klimawandelskepsis

Klimawandelskepsis, die als kritische oder ablehnende Haltung gegenüber der vorherrschenden wissenschaftlichen Einigung über den Klimawandel und dessen Ursachen verstanden werden kann, spielt eine bedeutende Rolle im Kontext der Umwelt- und Klimagovernance. Diese Skepsis ist oft geprägt von einem Misstrauen gegenüber wissenschaftlichen
Institutionen, der Politik und dem Handeln internationaler Organisationen. Sie kann sich in verschiedenen Formen äußern, von der Leugnung
der Existenz des Klimawandels bis hin zu einer abweichenden Interpreta-
tion der wissenschaftlichen Daten.

Im Rahmen der Umwelt- und Klimagovernance stellt Klimawandelskepsis eine erhebliche Herausforderung dar. Governance-Modelle, die darauf
abzielen, den Klimawandel zu bekämpfen und eine nachhaltige Entwicklung zu fördern, sind oft auf die breite Zustimmung der Öffentlichkeit angewiesen. Wenn jedoch ein signifikanter Teil der Bevölkerung skeptisch
ist, können politische Maßnahmen und internationale Vereinbarungen wie

das Pariser Abkommen auf Widerstand stoßen. Dies kann zu einer Verzögerung oder Abschwächung von politischen Initiativen führen, die notwendig sind, um die Treibhausgasemissionen zu reduzieren und die globalen Temperaturen zu stabilisieren.

Ein zentraler Aspekt der Klimawandelskepsis ist die Rolle der Kommunikation. Die Art und Weise, wie Informationen über den Klimawandel vermittelt werden, kann die öffentliche Wahrnehmung und das Vertrauen in wissenschaftliche Erkenntnisse beeinflussen. In vielen Fällen sind skeptische Argumente gut organisiert und nutzen soziale Medien, um ihre Botschaften zu verbreiten, was es schwieriger macht, eine fundierte öffentliche Diskussion zu führen. Die Wissenschaftskommunikation muss daher strategisch gestaltet werden, um Missverständnisse auszuräumen und das Vertrauen in die Wissenschaft zu stärken.

Darüber hinaus ist Klimawandelskepsis eng verknüpft mit wirtschaftlichen und politischen Interessen. In vielen Fällen sind skeptische Positionen von Akteuren getragen, die wirtschaftliche Vorteile aus fossilen Brennstoffen ziehen oder deren Geschäftsmodelle durch nachhaltige Politiken bedroht sind. Diese Interessenkonflikte beeinflussen die politische Agenda und können dazu führen, dass wichtige umweltpolitische Entscheidungen hinausgezögert oder verwässert werden.

Auf internationaler Ebene ist die Klimawandelskepsis ebenfalls präsent und kann die Zusammenarbeit zwischen Staaten behindern. Länder, die skeptische Regierungen haben, können sich weigern, international verbindliche Verpflichtungen einzugehen oder diese nicht ernsthaft umsetzen. Dies untergräbt die kollektiven Bemühungen zur Bekämpfung des Klimawandels und führt zu Spannungen im globalen Klimadiskurs.

Um die Herausforderungen der Klimawandelskepsis zu bewältigen, sind innovative Ansätze erforderlich, die auf Inklusion, Bildung und Dialog setzen. Die Förderung eines besseren Verständnisses der klimawissenschaftlichen Grundlagen und die Schaffung eines transparenten und vertrauensvollen Dialogs können dazu beitragen, die Kluft zwischen Skeptikern und Befürwortern einer aktiven Klimapolitik zu überbrücken. Eine effektive Umwelt- und Klimagovernance muss daher die Komplexität der sozialen, wirtschaftlichen und politischen Dynamiken berücksichtigen, die die Klimawandelskepsis fördern, und Strategien entwickeln, um diese Herausforderungen proaktiv anzugehen.

Klimaziele (2°C-Ziel)

Die Klimaziele, insbesondere das 2°C-Ziel, sind zentrale Elemente der globalen Klimapolitik und spielen eine entscheidende Rolle im Kontext der Umwelt- und Klimagovernance. Dieses Ziel wurde durch das Pariser Abkommen von 2015 formalisiert, das von nahezu allen Ländern der Welt unterzeichnet wurde. Das Hauptziel des Abkommens ist es, die globale Erderwärmung auf deutlich unter 2 °C über dem vorindustriellen Niveau zu begrenzen, mit dem Bestreben, die Erwärmung auf 1,5 °C zu beschränken.

Die wissenschaftliche Grundlage für das 2°C-Ziel basiert auf der Erkenntnis, dass ein Anstieg der globalen Durchschnittstemperatur um mehr als 2 °C schwerwiegende und irreversible Folgen für das Klima, die Biodiversität und die menschlichen Gesellschaften haben könnte. Zu den potenziellen Auswirkungen gehören häufigere und intensivere Extremwetterereignisse, der Anstieg des Meeresspiegels, das Verschwinden von Ökosystemen und eine Bedrohung der globalen Nahrungsmittel- und Wassersicherheit. Um diese Risiken zu minimieren, ist es erforderlich, die Treibhausgasemissionen drastisch zu reduzieren.

Im Kontext der Umwelt- und Klimagovernance ist das 2°C-Ziel nicht nur ein wissenschaftliches, sondern auch ein politisches und soziales Ziel. Governance-Modelle, die sich mit Klima- und Umweltfragen befassen, müssen mehrere Dimensionen berücksichtigen. Dazu gehören internationale Abkommen, nationale Politiken, regionale Initiativen und lokale Maßnahmen. Die multilaterale Zusammenarbeit ist dabei von zentraler Bedeutung, da Klimawandel ein globales Problem darstellt, das keine nationalen Grenzen respektiert.

Die Umsetzung des 2°C-Ziels erfordert ambitionierte Maßnahmen in allen Sektoren. Dies umfasst den Übergang zu erneuerbaren Energien, die Verbesserung der Energieeffizienz, die Förderung nachhaltiger Landwirtschaft und die Reduzierung von Emissionen im Verkehr. Zudem müssen auch soziale und wirtschaftliche Aspekte berücksichtigt werden, insbesondere die Berücksichtigung von Gerechtigkeitsfragen und den Bedürfnissen von vulnerablen Bevölkerungsgruppen.

Ein weiterer wichtiger Aspekt der Klimagovernance ist die Rolle von nichtstaatlichen Akteuren, wie NGOs, Unternehmen und zivilgesellschaftlichen Organisationen. Diese Akteure können durch Innovationen, Druck auf politische Entscheidungsträger und die Mobilisierung von öffentlichem Bewusstsein entscheidend zur Erreichung der Klimaziele beitragen. Die Integration dieser Akteure in die Governance-Strukturen kann die Effektivität und Legitimität von Klimamaßnahmen erhöhen.

Darüber hinaus ist die Anpassung der Governance-Frameworks an die sich verändernden wissenschaftlichen Erkenntnisse und gesellschaftlichen Herausforderungen erforderlich. Die Klimawissenschaft entwickelt sich ständig weiter, und neue Daten über die Auswirkungen des Klimawandels und die Wirksamkeit von Maßnahmen müssen in die politische Entscheidungsfindung einfließen. Dies erfordert eine dynamische und adaptive Governance, die in der Lage ist, auf neue Herausforderungen flexibel zu reagieren.

Kyoto-Protokoll

Das Kyoto-Protokoll, das 1997 in Kyoto, Japan, verabschiedet wurde, stellt einen bedeutenden Meilenstein in der internationalen Umwelt- und Klimagovernance dar. Es handelt sich um ein völkerrechtliches Abkommen, das im Rahmen der Rahmenkonvention der Vereinten Nationen über Klimaänderungen (UNFCCC) entstand. Das Hauptziel des Protokolls ist die Reduktion der Treibhausgasemissionen (THG) in industrialisierten Ländern und in Ländern mit Übergangswirtschaft, um den globalen Klimawandel zu bekämpfen.

Die wissenschaftliche Basis des Kyoto-Protokolls beruht auf den Erkenntnissen des Weltklimarats (IPCC), der die menschlichen Aktivitäten als Hauptursache für den Anstieg der globalen Temperaturen identifiziert hat. Die Erhöhung von Treibhausgasen, insbesondere Kohlendioxid (CO_2), Methan (CH_4) und Distickstoffmonoxid (N_2O), führt zu einer verstärkten Treibhauswirkung, die wiederum extreme Wetterereignisse, das Schmelzen von Gletschern und den Anstieg des Meeresspiegels zur Folge hat. Das Kyoto-Protokoll beabsichtigt, die Emissionen in den Industrieländern bis 2012 im Durchschnitt um 5,2 Prozent im Vergleich zu den Werten von 1990 zu reduzieren.

Ein zentrales Merkmal des Protokolls ist das Konzept der „verpflichtenden Emissionsziele". Die teilnehmenden Länder verpflichten sich, ihre Emissionen innerhalb eines festgelegten Zeitrahmens zu senken. Um diesen Zielen gerecht zu werden, wurden verschiedene Mechanismen eingeführt, darunter der Emissionshandel, die Clean Development Mechanism (CDM) und Joint Implementation (JI). Der Emissionshandel ermöglicht es Ländern, überschüssige Emissionszertifikate zu kaufen oder zu verkaufen, was eine kosteneffiziente Reduktion der Emissionen fördern soll. Der CDM und JI bieten Entwicklungsländern und Ländern mit Übergangswirtschaft die Möglichkeit, durch umweltfreundliche Projekte zur Emissionsreduktion Kredite zu erhalten, die dann von industrialisierten Ländern genutzt werden können, um ihre eigenen Emissionsziele zu erreichen.

Im Kontext der Umwelt- und Klimagovernance hat das Kyoto-Protokoll die internationale Zusammenarbeit in der Klimapolitik gefördert, indem es ein rechtliches Rahmenwerk für die Reduktion der Treibhausgasemissionen bereitstellt. Es hat auch dazu beigetragen, das Bewusstsein für die Notwendigkeit globaler Maßnahmen zur Bekämpfung des Klimawandels zu schärfen und den Dialog zwischen den Nationen über Klimafragen zu fördern. Allerdings war das Protokoll auch mit Herausforderungen konfrontiert, wie etwa dem Rückzug der USA und der unzureichenden Beteiligung von Schwellenländern, was die Effektivität der Vereinbarung in Frage stellte.

Die Erfahrungen und Lehren aus dem Kyoto-Protokoll mündeten schließlich in den Pariser Klimavertrag von 2015, der einen flexibleren Ansatz mit national festgelegten Beiträgen (NDCs) verfolgt und die Verpflichtung zur Begrenzung der globalen Erwärmung auf unter 2 Grad Celsius im Vergleich zu vorindustriellen Werten zum Ziel hat. Das Kyoto-Protokoll bleibt jedoch ein bedeutendes Beispiel für die Herausforderungen und Möglichkeiten der internationalen Klimagovernance und verdeutlicht die Notwendigkeit koordinierter globaler Anstrengungen zur Bekämpfung des Klimawandels.

Luftverschmutzung und deren Auswirkungen auf das globale Klima und Umwelt

Luftverschmutzung stellt ein bedeutendes globales Umweltproblem dar, das weitreichende Auswirkungen auf das Klima, die Umwelt und die menschliche Gesundheit hat. Sie wird hauptsächlich durch anthropogene Aktivitäten verursacht, darunter die Verbrennung fossiler Brennstoffe, industrielle Prozesse, Verkehr und Landwirtschaft. Die Freisetzung von Schadstoffen wie Feinstaub (PM10 und PM2.5), Stickoxiden (NOx), Schwefeldioxid (SO_2), Kohlenmonoxid (CO) und flüchtigen organischen Verbindungen (VOCs) führt nicht nur zu einer Verschlechterung der Luftqualität, sondern trägt auch erheblich zum Klimawandel bei.

Ein zentraler Mechanismus, durch den Luftverschmutzung das Klima beeinflusst, ist der Treibhauseffekt. Bestimmte Luftschadstoffe, insbesondere Kohlendioxid (CO_2), Methan (CH_4) und Lachgas (N_2O), haben die Fähigkeit, Wärme in der Erdatmosphäre zu speichern, was zu einer globalen Erwärmung führt. Darüber hinaus gibt es auch andere klimawirksame Stoffe, wie beispielsweise Rußpartikel, die als schwarze Kohlenstoffpartikel in die Atmosphäre gelangen. Diese Partikel können das Sonnenlicht absorbieren und somit zur Erwärmung der Atmosphäre beitragen, während sie gleichzeitig die Albedo (Reflexionsfähigkeit) von Schnee und Eis reduzieren, was zu einem beschleunigten Schmelzen in arktischen und antarktischen Regionen führt.

Die Auswirkungen der Luftverschmutzung auf die Umwelt sind vielfältig. Sie beeinträchtigt nicht nur die menschliche Gesundheit durch Atemwegserkrankungen, Herz-Kreislauf-Erkrankungen und vorzeitige Todesfälle, sondern schädigt auch Ökosysteme. Säureregen, der durch die Emission von SO_2 und NOx entsteht, kann Böden und Gewässer schädigen, die Flora und Fauna gefährden und die Biodiversität reduzieren. Darüber hinaus können die durch Luftverschmutzung verursachten Veränderungen in den klimatischen Bedingungen zu Extremwetterereignissen wie Dürren, Überschwemmungen und Stürmen führen, die wiederum die landwirtschaftliche Produktion und die Nahrungsmittelversorgung gefährden.

Im Kontext der Umwelt- und Klimagovernance ist die Bekämpfung der Luftverschmutzung von zentraler Bedeutung. Internationale Abkommen wie das Pariser Abkommen zielen darauf ab, die Treibhausgasemissionen zu reduzieren und die globale Erwärmung auf unter 2 °C über dem vorindustriellen Niveau zu begrenzen. Nationale und lokale Regierungen sind gefordert, klare Richtlinien und Maßnahmen zu entwickeln, um Emissionen zu minimieren, innovative Technologien zu fördern und den Übergang zu erneuerbaren Energiequellen zu beschleunigen. Die Implementierung strengerer Emissionsstandards für Industrie und Verkehr, die Förderung von öffentlichem Nahverkehr und Elektromobilität sowie die Entwicklung von grünen Städten sind wesentliche Schritte zur Verbesserung der Luftqualität und zur Minderung des Klimawandels.

Meeresspiegelanstieg und deren Auswirkungen
auf das globale Klima und Umwelt

Der Meeresspiegelanstieg ist eine der unmittelbarsten und besorgniserregendsten Folgen des Klimawandels, die sowohl ökologische als auch soziale Systeme weltweit beeinflusst. Er entsteht hauptsächlich durch zwei Prozesse: die thermische Ausdehnung von Meerwasser, das sich bei Erwärmung ausdehnt, und die Schmelze von Gletschern und Eisschilden, insbesondere in Grönland und der Antarktis. Laut dem Intergovernmental Panel on Climate Change (IPCC) wird ein Anstieg des Meeresspiegels von bis zu einem Meter bis zum Ende dieses Jahrhunderts als wahrscheinlich erachtet, was gravierende Konsequenzen für Küstenregionen und Inseln mit sich bringt.

Die Auswirkungen des Meeresspiegelanstiegs auf das globale Klima und die Umwelt sind vielschichtig. Erstens führt die Überflutung von Küstengebieten zu Verlusten an Lebensraum sowohl für Menschen als auch für viele Tier- und Pflanzenarten. Feuchtgebiete, die als Puffer gegen Sturmfluten und Erosion dienen, sind besonders gefährdet. Der Verlust solcher

Ökosysteme beeinträchtigt nicht nur die Biodiversität, sondern auch die Fähigkeit der Natur, Kohlenstoff zu speichern, was die globale Erwärmung weiter anheizen kann.

Zweitens kann die Versalzung von Grundwasser und landwirtschaftlichen Flächen, die durch den Anstieg des Meeresspiegels verursacht wird, die Nahrungsmittelproduktion gefährden. Viele Küstenregionen sind auf Landwirtschaft angewiesen, und der Verlust fruchtbarer Böden könnte zu Ernährungsunsicherheit führen. Dies hat nicht nur ökologische, sondern auch soziale Konsequenzen, da Bevölkerungsgruppen, die bereits anfällig sind, stärker unter den Folgen des Klimawandels leiden.

Im Kontext der Umwelt- und Klimagovernance stellt der Meeresspiegelanstieg eine erhebliche Herausforderung dar. Die internationale Gemeinschaft ist gefordert, Maßnahmen zu ergreifen, die sowohl die Ursachen des Klimawandels bekämpfen als auch Anpassungsstrategien für die betroffenen Regionen entwickeln. Die Agenda 2030 für nachhaltige Entwicklung und das Pariser Abkommen sind Beispiele für globale Rahmenbedingungen, die darauf abzielen, die Erderwärmung zu begrenzen und die Widerstandsfähigkeit gegen klimabedingte Risiken zu erhöhen.

Anpassungsstrategien können von der Schaffung von Schutzinfrastrukturen, wie Deichen und Barrieren, bis hin zur Förderung von nachhaltigen Landnutzungspraktiken reichen. Zudem ist eine integrierte Küstenzonenentwicklung erforderlich, die ökologische, soziale und wirtschaftliche Aspekte berücksichtigt. Die Einbindung lokaler Gemeinschaften in den Planungsprozess ist entscheidend, da sie oft über wertvolles Wissen bezüglich ihrer Umwelt und effektive Anpassungsmethoden verfügen.

Mitigation und Mitigationsmaßnahme

Mitigation, im Kontext der Umwelt- und Klimagovernance, bezieht sich auf Strategien und Maßnahmen, die darauf abzielen, die Ursachen des Klimawandels zu verringern, insbesondere durch die Reduzierung von Treibhausgasemissionen. Diese Konzepte sind von zentraler Bedeutung für die internationale Klimapolitik, insbesondere im Rahmen des Pariser Abkommens, das eine globale Antwort auf den Klimawandel fördern möchte. Mitigation umfasst eine Vielzahl von Ansätzen, die sowohl auf individueller als auch auf kollektiver Ebene umgesetzt werden können.

Ein zentraler Aspekt der Mitigation ist die Reduzierung der Emissionen aus verschiedenen Sektoren wie Energie, Verkehr, Industrie und Landwirtschaft. Dies kann durch den Übergang zu erneuerbaren Energien, die Verbesserung der Energieeffizienz, die Förderung nachhaltiger Verkehrssysteme und die Implementierung von kohlenstoffarmen Technologien erreicht werden. Eine wichtige Mitigationsmaßnahme ist beispielsweise der Ausbau der Nutzung von Solar- und Windenergie, um fossile Brennstoffe zu ersetzen. Auch die Aufforstung und Renaturierung von Ökosystemen spielen eine entscheidende Rolle, da sie CO2 aus der Atmosphäre absorbieren und gleichzeitig Biodiversität fördern.

Im Rahmen der Klimagovernance sind Mitigationsmaßnahmen oft mit der Entwicklung nationaler und internationaler Klimaschutzstrategien verbunden. Diese Strategien werden häufig durch rechtliche Rahmenbedingungen, wirtschaftliche Anreize und technologische Innovationen unterstützt. Regierungen, Unternehmen und zivilgesellschaftliche Organisationen arbeiten zusammen, um Ziele zur Emissionsreduktion festzulegen und deren Erreichung zu überwachen. Hierbei kommen Instrumente wie CO2-Steuern, Emissionshandelssysteme und Förderprogramme für grüne Technologien zum Einsatz.

Ein weiteres wichtiges Element der Mitigation sind die sozialen und wirtschaftlichen Implikationen der Maßnahmen. Die Umsetzung von Mitigationsstrategien kann sowohl positive als auch negative Auswirkungen auf verschiedene Bevölkerungsgruppen haben. Es ist daher entscheidend, dass Mitigationsmaßnahmen gerecht gestaltet werden, um soziale Ungleichheiten nicht zu verstärken. Der Begriff der „gerechten Transition" beschreibt den Prozess, durch den der Übergang zu einer kohlenstoffarmen Wirtschaft so gestaltet wird, dass er sowohl ökologische als auch soziale Gerechtigkeit berücksichtigt.

Montreal Protocol on Substances that Deplete the Ozone Layer (dt. Montreal-Protokoll Konvention zum Schutz der Ozonschicht)
Das Montreal-Protokoll über Stoffe, die die Ozonschicht abbauen, ist ein internationaler Vertrag, der 1987 in Montreal, Kanada, verabschiedet

wurde. Es wurde ins Leben gerufen, um die schädlichen Auswirkungen von ozonschichtabbauenden Substanzen, insbesondere Fluorchlorkohlenwasserstoffen (FCKWs), Halonen und anderen Chemikalien, zu bekämpfen. Diese Substanzen tragen zur Abnahme der Ozonschicht in der Stratosphäre bei, die die Erde vor schädlicher ultravioletter (UV) Strahlung schützt.

Im Kontext der Umwelt- und Klimagovernance stellt das Montreal-Protokoll ein herausragendes Beispiel für multilaterale Zusammenarbeit dar. Es ist eines der erfolgreichsten Umweltabkommen der Geschichte. Die Umsetzung des Protokolls zeigt, wie internationale Regulierungen effektiv gestaltet werden können, um grenzüberschreitende Umweltprobleme zu lösen. Die Tatsache, dass es fast universell ratifiziert wurde, mit über 197 Vertragsparteien, unterstreicht den globalen Konsens über die Notwendigkeit, die Ozonschicht zu schützen.

Das Protokoll ist in mehrere Phasen gegliedert, die es den Ländern ermöglichen, schrittweise ihre Produktion und Verwendung von ozonschichtabbauenden Stoffen zu reduzieren. Diese Flexibilität hat es auch Entwicklungsländern ermöglicht, ihren Übergang zu weniger schädlichen Alternativen behutsam zu gestalten, oft mit finanzieller und technischer Unterstützung durch entwickelte Länder. Das Montreal-Protokoll hat auch Mechanismen wie den Multilateralen Fonds etabliert, der dazu dient, Entwicklungsländern zu helfen, die Verpflichtungen des Protokolls zu erfüllen.

Ein wesentlicher Aspekt des Protokolls ist die Rolle von Wissenschaft und Technologie. Regelmäßige wissenschaftliche Bewertungen und Berichte, wie die des Wissenschaftlichen Bewertungsgremiums, informieren die Vertragsparteien über den Zustand der Ozonschicht und die Auswirkungen der getroffenen Maßnahmen. Diese evidenzbasierte Politikgestaltung ist ein zentrales Element der Umwelt- und Klimagovernance, da sie sicherstellt, dass Entscheidungen auf fundiertem Wissen und aktuellen Daten basieren.

Das Montreal-Protokoll hat nicht nur zur Erholung der Ozonschicht beigetragen, sondern auch positive Nebeneffekte auf das Klima. Viele der Stoffe, die unter das Protokoll fallen, sind auch potente Treibhausgase. Durch die Reduktion dieser Substanzen hat das Protokoll dazu beigetragen, den Anstieg der globalen Temperaturen zu verlangsamen und somit auch zur Bekämpfung des Klimawandels beigetragen.

Trotz dieser Erfolge stehen die Vertragsparteien des Protokolls weiterhin vor Herausforderungen, insbesondere im Hinblick auf die Entwicklung und den Einsatz alternativer Substanzen, die weniger schädlich sind. Die Einführung von neuen chemischen Verbindungen, wie beispielsweise Hydrofluorocarbons (HFCs), die zwar die Ozonschicht nicht abbauen, jedoch ein hohes Treibhauspotenzial besitzen, hat zu neuen Diskussionen und Regulierungsbedarfen geführt. In diesem Kontext wurde das Kigali-Amendement 2016 verabschiedet, das darauf abzielt, die Verwendung von HFCs zu reduzieren und somit die Synergien zwischen Ozon- und Klimaschutzmaßnahmen weiter zu stärken.

Nachhaltigkeit und Nachhaltigkeitsstrategie

Nachhaltigkeit ist ein vielschichtiges Konzept, das darauf abzielt, ökonomische, soziale und ökologische Bedürfnisse in Einklang zu bringen, um die Lebensqualität gegenwärtiger und zukünftiger Generationen zu sichern. In den letzten Jahrzehnten hat das Thema an Bedeutung gewonnen, insbesondere im Kontext der globalen Herausforderungen wie Klimawandel, Verlust der biologischen Vielfalt und Ressourcenknappheit. Eine Nachhaltigkeitsstrategie ist ein systematischer Ansatz, der darauf abzielt, diese Herausforderungen zu bewältigen, indem er klare Ziele und Maßnahmen definiert, um eine nachhaltige Entwicklung zu fördern.

Im Kontext der Umwelt- und Klimagovernance spielt die Nachhaltigkeitsstrategie eine zentrale Rolle. Umwelt- und Klimagovernance bezieht sich auf die Strukturen, Prozesse und Akteure, die an der Entscheidungsfindung und Umsetzung von Umwelt- und Klimapolitiken beteiligt sind. Diese Governance-Modelle können sowohl auf nationaler als auch auf internationaler Ebene existieren und umfassen sowohl staatliche als auch nichtstaatliche Akteure. Die Herausforderungen, die sich aus dem Klimawandel ergeben, erfordern koordinierte Anstrengungen auf verschiedenen Ebenen, um effektive Lösungen zu entwickeln und umzusetzen.

Eine erfolgreiche Nachhaltigkeitsstrategie im Rahmen der Umwelt- und Klimagovernance muss mehrere Schlüsselkomponenten berücksichtigen. Erstens ist die Integration von wissenschaftlichen Erkenntnissen in die Entscheidungsfindung unerlässlich. Politiken sollten auf fundierten Daten basieren, um die Auswirkungen menschlicher Aktivitäten auf die Umwelt zu verstehen und zu quantifizieren. Die Interdisziplinarität der Umweltwissenschaften, die Ökologie, Ökonomie und Sozialwissenschaften vereint, ist hierbei von großer Bedeutung.

Zweitens ist die partizipative Governance entscheidend. Die Einbeziehung verschiedener Interessengruppen, einschließlich der Zivilgesellschaft, der Wirtschaft und der indigenen Bevölkerungen, fördert die Akzeptanz und Legitimität von Maßnahmen zur Förderung der Nachhaltigkeit. Ein transparenter Dialog kann dazu beitragen, unterschiedliche Perspektiven und Bedürfnisse zu berücksichtigen und somit wirksamere und gerechtere Lösungen zu entwickeln.

Ein dritter wichtiger Aspekt ist die Berücksichtigung von Gerechtigkeitsfragen. Nachhaltigkeitsstrategien müssen sozial gerecht sein und sicherstellen, dass benachteiligte Gruppen nicht überproportional unter den negativen Folgen von Umwelt- und Klimapolitiken leiden. Konzepte wie Umweltgerechtigkeit und intergenerationale Gerechtigkeit sind hier von zentraler Bedeutung und sollten in die Entwicklung von Strategien integriert werden.

Darüber hinaus sind innovative Ansätze von großer Bedeutung. Technologische Entwicklungen und nachhaltige Praktiken in Bereichen wie Energie, Landwirtschaft und Abfallmanagement können dazu beitragen, die ökologischen Fußabdrücke zu reduzieren und Ressourcen effizienter zu nutzen. Die Förderung von Kreislaufwirtschaft, erneuerbaren Energien und nachhaltigen Konsummustern sind Beispiele dafür, wie durch Innovationen nachhaltige Ziele erreicht werden können.

Schließlich ist die Implementierung und Überwachung von Nachhaltigkeitsstrategien unerlässlich. Die Schaffung von messbaren Indikatoren zur Bewertung des Fortschritts sowie die regelmäßige Berichterstattung können helfen, die Effektivität von Maßnahmen zu überprüfen und gegebenenfalls Anpassungen vorzunehmen.

National Adaptation Programmes of Action (NAPA)

Die National Adaptation Programmes of Action (NAPA) sind ein bedeutendes Instrument im Kontext der internationalen Umwelt- und Klimagovernance, insbesondere im Hinblick auf die Anpassung an die Auswirkungen des Klimawandels in den am stärksten betroffenen Entwicklungsländern. NAPA wurden im Rahmen der UN-Klimarahmenkonvention (UNFCCC) ins Leben gerufen, um den spezifischen Anpassungsbedarfen dieser Länder Rechnung zu tragen und ihnen zu helfen, ihre Verwundbarkeit gegenüber den bereits spürbaren Auswirkungen des Klimawandels zu verringern.

Die NAPA-Initiative wurde 2001 auf der siebten Konferenz der Vertragsparteien (COP 7) in Marrakesch beschlossen. Ziel war es, den am wenigsten entwickelten Ländern (LDCs) einen strukturierten und systematischen Ansatz zur Identifizierung und Umsetzung von Anpassungsmaßnahmen zu bieten. Diese Programme sollen den Ländern helfen, ihre spezifischen Bedürfnisse und Prioritäten in Bezug auf Klimaanpassung zu formulieren und zu operationalisieren. Dies geschieht in einem partizipativen Prozess, der die lokale Bevölkerung, sowie verschiedene Interessengruppen und Entscheidungsträger einbezieht.

Ein zentrales Merkmal der NAPA ist die Betonung der Dringlichkeit. Im Gegensatz zu umfassenden Anpassungsstrategien, die oft langfristige Planungszeiträume erfordern, zielen NAPA darauf ab, kurzfristige Maßnahmen zu identifizieren, die schnell umgesetzt werden können. Dies ist besonders wichtig für Länder, die bereits unter den negativen Auswirkungen des Klimawandels leiden, wie etwa extreme Wetterereignisse, Nahrungsmittelunsicherheit oder den Anstieg des Meeresspiegels.

Die Programme enthalten typischerweise eine Analyse der nationalen Verwundbarkeit gegenüber klimatischen Veränderungen, eine Priorisierung von Anpassungsmaßnahmen und einen Umsetzungsplan. Darüber hinaus wird in den NAPAs häufig auf die Notwendigkeit verwiesen, bestehende nationale Entwicklungsstrategien und -pläne zu integrieren, um Synergien zu schaffen und die Effektivität der Maßnahmen zu erhöhen.

Im Kontext der globalen Umwelt- und Klimagovernance sind NAPAs ein entscheidender Bestandteil des multilateralen Rahmens zur Bekämpfung des Klimawandels. Sie fördern die Zusammenarbeit zwischen den Entwicklungsländern und den internationalen Gemeinschaften, da sie oft technische und finanzielle Unterstützung von verschiedenen Gebern und internationalen Organisationen benötigen. Der Zugang zu Klimafonds, wie dem Green Climate Fund, ist ein weiterer wichtiger Aspekt, der es diesen Ländern ermöglicht, die identifizierten Maßnahmen zu finanzieren und umzusetzen.

Allerdings stehen die NAPAs auch vor Herausforderungen. Die Umsetzung der identifizierten Maßnahmen hängt oft von der Verfügbarkeit finanzieller Mittel und technischer Unterstützung ab. Viele LDCs haben Schwierigkeiten, die notwendigen Ressourcen zu mobilisieren, um die in ihren NAPAs festgelegten Projekte durchzuführen. Darüber hinaus kann die mangelnde institutionelle Kapazität in vielen dieser Länder die effektive Umsetzung von Anpassungsmaßnahmen behindern.

Nationally Appropriate Mitigation Actions (NAMA)

Nationally Appropriate Mitigation Actions (NAMA) sind ein zentrales Konzept im internationalen Klimaschutz, das insbesondere im Rahmen der UN-Klimarahmenkonvention (UNFCCC) und des Pariser Abkommens an Bedeutung gewonnen hat. NAMAs beziehen sich auf Maßnahmen, die von Ländern ergriffen werden, um Treibhausgasemissionen zu reduzieren und gleichzeitig die nationalen Entwicklungsziele zu berücksichtigen. Sie sind somit ein integraler Bestandteil der globalen Klimagovernance und der Bemühungen um nachhaltige Entwicklung.

Das grundlegende Ziel von NAMAs besteht darin, den spezifischen nationalen Kontext zu berücksichtigen, in dem diese Maßnahmen umgesetzt werden. Dies bedeutet, dass jede NAMA auf die individuellen Bedingungen, Bedürfnisse und Prioritäten eines Landes zugeschnitten ist. Dabei können NAMAs sowohl sektorale Ansätze (z. B. im Energiesektor, im Verkehrssektor oder in der Landwirtschaft) als auch ganzheitliche nationale Strategien umfassen. Die Flexibilität von NAMAs ermöglicht es den

Ländern, unterschiedliche Ansätze zu wählen, die ihren jeweiligen Entwicklungsstand und ihre wirtschaftlichen Gegebenheiten widerspiegeln.

Ein zentrales Merkmal von NAMAs ist, dass sie nicht nur auf die Reduktion von Emissionen abzielen, sondern auch positive soziale und wirtschaftliche Effekte fördern sollen. Der Ansatz ist darauf ausgelegt, Synergien zwischen Klimaschutzmaßnahmen und der Erreichung von Entwicklungszielen zu schaffen. Beispielsweise können Maßnahmen zur Förderung erneuerbarer Energien nicht nur zur Reduktion von CO_2-Emissionen beitragen, sondern auch die Energieversorgungssicherheit erhöhen, Arbeitsplätze schaffen und die Luftqualität verbessern.

Im Rahmen der Klimagovernance spielen NAMAs eine bedeutende Rolle, da sie den nationalen Regierungen ermöglichen, Verantwortung zu übernehmen und ihre eigenen Beiträge zum globalen Klimaschutz zu gestalten. Dies geschieht oft im Rahmen von internationalen Finanzierungsmechanismen und technischen Unterstützungsprogrammen, die auf die Umsetzung von NAMAs abzielen. Länder können auf verschiedene Arten von Unterstützung zugreifen, darunter finanzielle Mittel, technologische Lösungen und Kapazitätsaufbau, um ihre NAMA-Initiativen erfolgreich umzusetzen.

Die Überwachung und Berichterstattung sind ebenfalls essentielle Aspekte von NAMAs. Um die Effektivität der Maßnahmen zu gewährleisten und Transparenz gegenüber der internationalen Gemeinschaft zu schaffen, sind Länder verpflichtet, regelmäßig über die Fortschritte ihrer NAMAs zu berichten. Diese Berichterstattung ist nicht nur wichtig für die Glaubwürdigkeit der nationalen Klimapolitik, sondern auch für die Schaffung eines globalen Rahmens zur Nachverfolgung der kollektiven Fortschritte im Klimaschutz.

Natur- und Umweltkatastrophe

Natur- und Umweltkatastrophen stellen gravierende Herausforderungen für Gesellschaften weltweit dar und sind eng mit den Konzepten der Umwelt- und Klimagovernance verknüpft. Diese Katastrophen können sowohl durch natürliche Prozesse, wie Erdbeben, Vulkanausbrüche,

Tsunamis und extreme Wetterereignisse, als auch durch menschliche Aktivitäten wie Abholzung, Verschmutzung und den Klimawandel verursacht oder verstärkt werden. Die Wechselwirkungen zwischen diesen Phänomenen und den Governance-Mechanismen sind entscheidend für das Verständnis der Resilienz von Gemeinschaften und der Fähigkeit, auf zukünftige Herausforderungen zu reagieren.

Umwelt- und Klimagovernance bezieht sich auf die politischen, rechtlichen und institutionellen Rahmenbedingungen, die auf die Regulierung und das Management von Umweltressourcen sowie auf die Bekämpfung des Klimawandels abzielen. Diese Governance-Ansätze sind entscheidend, um präventive Maßnahmen gegen Umweltkatastrophen zu entwickeln, Notfallpläne zu erstellen und die Wiederherstellung nach einer Katastrophe zu koordinieren.

Ein zentrales Element der Umweltgouvernance ist die Prävention. Durch die Implementierung von Strategien zur Risikominderung, wie z.B. besseres Stadt- und Raumplanung, nachhaltige Forstwirtschaft und der Schutz von Ökosystemen, können die negativen Auswirkungen von Naturkatastrophen erheblich verringert werden. Zudem spielt die Klimagovernance eine entscheidende Rolle, da der Klimawandel die Häufigkeit und Intensität von extremen Wetterereignissen, wie Hitzewellen, Überschwemmungen und Stürmen, erhöht. Politische Maßnahmen, wie die Reduktion von Treibhausgasemissionen und die Förderung erneuerbarer Energien, sind daher unerlässlich, um die Ursachen des Klimawandels zu adressieren und die Anpassungsfähigkeit von Gesellschaften zu stärken.

Die internationale Zusammenarbeit ist ein weiterer wichtiger Aspekt der Umwelt- und Klimagovernance. Globale Abkommen wie das Pariser Abkommen und die Agenda 2030 für nachhaltige Entwicklung betonen die Notwendigkeit einer gemeinsamen Verantwortung und einer koordinierten Reaktion auf Umwelt- und Klimafragen. Solche Vereinbarungen fördern den Wissensaustausch, die Bereitstellung finanzieller Mittel und technische Unterstützung, insbesondere für Entwicklungsländer, die oft am stärksten von Naturkatastrophen betroffen sind.

Dennoch stehen viele Governance-Strukturen vor Herausforderungen, wie unzureichender politischer Wille, mangelnde Ressourcen und unzureichende Implementierung von Richtlinien auf lokaler Ebene. Zudem können Interessenkonflikte zwischen verschiedenen Akteuren, wie Regierungen, Unternehmen und zivilgesellschaftlichen Organisationen, die Effektivität von Umwelt- und Klimagovernance beeinträchtigen. Eine integrative und partizipative Governance, die lokale Gemeinschaften in Entscheidungsprozesse einbezieht, kann jedoch die Resilienz gegenüber Naturkatastrophen erhöhen und die Anpassung an den Klimawandel fördern.

Naturkapital

Naturkapital bezeichnet die Gesamtheit der natürlichen Ressourcen und Ökosystemdienstleistungen, die die Umwelt bereitstellt und die für das Überleben und das Wohlbefinden der Menschheit unerlässlich sind. Dazu gehören nicht nur physische Ressourcen wie Wasser, Boden, Luft und biologische Vielfalt, sondern auch die ökologischen Prozesse, die das Funktionieren von Ökosystemen unterstützen. Im Kontext von Umwelt- und Klimagovernance gewinnt das Konzept des Naturkapitals zunehmend an Bedeutung, da es als Grundlage für nachhaltige Entwicklung und Entscheidungsfindung dient.

Umwelt- und Klimagovernance umfasst die politischen, rechtlichen und institutionellen Rahmenbedingungen, die darauf abzielen, Umweltressourcen zu schützen und den Klimawandel zu bekämpfen. Die Berücksichtigung des Naturkapitals in diesem Kontext erfordert ein Umdenken in der Art und Weise, wie wirtschaftliche Aktivitäten durchgeführt werden. Traditionell wurde der Wert von Naturressourcen oft nicht in die wirtschaftliche Planung einbezogen, was zu Übernutzung und Umweltzerstörung führte. Durch die Integration von Naturkapital in die Governance-Strategien können Regierungen und Unternehmen jedoch besser informierte Entscheidungen treffen, die sowohl die Umwelt als auch die Wirtschaft berücksichtigen.

Ein zentraler Aspekt der Naturkapitalbewertung ist die Quantifizierung der ökologischen Dienstleistungen, die von natürlichen Systemen bereitgestellt werden, wie zum Beispiel die Regulierung des Klimas, die Bereitstellung von Nahrung und Wasser, die Erhaltung der Biodiversität und die Förderung von Erholungsmöglichkeiten. Diese Dienstleistungen sind oft nicht monetär bewertet, was ihre Bedeutung in politischen Entscheidungsprozessen untergräbt. Die Entwicklung von Methoden zur Bewertung des Naturkapitals, wie z.B. die Erstellung von ökologischen Fußabdrücken oder die Anwendung von Umweltwirtschaftlichkeitsanalysen, kann dazu beitragen, den Wert der Natur in wirtschaftlichen und politischen Entscheidungsprozessen zu verankern.

Ein Beispiel für die Anwendung von Naturkapital in der Umwelt- und Klimagovernance ist das Konzept der „Naturbasierten Lösungen" (NbS), das Ansätze umfasst, die natürliche Systeme nutzen, um gesellschaftliche Herausforderungen wie Klimawandel, Wasserknappheit und Verlust der biologischen Vielfalt zu bewältigen. NbS können beispielsweise Aufforstung, Renaturierung von Feuchtgebieten oder die Schaffung von urbanen Grünflächen umfassen, die nicht nur zur Kohlenstoffbindung beitragen, sondern auch die Lebensqualität in Städten verbessern.

Die Umsetzung von Naturkapital in die Governance erfordert jedoch auch transdisziplinäre Ansätze, die die Zusammenarbeit zwischen Wissenschaftlern, Entscheidungsträgern, der Zivilgesellschaft und der Wirtschaft fördern. Nur durch einen integrativen Ansatz kann sichergestellt werden, dass alle relevanten Perspektiven und Kenntnisse in die Entscheidungsfindung einfließen. Darüber hinaus ist es wichtig, dass die internationalen Rahmenbedingungen, wie die Agenda 2030 für nachhaltige Entwicklung und das Pariser Abkommen, die Bedeutung des Naturkapitals anerkennen und konkrete Maßnahmen zur Förderung dessen nachhaltiger Nutzung und Erhaltung vorsehen.

Neo-Kolonialismus

Der Begriff Neo-Kolonialismus bezieht sich auf die fortdauernden Machtstrukturen und Einflussmechanismen, die ehemalige Kolonialmächte auf ihre ehemaligen Kolonien ausüben, oftmals in subtileren und weniger offensichtlichen Formen als während der direkten kolonialen Herrschaft. Im

Kontext der Umwelt- und Klimagovernance wird dieser Begriff besonders relevant, da sich die Dynamiken von Macht, Ressourcenverteilung und politischem Einfluss in einer globalisierten Welt manifestieren.

Umwelt- und Klimagovernance sind zentrale Themen der gegenwärtigen globalen Agenda, insbesondere in Anbetracht der drängenden Herausforderungen des Klimawandels und der ökologischen Krisen. Diese Governance-Frameworks sind häufig geprägt von einem Ungleichgewicht zwischen den globalen Nord- und Südländern. Die Länder des globalen Nordens, die historisch gesehen die Hauptverursacher von Treibhausgasemissionen sind, dominieren oft die internationalen Verhandlungen und Entscheidungsprozesse. Diese Dominanz zeigt sich beispielsweise in Institutionen wie der UN-Klimakonferenz (COP), wo die Interessen und Stimmen der Entwicklungsländer häufig marginalisiert werden.

Ein zentrales Merkmal des Neo-Kolonialismus im Kontext der Umwelt- und Klimagovernance ist die ungleiche Verteilung von Ressourcen und Macht. Entwicklungsländer, die oft am stärksten von den Auswirkungen des Klimawandels betroffen sind, verfügen über die geringsten Mittel, um sich anzupassen oder zu mitigieren. Gleichzeitig sind sie häufig Ziel von Investitionen und Projekten, die von internationalen Unternehmen oder Regierungen des globalen Nordens initiiert werden. Diese Projekte, die oft als „grüne" Initiativen bezeichnet werden, können jedoch problematische Auswirkungen haben, wie etwa Landgrabbing, ökologische Degradation oder die Vernichtung lokaler Gemeinschaften und deren Lebensgrundlagen.

Ein Beispiel für diese Dynamiken ist der Anstieg von sogenannten „Klimaprojekten", die in den Globalen Süden verlagert werden, um Emissionen zu kompensieren oder erneuerbare Energien zu fördern. Während diese Projekte potenziell positive ökologische Auswirkungen haben können, besteht die Gefahr, dass sie ohne angemessene Berücksichtigung der sozialen und kulturellen Kontexte durchgeführt werden. Lokale Gemeinschaften werden oft nicht ausreichend in Entscheidungsprozesse einbezogen, was zu Widerstand und sozialen Konflikten führen kann.

Darüber hinaus ist der Zugang zu Technologien und Wissen, die für die Bewältigung von Klimafragen notwendig sind, oft ungleich verteilt. Entwicklungsländer haben häufig nicht die finanziellen Mittel, um moderne, nachhaltige Technologien zu erwerben oder zu entwickeln. Diese Kluft verstärkt die Abhängigkeit von externen Akteuren, die möglicherweise nicht die Interessen der betroffenen Länder vertreten.

Ökosysteme

Ökosysteme sind komplexe, dynamische Systeme, die aus lebenden Organismen (Biota) und ihrer physischen Umgebung bestehen, einschließlich Luft, Wasser und Boden. Diese Systeme sind durch eine Vielzahl von biotischen (lebenden) und abiotischen (nicht lebenden) Faktoren geprägt, die in Wechselwirkungen stehen und die Lebensbedingungen für die Artenvielfalt und die ökologischen Prozesse bestimmen.

Im Kontext der Umwelt- und Klimagovernance sind Ökosysteme von zentraler Bedeutung, da sie nicht nur Lebensräume für eine Vielzahl von Spezies bieten, sondern auch entscheidende Dienstleistungen für den Menschen erbringen. Diese Ökosystemdienstleistungen lassen sich in vier Hauptkategorien unterteilen: Bereitstellungsdienste (z. B. Nahrung, Wasser, Holz), Regulierungsdienste (z. B. Klimaregulierung, Wasserreinigung), kulturelle Dienste (z. B. Erholungsraum, ästhetische Werte) und Unterstützungsdienste (z. B. Bodenbildung, Nährstoffkreisläufe).

Die Herausforderungen, die sich aus der globalen Erwärmung und dem Klimawandel ergeben, haben die Notwendigkeit einer effektiven Umwelt- und Klimagovernance hervorgehoben. Governance in diesem Kontext bezieht sich auf die Strukturen, Prozesse und Praktiken, durch die Entscheidungen über die Nutzung und den Schutz von Umweltressourcen getroffen werden. Angesichts der Multi-dimensionalität der Umweltprobleme ist eine integrative und kooperative Governance erforderlich, die verschiedene Akteure – von Regierungen über Unternehmen bis hin zu zivilgesellschaftlichen Organisationen – einbezieht.

Ein zentrales Konzept in der Umwelt- und Klimagovernance ist das der „Resilienz" von Ökosystemen. Resilienz beschreibt die Fähigkeit eines

Ökosystems, Störungen (wie Klimaveränderungen, Habitatverlust oder invasive Arten) zu widerstehen, sich anzupassen und sich zu regenerieren. Politische Strategien, die auf die Erhaltung und Förderung der Resilienz von Ökosystemen abzielen, können dazu beitragen, die negativen Auswirkungen des Klimawandels zu mindern. Dazu gehören Maßnahmen wie die Schaffung und Erhaltung von Naturschutzgebieten, die Förderung nachhaltiger Landnutzung sowie die Implementierung von ökologischen Wiederherstellungsprojekten.

Darüber hinaus erfordert die Klimagovernance ein besseres Verständnis der Wechselwirkungen zwischen Ökosystemen und dem Klima. Zum Beispiel spielen Wälder eine entscheidende Rolle im globalen Kohlenstoffkreislauf, indem sie CO2 aus der Atmosphäre aufnehmen und speichern. Die Zerstörung von Wäldern führt nicht nur zu einem Anstieg der Treibhausgase, sondern beeinträchtigt auch die Biodiversität und die Fähigkeit der Natur, sich an klimatische Veränderungen anzupassen.

Die Integration von Ökosystemdiensten in politische Entscheidungsprozesse ist ein weiterer wichtiger Aspekt der Umwelt- und Klimagovernance. Dies bedeutet, dass der Wert von Ökosystemen und ihrer Dienstleistungen in wirtschaftliche und politische Überlegungen einfließen sollte. Instrumente wie Umweltbewertungen, ökonomische Anreizsysteme und die Entwicklung nachhaltiger Märkte können dazu beitragen, die ökologischen Kosten von Entscheidungen zu berücksichtigen und den Schutz der Biodiversität zu fördern.

Our Common Future (dt. Brundtland-Bericht)

Der Brundtland-Bericht, offiziell bekannt als „Our Common Future", wurde 1987 von der Weltkommission für Umwelt und Entwicklung unter der Leitung von Gro Harlem Brundtland veröffentlicht. Dieses Dokument gilt als wegweisend für das Verständnis und die Diskussion von nachhaltiger Entwicklung im Kontext globaler Umwelt- und Klimagovernance. Der Bericht formulierte eine grundlegende Definition von nachhaltiger Entwicklung als eine Entwicklung, die „die Bedürfnisse der gegenwärtigen

Generationen befriedigt, ohne die Fähigkeit zukünftiger Generationen zu gefährden, ihre eigenen Bedürfnisse zu befriedigen".

Im Kontext der Umwelt- und Klimagovernance hat der Brundtland-Bericht mehrere entscheidende Impulse gegeben. Zunächst einmal betont er die Notwendigkeit eines integrativen Ansatzes, der ökologische, soziale und ökonomische Dimensionen miteinander verknüpft. Diese ganzheitliche Perspektive ist grundlegend für die Entwicklung von Politiken, die sowohl Umweltschutz als auch wirtschaftliche Entwicklung berücksichtigen.

Der Bericht hat auch die internationale Gemeinschaft dazu angeregt, die Herausforderungen des Klimawandels ernst zu nehmen. Er wies darauf hin, dass Umweltprobleme nicht isoliert betrachtet werden können, sondern in einem globalen Kontext von Armut, Ungleichheit und wirtschaftlicher Entwicklung stehen. Diese Einsicht führte zur Notwendigkeit von internationaler Zusammenarbeit und Governance-Mechanismen, um die globalen Herausforderungen des Klimawandels zu adressieren.

Ein bedeutender Aspekt des Berichts ist die Förderung der Partizipation aller Stakeholder – von Regierungen über Unternehmen bis hin zu zivilgesellschaftlichen Organisationen – in den Entscheidungsprozessen. Dies ist ein zentraler Punkt, um die Akzeptanz und Effektivität von Umwelt- und Klimapolitiken zu erhöhen. Der Brundtland-Bericht hat somit die Grundlage für die Entwicklung von globalen Initiativen gelegt, wie beispielsweise den Klimarahmenübereinkommen der Vereinten Nationen (UNFCCC) und dem Kyoto-Protokoll.

Darüber hinaus hat der Bericht auch das Konzept der „nachhaltigen Entwicklung" in nationale und internationale politische Agenden integriert. Er hat dazu beigetragen, dass die Agenda für nachhaltige Entwicklung in den 1990er Jahren und darüber hinaus in Form der Millenniums-Entwicklungsziele (MDGs) und später der Ziele für nachhaltige Entwicklung (SDGs) von 2015 gestärkt wurde. Diese Ziele zeigen auf, wie eng Umwelt- und Entwicklungsfragen miteinander verknüpft sind und erfordern umfassende Governance-Strukturen, die über nationale Grenzen hinweg wirken.

Ozonloch und Ozonschicht

Das Ozonloch und die Ozonschicht sind zentrale Komponenten der Erdatmosphäre, die sowohl für das Klima als auch für die Umwelt von entscheidender Bedeutung sind. Die Ozonschicht befindet sich in der Stratosphäre, etwa 10 bis 50 Kilometer über der Erdoberfläche, und spielt eine entscheidende Rolle beim Schutz des Lebens auf der Erde, indem sie die schädliche ultraviolette (UV) Strahlung der Sonne absorbiert. Ein Rückgang der Ozonschicht, insbesondere über der Antarktis, führte zur Entstehung des sogenannten Ozonlochs, das seit den 1980er Jahren beobachtet wird.

Die Hauptursache für den Abbau der Ozonschicht sind chemische Verbindungen, die Chlor und Brom enthalten, insbesondere in Form von Fluorchlorkohlenwasserstoffen (FCKW) und Halonen. Diese Substanzen wurden in vielen industriellen Anwendungen, darunter Kältemittel, Treibmittel in Sprühdosen und Lösungsmittel, eingesetzt. Wenn FCKWs in die Atmosphäre gelangen, werden sie durch UV-Strahlung zerlegt, wobei Chloratome freigesetzt werden, die dann in chemischen Reaktionen mit Ozon (O_3) interagieren und dieses abbauen. Der Prozess ist katalytisch, was bedeutet, dass ein einzelnes Chloratom mehrere Ozonmoleküle zerstören kann.

Im Kontext der Umwelt- und Klimagovernance wurde das Ozonloch zu einem symbolischen Beispiel für erfolgreiche internationale Zusammenarbeit. Das Montrealer Protokoll von 1987 stellte einen Wendepunkt dar, da es den globalen Einsatz von Ozon abbauenden Substanzen stark einschränkte. Diese Vereinbarung und ihre nachfolgenden Anpassungen führten zu einer signifikanten Reduzierung der FCKW-Produktion und -Verwendung. Wissenschaftliche Erkenntnisse über die Gefahren der Ozonschichtdepletion und die damit verbundenen ökologischen Risiken waren entscheidend für die Mobilisierung politischer Maßnahmen und die Schaffung eines globalen Regulierungsrahmens.

Die Erfolge des Montrealer Protokolls sind bemerkenswert und unterstreichen die Bedeutung von evidenzbasierter Politik und internationaler Kooperation. Studien zeigen, dass sich die Ozonschicht allmählich erholt und dass das Ozonloch voraussichtlich bis zur Mitte des 21. Jahrhunderts signifikant kleiner werden könnte, wenn die gegenwärtigen Trends weiterhin bestehen. Dies stellt einen wichtigen Fortschritt im Kampf gegen umweltbedingte Herausforderungen dar und bietet ein positives Beispiel für die internationale Gemeinschaft, wie durch koordinierte Maßnahmen Fortschritte im Umweltschutz erzielt werden können.

Dennoch bleibt die Governance der Ozonschicht und der damit verbundenen Chemikalien eine Herausforderung. Der Einfluss anderer Schadstoffe, wie z.B. Treibhausgase, die ebenfalls Folgen für die Ozonschicht haben können, erfordert eine integrierte Betrachtung von Klima- und Umweltpolitik. Die Wechselwirkungen zwischen Ozonabbau und Klimawandel sind komplex, da einige Ozonabbauprodukte auch als Treibhausgase wirken können. Daher ist eine umfassende Governance-Strategie erforderlich, die sowohl den Schutz der Ozonschicht als auch die Bekämpfung des Klimawandels in den Fokus nimmt.

Paris Agreement (dt. Pariser Abkommen)

Das Pariser Abkommen, das im Dezember 2015 auf der 21. Konferenz der Vertragsparteien (COP21) der UN-Klimarahmenkonvention (UNFCCC) in Paris verabschiedet wurde, stellt einen Meilenstein in der internationalen Umwelt- und Klimagovernance dar. Es zielt darauf ab, die globale Erwärmung auf deutlich unter 2 Grad Celsius über dem vorindustriellen Niveau zu begrenzen, wobei angestrebt wird, die Temperaturerhöhung auf 1,5 Grad Celsius zu beschränken. Diese Zielsetzungen sind vor dem Hintergrund der zunehmend spürbaren Auswirkungen des Klimawandels, wie extreme Wetterereignisse, Anstieg des Meeresspiegels und Verlust der Biodiversität, von zentraler Bedeutung.

Das Abkommen basiert auf einem hybriden Ansatz, der sowohl verbindliche als auch freiwillige Elemente kombiniert. Während die langfristigen Ziele des Abkommens rechtlich verbindlich sind, basiert die Umsetzung auf den national festgelegten Beiträgen (Nationally Determined Contributions, NDCs) der Staaten. Diese NDCs sind nicht nur ein Ausdruck der nationalen Ambitionen zur Emissionsreduktion, sondern auch ein Instrument zur Förderung von Transparenz und Verantwortlichkeit. Die Vertragsstaaten sind verpflichtet, ihre NDCs alle fünf Jahre zu aktualisieren und zu verstärken, was einen dynamischen Prozess der kontinuierlichen Verbesserung und des Lernens darstellt.

Ein zentrales Element des Pariser Abkommens ist die Betonung von Gleichheit und Differenzierung. Dies bedeutet, dass die Entwicklungsländer besondere Berücksichtigung finden, da sie oft am stärksten von den Folgen des Klimawandels betroffen sind, jedoch über begrenzte Ressourcen zur Minderung oder Anpassung verfügen. Das Abkommen enthält auch Verpflichtungen zur finanziellen Unterstützung, Technologietransfer und Kapazitätsaufbau für diese Länder, um deren Fähigkeit zur Umsetzung von Klimaschutzmaßnahmen zu stärken.

Die Governance-Struktur des Pariser Abkommens fördert eine Mischung aus verbindlicher und nicht-verbindlicher Regelung. Auf der einen Seite gibt es verbindliche Mechanismen zur Überprüfung und Berichterstattung über die Fortschritte der Länder, während auf der anderen Seite der Ansatz der „bottom-up"-Governance betont wird, der die Eigenverantwortung und die nationalen Prioritäten der Staaten in den Vordergrund stellt. Diese „bottom-up"-Strategie wird als ein Weg angesehen, um eine breitere Beteiligung und Engagement zu fördern, da die Staaten ihre eigenen NDCs in einem nationalen Kontext formulieren.

Ein weiterer innovativer Aspekt des Abkommens ist die Schaffung eines globalen „Stocktake"-Mechanismus, der alle fünf Jahre die kollektiven Fortschritte der Staaten bewertet. Dies soll sicherstellen, dass die globalen Anstrengungen zur Bekämpfung des Klimawandels im Einklang mit den festgelegten Zielen stehen und gegebenenfalls Anpassungen vorgenommen werden.

Rebound-Effekt

Der Rebound-Effekt ist ein zentrales Phänomen im Kontext von Umwelt- und Klimagovernance, das sich auf die potenziellen Rückwirkungen von Energie- und Ressourceneffizienzmaßnahmen auf den Gesamtverbrauch von Energie und Ressourcen bezieht. Grundsätzlich beschreibt der Rebound-Effekt, dass Einsparungen in einem Bereich durch erhöhten

Verbrauch in einem anderen Bereich teilweise oder vollständig kompensiert werden können.

Im Kern beruht der Rebound-Effekt auf dem wirtschaftlichen Prinzip, dass eine Senkung der Kosten für Energie oder Ressourcen zu einer erhöhten Nachfrage führen kann. Wenn beispielsweise eine Technologie entwickelt wird, die den Energieverbrauch in einem Produktionsprozess um 30 % senkt, könnte dies zwar kurzfristig zu einer Reduzierung des Energieverbrauchs führen. Langfristig könnten jedoch die gesunkenen Kosten die Unternehmen dazu anregen, ihre Produktion zu erhöhen oder neue Produkte zu entwickeln, die ebenfalls Energie verbrauchen, was letztlich zu einem Anstieg des Gesamtenergieverbrauchs führen kann.

Es gibt verschiedene Formen des Rebound-Effekts. Der direkte Rebound-Effekt tritt auf, wenn eine Effizienzsteigerung zu einer erhöhten Nutzung des gleichen Dienstes führt. Ein Beispiel hierfür wäre ein effizienterer Kühlschrank, der durch die Einsparungen möglicherweise häufiger geöffnet wird oder länger läuft. Der indirekte Rebound-Effekt hingegen bezieht sich auf die Effekte, die durch die Einsparungen in einem Bereich in anderen Bereichen ausgelöst werden, etwa wenn gesparte Energiekosten in andere Güter und Dienstleistungen investiert werden, die ebenfalls Ressourcen verbrauchen.

Im Kontext der Klimagovernance ist der Rebound-Effekt besonders relevant, da viele politische Maßnahmen zur Bekämpfung des Klimawandels darauf abzielen, die Energieeffizienz zu steigern, um den CO_2-Ausstoß zu reduzieren. Die Herausforderung besteht darin, dass die positiven Effekte dieser Maßnahmen durch Rebound-Effekte potenziell neutralisiert werden können. Dies stellt eine bedeutende Herausforderung für politische Entscheidungsträger dar, da sie sicherstellen müssen, dass Effizienzsteigerungen nicht nur kurzfristige Erfolge bringen, sondern auch langfristig zur Minderung der Treibhausgasemissionen beitragen.

Um den Rebound-Effekt zu berücksichtigen, sind in der Klimapolitik umfassendere Ansätze erforderlich. Dazu gehören Maßnahmen wie die Einführung von CO_2-Steuern oder Emissionshandelssystemen, die den Preis für den CO_2-Ausstoß erhöhen und somit Anreize schaffen, den

Gesamtverbrauch zu senken. Darüber hinaus sind auch institutionelle Rahmenbedingungen und gesellschaftliche Veränderungen notwendig, die einen nachhaltigeren Lebensstil fördern und den Druck auf Ressourcen mindern.

REDD+ Reducing Emissions from Deforestation and Forest Degradation
REDD+ (Reducing Emissions from Deforestation and Forest Degradation) ist ein internationales Rahmenwerk, das im Kontext der Klimagovernance entwickelt wurde, um den Verlust von Wäldern und die damit verbundenen Treibhausgasemissionen zu reduzieren. Diese Initiative ist Teil des größeren Klimaschutzansatzes der UNFCCC (United Nations Framework Convention on Climate Change) und zielt darauf ab, Wälder als bedeutende Kohlenstoffsenken zu erhalten und zu fördern.

Der Verlust von Wäldern, insbesondere in tropischen Regionen, ist eine der Hauptursachen für den Klimawandel. Schätzungen zufolge sind etwa 10-15% der globalen Treibhausgasemissionen auf Abholzung und Walddegradierung zurückzuführen. REDD+ zielt darauf ab, diese Emissionen zu verringern, indem es Anreize für Entwicklungsländer schafft, ihre Wälder zu schützen und nachhaltige Bewirtschaftungspraktiken zu implementieren. Der Zusatz „+" in REDD+ steht für die Erweiterung des ursprünglichen Konzepts um die Förderung nachhaltiger Waldbewirtschaftung und die Erhaltung der biologischen Vielfalt.

Im Rahmen von REDD+ werden verschiedene Maßnahmen gefördert, darunter die Verbesserung der Forstwirtschaft, die Unterstützung indigener Gemeinschaften, die Bekämpfung illegaler Abholzung sowie die Förderung von Aufforstungs- und Wiederaufforstungsprojekten. Um die Zielsetzungen von REDD+ zu erreichen, ist es notwendig, ein umfassendes Monitoring-System zu etablieren, das die Veränderungen der Waldflächen und die damit verbundenen Kohlenstoffemissionen genau erfasst. Moderne Technologien wie Satellitenbilder und Fernerkundung spielen dabei eine entscheidende Rolle.

Die Implementierung von REDD+ ist jedoch nicht ohne Herausforderungen. Im Kontext der Umwelt- und Klimagovernance müssen mehrere

Faktoren berücksichtigt werden. Dazu gehören die Schaffung eines klaren rechtlichen Rahmens, die Sicherstellung der Beteiligung der lokalen Bevölkerung und indigener Gemeinschaften sowie die Mobilisierung finanzieller Ressourcen. Ein zentrales Element ist die Frage der Gerechtigkeit: Es muss gewährleistet werden, dass die Vorteile der REDD+-Projekte fair verteilt werden und die Rechte der betroffenen Gemeinschaften respektiert werden.

Darüber hinaus ist die internationale Zusammenarbeit von großer Bedeutung. REDD+ wird durch verschiedene multilaterale Programme und Initiativen unterstützt, darunter das Green Climate Fund (GCF) und die Forest Carbon Partnership Facility (FCPF). Diese Institutionen bieten finanzielle Unterstützung und technisches Know-how, um Länder bei der Umsetzung von REDD+-Maßnahmen zu unterstützen.

Regierungsführung von Good Governance und Bad Governance
Regierungsführung, insbesondere im Kontext von Umwelt- und Klimagovernance, ist ein zentrales Thema in der aktuellen politischen und wissenschaftlichen Diskussion. Die Begriffe „Good Governance" und „Bad Governance" beschreiben unterschiedliche Ansätze und Praktiken, die erhebliche Auswirkungen auf die Effektivität von Umwelt- und Klimapolitiken haben können.

Good Governance bezieht sich auf ein System von Prinzipien und Prozessen, das Transparenz, Verantwortung, Partizipation, Effizienz und Rechtsstaatlichkeit fördert. In der Umwelt- und Klimagovernance bedeutet dies, dass Regierungen, Institutionen und Interessengruppen kooperativ arbeiten, um nachhaltige Lösungen für ökologische Herausforderungen zu entwickeln. Ein Beispiel für Good Governance im Bereich der Klimapolitik ist die Einbindung der Zivilgesellschaft und der lokalen Gemeinschaften in Entscheidungsprozesse. Hierdurch werden unterschiedliche Perspektiven berücksichtigt, was zu einer höheren Akzeptanz und Wirksamkeit von Umweltmaßnahmen führt. Good Governance fördert auch den Austausch von Wissen und Technologien, was für die Entwicklung innovativer Ansätze zur Bekämpfung des Klimawandels entscheidend ist.

Ein weiteres Merkmal von Good Governance ist die Fähigkeit, langfristige Strategien zu entwickeln und umzusetzen. Dies wird besonders wichtig, wenn es darum geht, sich auf die sich verändernden Bedingungen des Klimawandels einzustellen. Die Integration von wissenschaftlichen Erkenntnissen in politische Entscheidungen kann dazu beitragen, die Resilienz von Gesellschaften gegenüber umweltbedingten Risiken zu erhöhen. Zudem wird durch Good Governance die Rechenschaftspflicht von politischen Akteuren gestärkt, was Korruption und Missmanagement stark verringern kann. Dies ist besonders wichtig, da Ressourcen, die für den Umweltschutz vorgesehen sind, oft durch ineffektive oder korrupte Praktiken verloren gehen.

Bad Governance hingegen ist durch Intransparenz, Willkür, Korruption und unzureichende Partizipation gekennzeichnet. Solche Bedingungen führen häufig zu ineffizienten politischen Maßnahmen, die nicht den Bedürfnissen der Bevölkerung oder den Erfordernissen des Umwelt- und Klimaschutzes entsprechen. Ein Beispiel für Bad Governance ist die Missachtung der wissenschaftlichen Grundlagen bei der Entscheidungsfindung, was zu umweltschädlichen Projekten oder zur Vernachlässigung notwendiger Klimaschutzmaßnahmen führen kann. In vielen Fällen sind die am stärksten von Umweltschäden betroffenen Gemeinschaften auch die, die am wenigsten Einfluss auf politische Entscheidungen haben, was die Ungleichheit und soziale Spannungen verstärken kann.

Bad Governance kann auch Resultate zeigen, die über lokale und nationale Grenzen hinausgehen, etwa in Form von grenzüberschreitenden Umweltproblemen wie Luft- und Wasserverschmutzung oder dem Verlust von Biodiversität. In solchen Fällen ist eine internationale Zusammenarbeit erforderlich, die jedoch durch schlechte Regierungsführung auf nationaler Ebene erschwert werden kann. Der Mangel an vertrauenswürdigen Institutionen und klaren rechtlichen Rahmenbedingungen kann die Fähigkeit von Staaten, internationale Umweltverpflichtungen einzuhalten, erheblich beeinträchtigen.

Ressourcen

Ressourcen spielen eine zentrale Rolle im Kontext der Umwelt- und Klimagovernance, da sie sowohl die Grundlage für wirtschaftliche Aktivitäten als auch für die Erhaltung von Ökosystemen und deren Dienstleistungen bilden. Der Umgang mit natürlichen Ressourcen, wie Wasser, Boden, Luft und Biodiversität, ist entscheidend für die Entwicklung nachhaltiger Strategien zur Bewältigung von Umweltproblemen und zur Minderung des Klimawandels.

In der Umwelt- und Klimagovernance bezieht sich der Begriff „Ressourcen" nicht nur auf physische Materialien, sondern umfasst auch finanzielle Mittel, technologische Kapazitäten und menschliches Wissen. Die nachhaltige Bewirtschaftung dieser Ressourcen ist unerlässlich, um den Übergang zu einer kohlenstoffarmen und ressourcenschonenden Wirtschaft zu fördern. Dies erfordert koordinierte Anstrengungen auf globaler, nationaler und lokaler Ebene, da Umweltprobleme oft grenzüberschreitend sind und unterschiedliche Akteure involvieren.

Ein zentrales Konzept in der Ressourcenverwaltung ist das der „Nachhaltigkeit", das die Nutzung von Ressourcen definiert, die die Bedürfnisse der gegenwärtigen Generationen erfüllt, ohne die Fähigkeit zukünftiger Generationen zu gefährden, ihre eigenen Bedürfnisse zu befriedigen. Im Rahmen der Klimagovernance ist dies besonders wichtig, da der Klimawandel die Verfügbarkeit und Qualität vieler Ressourcen bedroht. Beispielsweise führt die Erderwärmung zu extremen Wetterereignissen, die die Wasserversorgung beeinträchtigen, während der Anstieg des Meeresspiegels landwirtschaftlich nutzbare Flächen reduziert.

Die Governance-Strukturen, die zur Verwaltung von Ressourcen entwickelt werden, müssen integrativ und partizipativ sein, um die verschiedenen Interessen von Stakeholdern zu berücksichtigen. Dazu gehören Regierungen, Unternehmen, Nichtregierungsorganisationen und lokale Gemeinschaften. Der Erfolg solcher Governance-Modelle hängt von der Schaffung von Anreizsystemen ab, die nachhaltige Praktiken fördern und den Zugang zu Ressourcen gerecht gestalten. Instrumente wie Emissionshandelssysteme, Umweltsteuern und Subventionen für erneuerbare Energien sind Beispiele für politische Maßnahmen, die entwickelt wurden, um nachhaltige Ressourcennutzung zu unterstützen.

Ein weiterer wichtiger Aspekt ist die Rolle der Wissenschaft und Technologie in der Ressourcenverwaltung. Innovationsprozesse, die auf Forschung und Entwicklung basieren, können neue Wege zur Nutzung und zum Schutz von Ressourcen bieten. Technologien wie präzise Landwirtschaft, erneuerbare Energien und effiziente Wasserbewirtschaftung sind entscheidend, um die Herausforderungen des Klimawandels zu bewältigen und die Resilienz von Ökosystemen zu stärken.

Ressourcenabbau

Der Ressourcenabbau spielt eine entscheidende Rolle in der globalen Wirtschaft, hat jedoch signifikante Auswirkungen auf Umwelt und Klima. Im Kontext der Umwelt- und Klimagovernance wird der Abbau von Rohstoffen, wie Mineralien, fossilen Brennstoffen und Waldressourcen, zunehmend als ein zentrales Thema betrachtet, das sowohl lokale als auch globale Herausforderungen mit sich bringt.

Ressourcenabbau ist oft mit einer Reihe von umweltschädlichen Praktiken verbunden, die zur Zerstörung von Ökosystemen, zur Verschmutzung von Wasser und Luft sowie zur Zersiedelung von Landschaften führen können. Die Extraktion von fossilen Brennstoffen, beispielsweise, trägt erheblich zu den globalen Treibhausgasemissionen bei, die den Klimawandel vorantreiben. Die Verbrennung von Kohle, Öl und Gas ist für einen Großteil der weltweit emittierten CO_2-Emissionen verantwortlich. Daher ist die Regulierung und der Übergang zu nachhaltigeren Energiequellen ein zentrales Anliegen in der Klimagovernance.

Ein weiterer Aspekt der Umwelt- und Klimagovernance ist die Berücksichtigung der sozialen Dimension des Ressourcenabbaus. Oft sind indigene Gemeinschaften und lokale Bevölkerungen direkt von den negativen Auswirkungen des Abbaus betroffen. Dies führt zu einem erhöhten Bedarf an partizipativer Governance, die die Stimmen dieser Gemeinschaften einbezieht. Die Berücksichtigung von Menschenrechten und sozialen Gerechtigkeitsfragen ist daher unerlässlich, um nachhaltige und gerechte Lösungen zu finden.

Im Rahmen internationaler Abkommen, wie dem Pariser Klimaabkommen, wird die Notwendigkeit betont, die Abhängigkeit von fossilen Brennstoffen zu reduzieren und auf erneuerbare Energiequellen umzusteigen. Die Rolle von Regierungen, Unternehmen und Zivilgesellschaft wird dabei immer wichtiger. Ein effektives Management der Ressourcen erfordert die Implementierung von Richtlinien, die sowohl den Umweltschutz als auch die wirtschaftliche Entwicklung fördern.

Zusätzlich müssen innovative Ansätze wie die Kreislaufwirtschaft in Betracht gezogen werden, um die Ressourcen effizienter zu nutzen und Abfälle zu minimieren. Diese Ansätze fördern die Wiederverwendung und das Recycling von Materialien, was nicht nur die Nachfrage nach neuen Rohstoffen reduziert, sondern auch die Umweltauswirkungen des Abbaus verringert.

Ressourcennutzung

Die Ressourcennutzung ist ein zentrales Thema im Kontext der Umwelt- und Klimagovernance, da sie eng mit der Erhaltung ökologischer Systeme, der Bekämpfung des Klimawandels und der Förderung nachhaltiger Entwicklung verbunden ist. Die Art und Weise, wie natürliche Ressourcen genutzt werden, hat weitreichende Implikationen für Umweltqualität, Biodiversität und soziale Gerechtigkeit.

Im wissenschaftlichen Diskurs wird Ressourcennutzung häufig durch den Begriff der „Nachhaltigkeit" geprägt, der auf die Fähigkeit abzielt, gegenwärtige Bedürfnisse zu decken, ohne die Möglichkeiten zukünftiger Generationen zu gefährden. Dabei spielen verschiedene Dimensionen eine Rolle: Ökonomische, soziale und ökologische Aspekte müssen in Einklang gebracht werden. Die Übernutzung von Ressourcen, wie fossilen Brennstoffen, Wasser, Boden und biologischer Vielfalt, hat zu gravierenden ökologischen Krisen geführt, darunter Klimawandel, Habitatverlust und Artensterben.

Umwelt- und Klimagovernance umfasst die politischen und institutionellen Rahmenbedingungen, die zur Regulierung der Ressourcennutzung und zum Schutz der Umwelt geschaffen werden. Diese Governance-

Mechanismen können auf verschiedenen Ebenen operieren – lokal, national und international. Ein Beispiel für international koordinierte Governance ist das Pariser Abkommen von 2015, das die globalen Anstrengungen zur Reduktion von Treibhausgasemissionen und zur Begrenzung der globalen Erwärmung auf unter 2 Grad Celsius fördern soll. Hierbei wird die Notwendigkeit betont, fossile Brennstoffe schrittweise abzubauen und auf erneuerbare Energien umzusteigen.

Ein zentrales Element der Ressourcennutzung im Rahmen der Umwelt- und Klimagovernance ist auch die Implementierung von Prinzipien wie dem „Vorsorgeprinzip" und dem „Prinzip der gerechten Verteilung". Diese Prinzipien fördern eine proaktive Herangehensweise an Umweltprobleme und streben eine gerechte Verteilung der Ressourcen und Lasten zwischen verschiedenen Gesellschaftsgruppen und Ländern an.

Zudem spielt die Rolle der nichtstaatlichen Akteure, wie Unternehmen, NGOs und Bürgerinitiativen, eine zunehmend wichtige Rolle in der Ressourcennutzung. Diese Akteure können durch innovative Ansätze, wie Kreislaufwirtschaft oder nachhaltige Beschaffung, zur Reduktion von Ressourcenverbrauch und zur Minimierung ökologischer Fußabdrücke beitragen. Eine solche Beteiligung kann die Effizienz der Governance-Mechanismen steigern und zu einer breiteren Akzeptanz von Umweltmaßnahmen führen.

Die Herausforderungen der Ressourcennutzung sind jedoch komplex und oft von Interessenkonflikten geprägt. Wirtschaftliche Interessen, politische Machtverhältnisse und soziale Ungleichheiten können die Umsetzung nachhaltiger Praktiken behindern. Daher ist es entscheidend, integrative Ansätze zu entwickeln, die alle Stakeholder einbeziehen und die Synergien zwischen Wirtschaftswachstum, sozialer Gerechtigkeit und Umweltschutz fördern.

Rio+20 Konferenz

Die Rio+20-Konferenz, offiziell als „Vereinte Nationen-Konferenz über nachhaltige Entwicklung" bekannt, fand vom 20. bis 22. Juni 2012 in Rio de Janeiro, Brasilien, statt. Diese Konferenz war eine bedeutende Nachfolgeveranstaltung der ersten Erdgipfelkonferenz von 1992, die als „Erdgipfel" bekannt wurde und den Grundstein für die internationale Umweltpolitik legte. Rio+20 hatte das Ziel, die Weltgemeinschaft auf einen nachhaltigen Entwicklungspfad zu führen, der ökologische, soziale und wirtschaftliche Dimensionen integriert.

Im Kontext der Umwelt- und Klimagovernance kann die Rio+20-Konferenz als ein kritischer Moment in der globalen Umweltpolitik betrachtet werden. Sie bot eine Plattform zur Neubewertung der Fortschritte, die seit dem ersten Erdgipfel erzielt wurden, und zur Identifizierung der Herausforderungen, die weiterhin bestehen. Ein zentrales Thema der Konferenz war die Entwicklung der „Grünen Wirtschaft", die als ein Modell beschrieben wurde, das sowohl das Wohlergehen der Menschen als auch den Schutz der Umwelt fördert, indem es die Abhängigkeit von fossilen Brennstoffen verringert und nachhaltige Ressourcennutzung fördert.

Ein wichtiger Aspekt der Rio+20-Konferenz war die Diskussion über den Rahmen für die nachhaltige Entwicklung nach 2015, der die Agenda für die Entwicklung und den Klimaschutz in den kommenden Jahren prägen sollte. Die Konferenz führte zu einer Vielzahl von Verpflichtungen und Initiativen, einschließlich des „Ziels für nachhaltige Entwicklung" (SDGs), das später in die Agenda 2030 für nachhaltige Entwicklung mündete. Diese Ziele zielen darauf ab, Armut zu bekämpfen, Ungleichheiten zu verringern und die Umwelt zu schützen, und sie stellen einen bedeutenden Fortschritt in der globalen Governance dar.

Die Konferenz verdeutlichte auch die Herausforderungen, die bei der Umsetzung von Umwelt- und Klimagovernance bestehen. Trotz der weitreichenden Diskussionen und der Verabschiedung von Erklärungen gab es Bedenken hinsichtlich der Umsetzung und der politischen Willensbildung der Mitgliedsstaaten. Die Uneinigkeit zwischen entwickelten und sich entwickelnden Ländern über Verantwortung, Finanzierung und Technologieübertragung stellte einen bedeutenden Hinderungsgrund dar. Diese Spannungen sind weiterhin ein zentrales Problem in den Verhandlungen über Klimaschutz und nachhaltige Entwicklung.

**Schmelzen der Gletscher und Eisschilde
und deren Auswirkungen auf das globale Klima und Umwelt**

Das Schmelzen der Gletscher und Eisschilde ist ein zentrales Thema in der aktuellen Klimaforschung und hat weitreichende Auswirkungen auf das globale Klima sowie auf die Umwelt. Gletscher und Eisschilde, die sich über Jahrtausende gebildet haben, speichern immense Mengen an Süßwasser und spielen eine entscheidende Rolle im globalen Klimasystem. Der Rückgang dieser Eismassen ist primär auf die globale Erwärmung zurückzuführen, die durch menschliche Aktivitäten, insbesondere die Emission von Treibhausgasen, vorangetrieben wird.

Die globale Temperatur hat sich seit der industriellen Revolution erheblich erhöht, was zu einem beschleunigten Schmelzen der Gletscher in verschiedenen Regionen der Erde führt. Besonders betroffen sind die Gletscher in den Polarregionen, wie in Grönland und der Antarktis, sowie in Hochgebirgen wie den Alpen und dem Himalaya. Das Schmelzen dieser Eismassen hat mehrere unmittelbare und langfristige Auswirkungen auf das globale Klima. Erstens führt der Verlust von Eis zu einem Anstieg des Meeresspiegels, der gravierende Folgen für Küstenregionen hat. Schätzungen zufolge könnte der Meeresspiegel bis zum Jahr 2100 um mehr als einen Meter steigen, was Millionen von Menschen in Küstengebieten gefährdet und zur Versalzung von Süßwasserressourcen führt.

Zweitens beeinflusst das Schmelzen der Gletscher die globalen Ozeanströme und damit das Klima in anderen Regionen. Die Süßwasserzufuhr durch schmelzendes Eis kann die Temperatur und den Salzgehalt der Ozeane verändern, was wiederum die thermohaline Zirkulation beeinträchtigen kann. Diese Strömungen sind entscheidend für das Klima in vielen Teilen der Welt, einschließlich Westeuropas, das auf den Golfstrom angewiesen ist, um ein vergleichsweise mildes Klima zu erhalten. Ein Zusammenbruch oder eine Veränderung dieser Strömungen könnte zu extremen Wetterereignissen, wie Hitzewellen oder starken Niederschlägen, führen.

Im Kontext der Umwelt- und Klimagovernance wird die Dringlichkeit, effektive Maßnahmen zur Bekämpfung des Klimawandels zu ergreifen, immer deutlicher. Internationale Abkommen wie das Pariser Abkommen zielen darauf ab, die globale Erwärmung auf deutlich unter 2 °C im Vergleich zum vorindustriellen Niveau zu begrenzen. Die Umsetzung solcher Vereinbarungen erfordert jedoch eine koordinierte Anstrengung zwischen Staaten, Unternehmen und der Zivilgesellschaft. Politische Maßnahmen müssen nicht nur die Reduktion von Treibhausgasemissionen fördern, sondern auch Strategien zur Anpassung an die bereits unvermeidlichen klimatischen Veränderungen beinhalten.

Darüber hinaus ist die lokale und globale Governance gefordert, um die Widerstandsfähigkeit von Gemeinschaften gegenüber den Auswirkungen des Klimawandels zu stärken. Dies umfasst Investitionen in nachhaltige Infrastruktur, den Schutz und die Wiederherstellung von Ökosystemen sowie die Förderung von Wissen und Bildung über den Klimawandel. Nur durch eine integrative und interdisziplinäre Herangehensweise an die Herausforderungen des Klimawandels kann eine nachhaltige Zukunft für kommende Generationen gesichert werden.

Schwellenländer

Schwellenländer, oft als Länder in der Übergangsphase von Entwicklungs- zu Industrieländern klassifiziert, spielen eine zentrale Rolle im Kontext der Umwelt- und Klimagovernance. Diese Staaten, zu denen Länder wie Brasilien, Indien, China und Südafrika zählen, stehen vor der Herausforderung, wirtschaftliches Wachstum und Entwicklung mit der Notwendigkeit zu vereinbaren, ökologische Nachhaltigkeit zu fördern und den Klimawandel zu bekämpfen.

Ein zentrales Merkmal von Schwellenländern ist ihr rasantes Wirtschaftswachstum, das häufig mit einer Zunahme von Industrieproduktion, Urbanisierung und einem steigenden Energiebedarf einhergeht. Diese Entwicklungen führen oft zu einer erhöhten Umweltbelastung, einschließlich Luft- und Wasserverschmutzung sowie einem erheblichen Anstieg der Treibhausgasemissionen. Laut Berichten des Intergovernmental Panel on Climate Change (IPCC) sind Schwellenländer für einen großen Teil der globalen Emissionen verantwortlich, was die Notwendigkeit unterstreicht, effektive Umwelt- und Klimagovernance-Strategien zu implementieren.

Die Herausforderungen in der Umwelt- und Klimagovernance in Schwellenländern sind vielschichtig. Oftmals fehlen die notwendigen Ressourcen, institutionellen Kapazitäten und rechtlichen Rahmenbedingungen, um umfassende Umweltstrategien zu entwickeln und umzusetzen. Korruption, politische Instabilität und soziale Ungleichheiten können ebenfalls Hindernisse darstellen. Zudem sind viele dieser Länder stark von fossilen Brennstoffen abhängig, was den Übergang zu nachhaltigeren Energiequellen erschwert.

Gleichzeitig bieten Schwellenländer auch Chancen für innovative Ansätze in der Umwelt- und Klimagovernance. Viele dieser Länder haben begonnen, in erneuerbare Energien zu investieren, die ihre Abhängigkeit von fossilen Brennstoffen verringern und gleichzeitig Arbeitsplätze schaffen können. Beispielsweise hat China massive Investitionen in Solar- und Windenergie getätigt und ist mittlerweile führend in der Herstellung von Solarpanelen. Diese Entwicklungen zeigen, dass Schwellenländer als Vorreiter in der globalen Energiewende fungieren können, wenn sie die richtigen politischen und wirtschaftlichen Rahmenbedingungen schaffen.

Internationale Kooperation spielt eine entscheidende Rolle in der Umwelt- und Klimagovernance von Schwellenländern. Abkommen wie das Pariser Klimaabkommen sind darauf ausgelegt, eine Plattform zu bieten, auf der Länder gemeinsam an der Reduzierung von Emissionen arbeiten können. Schwellenländer profitieren häufig von finanzieller und technischer Unterstützung durch entwickelte Länder, um ihre Klimaziele zu erreichen und nachhaltige Entwicklungsstrategien umzusetzen. Diese Zusammenarbeit kann durch den Austausch bewährter Praktiken, technologische Innovationen und den Zugang zu sauberer Technologie weiter gestärkt werden.

Stakeholder im Klima- und Unweltgovernance

Stakeholder im Kontext der Klima- und Umweltgovernance spielen eine entscheidende Rolle, da sie verschiedene Interessen, Perspektiven und Ressourcen einbringen, die für die Entwicklung und Umsetzung effektiver Umwelt- und Klimapolitiken unerlässlich sind. Die Konzepte der

Governance beziehen sich auf die Art und Weise, wie Entscheidungen getroffen und umgesetzt werden, und umfassen eine Vielzahl von Akteuren, darunter Regierungen, Unternehmen, Nichtregierungsorganisationen (NGOs), Wissenschaftler, Gemeinschaften und die Zivilgesellschaft.

Ein zentrales Merkmal der Klima- und Umweltgovernance ist die Multi-Actor- und Multi-Level-Struktur. Der Klimawandel und Umweltprobleme sind komplexe, globale Herausforderungen, die nicht an nationale Grenzen gebunden sind. Daher sind internationale Abkommen, wie das Pariser Abkommen, von entscheidender Bedeutung. Hierbei sind Staaten als Hauptakteure involviert, doch auch subnationale Akteure wie Städte und Regionen sowie supranationale Organisationen wie die Europäische Union spielen eine wachsende Rolle.

Ein wichtiger Aspekt der Stakeholder-Interaktion ist die Einbeziehung von wissenschaftlichen Erkenntnissen in den Entscheidungsprozess. Wissenschaftler und Forschungseinrichtungen tragen zur Entwicklung von Daten und Modellen bei, die das Verständnis der Auswirkungen des Klimawandels und der Umweltverschmutzung fördern. Diese Informationen sind entscheidend für die Gestaltung von Politiken, die sowohl effektiv als auch gerecht sind. Die Herausforderung besteht darin, sicherzustellen, dass wissenschaftliche Erkenntnisse in den politischen Entscheidungsprozess integriert werden und dass diese Informationen für alle Stakeholder zugänglich sind.

Die Rolle von Unternehmen als Stakeholder in der Klima- und Umweltgovernance wird zunehmend anerkannt, insbesondere im Kontext von Corporate Social Responsibility (CSR) und nachhaltigen Geschäftsmodellen. Unternehmen sind sowohl Verursacher als auch potenzielle Lösungsanbieter für Umweltprobleme. Durch die Implementierung umweltfreundlicher Praktiken können sie nicht nur ihre eigene Nachhaltigkeit verbessern, sondern auch einen positiven Einfluss auf ihre Lieferketten und die Gesellschaft insgesamt ausüben.

Nichtregierungsorganisationen (NGOs) und Umweltgruppen fungieren als wichtige Akteure, die oft als Sprachrohr für die Zivilgesellschaft agieren. Sie setzen sich für den Schutz der Umwelt ein, sensibilisieren die

Öffentlichkeit und üben Druck auf politische Entscheidungsträger aus, um umweltfreundliche Maßnahmen zu fördern. Die Zusammenarbeit zwischen NGOs, Regierungen und Unternehmen ist entscheidend, um integrative und nachhaltige Lösungen zu entwickeln.

Ein weiterer wichtiger Aspekt ist die Berücksichtigung der sozialen Dimension in der Klima- und Umweltgovernance. Die Auswirkungen des Klimawandels sind nicht gleichmäßig verteilt; vulnerable Gemeinschaften, insbesondere in Entwicklungsländern, sind oft am stärksten betroffen. Daher ist es wichtig, dass Stakeholder aus diesen Gemeinschaften in den Entscheidungsprozess einbezogen werden, um sicherzustellen, dass ihre Stimmen gehört werden und ihre Bedürfnisse berücksichtigt werden.

Starkregen und deren Auswirkungen auf das globale Klima und Umwelt
Starkregenereignisse sind ein zunehmend relevantes Phänomen im Kontext des globalen Klimawandels und stellen sowohl eine Herausforderung für die Umwelt als auch für das Management von Umwelt- und Klimafragen dar. Die Zunahme von Starkregen kann auf eine Vielzahl von Faktoren zurückgeführt werden, die im Zusammenhang mit der globalen Erwärmung stehen, insbesondere auf die erhöhte Verdunstungsrate und die gesteigerte Fähigkeit der Atmosphäre, Feuchtigkeit zu speichern. Laut den Klimamodellen wird erwartet, dass die Intensität und Häufigkeit von Starkregenereignissen in vielen Regionen der Welt zunehmen, was tiefgreifende Auswirkungen auf Ökosysteme, menschliche Siedlungen und die allgemeine Umwelt hat.

Die physikalischen Grundlagen von Starkregen sind eng mit der thermodynamik der Atmosphäre verknüpft. Mit steigenden Temperaturen erhöht sich die Fähigkeit der Luft, Wasserdampf zu halten; für jede Erhöhung der Temperatur um 1 Grad Celsius kann die Luft bis zu 7 Prozent mehr Wasserdampf aufnehmen. Dies führt dazu, dass Regenfälle intensiver werden, wenn sie auftreten, was zu Überflutungen, Erosion und anderen hydrologischen Problemen führt. In urbanen Gebieten, wo versiegelte Flächen die natürliche Wasseraufnahme verringern, können solche Ereignisse katastrophale Dimensionen annehmen.

Die ökologischen Auswirkungen von Starkregen sind vielschichtig. Überflutungen können nicht nur landwirtschaftliche Flächen schädigen und Ernteausfälle verursachen, sondern auch die Qualität von Wasserressourcen beeinträchtigen, indem sie Sedimente und Schadstoffe in Flüsse und Seen eintragen. Dies kann die Biodiversität in aquatischen Ökosystemen gefährden und die Wasserverfügbarkeit für Trink- und Bewässerungszwecke verringern. Zudem können Böden durch Erosion und Nährstoffauswaschung degradiert werden, was langfristige Folgen für die landwirtschaftliche Produktivität hat.

Im Kontext der Umwelt- und Klimagovernance erfordert die Zunahme von Starkregenereignissen ein Umdenken in der Planung und Umsetzung von Maßnahmen zur Risikominderung. Regierungen und Organisationen müssen Strategien entwickeln, die sowohl präventive als auch reaktive Ansätze umfassen. Dies kann durch die Integration von grüner Infrastruktur, wie beispielsweise Regenwassermanagement und nachhaltige Stadtentwicklung, geschehen. Solche Maßnahmen können helfen, die negativen Auswirkungen von Starkregen zu verringern, indem sie natürliche Wasserkreisläufe unterstützen und die Resilienz von Städten und ländlichen Gebieten erhöhen.

Des Weiteren ist die Einbeziehung von Wissenschaft und Forschung in die Entscheidungsfindung entscheidend. Die Entwicklung robuster Klimamodelle und die Durchführung von Risikoanalysen sind notwendig, um besser zu verstehen, wo und wie Starkregenereignisse auftreten könnten, und um geeignete Maßnahmen zur Anpassung zu ergreifen. Internationale Zusammenarbeit ist ebenfalls unerlässlich, da Klimawandel und seine Folgen, einschließlich Starkregen, keine nationalen Grenzen kennen. Globale Abkommen, wie das Pariser Abkommen, bieten einen Rahmen für die Zusammenarbeit in der Bewältigung dieser Herausforderungen.

Sustainable Development Goals (SDGs)

Die Sustainable Development Goals (SDGs), auch als Ziele für nachhaltige Entwicklung bekannt, wurden 2015 von den Mitgliedstaaten der Vereinten Nationen im Rahmen der Agenda 2030 für nachhaltige Entwicklung verabschiedet. Diese 17 Ziele stellen einen universellen Aufruf dar, die Armut zu beenden, den Planeten zu schützen und den Wohlstand für alle zu fördern. Im Kontext von Umwelt- und Klimagovernance spielen die SDGs eine entscheidende Rolle, da sie ein integriertes und umfassendes Rahmenwerk bieten, das ökologische Nachhaltigkeit, soziale Gerechtigkeit und wirtschaftliches Wachstum miteinander verknüpft.

Ein zentrales Ziel in diesem Zusammenhang ist das Ziel 13, welches sich direkt mit dem Klimawandel beschäftigt. Es fordert dringende Maßnahmen zur Bekämpfung des Klimawandels und seiner Auswirkungen. Dieses Ziel ist eng mit anderen SDGs verknüpft, insbesondere mit den Zielen 7 (Bezahlbare und saubere Energie), 11 (Nachhaltige Städte und Gemeinden) und 15 (Leben an Land). Die Wechselwirkungen zwischen diesen Zielen verdeutlichen, dass eine effektive Klimagovernance nicht isoliert betrachtet werden kann, sondern in einem breiteren Kontext von nachhaltiger Entwicklung und Umweltmanagement integriert werden muss.

Umwelt- und Klimagovernance im Rahmen der SDGs erfordert die Zusammenarbeit zwischen verschiedenen Akteuren, einschließlich Regierungen, Nichtregierungsorganisationen, der Privatwirtschaft und der Zivilgesellschaft. Diese Zusammenarbeit wird durch Governance-Strukturen gefördert, die Transparenz, Rechenschaftspflicht und Partizipation betonen. Solche Strukturen sind notwendig, um die ambitionierten Ziele der Agenda 2030 zu erreichen, insbesondere in Anbetracht der komplexen und oft miteinander verbundenen Herausforderungen, die durch den Klimawandel, den Verlust der biologischen Vielfalt und die Umweltverschmutzung entstehen.

Ein weiteres relevantes Ziel ist das Ziel 6, das sich mit der Verfügbarkeit und nachhaltigen Bewirtschaftung von Wasser und Sanitärversorgung beschäftigt. Wasserknappheit ist ein entscheidendes Problem, das sowohl die menschliche Gesundheit als auch die landwirtschaftliche Produktivität beeinträchtigt und somit einen direkten Einfluss auf die wirtschaftliche Entwicklung hat. Die Umsetzung dieses Ziels erfordert effektive Wasserressourcenmanagementstrategien, die sowohl technologische Innovationen als auch eine nachhaltige Nutzung der Wasserressourcen umfassen.

Die SDGs fördern auch die Mobilisierung von Finanzmitteln für nachhaltige Entwicklung, was im Kontext der Klimagovernance von großer Bedeutung ist. Ziel 17 betont die Notwendigkeit, die Mittel zur Umsetzung der SDGs zu stärken, einschließlich der Bereitstellung von Finanzmitteln für umweltfreundliche Projekte und Initiativen. Dies kann durch öffentliche Investitionen, private Finanzierung und internationale Kooperationen geschehen.

**Überflutung / Überschwemmung
und deren Auswirkungen auf das globale Klima und Umwelt**
Überflutungen und Überschwemmungen sind komplexe hydrologische Phänomene, die häufig durch extreme Wetterereignisse, wie Starkregen oder Sturmfluten, ausgelöst werden. Diese Ereignisse haben nicht nur sofortige Auswirkungen auf die menschliche Gesellschaft, sondern auch langfristige Konsequenzen für das globale Klima und die Umwelt. Die Zunahme der Häufigkeit und Intensität solcher Überschwemmungen wird zunehmend mit dem Klimawandel in Verbindung gebracht, der durch menschliche Aktivitäten, insbesondere durch die Emission von Treibhausgasen, vorangetrieben wird.

Das globale Klima beeinflusst die Hydrologie durch Veränderungen in den Niederschlagsmustern, Temperaturerhöhungen und das Abschmelzen von Gletschern. Diese Faktoren führen zu einer erhöhten Wahrscheinlichkeit von Überflutungen, insbesondere in Regionen, die bereits anfällig für extreme Wetterbedingungen sind. Die Erhöhung der globalen Temperaturen bewirkt zudem einen Anstieg des Meeresspiegels, der Küstengebiete und Flussmündungen zusätzlich gefährdet. Infolge dieser Entwicklungen können Überflutungen gravierende Auswirkungen auf die Umwelt haben, darunter die Zerstörung von Lebensräumen, die Beeinträchtigung der Biodiversität und die Verschmutzung von Wasserressourcen durch Schadstoffe und Abfälle.

Die Auswirkungen von Überschwemmungen auf die menschliche Gesellschaft sind ebenfalls gravierend. Sie führen oft zu Verlusten von Menschenleben, Zerstörung von Infrastrukturen, wirtschaftlichen Schäden und langfristigen sozialen und gesundheitlichen Problemen. Die Notwendigkeit, auf solche

Katastrophen zu reagieren, hat das Bewusstsein für Umwelt- und Klimagovernance geschärft. Dies umfasst Maßnahmen zur Risikominderung, Anpassungsstrategien sowie die Entwicklung von politischen Rahmenbedingungen, die sowohl lokale als auch globale Herausforderungen adressieren.

Umwelt- und Klimagovernance bezieht sich auf die institutionellen, politischen und gesellschaftlichen Prozesse, die darauf abzielen, Umweltprobleme und den Klimawandel zu steuern. Dies geschieht häufig durch internationale Abkommen, nationale Gesetze und lokale Initiativen. Ein Beispiel hierfür ist das Pariser Abkommen, das die Länder dazu verpflichtet, ihre Treibhausgasemissionen zu reduzieren und Maßnahmen zur Anpassung an den Klimawandel zu ergreifen. Hierbei spielt die Zusammenarbeit zwischen Regierungen, Nichtregierungsorganisationen und der Zivilgesellschaft eine entscheidende Rolle, um effektive Strategien zur Bewältigung der Herausforderungen durch Überflutungen und andere klimabedingte Risiken zu entwickeln.

Ein weiterer wichtiger Aspekt der Umwelt- und Klimagovernance ist die Integration von Wissenschaft und Forschung in die Entscheidungsprozesse. Die Entwicklung von Frühwarnsystemen, Risikomodellen und Anpassungsstrategien erfordert fundierte wissenschaftliche Erkenntnisse über die Ursachen und Folgen von Überschwemmungen. Zudem ist die Einbeziehung von traditionellen Wissenssystemen und lokalen Gemeinschaften von Bedeutung, um den spezifischen Kontext und die Bedürfnisse der betroffenen Regionen zu berücksichtigen.

Umwelt- und Klimastabilisierungsszenarien
Umwelt- und Klimastabilisierungsszenarien spielen eine zentrale Rolle im Kontext der Umwelt- und Klimagovernance, da sie die Grundlage für politische Entscheidungsfindungen und Maßnahmen zur Bewältigung der globalen Umweltkrisen bilden. Diese Szenarien beruhen auf interdisziplinären Ansätzen, die ökologische, ökonomische, soziale und technologische Dimensionen integrieren.
Im Wesentlichen zielen Umwelt- und Klimastabilisierungsszenarien darauf ab, die zukünftigen Entwicklungen von Klima- und Umweltsystemen

zu modellieren, um fundierte Vorhersagen über die Auswirkungen menschlichen Handelns und natürlicher Prozesse zu ermöglichen. Die Klimamodelle, die in diesen Szenarien verwendet werden, basieren auf komplexen mathematischen Gleichungen, die die Wechselwirkungen zwischen Atmosphäre, Ozeanen, Landoberflächen und dem gefrorenen Wasser der Erde simulieren. Diese Modelle berücksichtigen verschiedene Treibhausgasszenarien, die durch menschliche Aktivitäten wie Industrie, Verkehr und Landwirtschaft verursacht werden, sowie natürliche Prozesse wie Vulkanismus und Sonnenaktivität.

Die Governance-Ansätze, die zur Umsetzung von Umwelt- und Klimastabilisierungsszenarien erforderlich sind, sind vielfältig und reichen von internationalem Recht und Abkommen bis hin zu nationalen und lokalen Politiken. Ein Beispiel für internationale Klimagovernance ist das Pariser Abkommen von 2015, das die Staaten verpflichtet, ihre Treibhausgasemissionen zu reduzieren, um die Erderwärmung auf deutlich unter 2 Grad Celsius über dem vorindustriellen Niveau zu halten. Diese Verpflichtungen basieren auf wissenschaftlichen Erkenntnissen, die in den Berichten des Intergovernmental Panel on Climate Change (IPCC) zusammengefasst sind.

Ein zentrales Element der Klimagovernance ist die Förderung von Anpassungs- und Minderungsstrategien. Anpassungsstrategien umfassen Maßnahmen, die darauf abzielen, die Verwundbarkeit von Ökosystemen und menschlichen Gemeinschaften gegenüber den Auswirkungen des Klimawandels zu verringern. Dazu gehören beispielsweise der Bau von Deichen in Küstenregionen oder die Entwicklung klimaresistenter Pflanzen in der Landwirtschaft. Minderungsstrategien hingegen konzentrieren sich auf die Reduzierung der Treibhausgasemissionen durch den Einsatz erneuerbarer Energien, die Verbesserung der Energieeffizienz und die Förderung nachhaltiger Praktiken. Die Umsetzung dieser Strategien erfordert eine koordinierte und integrative Governance-Struktur, die verschiedene Akteure einbezieht, darunter Regierungen, Unternehmen, Nichtregierungsorganisationen und die Zivilgesellschaft. Der Erfolg von Umwelt- und Klimastabilisierungsszenarien hängt nicht nur von technischen Lösungen, sondern auch von der politischen Willensbildung, der öffentlichen Akzeptanz und der internationalen Zusammenarbeit ab.

Ein weiterer wichtiger Aspekt ist die Rolle von Wissenschaft und Forschung in der Klimagovernance. Wissenschaftliche Erkenntnisse sind entscheidend für die Entwicklung realistischer Szenarien und die Bewertung der Wirksamkeit von Maßnahmen. Die Interaktion zwischen Wissenschaft, Politik und Gesellschaft ist daher von zentraler Bedeutung, um robuste und adaptive Strategien zu entwickeln, die den Herausforderungen des Klimawandels gerecht werden.

Umweltschutzorganisationen

Umweltschutzorganisationen spielen eine zentrale Rolle im Kontext von Umwelt- und Klimagovernance, indem sie als Vermittler zwischen der Zivilgesellschaft, der Politik und der Wirtschaft fungieren. Diese Organisationen, die sowohl auf lokaler als auch auf globaler Ebene agieren, sind entscheidend für die Mobilisierung öffentlicher Unterstützung, die Förderung umweltfreundlicher Politiken und die Überwachung der Einhaltung von Umweltstandards.

Im Rahmen der Umwelt- und Klimagovernance sind Umweltschutzorganisationen oft an der Entwicklung und Umsetzung von politischen Strategien beteiligt. Sie tragen dazu bei, das Bewusstsein für Umweltprobleme zu schärfen, indem sie Informationen bereitstellen und Bildungsinitiativen durchführen. Ihre Forschung und Advocacy-Arbeit hilft, die Öffentlichkeit über die Auswirkungen menschlichen Handelns auf die Umwelt aufzuklären, beispielsweise über den Klimawandel, den Verlust der biologischen Vielfalt und die Verschmutzung.

Ein wichtiges Element der Umwelt- und Klimagovernance ist die Zusammenarbeit zwischen verschiedenen Akteuren, einschließlich Regierungen, Unternehmen und Nichtregierungsorganisationen (NGOs). Umweltschutzorganisationen arbeiten häufig in Netzwerken und Allianzen, um ihre Einflussmöglichkeiten zu maximieren. Diese kollektive Einflussnahme kann dazu beitragen, politische Entscheidungen zu beeinflussen und nachhaltige Entwicklungsziele voranzutreiben. Ein Beispiel hierfür ist die Rolle von NGOs bei internationalen Klimakonferenzen wie den UN-Klimakonferenzen (COP), wo sie als Berater und Interessenvertreter auftreten und dabei helfen, die Stimmen derjenigen zu vertreten, die von den Auswirkungen des Klimawandels betroffen sind.

Darüber hinaus spielen Umweltschutzorganisationen eine wichtige Rolle bei der Überwachung und Durchsetzung von Umweltgesetzen und -richtlinien. Sie können als „Wächter" fungieren, indem sie Missstände aufdecken, etwa durch Berichte über Umweltverschmutzung oder illegale Abholzung. Diese Funktionen sind entscheidend, um sicherzustellen, dass Regierungen und Unternehmen ihre Verpflichtungen zum Schutz der Umwelt einhalten. In vielen Fällen nutzen diese Organisationen rechtliche Mittel, um gegen Umweltvergehen vorzugehen und umweltfreundliche Praktiken zu fördern.

Ein weiterer Aspekt der Umweltschutzorganisationen im Kontext der Umwelt- und Klimagovernance ist ihre Fähigkeit, innovative Lösungen und Technologien zu fördern. Viele Organisationen engagieren sich in Forschungsprojekten, die auf nachhaltige Praktiken abzielen, sei es in der erneuerbaren Energie, der Abfallwirtschaft oder der nachhaltigen Landwirtschaft. Durch die Zusammenarbeit mit wissenschaftlichen Institutionen und der Wirtschaft können sie neue Ansätze entwickeln, die sowohl ökologisch als auch ökonomisch tragfähig sind.

**Umweltverschmutzung und deren Auswirkungen
auf das globale Klima und Umwelt**

Umweltverschmutzung ist ein komplexes und vielschichtiges Problem, das erhebliche Auswirkungen auf das globale Klima und die Umwelt hat. Sie umfasst eine Vielzahl von Schadstoffen, die durch menschliche Aktivitäten in die Umwelt gelangen, darunter Treibhausgase, Schwermetalle, Chemikalien und Plastikmüll. Diese Schadstoffe können die Luft, das Wasser und den Boden kontaminieren und haben sowohl lokale als auch globale Konsequenzen.

Einer der gravierendsten Aspekte der Umweltverschmutzung ist die Emission von Treibhausgasen, insbesondere Kohlendioxid (CO_2),

Methan (CH4) und Stickoxiden (NOx). Diese Gase entstehen hauptsächlich durch die Verbrennung fossiler Brennstoffe in der Industrie, im Verkehr und in der Energieerzeugung. Sie tragen zur globalen Erwärmung bei, indem sie die Fähigkeit der Erdatmosphäre erhöhen, Wärme einzufangen, was zu einem Anstieg der globalen Temperaturen führt. Dieser Temperaturanstieg hat weitreichende Folgen, darunter die Veränderung von Wettermustern, das Schmelzen von Gletschern und Polareis sowie den Anstieg des Meeresspiegels. Diese Veränderungen wiederum bedrohen Ökosysteme, die Biodiversität und die Lebensgrundlagen von Millionen von Menschen.

Die Auswirkungen der Umweltverschmutzung auf das Klima sind jedoch nicht nur auf die Erderwärmung beschränkt. Schadstoffe wie Feinstaub und Ozon können die Luftqualität erheblich beeinträchtigen, was zu gesundheitlichen Problemen wie Atemwegserkrankungen, Herz-Kreislauf-Erkrankungen und vorzeitigen Todesfällen führt. Diese gesundheitlichen Auswirkungen haben nicht nur individuelle Folgen, sondern belasten auch die Gesundheitssysteme und die Wirtschaft der betroffenen Länder.

Im Kontext der Umwelt- und Klimagovernance spielt die Regulierung der Umweltverschmutzung eine entscheidende Rolle. Regierungen, internationale Organisationen und nichtstaatliche Akteure arbeiten zusammen, um Richtlinien und Regelungen zu entwickeln, die darauf abzielen, die Emission von Schadstoffen zu reduzieren und den Übergang zu nachhaltigeren Praktiken zu fördern. Abkommen wie das Pariser Klimaschutzabkommen von 2015 sind Beispiele für internationale Anstrengungen, um die globale Erwärmung auf unter 2 Grad Celsius über dem vorindustriellen Niveau zu begrenzen und die Auswirkungen des Klimawandels zu mildern.

Ein effektives Umwelt- und Klimagovernance-System erfordert jedoch mehr als nur rechtliche Rahmenbedingungen. Es muss auch die Zusammenarbeit zwischen verschiedenen Akteuren auf lokaler, nationaler und internationaler Ebene fördern. Die Einbeziehung der Zivilgesellschaft, der Wirtschaft und der Wissenschaft ist entscheidend, um innovative Lösungen zu entwickeln und das Bewusstsein für Umweltfragen zu schärfen. Bildung und Öffentlichkeitsarbeit sind ebenfalls unerlässlich, um das Verständnis für die Zusammenhänge zwischen Umweltverschmutzung, Klimawandel und menschlichem Wohlstand zu fördern.

UN High Seas Treaty (dt.: UN-Vertrag zum Meeresschutz)

Der UN-Vertrag zum Meeresschutz, offiziell als „UN High Seas Treaty"
bekannt, stellt einen bedeutenden Fortschritt im internationalen Umwelt-
und Klimagovernance dar. Er wurde entwickelt, um die rechtlichen Rahmenbedingungen für den Schutz der Hochsee, die mehr als zwei Drittel
der Ozeane ausmacht und außerhalb nationaler Hoheitsgewässer liegt, zu
verbessern. Die Hochsee ist ein Bereich, der oft als „rechtsfreier Raum"
betrachtet wird, wo Umweltstandards und -regulierungen schwer durch-
zusetzen sind.

Der Vertrag wurde im Kontext des zunehmenden Drucks auf maritime
Ökosysteme und der dringenden Notwendigkeit, den Verlust der biologischen Vielfalt zu stoppen, initiiert. Die Hochsee ist ein Lebensraum für
viele einzigartige und oft bedrohte Arten, die durch Überfischung, Meeresverschmutzung, den Klimawandel und andere menschliche Aktivitäten
in ihrem Bestand gefährdet sind. Der UN-Vertrag zielt darauf ab, diese
Herausforderungen durch ein umfassendes rechtliches Regelwerk anzugehen, das die Erhaltung und nachhaltige Nutzung der Meeresressourcen
fördert.

Ein zentraler Aspekt des Vertrages ist die Schaffung von Meeresschutzgebieten (MPAs) in der Hochsee, die als wesentliche Maßnahme zur Erhaltung der marinen Biodiversität angesehen werden. Diese Schutzgebiete sollen gezielt Regionen umfassen, die ökologisch empfindlich sind
oder eine hohe biologische Vielfalt aufweisen. Die Etablierung solcher
MPAs erfordert eine internationale Zusammenarbeit und die Einigung auf
wissenschaftlich fundierte Kriterien für die Identifizierung und Einrichtung dieser Gebiete.

Darüber hinaus beinhaltet der UN High Seas Treaty Regelungen für die
Durchführung von Umweltverträglichkeitsprüfungen (UVP) bei Aktivitäten, die potenziell schädliche Auswirkungen auf die Meeresumwelt haben
könnten. Dies stellt sicher, dass vor der Genehmigung von Projekten, wie
z.B. der Tiefseebergbau oder der großflächigen Fischerei, die möglichen
ökologischen Folgen angemessen bewertet werden.

Im Kontext der globalen Klimagovernance spielt der UN-Vertrag ebenfalls eine wichtige Rolle. Die Ozeane sind entscheidend für das globale Klima, da sie große Mengen an Kohlenstoff speichern und als Puffer gegen Klimaveränderungen fungieren. Der Schutz der Hochsee ist somit nicht nur eine Frage der Biodiversität, sondern auch ein entscheidender Faktor im Kampf gegen den Klimawandel. Indem der Vertrag Maßnahmen zur Reduzierung der Meeresverschmutzung und zur Erhaltung von Kohlenstoffsenken in marinen Ökosystemen fördert, trägt er zur Erreichung internationaler Klimaziele bei.

UN-Generalversammlung

Die UN-Generalversammlung (UNGA) spielt eine zentrale Rolle in der globalen Umwelt- und Klimagovernance, indem sie als Forum dient, in dem die Mitgliedstaaten der Vereinten Nationen ihre Anliegen und Positionen austauschen können. Die UNGA ist eine der sechs Hauptorgane der UN und umfasst alle 193 Mitgliedstaaten. Sie trifft sich einmal jährlich in New York und bietet eine Plattform für Diskussionen zu einer Vielzahl von Themen, darunter auch Umwelt- und Klimafragen.

Im Kontext der Umwelt- und Klimagovernance hat die UNGA bedeutende Initiativen und Resolutionen hervorgebracht, die darauf abzielen, die internationale Zusammenarbeit zu fördern und verbindliche Maßnahmen zu ergreifen. Ein prägnantes Beispiel ist die Annahme der Agenda 2030 für nachhaltige Entwicklung im Jahr 2015, die 17 Ziele für nachhaltige Entwicklung (SDGs) umfasst. Ziel 13 befasst sich explizit mit Maßnahmen zum Klimaschutz und fordert die Mitgliedstaaten auf, dringend Maßnahmen zur Bekämpfung des Klimawandels und seiner Auswirkungen zu ergreifen.

Ein weiterer wichtiger Aspekt der UNGA im Bereich der Klimagovernance ist die Unterstützung und Koordination internationaler Abkommen wie des Pariser Abkommens von 2015. Bei den jährlichen Klimakonferenzen (COP) der UN-Klimarahmenkonvention (UNFCCC) wird die UNGA häufig als Plattform genutzt, um die Fortschritte bei der Umsetzung dieser Abkommen zu bewerten und neue Verpflichtungen zu diskutieren. Die Generalversammlung hat auch spezielle Themen wie die Bekämpfung der Meeresverschmutzung, den Verlust der biologischen Vielfalt und den Zugang zu sauberem Wasser und sanitären Einrichtungen hervorgehoben.

Darüber hinaus fördert die UNGA den Dialog zwischen verschiedenen Akteuren, einschließlich Regierungen, zivilgesellschaftlichen Organisationen und der Privatwirtschaft. Diese Multi-Stakeholder-Ansätze sind entscheidend, um innovative Lösungen zu entwickeln und die Umsetzung der Klimaziele zu beschleunigen. Die UNGA hat auch den Einfluss von Wissenschaft und Technologie auf die Umweltpolitik betont, indem sie die Zusammenarbeit zwischen Wissenschaftlern und politischen Entscheidungsträgern fördert.

Trotz ihrer Bedeutung steht die UNGA jedoch auch vor Herausforderungen. Die unterschiedlichen wirtschaftlichen und politischen Interessen der Mitgliedstaaten können zu Spannungen und Uneinigkeit führen, insbesondere in Fragen der Verantwortung und der Ressourcenverteilung. Die Debatten über Klimagerechtigkeit sind oft von Konflikten zwischen Industrie- und Entwicklungsländern geprägt, wobei letztere häufig die Forderungen nach finanzieller Unterstützung und technologischem Knowhow betonen.

United Nations Conference on the Human Environment (dt. Treibhausgasausstoß und Treibhausgasemissionen)

Die United Nations Conference on the Human Environment, auch bekannt als die Stockholm-Konferenz, fand im Juni 1972 in Stockholm, Schweden, statt und gilt als ein Meilenstein in der internationalen Umweltpolitik. Diese Konferenz war die erste ihrer Art, die sich umfassend mit Umweltfragen auf globaler Ebene befasste und die Notwendigkeit einer internationalen Zusammenarbeit zur Bewältigung von Umweltproblemen betonte. Im Kontext der Umwelt- und Klimagovernance spielt die Stockholm-Konferenz eine entscheidende Rolle, da sie den Grundstein für zahlreiche nachfolgende internationale Umweltabkommen legte.

Eines der zentralen Themen der Konferenz war das Verständnis der Wechselwirkungen zwischen menschlichen Aktivitäten und der Umwelt. In den 1970er Jahren begannen Wissenschaftler und Politiker, die Auswirkungen des industriellen Wachstums, der Urbanisierung und der Landnutzung auf natürliche Ökosysteme und das Klima zu erkennen. Die Konferenz führte zur Gründung des Umweltprogramms der Vereinten Nationen (UNEP), das als zentrale Institution für die Förderung globaler Umweltfragen dient.

Ein wichtiger Aspekt, der im Rahmen der Umwelt- und Klimagovernance hervorgehoben wurde, ist der Einfluss von Treibhausgasemissionen auf das Klima. Die Erkenntnis, dass menschliche Aktivitäten, insbesondere die Verbrennung fossiler Brennstoffe und die Abholzung von Wäldern, signifikante Mengen an Treibhausgasen – wie Kohlendioxid (CO_2) und Methan (CH_4) – freisetzen, war entscheidend für das Verständnis des anthropogenen Klimawandels. Die Debatte über den Treibhausgasausstoß und die Notwendigkeit, die Emissionen zu reduzieren, gewann an Bedeutung und führte zu einer Reihe von internationalen Initiativen.

Im Jahr 1992 fand die Konferenz der Vereinten Nationen über Umwelt und Entwicklung (UNCED) in Rio de Janeiro statt, auf der die UN-Klimarahmenkonvention (UNFCCC) verabschiedet wurde. Diese Konvention stellte einen weiteren bedeutenden Schritt in der globalen Klimagovernance dar und führte zur jährlichen Konferenz der Vertragsparteien (COP), die darauf abzielt, den internationalen Rahmen zur Bekämpfung des Klimawandels zu stärken.

Die Erkenntnisse der Stockholm-Konferenz und der darauf folgenden Abkommen haben dazu beigetragen, ein Bewusstsein für die Notwendigkeit einer nachhaltigen Entwicklung zu schaffen, die ökologische Integrität, soziale Gerechtigkeit und wirtschaftliches Wachstum miteinander verbindet. In den letzten Jahrzehnten wurde der Zusammenhang zwischen Treibhausgasemissionen, globaler Erwärmung und extremen Wetterereignissen immer deutlicher, was die Dringlichkeit einer effektiven Klimagovernance unterstreicht.

United Nations Convention on the Law of the Sea (UNCLOS) (dt. Seerechtsübereinkommen der Vereinten Nationen)

Das Seerechtsübereinkommen der Vereinten Nationen (UNCLOS), welches 1982 verabschiedet und 1994 in Kraft trat, stellt einen zentralen rechtlichen Rahmen für die Regulierung der Nutzung der Ozeane und ihrer Ressourcen dar. Es regelt nicht nur die territorialen Gewässer und die ausschließlichen Wirtschaftszonen (AWZ), sondern beinhaltet auch Bestimmungen, die für den Schutz der marinen Umwelt und die nachhaltige Nutzung der Meeresressourcen von entscheidender Bedeutung sind. In den letzten Jahrzehnten hat UNCLOS zunehmend an Bedeutung gewonnen, insbesondere im Kontext von Umwelt- und Klimagovernance.

Eines der wesentlichen Elemente von UNCLOS ist die Verpflichtung der Vertragsstaaten, ihre Aktivitäten auf See so zu gestalten, dass die marine Umwelt geschützt wird. Artikel 192 des Übereinkommens verpflichtet die Staaten, die marine Umwelt zu schützen und zu bewahren. Diese Bestimmung bildet die Grundlage für zahlreiche Initiativen zur Bekämpfung von Meeresverschmutzung, zum Schutz von Meereslebewesen und zur Erhaltung von Ökosystemen. Der Schutz der Ozeane ist besonders relevant in Anbetracht der Herausforderungen durch den Klimawandel, der zu einem Anstieg des Meeresspiegels, zur Versauerung der Ozeane und zu einem Rückgang der Biodiversität führt.

Ein weiterer wichtiger Aspekt von UNCLOS im Kontext der Klimagovernance ist die Regelung der Nutzung von Ressourcen in der AWZ, die sich bis zu 200 Seemeilen von der Küste erstreckt. Staaten haben das Recht, diese Gebiete wirtschaftlich zu nutzen, sind jedoch auch verpflichtet, diese Ressourcen nachhaltig zu bewirtschaften und den ökologischen Zustand der Meere zu erhalten. Die Überfischung und der Klimawandel stellen erhebliche Bedrohungen für die marine Biodiversität dar, und UNCLOS bietet einen rechtlichen Rahmen, um diesen Herausforderungen zu begegnen, indem es die Staaten verpflichtet, Maßnahmen zur Erhaltung der Fischbestände zu ergreifen.

Darüber hinaus fördert UNCLOS die internationale Zusammenarbeit beim Schutz der marinen Umwelt. Seine Bestimmungen ermutigen die

Staaten, gemeinsam an Lösungen für grenzüberschreitende Umweltprobleme zu arbeiten, was in Zeiten des Klimawandels besonders wichtig ist. Die Notwendigkeit einer kollektiven Reaktion auf ökologische Herausforderungen wird durch internationale Foren und Abkommen verstärkt, in denen UNCLOS als Grundlage dient.

Ein Beispiel für die Anwendung von UNCLOS im Bereich der Klimagovernance ist die Diskussion über die Schaffung von Meeresschutzgebieten (MPAs). UNCLOS bietet eine rechtliche Basis für die Einrichtung solcher Schutzgebiete, die wesentliche Lebensräume für marine Arten schützen und gleichzeitig die Resilienz der Ozeane gegenüber den Auswirkungen des Klimawandels stärken können. Initiativen zur Etablierung von MPAs sind in den letzten Jahren in den Vordergrund gerückt, und UNCLOS spielt eine Schlüsselrolle bei der Förderung der Zusammenarbeit zwischen den Staaten in diesem Bereich.

United Nations Convention to Combat Desertification (UNCCD) (dt. Übereinkommen der Vereinten Nationen zur Bekämpfung der Wüstenbildung in den von Dürre und/oder Wüstenbildung schwer betroffenen Ländern, insbesondere in Afrika)

Die United Nations Convention to Combat Desertification (UNCCD) wurde 1994 in Paris verabschiedet und trat 1996 in Kraft. Sie zielt darauf ab, Wüstenbildung und Landdegradierung in den von Dürre und Wüstenbildung stark betroffenen Ländern, insbesondere in Afrika, zu bekämpfen. Die Konvention ist ein zentrales Instrument der globalen Umwelt- und Klimagovernance und spielt eine entscheidende Rolle im Kontext der nachhaltigen Entwicklung.

Die UNCCD erkennt an, dass Wüstenbildung und Landdegradierung nicht nur Umweltprobleme sind, sondern auch erhebliche soziale und wirtschaftliche Auswirkungen haben. Diese Phänomene betreffen insbesondere die Lebensgrundlagen von Millionen von Menschen, die auf landwirtschaftliche Tätigkeiten angewiesen sind. Die Konvention fördert daher integrierte Ansätze zur Bekämpfung der Wüstenbildung, die Umwelt-, Wirtschafts- und Sozialaspekte berücksichtigen.

Im Rahmen der UNCCD müssen die unterzeichnenden Staaten nationale Aktionsprogramme entwickeln, um die Landnutzung zu verbessern und die Widerstandsfähigkeit von Ökosystemen zu erhöhen. Diese Programme sollen die Beteiligung der lokalen Bevölkerung sicherstellen und die traditionellen Wissenssysteme integrieren. Ein wichtiger Aspekt der UNCCD ist der Fokus auf die Rolle von Frauengruppen und indigenen Gemeinschaften, die oft besonders von den Folgen der Wüstenbildung betroffen sind.

Die Konvention ist auch eng mit den Zielen für nachhaltige Entwicklung (SDGs) verknüpft, insbesondere mit Ziel 15, das die nachhaltige Nutzung von Land und die Bekämpfung der Wüstenbildung zum Ziel hat. Durch die Umsetzung der UNCCD können Staaten nicht nur ihre Verpflichtungen zur Bekämpfung der Wüstenbildung erfüllen, sondern auch zur Erreichung der SDGs beitragen.

Im Kontext der Klimagovernance ist die UNCCD von zentraler Bedeutung, da der Klimawandel die Wüstenbildung und die Landdegradierung weiter verstärkt. Extreme Wetterereignisse, wie Dürreperioden und Überschwemmungen, haben direkte Auswirkungen auf die landwirtschaftliche Produktivität und die Verfügbarkeit von Wasserressourcen. Die UNCCD fördert daher einen integrativen Ansatz, der Klimaanpassungs- und Mitigationsstrategien mit Maßnahmen zur Bekämpfung der Wüstenbildung verbindet.

Darüber hinaus spielt die UNCCD eine bedeutende Rolle in internationalen Foren, indem sie die Themen Landdegradierung und nachhaltige Landnutzung in den globalen Diskurs einbringt. Sie arbeitet eng mit anderen internationalen Abkommen zusammen, wie der UN Framework Convention on Climate Change (UNFCCC) und dem Übereinkommen über die biologische Vielfalt (CBD), um Synergien zu schaffen und eine kohärente globale Umweltpolitik zu fördern.

United Nations Development Programme (UNDP) (dt. Entwicklungsprogramm der Vereinten Nationen)

Das Entwicklungsprogramm der Vereinten Nationen (UNDP) spielt eine zentrale Rolle in der globalen Umwelt- und Klimagovernance und ist bestrebt, nachhaltige Entwicklungsziele zu fördern, um Armut zu reduzieren und die Lebensqualität der Menschen weltweit zu verbessern. Gegründet im Jahr 1965, hat sich das UNDP zu einer der größten und umfassendsten Entwicklungsorganisationen der Welt entwickelt. Es arbeitet in über 170 Ländern und unterstützt Regierungen bei der Umsetzung von Projekten und Politiken, die auf die Erreichung der Ziele für nachhaltige Entwicklung (SDGs) ausgerichtet sind.

Im Kontext der Umwelt- und Klimagovernance fokussiert das UNDP auf die Integration von Umwelt- und Klimafragen in alle Bereiche der Entwicklung. Ein zentrales Anliegen ist die Förderung der Resilienz gegenüber Klimaveränderungen. Dies geschieht durch die Unterstützung von Maßnahmen, die sowohl Emissionen reduzieren als auch die Anpassungsfähigkeit von Gemeinschaften und Ökosystemen an die unvermeidlichen Auswirkungen des Klimawandels erhöhen. Das UNDP fördert beispielsweise die Implementierung von nationalen Klimapolitiken, die die Zielsetzungen des Pariser Abkommens unterstützen, und arbeitet an der Entwicklung von Strategien zur Minderung von Treibhausgasemissionen.

Ein bedeutendes Programm des UNDP in diesem Bereich ist das „Green Climate Fund" (GCF), das finanzielle Mittel für Projekte bereitstellt, die auf die Bekämpfung des Klimawandels abzielen. Das UNDP fungiert oft als Durchführungsorganisation für Projekte, die durch den GCF finanziert werden, und stellt sicher, dass diese Projekte sowohl umweltfreundlich als auch sozial gerecht sind. Dabei wird ein integrativer Ansatz verfolgt, der lokale Gemeinschaften in die Planung und Umsetzung von Projekten einbezieht, um sicherzustellen, dass die Lösungen nachhaltig und effektiv sind.

Darüber hinaus engagiert sich das UNDP in der Förderung von Biodiversität und nachhaltiger Nutzung von Ökosystemen. Durch Programme, die sich auf die Erhaltung der biologischen Vielfalt konzentrieren, arbeitet das UNDP daran, die Lebensräume und Artenvielfalt zu schützen, die für die menschliche Existenz und das Wohlergehen unerlässlich sind. Diese Bemühungen sind eng mit den Zielen der Agenda 2030 verbunden, die darauf abzielt, die ökologischen Grundlagen für eine nachhaltige Entwicklung zu sichern.

Ein weiterer wichtiger Aspekt der Arbeit des UNDP in der Umwelt- und Klimagovernance ist die Förderung von Partnerschaften. Das UNDP kooperiert mit verschiedenen Akteuren, darunter Regierungen, Zivilgesellschaft, private Sektoren und internationale Organisationen, um Synergien zu schaffen und Ressourcen effizient zu nutzen. Diese multidisziplinären Ansätze sind entscheidend, um die komplexen Herausforderungen des Klimawandels und der Umweltzerstörung effektiv zu bewältigen.

Die Rolle des UNDP in der Umwelt- und Klimagovernance ist somit vielschichtig und umfasst die Unterstützung von Regierungen bei der Entwicklung und Umsetzung von umweltpolitischen Rahmenbedingungen, die Förderung nachhaltiger Praktiken sowie die Mobilisierung von Finanzmitteln für klima- und umweltfreundliche Projekte. Angesichts der drängenden Herausforderungen des Klimawandels und der globalen Umweltkrise bleibt das UNDP ein Schlüsselakteur in der internationalen Gemeinschaft, der sich für eine nachhaltige und gerechte Zukunft einsetzt.

United Nations Environment Programme (UNEP)
(dt.: UN-Umweltprogramm)

Das United Nations Environment Programme (UNEP), gegründet im Jahr 1972, ist eine der bedeutendsten Institutionen der Vereinten Nationen, die sich mit globalen Umweltfragen beschäftigt. Es hat seinen Hauptsitz in Nairobi, Kenia, und spielt eine zentrale Rolle in der internationalen Umweltpolitik und -governance. UNEP hat die Aufgabe, die weltweite Umweltpolitik zu fördern und die Umsetzung nachhaltiger Entwicklungsziele zu unterstützen. Dies geschieht durch die Bereitstellung von wissenschaftlichen Erkenntnissen, die Förderung von umweltfreundlicher Politik sowie die Zusammenarbeit mit Regierungen, internationalen Organisationen und der Zivilgesellschaft.

Im Kontext der Umwelt- und Klimagovernance hat UNEP mehrere wichtige Funktionen. Erstens ist UNEP ein Schlüsselakteur bei der Koordinierung internationaler Umweltabkommen. Es unterstützt Staaten dabei, ihre Verpflichtungen aus globalen Abkommen wie dem Pariser Klimaabkommen oder dem Übereinkommen über die biologische Vielfalt (CBD) zu erfüllen. UNEP stellt die notwendigen wissenschaftlichen Informationen bereit, um Entscheidungsprozesse zu unterstützen und die Umsetzung von Umweltmaßnahmen zu fördern.

Zweitens fördert UNEP die Entwicklung und Umsetzung von umweltpolitischen Rahmenbedingungen auf nationaler und regionaler Ebene. Es bietet technische Unterstützung und Kapazitätsaufbau für Länder, um umweltfreundliche Politiken zu formulieren und zu implementieren. Dies schließt auch die Förderung von nachhaltigen Praktiken in verschiedenen Sektoren wie Landwirtschaft, Energie und Abfallwirtschaft ein.

Ein weiteres zentrales Element der Umwelt- und Klimagovernance, das UNEP unterstützt, ist die Förderung der globalen Zusammenarbeit. UNEP organisiert internationale Konferenzen und Foren, um den Austausch von Wissen und Best Practices zu erleichtern. Ein Beispiel hierfür ist das Umweltprogramm der Vereinten Nationen für die nachhaltige Entwicklung, das darauf abzielt, die Agenda 2030 für nachhaltige Entwicklung zu verwirklichen. In diesem Kontext spielt UNEP eine wichtige Rolle bei der Integration von Umweltfragen in die Entwicklungspläne der Mitgliedstaaten.

Darüber hinaus ist UNEP aktiv in der Sensibilisierung und Bildung der Öffentlichkeit über Umwelt- und Klimafragen. Es initiiert Kampagnen und Programme, die darauf abzielen, das Bewusstsein für Umweltprobleme zu schärfen und das Engagement der Zivilgesellschaft zu fördern. Durch den Zugang zu Informationen und Bildung trägt UNEP zur Förderung eines umweltbewussten Verhaltens bei und stärkt die Rolle der Bürger in der Umweltgovernance.

Schließlich ist UNEP auch in der Forschung und Datensammlung aktiv. Es veröffentlicht regelmäßig Berichte, die den Zustand der Umwelt weltweit analysieren, wie den „Global Environment Outlook" (GEO), der umfassende Bewertungen zu Veränderungen in der Umwelt und deren Auswirkungen auf die menschliche Gesundheit und das Wohlergehen liefert. Diese Berichte sind entscheidend für die Informierung der politischen Agenda und die Entscheidungsfindung auf verschiedenen Ebenen.

United Nations Forum on Forests (UNFF)
(dt. Waldforum der Vereinten Nationen)

Das United Nations Forum on Forests (UNFF) wurde im Jahr 2000 ins Leben gerufen und ist ein wichtiges zwischenstaatliches Forum, das sich mit der nachhaltigen Bewirtschaftung, dem Schutz und der Erhaltung der Wälder weltweit befasst. Seine Gründung war eine Reaktion auf die wachsende internationale Besorgnis über die Abholzung, den Verlust der biologischen Vielfalt und die damit verbundenen Auswirkungen auf das Klima. Das UNFF spielt eine zentrale Rolle in der globalen Umwelt- und Klimagovernance, indem es als Plattform für den Dialog, den Wissensaustausch und die Zusammenarbeit zwischen den Mitgliedstaaten, internationalen Organisationen, nichtstaatlichen Akteuren und der Zivilgesellschaft dient.

Im Kontext der Umwelt- und Klimagovernance hat das UNFF mehrere entscheidende Funktionen. Zunächst fördert es die Integration von Waldfragen in globale Umwelt- und Klimapolitiken. Wälder sind nicht nur Lebensräume für eine Vielzahl von Arten, sondern auch bedeutende Kohlenstoffsenken, die zur Minderung des Klimawandels beitragen. Durch die Förderung nachhaltiger Forstwirtschaft und den Schutz von Wäldern kann das UNFF dazu beitragen, die globalen Emissionen von Treibhausgasen zu reduzieren und die Ziele des Pariser Abkommens zu unterstützen.

Ein zentrales Element der Arbeit des UNFF ist die Förderung der „Waldstrategie der Vereinten Nationen", die Verpflichtungen zur nachhaltigen Waldbewirtschaftung und zum Schutz der Wälder formuliert. Diese Strategie umfasst auch die Erreichung der Ziele für nachhaltige Entwicklung (SDGs), insbesondere Ziel 15, das sich mit dem Schutz von Landökosystemen und der nachhaltigen Bewirtschaftung von Wäldern beschäftigt. Das UNFF trägt dazu bei, den politischen Willen zu stärken und die erforderlichen Ressourcen bereitzustellen, um die Ziele in Bezug auf Wälder und Klimawandel zu erreichen.

Ein weiterer wichtiger Aspekt der Arbeit des UNFF ist die Förderung der internationalen Zusammenarbeit und der Wissensvermittlung. Das Forum organisiert regelmäßig Sitzungen und Konferenzen, bei denen Politiker,

Wissenschaftler und Praktiker zusammenkommen, um bewährte Verfahren auszutauschen, Herausforderungen zu diskutieren und gemeinsame Strategien zu entwickeln. Durch den Austausch von Erfahrungen und Informationen über innovative Ansätze zur Waldbewirtschaftung und -erhaltung leistet das UNFF einen bedeutenden Beitrag zur globalen Umweltgovernance.

United Nations Framework Convention on Climate Change (UNFCCC) (dt: Klimarahmenkonvention)

Die United Nations Framework Convention on Climate Change (UNFCCC), oder auf Deutsch die Klimarahmenkonvention, wurde 1992 während der Konferenz der Vereinten Nationen über Umwelt und Entwicklung in Rio de Janeiro, Brasilien, verabschiedet. Die Konvention stellt einen Meilenstein in den globalen Bemühungen zur Bekämpfung des Klimawandels dar und fungiert als rechtlicher Rahmen für internationale Maßnahmen zur Reduzierung von Treibhausgasemissionen sowie zur Anpassung an die Auswirkungen des Klimawandels.

Im Kontext der Umwelt- und Klimagovernance lässt sich die UNFCCC als eine multilaterale Vereinbarung verstehen, die sowohl verbindliche als auch nicht verbindliche Elemente enthält. Die Konvention selbst legt grundlegende Prinzipien fest, wie etwa das Prinzip der gemeinsamen, aber differenzierten Verantwortung, das besagt, dass alle Staaten Verantwortung für den Klimaschutz tragen, jedoch in unterschiedlichem Maße, abhängig von ihrer historischen Emission und ihren wirtschaftlichen Möglichkeiten. Dies ist besonders wichtig, da es den Entwicklungsländern eine Stimme gibt und ihnen die Unterstützung zusichert, die sie benötigen, um ihre Wirtschaftsstrukturen umweltfreundlicher zu gestalten.

Ein zentraler Bestandteil der UNFCCC ist das jährliche Treffen der Vertragsparteien (Conference of the Parties, COP), das seit 1995 stattfindet. Diese Konferenzen dienen als Plattform für die Verhandlung und Umsetzung von Maßnahmen zur Bekämpfung des Klimawandels. Ein herausragendes Ereignis innerhalb dieses Rahmens war die COP21 in Paris im Jahr 2015, wo das Pariser Abkommen verabschiedet wurde. Dieses

Abkommen zielt darauf ab, die Erderwärmung auf deutlich unter 2 Grad Celsius über dem vorindustriellen Niveau zu begrenzen, mit dem Ziel, die Temperaturerhöhung auf 1,5 Grad Celsius zu beschränken.

Die UNFCCC fördert nicht nur die internationale Zusammenarbeit, sondern auch die Umsetzung nationaler Klimaschutzmaßnahmen. Die Vertragsstaaten sind verpflichtet, regelmäßige Berichte über ihre Emissionen und Maßnahmen zur Minderung vorzulegen. Diese Transparenz ist entscheidend für die globale Klimagovernance, da sie es anderen Ländern und der Öffentlichkeit ermöglicht, die Fortschritte der einzelnen Staaten zu überwachen.

Ein weiteres wichtiges Element der UNFCCC ist die Unterstützung der Entwicklungsländer durch finanzielle Mittel und technologische Hilfe. Der Green Climate Fund wurde eingerichtet, um diese Unterstützung zu kanalisieren und sicherzustellen, dass die am stärksten gefährdeten Staaten in der Lage sind, sich an die Auswirkungen des Klimawandels anzupassen und ihre Emissionen zu reduzieren. Die Governance-Strukturen der UNFCCC sind also nicht nur auf die Regulierung von Emissionen ausgerichtet, sondern beinhalten auch eine starke Dimension der Gerechtigkeit und Solidarität.

UN-Klimakonferenzen

Die UN-Klimakonferenzen, insbesondere die jährlichen Konferenzen der Vertragsparteien (COP) der Rahmenkonvention der Vereinten Nationen über Klimaänderungen (UNFCCC), spielen eine zentrale Rolle im globalen Umwelt- und Klimagovernance-System. Diese Konferenzen, die seit 1995 stattfinden, sind Plattformen, auf denen Staaten, internationale Organisationen, Nichtregierungsorganisationen und andere Akteure zusammenkommen, um Strategien zur Bekämpfung des Klimawandels zu entwickeln und umzusetzen.

Ein zentrales Element der UN-Klimakonferenzen ist der Versuch, die globalen Treibhausgasemissionen zu reduzieren, um die Erderwärmung zu begrenzen. Dies geschieht durch Verhandlungen über verbindliche Emissionsziele und Maßnahmen zur Reduktion der Emissionen, die in internationalen Abkommen wie dem Kyoto-Protokoll (1997) und dem Pariser Abkommen (2015) festgehalten werden. Das Pariser Abkommen stellt einen bedeutenden Fortschritt dar, da es nicht nur rechtlich verbindliche Verpflichtungen für Industrieländer vorsieht, sondern auch ein flexibles System für Entwicklungsländer bietet, um ihre eigenen national festgelegten Beiträge (NDCs) zu formulieren. Dies spiegelt den neuen Ansatz der Klimagovernance wider, der auf einer breiten Beteiligung und Eigenverantwortung der Staaten basiert.

Die UN-Klimakonferenzen sind jedoch nicht nur Verhandlungsräume für staatliche Akteure. Sie sind auch ein Forum für das Zusammenspiel verschiedener Akteure der Umwelt- und Klimagovernance, einschließlich der Zivilgesellschaft, Unternehmen und lokalen Gemeinschaften. Diese Akteure bringen unterschiedliche Perspektiven und Fachkenntnisse ein, die für die Entwicklung effektiver Klimaschutzstrategien unerlässlich sind. Zudem fördern sie das Bewusstsein für die Dringlichkeit von Klimamaßnahmen und mobilisieren Unterstützung für die Umsetzung von Klimaschutzmaßnahmen auf lokaler und nationaler Ebene.

Ein weiterer wichtiger Aspekt der UN-Klimakonferenzen ist die Diskussion über finanzielle und technologische Unterstützung für Entwicklungsländer. Die Bereitstellung von Mitteln zur Anpassung an die Auswirkungen des Klimawandels sowie zur Minderung von Emissionen ist ein zentrales Anliegen, das in den Verhandlungen immer wieder aufgegriffen wird. Der Green Climate Fund, der im Rahmen des Pariser Abkommens ins Leben gerufen wurde, ist ein Beispiel für Mechanismen, die geschaffen wurden, um diese Unterstützung zu gewährleisten.

Trotz der Fortschritte, die durch die UN-Klimakonferenzen erzielt wurden, gibt es auch Herausforderungen. Die unterschiedlichen Interessen und Prioritäten der Länder, insbesondere zwischen entwickelten und sich entwickelnden Ländern, führen häufig zu Spannungen und Kompromissfindung. Zudem bleibt die Umsetzung der vereinbarten Maßnahmen oft hinter den Erwartungen zurück, was teilweise auf politische, wirtschaftliche und soziale Barrieren zurückzuführen ist.

UN-Klimakonvention

Die UN-Klimakonvention, offiziell als Rahmenübereinkommen der Vereinten Nationen über Klimaänderungen (UNFCCC) bekannt, wurde 1992 während des Erdgipfels in Rio de Janeiro ins Leben gerufen. Sie stellt einen zentralen Bestandteil des internationalen Umwelt- und Klimagovernance-Systems dar und bildet die Grundlage für die globalen Bemühungen zur Bekämpfung des Klimawandels.

Das Hauptziel der Konvention ist es, die Konzentration von Treibhausgasen in der Atmosphäre auf einem Niveau zu stabilisieren, das eine gefährliche anthropogene Störung des Klimasystems verhindert. Um dieses Ziel zu erreichen, verpflichtet sich die Konvention, die nationalen Anstrengungen zur Reduktion von Emissionen zu fördern, insbesondere in Bezug auf die Entwicklungsländer, die oft am stärksten von den Auswirkungen des Klimawandels betroffen sind, jedoch über die geringsten Ressourcen zur Minderung ihrer Emissionen verfügen.

Ein zentrales Element der UN-Klimakonvention ist das Prinzip der „gemeinsamen, aber differenzierten Verantwortung". Dieses Prinzip erkennt an, dass Industrie- und Entwicklungsländer unterschiedliche historische Verantwortlichkeiten und Kapazitäten zur Bekämpfung des Klimawandels haben. Dies ermöglicht es, dass wohlhabendere Nationen stärkere Verpflichtungen zur Emissionsreduktion eingehen, während Entwicklungsländer Unterstützung in Form von Technologie, Finanzierung und Kapazitätsaufbau erhalten, um ihre eigenen Klimaziele zu erreichen.

Im Kontext der Umwelt- und Klimagovernance ist die UN-Klimakonvention ein Beispiel für ein multilaterales Regime, das auf internationalen Kooperationen basiert. Durch jährliche Konferenzen der Vertragsparteien (COP) wird ein Forum geschaffen, in dem Länder ihre Fortschritte berichten, neue Verpflichtungen aushandeln und Strategien zur Anpassung an den Klimawandel entwickeln können. Diese Konferenzen haben auch zu wichtigen Abkommen wie dem Kyoto-Protokoll von 1997 und dem Pariser Abkommen von 2015 geführt, die spezifische Zielvorgaben für die Reduzierung von Treibhausgasemissionen festlegen.

Das Pariser Abkommen, das als bedeutender Fortschritt in der internationalen Klimapolitik angesehen wird, baut auf den Grundlagen der UN-Klimakonvention auf. Es verfolgt einen Bottom-up-Ansatz, bei dem die Länder eigene, national festgelegte Beiträge (NDCs) zur Emissionsreduktion formulieren. Dies fördert die nationale Eigenverantwortung und Flexibilität, während gleichzeitig ein globales Ziel zur Begrenzung der Erderwärmung auf unter 2 Grad Celsius im Vergleich zum vorindustriellen Niveau gesetzt wird.

Die UN-Klimakonvention und ihre nachfolgenden Abkommen verdeutlichen die Notwendigkeit einer integrierten und koordinierten Reaktion auf den Klimawandel, die verschiedene Akteure und Sektoren einbezieht. Dies beinhaltet nicht nur die Regierungen, sondern auch die Zivilgesellschaft, den privaten Sektor und internationale Organisationen. Die Governance-Strukturen sind darauf ausgelegt, Transparenz und Verantwortlichkeit zu fördern, indem sie Mechanismen zur Überprüfung und Berichterstattung implementieren, die es den Ländern ermöglichen, ihre Fortschritte bei der Erreichung ihrer Klimaziele zu verfolgen.

UN-Klimasekretariat

Das UN-Klimasekretariat, offiziell als UN Framework Convention on Climate Change (UNFCCC) Secretariat bekannt, spielt eine zentrale Rolle in der globalen Umwelt- und Klimagovernance. Gegründet 1992 im Rahmen der Konferenz der Vereinten Nationen über Umwelt und Entwicklung in Rio de Janeiro, hat das Sekretariat die Aufgabe, die Umsetzung der UNFCCC zu unterstützen, die internationale Zusammenarbeit im Bereich Klimaschutz zu fördern und die Verhandlungen zwischen den Vertragsstaaten zu koordinieren.

Das UN-Klimasekretariat ist vor allem für die Organisation und Durchführung der jährlichen Weltklimakonferenzen (Conference of the Parties, COP) verantwortlich, bei denen Regierungen, NGOs, Wissenschaftler und andere Stakeholder zusammenkommen, um über Fortschritte im Klimaschutz zu diskutieren und neue Verpflichtungen zu verhandeln. Diese Konferenzen sind entscheidend für die Entwicklung und Überprüfung internationaler Klimapolitik. Ein markantes Beispiel ist das Pariser Abkommen von 2015, das in der COP21 unterzeichnet wurde. Hierbei verpflichteten sich die Länder, ihre Treibhausgasemissionen zu reduzieren und Maßnahmen zur Anpassung an den Klimawandel zu ergreifen.

Im Kontext der Umwelt- und Klimagovernance fungiert das UN-Klimasekretariat als Schnittstelle zwischen verschiedenen Akteuren, einschließlich Regierungen, internationalen Organisationen, zivilgesellschaftlichen Gruppen und dem privaten Sektor. Es stellt sicher, dass Informationen über Klimawissenschaft, Technologien und bewährte Praktiken ausgetauscht werden. Zudem unterstützt das Sekretariat die Kapazitätsbildung in Entwicklungsländern, um deren Fähigkeit zur Umsetzung von Klimamaßnahmen zu stärken. Diese Unterstützung ist entscheidend, da viele dieser Länder mit besonderen Herausforderungen konfrontiert sind, die von mangelnden Ressourcen bis hin zu einer hohen Anfälligkeit gegenüber den Auswirkungen des Klimawandels reichen.

Ein weiterer wichtiger Aspekt der Arbeit des UN-Klimasekretariats ist die Überwachung und Berichterstattung über die Fortschritte der Vertragsstaaten bei der Erreichung ihrer Klimaziele. Diese Transparenz ist essenziell für das Vertrauen zwischen den Ländern und für die politische Legitimität des internationalen Klimaregimes. Das Sekretariat entwickelt dazu auch Methoden zur Messung und Berichterstattung über Emissionen und Anpassungsmaßnahmen, was eine Grundlage für die Bewertung des globalen Fortschritts im Klimaschutz darstellt.

In den letzten Jahren hat das UN-Klimasekretariat auch auf die wachsende Bedeutung nicht-staatlicher Akteure reagiert. Die Rolle von Städten, Unternehmen und sozialen Bewegungen im Klimaschutz hat zugenommen, und das Sekretariat hat Initiativen ins Leben gerufen, um diese Akteure in den globalen Klimadialog einzubeziehen. Das „Global Climate Action Agenda" ist ein Beispiel für solche Bemühungen, die darauf abzielen, die Ambitionen auf globaler Ebene zu steigern und innovative Lösungen zur Bekämpfung des Klimawandels zu fördern.

UN-Klimaverhandlungen
Die UN-Klimaverhandlungen, insbesondere im Rahmen der UN-Klimarahmenkonvention (UNFCCC), stellen einen zentralen Bestandteil der

globalen Umwelt- und Klimagovernance dar. Diese Verhandlungen begannen offiziell mit der Verabschiedung der UNFCCC auf der Konferenz der Vereinten Nationen über Umwelt und Entwicklung (UNCED) im Jahr 1992 in Rio de Janeiro. Die Konvention bildet den rechtlichen Rahmen für internationale Klimaabkommen und zielt darauf ab, die Treibhausgasemissionen zu stabilisieren, um gefährliche anthropogene Eingriffe ins Klimasystem zu verhindern.

Im Kontext der Klimagovernance ist es wichtig, die unterschiedliche Rolle von Staaten, internationaler Organisationen, Nichtregierungsorganisationen (NGOs) und der Zivilgesellschaft zu betrachten. Die UNFCCC fördert eine multilaterale Zusammenarbeit, bei der die Vertragsstaaten in regelmäßigen Abständen, typischerweise in Form von jährlichen Konferenzen der Vertragsparteien (COP), zusammenkommen, um Fortschritte zu bewerten, neue Verpflichtungen zu definieren und Maßnahmen zur Bekämpfung des Klimawandels zu koordinieren. Ein bedeutendes Ergebnis dieser Verhandlungen ist das Pariser Abkommen von 2015, das einen paradigmatischen Wandel in der internationalen Klimapolitik darstellt, indem es einen Bottom-up-Ansatz verfolgt, bei dem die Länder freiwillig nationale Klimaziele (Nationally Determined Contributions, NDCs) formulieren und umsetzen.

Die Governance-Strukturen innerhalb der UN-Klimaverhandlungen sind durch ein komplexes Zusammenspiel von rechtlichen, politischen und sozialen Dimensionen geprägt. Während die UNFCCC rechtlich bindende Verpflichtungen für Industrieländer vorsieht, um ihre Emissionen zu reduzieren, wird den Entwicklungsländern Unterstützung in Form von finanziellen Mitteln und technologischem Know-how zugesichert. Dies spiegelt den Grundsatz der gemeinsamen, aber differenzierten Verantwortlichkeiten wider, der besagt, dass Länder unterschiedlich zur globalen Erwärmung beitragen und daher auch unterschiedlich stark in die Verantwortung genommen werden müssen.

Ein weiterer wichtiger Aspekt der Klimagovernance sind die Mechanismen zur Überprüfung und Berichterstattung über die Fortschritte der Länder bei der Umsetzung ihrer NDCs. Diese Transparenzmechanismen sind entscheidend, um Vertrauen zwischen den Staaten aufzubauen und sicherzustellen, dass die vereinbarten Ziele erreicht werden. Die Herausforderungen der Klimagovernance sind jedoch erheblich, da sie durch geopolitische Spannungen, wirtschaftliche Interessen und unterschiedliche nationale Prioritäten kompliziert werden.

Zusätzlich zu den formalen Verhandlungen findet auch eine Vielzahl von informellen und transnationalen Initiativen statt, die die Klimagovernance ergänzen. Städte, Unternehmen und zivilgesellschaftliche Akteure engagieren sich zunehmend in der Klimapolitik, was zu einer Diversifizierung der Governance-Strukturen führt. Diese Akteure können innovative Lösungen und Ansätze entwickeln, die auf lokaler Ebene effektiv sind und die globalen Klimaziele unterstützen.

**Verlust der Artenvielfalt und deren Auswirkungen
auf das globale Klima und Umwelt**

Der Verlust der Artenvielfalt, auch als Biodiversitätskrise bezeichnet, ist ein drängendes globales Problem, das weitreichende Auswirkungen auf das Klima und die Umwelt hat. Biodiversität umfasst die Vielfalt der Lebensformen auf der Erde, einschließlich der genetischen Vielfalt innerhalb von Arten, der Vielfalt der Arten selbst und der Vielfalt der Ökosysteme. Der Rückgang der Biodiversität wird durch menschliche Aktivitäten wie Habitatzerstörung, Umweltverschmutzung, Klimawandel, invasive Arten und Übernutzung von Ressourcen vorangetrieben.

Die Auswirkungen des Verlusts der Artenvielfalt auf das globale Klima sind vielschichtig. Biodiverse Ökosysteme, wie Wälder, Feuchtgebiete und Korallenriffe, spielen eine entscheidende Rolle in der Regulierung des Klimas. Sie fungieren als Kohlenstoffsenken, die große Mengen CO_2 aus der Atmosphäre aufnehmen und speichern. Ein Rückgang der Artenvielfalt kann die Fähigkeit dieser Ökosysteme zur Kohlenstoffbindung verringern, was zu einem Anstieg der Treibhausgase in der Atmosphäre führt und den Klimawandel beschleunigt. Zudem sind vielfältige Ökosysteme resilienter gegenüber klimatischen Veränderungen; sie können sich schneller an Veränderungen anpassen und bieten Stabilität in Zeiten von Extremwetterereignissen.

Die Degradation von Lebensräumen und das Verschwinden von Arten beeinträchtigen auch die Ökosystemdienstleistungen, die für das Überleben des Menschen unerlässlich sind, wie beispielsweise die Bestäubung von Pflanzen, die Regulierung von Wasserzyklen und die Erhaltung der Bodenfruchtbarkeit. Diese Dienstleistungen sind fundamental für die Landwirtschaft, die Trinkwasserversorgung und die allgemeine Gesundheit der Umwelt. Ein Rückgang der Biodiversität kann somit zu einer erhöhten Anfälligkeit für Naturkatastrophen, einer Abnahme der Nahrungsmittelproduktion und einer Verschlechterung der Wasserqualität führen, was in vielen Regionen zu sozialen und wirtschaftlichen Konflikten führen kann.

Im Kontext von Umwelt- und Klimagovernance wird deutlich, dass der Verlust der Artenvielfalt und die Bekämpfung des Klimawandels eng miteinander verknüpft sind. Effektive Governance-Ansätze müssen integrativ sein und sowohl den Schutz der Biodiversität als auch die Minderung des Klimawandels in den Mittelpunkt stellen. Internationale Abkommen wie das Übereinkommen über die biologologische Vielfalt (CBD) und das Pariser Abkommen zum Klimaschutz erkennen die Notwendigkeit an, diese beiden Herausforderungen gemeinsam anzugehen.

Eine erfolgreiche Umwelt- und Klimagovernance erfordert die Zusammenarbeit von Regierungen, Unternehmen und der Zivilgesellschaft. Lokale Ansätze, die auf den Bedürfnissen und dem Wissen der Gemeinschaften basieren, sind ebenso wichtig wie globale Strategien. Die Umsetzung von Schutzgebieten, die Förderung nachhaltiger Landnutzung und die Reduzierung von Emissionen sind entscheidende Maßnahmen, um sowohl die Biodiversität zu erhalten als auch den Klimawandel zu bekämpfe

Versauerung der Ozeane und deren Auswirkungen auf das globale Klima und Umwelt

Die Versauerung der Ozeane ist ein bedeutendes Umweltphänomen, das in direktem Zusammenhang mit dem anthropogenen Klimawandel steht. Sie resultiert hauptsächlich aus der erhöhten CO_2-Konzentration in der

Atmosphäre, die überwiegend durch die Verbrennung fossiler Brennstoffe, Abholzung und industrielle Prozesse verursacht wird. Etwa 30-40% des vom Menschen emittierten CO_2 werden von den Ozeanen absorbiert, was zu einer chemischen Reaktion führt, die den pH-Wert des Meerwassers senkt. Dieser Prozess hat weitreichende ökologische und klimatische Folgen.

Die chemische Reaktion, die zur Versauerung führt, ist die Bildung von Kohlensäure (H_2CO_3), wenn CO_2 im Wasser gelöst wird. Diese Kohlensäure zerfällt in Bikarbonat- (HCO_3^-) und Wasserstoffionen (H^+), was zu einer Erhöhung der Wasserstoffionenkonzentration und damit zu einem sinkenden pH-Wert führt. Seit der Industrialisierung ist der pH-Wert der Ozeane um etwa 0,1 Einheiten gesunken, was einer Erhöhung der Wasserstoffionenkonzentration um 30% entspricht. Prognosen zufolge könnte der pH-Wert bis zum Ende des 21. Jahrhunderts um weitere 0,3-0,4 Einheiten fallen, wenn die CO_2-Emissionen nicht reduziert werden.

Die Auswirkungen dieser Versauerung sind vielfältig und betreffen sowohl marine Ökosysteme als auch globale Klimaprozesse. Ein besonders kritischer Aspekt ist die Bedrohung von kalkbildenden Organismen wie Korallen, Muscheln und bestimmten Planktonarten. Diese Organismen sind auf Calciumcarbonat angewiesen, um ihre Schalen und Skelette zu bilden. Eine reduzierte Verfügbarkeit von Carbonat-Ionen (CO_3^{2-}), die durch die Versauerung verursacht wird, erschwert diesen Prozess und kann zu einer Abnahme der Populationen dieser Arten führen. Dies hat nicht nur Auswirkungen auf die Biodiversität, sondern auch auf die Nahrungsnetze und die Fischerei, die auf diese Organismen angewiesen sind.

Darüber hinaus beeinflusst die Versauerung der Ozeane auch das globale Klima. Die Ozeane spielen eine entscheidende Rolle im globalen Kohlenstoffkreislauf, indem sie CO_2 aus der Atmosphäre aufnehmen und lagern. Eine Veränderung der chemischen Zusammensetzung des Meerwassers kann die Fähigkeit der Ozeane zur CO_2-Absorption beeinträchtigen, was zu einer weiteren Erhöhung der atmosphärischen CO_2-Konzentration führt. Dies könnte einen Teufelskreis erzeugen, der die Erderwärmung verstärkt und die Auswirkungen des Klimawandels verschärft.

Im Kontext der Umwelt- und Klimagovernance ist die Versauerung der Ozeane ein komplexes Problem, das eine koordinierte internationale Reaktion erfordert. Es sind umfassende Maßnahmen notwendig, um die CO_2-Emissionen zu reduzieren, einschließlich der Implementierung von Klimaschutzabkommen wie dem Pariser Abkommen, das darauf abzielt, die globale Erwärmung auf unter 2 °C über dem vorindustriellen Niveau zu halten. Gleichzeitig müssen Strategien zur Anpassung an die bereits eingetretenen Veränderungen entwickelt werden, um die Widerstandsfähigkeit mariner Ökosysteme zu stärken.

Darüber hinaus ist die Förderung von Forschungsinitiativen und die Integration wissenschaftlicher Erkenntnisse in politische Entscheidungsprozesse entscheidend, um das Verständnis der Versauerung der Ozeane zu vertiefen und geeignete Maßnahmen zu ergreifen. Bildung und Öffentlichkeitsarbeit spielen ebenfalls eine wichtige Rolle, um das Bewusstsein für die Bedrohungen durch die Versauerung der

Verursacherprinzip

Das Verursacherprinzip ist ein zentrales Konzept in der Umwelt- und Klimagovernance, das besagt, dass diejenigen, die Umweltschäden verursachen, auch für die Kosten der Schadensbeseitigung oder der Vermeidung zukünftiger Schäden verantwortlich gemacht werden sollten. Dieses Prinzip hat sowohl rechtliche als auch wirtschaftliche Implikationen und spielt eine entscheidende Rolle in der Gestaltung von Umweltpolitiken und -strategien.

Im Rahmen der Umweltpolitik zielt das Verursacherprinzip darauf ab, Anreize für umweltfreundliches Verhalten zu schaffen. Indem die Verursacher von Umweltschäden zur Verantwortung gezogen werden, wird eine interne Kostenwahrheit hergestellt, die es Unternehmen und Individuen ermöglicht, die ökologischen Kosten ihrer Handlungen zu erkennen und zu berücksichtigen. Dies kann durch verschiedene Mechanismen geschehen, beispielsweise durch Umweltsteuern, Emissionshandelssysteme oder Haftungsregelungen. In der Theorie führt dies zu einer effizienteren

Ressourcennutzung und fördert Innovationen in der umweltfreundlichen Technologie.

Im Kontext des Klimawandels gewinnt das Verursacherprinzip besondere Bedeutung. Die internationale Klimapolitik, insbesondere das Pariser Abkommen, erfordert von den Staaten, ihre Treibhausgasemissionen zu reduzieren. Hierbei wird oft argumentiert, dass die Industrienationen, die historisch gesehen die größten Mengen an Treibhausgasen emittiert haben, eine größere Verantwortung für die Bekämpfung des Klimawandels tragen sollten. Dies führt zu der Diskussion über „gemeinsame, aber differenzierte Verantwortung", die besagt, dass alle Länder zwar zur Bekämpfung des Klimawandels beitragen müssen, jedoch unterschiedliche Verantwortlichkeiten und Kapazitäten haben, dies zu tun.

Das Verursacherprinzip hat jedoch auch seine Herausforderungen. Eine der größten Schwierigkeiten besteht darin, die Verursacher eindeutig zu identifizieren und die genauen Kosten von Umweltschäden zu quantifizieren. Oft sind Umweltschäden das Ergebnis komplexer Interaktionen zwischen verschiedenen Akteuren und Faktoren, was die Zurechnung von Verantwortung erschwert. Zudem kann die Umsetzung des Prinzips in der Praxis auf Widerstand stoßen, insbesondere von Seiten der Industrie, die möglicherweise wirtschaftliche Nachteile befürchten.

Ein weiterer kritischer Aspekt ist die soziale Gerechtigkeit. Wenn Verursacher zur Kasse gebeten werden, können die damit verbundenen Kosten auf die Verbraucher oder die Allgemeinheit abgewälzt werden. Um dies zu vermeiden, ist es wichtig, dass Regierungen und Institutionen sicherstellen, dass die Maßnahmen zur Umsetzung des Verursacherprinzips gerecht und sozialverträglich gestaltet werden.

Veto-Macht

Die Veto-Macht spielt eine entscheidende Rolle in der Umwelt- und Klimagovernance, insbesondere im Kontext internationaler Verhandlungen und multilateraler Abkommen. Unter Veto-Macht versteht man die Fähigkeit eines Staates oder einer Organisation, Entscheidungen zu blockieren oder zu verhindern, selbst wenn eine Mehrheit für diese Entscheidungen ist. Diese Macht kann in verschiedenen politischen und rechtlichen Kontexten auftreten, sei es innerhalb eines nationalen Parlaments, bei internationalen Organisationen wie den Vereinten Nationen oder in bilateralen Verhandlungen.

Im Bereich der Umwelt- und Klimagovernance manifestiert sich die Veto-Macht auf unterschiedliche Weise. Ein Beispiel ist das System der UN-FCCC (United Nations Framework Convention on Climate Change), das seit seiner Gründung im Jahr 1992 eine zentrale Plattform für internationale Klimaverhandlungen bildet. Die Verhandlungen zu Klimaschutzmaßnahmen sind oft von politischen Spannungen geprägt, da Länder unterschiedliche wirtschaftliche Interessen und Umweltprioritäten haben. Staaten, die auf fossile Brennstoffe angewiesen sind, könnten beispielsweise als Veto-Mächte agieren, um verbindliche Emissionsreduktionsziele zu blockieren, die ihren wirtschaftlichen Interessen entgegenstehen.

Ein weiterer Aspekt der Veto-Macht ist die Rolle von großen Industrie- und Wirtschaftsinteressen, die in vielen Ländern erheblichen Einfluss auf die Umweltpolitik ausüben. Lobbygruppen können durch finanziellen Druck und politischen Einfluss verhindern, dass strenge Umweltauflagen oder Klimaschutzmaßnahmen verabschiedet werden. Dies geschieht häufig in Demokratien, wo politische Entscheidungsträger auf Wählerstimmen angewiesen sind und daher geneigt sind, die Interessen dieser Gruppen zu berücksichtigen.

Darüber hinaus ist die Veto-Macht auch im Kontext von internationalen Umweltabkommen relevant. Einige Länder können durch ihre wirtschaftliche Größe oder strategische Bedeutung eine Art diplomatische Veto-Macht ausüben, indem sie drohen, aus einem Abkommen auszutreten oder sich nicht an dessen Bestimmungen zu halten. Dies kann die Verhandlungsdynamik erheblich beeinflussen und dazu führen, dass Kompromisse eingegangen werden, die die Effektivität der Maßnahmen zur Bekämpfung des Klimawandels verringern.

Ein Beispiel für die Auswirkungen der Veto-Macht ist das Pariser Abkommen von 2015, in dem Staaten sich freiwillig zu national festgelegten Beiträgen (NDCs) verpflichteten. Die Flexibilität dieses Ansatzes war notwendig, um die Zustimmung einer breiten Palette von Staaten zu gewinnen, führte jedoch auch dazu, dass einige Länder weniger ambitionierte Ziele formulierten, die nicht ausreichten, um die globalen Temperaturziele zu erreichen. Hier zeigt sich, dass die Veto-Macht nicht nur auf individueller, sondern auch auf kollektiver Ebene wirkt und die gesamte internationale Klimapolitik beeinflussen kann.

Vetoposition

Die Vetoposition spielt eine entscheidende Rolle im Kontext der Umwelt- und Klimagovernance, insbesondere in Bezug auf die Entscheidungsfindung und die Durchsetzung von Maßnahmen zur Bekämpfung des Klimawandels. Governance-Mechanismen, die auf multilateralen oder nationalen Ebenen agieren, sind häufig von politischen und wirtschaftlichen Interessen geprägt, die durch Vetorechte oder -positionen beeinflusst werden können.

In internationalen Abkommen, wie dem Pariser Klimaabkommen, haben Staaten unterschiedliche Einflussmöglichkeiten, und die Vetoposition bezieht sich häufig auf die Fähigkeit eines Landes oder einer Gruppe von Ländern, bestimmte Beschlüsse zu blockieren oder zu verzögern. Solche Vetorechte können sowohl formal, wie in den Strukturen der Vereinten Nationen, als auch informell, durch politische Allianzen und Machtverhältnisse, ausgeübt werden.

Das Konzept der Vetoposition ist besonders relevant in der Betrachtung von Umweltpolitik, da viele umweltbezogene Maßnahmen weitreichende wirtschaftliche und soziale Implikationen haben. Länder, die stark von fossilen Brennstoffen abhängig sind, könnten beispielsweise gegen strenge Klimaschutzmaßnahmen opponieren, da diese ihre wirtschaftlichen Interessen gefährden könnten. Dies führt zu einer Situation, in der die notwendigen Maßnahmen zur Reduzierung der Treibhausgasemissionen und zur Förderung nachhaltiger Entwicklung unter den Tisch fallen, weil sie durch Vetopositionen blockiert werden.

Zusätzlich kann die Vetoposition auch in nationalen Kontexten beobachtet werden, wo politische Akteure, Interessengruppen oder sogar Teile der

Bevölkerung gegen Umweltgesetze und -initiativen Widerstand leisten. In Demokratien gibt es oft eine Vielzahl von Akteuren mit unterschiedlichen Interessen, die in den Gesetzgebungsprozess involviert sind, was zu einem komplexen Gefüge von Vetopositionen führt. Hier können Lobbygruppen aus der Industrie, Umweltorganisationen oder auch lokale Gemeinschaften entscheidende Stimmen im Entscheidungsprozess sein und somit die Implementierung effektiver Umwelt- und Klimapolitik beeinflussen.

Ein weiteres relevantes Element im Rahmen der Vetoposition ist die Rolle internationaler Organisationen und deren Fähigkeit, als Mediatoren und Plattformen für Verhandlungen zu fungieren. Die Vereinten Nationen und andere multilaterale Institutionen versuchen, einen Ausgleich zwischen den unterschiedlichen Interessen zu finden, um eine gemeinsame Handlungsbasis zu schaffen. Dennoch können Vetopositionen, die durch nationale Interessen geprägt sind, die Effektivität solcher Institutionen stark einschränken.

Die Herausforderung besteht darin, ein Gleichgewicht zwischen den unterschiedlichen Interessen zu finden und gleichzeitig die notwendigen Maßnahmen zum Schutz der Umwelt und des Klimas voranzutreiben. Um den Einfluss von Vetopositionen zu minimieren, sind innovative Ansätze notwendig, wie beispielsweise die Stärkung von Mechanismen zur Förderung der Zusammenarbeit, das Einführen von Anreizsystemen für umweltfreundliches Verhalten oder die Schaffung von Transparenz- und Rechenschaftsmechanismen, die die Verantwortlichkeit der Akteure erhöhen.

Vetospieler

Vetospieler sind ein zentrales Konzept in der Politikwissenschaft und der Governance-Forschung, insbesondere im Kontext von Umwelt- und Klimagovernance. Der Begriff beschreibt Akteure, die die Fähigkeit haben, Entscheidungen zu blockieren oder signifikante Veränderungen im politischen Prozess zu verhindern. Diese Akteure können sowohl institutioneller als auch nicht-institutioneller Natur sein und spielen eine entscheidende Rolle bei der Umsetzung von Umwelt- und Klimaschutzmaßnahmen. Im Kontext der Umwelt- und Klimagovernance können Vetospieler auf verschiedenen Ebenen identifiziert werden – von nationalen Regierungen über lokale Behörden bis hin zu internationalen Organisationen und nicht-staatlichen Akteuren wie Unternehmen oder Umwelt-NGOs. Ihre Einflussnahme kann die Form von formellen Vetorechten in politischen Institutionen annehmen, wie beispielsweise in parlamentarischen Systemen, wo eine Mehrheit benötigt wird, um Gesetze zu verabschieden. Aber auch informelle Vetospieler, wie besonders mächtige Lobbygruppen oder öffentliche Meinungsführer, können durch Druck und Beeinflussung das politische Handeln in Bezug auf Umwelt- und Klimafragen entscheidend prägen.

Ein Beispiel für den Einfluss von Vetospielern im Bereich der Klimagovernance ist das Verhalten von fossilen Brennstoffindustrien, die oft über erhebliche finanzielle Ressourcen und politischen Einfluss verfügen. Diese Akteure können Maßnahmen, die auf eine Reduzierung von Treibhausgasemissionen abzielen, durch Lobbyarbeit oder die Unterstützung von politischen Kandidaten, die gegen Umweltregulierungen sind, blockieren. Gleichzeitig können auch Staaten, die stark von fossilen Brennstoffen abhängig sind, als Vetospieler agieren, indem sie internationale Vereinbarungen wie das Pariser Abkommen in Frage stellen oder deren Umsetzung behindern.

Die Identifikation und Analyse von Vetospielern ist für die Entwicklung effektiver Umwelt- und Klimapolitiken von entscheidender Bedeutung. Um wirksame Governance-Strategien zu entwickeln, ist es notwendig, die Interessen, Motivationen und Machtverhältnisse dieser Akteure zu verstehen. In vielen Fällen erfordert dies auch die Schaffung von Allianzen und Koalitionen, um die Vetospieler zu überwinden oder ihre Macht zu verringern. Ein Beispiel hierfür ist die Mobilisierung von zivilgesellschaftlichen Organisationen, Wissenschaftlern und Bürgern, um Druck auf Entscheidungsträger auszuüben und eine öffentliche Diskussion über Umwelt- und Klimafragen zu fördern.

Vienna Convention for the Protection of the Ozone Layer (dt. Wiener Übereinkommen zum Schutz der Ozonschicht)

Das Wiener Übereinkommen zum Schutz der Ozonschicht, das 1985 verabschiedet wurde, stellt einen bedeutenden Meilenstein in der internationalen Umwelt- und Klimagovernance dar. Es wurde als Reaktion auf die wachsende Besorgnis über den Rückgang der stratosphärischen Ozonschicht ins Leben gerufen, die eine essentielle Rolle im Schutz des Lebens auf der Erde spielt, indem sie schädliche ultraviolette (UV) Strahlung absorbiert. Das Übereinkommen selbst ist ein Rahmenvertrag, der grundlegende Prinzipien für den Schutz der Ozonschicht festlegt, aber keine konkreten Verpflichtungen zur Reduktion von schädlichen Stoffen enthält. Dies geschah bewusst, um den Mitgliedstaaten Flexibilität zu gewähren und ihnen zu ermöglichen, eigene Maßnahmen zu entwickeln, die an ihre spezifischen nationalen Gegebenheiten angepasst sind. Ein zentrales Element des Übereinkommens ist die Verpflichtung zur Zusammenarbeit in der Forschung und Überwachung des Ozonabbaus, was die Grundlage für weitere internationale Initiativen bildete.

Eine der wichtigsten Entwicklungen im Rahmen des Wiener Übereinkommens war das Montreal-Protokoll von 1987, das spezifische Regelungen zur Reduzierung und Eliminierung von Stoffen, die die Ozonschicht schädigen, wie Fluorchlorkohlenwasserstoffe (FCKWs), festlegte. Das Protokoll gilt als ein herausragendes Beispiel für erfolgreiche internationale Zusammenarbeit im Bereich Umwelt- und Klimagovernance. Es hat nicht nur zu einer signifikanten Reduzierung der FCKW-Emissionen geführt, sondern auch positive Auswirkungen auf den Klimawandel, da viele dieser Substanzen auch Treibhausgase sind.

Wachstumsstrategie für die Weltgemeinschaft

Wachstumsstrategien für die Weltgemeinschaft im Kontext von Umwelt- und Klimagovernance sind entscheidend, um die Herausforderungen des 21. Jahrhunderts zu bewältigen. Angesichts der dringenden Bedrohungen durch den Klimawandel, den Verlust der biologischen Vielfalt und die Ressourcenknappheit ist es unerlässlich, dass wirtschaftliches Wachstum mit ökologischer Nachhaltigkeit in Einklang gebracht wird.

Traditionell wurde Wachstum oft als rein quantitatives Ziel betrachtet, das durch steigende Produktions- und Verbrauchszahlen gemessen wird. Diese Sichtweise hat jedoch zu erheblichen ökologischen Schäden geführt, die in der heutigen Welt nicht mehr tragbar sind. In diesem Kontext wird zunehmend das Konzept des „nachhaltigen Wachstums" diskutiert, das qualitative Aspekte des Wachstums betont und darauf abzielt, sowohl soziale als auch ökologische Dimensionen zu integrieren.

Ein zentrales Element dieser Wachstumsstrategie ist die Implementierung von Umwelt- und Klimagovernance, die Rahmenbedingungen schafft, innerhalb derer Unternehmen und Staaten nachhaltige Praktiken fördern können. Diese Governance-Mechanismen können auf verschiedenen Ebenen wirken: lokal, national und international. Die Agenda 2030 für nachhaltige Entwicklung der Vereinten Nationen, einschließlich der 17 Ziele für nachhaltige Entwicklung (SDGs), bietet einen globalen Rahmen, um wirtschaftliche, soziale und Umweltziele miteinander zu verknüpfen.

Ein erfolgreicher Ansatz zur Wachstumsstrategie beinhaltet die Förderung von grüner Technologie und Innovation. Investitionen in erneuerbare Energien, Energieeffizienz und nachhaltige Landwirtschaft sind nicht nur notwendig, um die Treibhausgasemissionen zu reduzieren, sondern können auch neue Wirtschaftssektoren schaffen und Arbeitsplätze fördern. Diese Technologien ermöglichen es, den Übergang zu einer kohlenstoffarmen Wirtschaft zu beschleunigen und gleichzeitig das Wirtschaftswachstum zu stimulieren. Zudem spielt die Einbeziehung der Zivilgesellschaft und der Unternehmen eine entscheidende Rolle. Stakeholder-Engagement ist von zentraler Bedeutung, um die Akzeptanz und Umsetzung nachhaltiger Praktiken zu fördern. Unternehmen können durch Corporate Social Responsibility (CSR) und Nachhaltigkeitsberichterstattung an diesem Prozess teilnehmen, während Bürgerbewegungen Druck auf Regierungen ausüben können, um umweltfreundliche Politiken zu fördern.

Ein weiterer wichtiger Aspekt ist die Förderung von Kreislaufwirtschaftsmodellen, die darauf abzielen, Abfall zu minimieren und Ressourcen effizienter zu nutzen. Indem Produkte so gestaltet werden, dass sie repariert, wiederverwendet oder recycelt werden können, kann der Ressourcenverbrauch erheblich gesenkt werden, was sowohl ökologische als auch ökonomische Vorteile mit sich bringt. Schließlich ist internationale Zusammenarbeit unerlässlich für eine effektive Umwelt- und Klimagovernance. Globale Herausforderungen erfordern globale Lösungen, und multilaterale Abkommen wie das Pariser Abkommen sind entscheidend, um verbindliche Ziele für die Reduzierung von Treibhausgasemissionen zu setzen. Diese Vereinbarungen müssen jedoch von konkreten nationalen und lokalen Maßnahmen begleitet werden, um ihre Wirksamkeit zu gewährleisten.

**Waldbrände und deren Auswirkungen
auf das globale Klima und Umwelt**

Waldbrände stellen ein bedeutendes ökologisches Phänomen dar, das nicht nur lokale Ökosysteme, sondern auch das globale Klima erheblich beeinflussen kann. Diese Brände treten natürlicherweise auf, können jedoch durch menschliche Aktivitäten wie Brandrodung, landwirtschaftliche Praktiken und Klimawandel verstärkt werden. Die Auswirkungen von Waldbränden auf die Umwelt und das Klima sind vielschichtig und haben wichtige Implikationen für die Umwelt- und Klimagovernance.

Waldbrände setzen große Mengen an Kohlenstoffdioxid (CO_2) und anderen Treibhausgasen in die Atmosphäre frei. Diese Emissionen tragen zur globalen Erwärmung bei, indem sie den Treibhauseffekt verstärken. Laut Schätzungen der UN-Umweltbehörde können Waldbrände jährlich bis zu 2,5 Milliarden Tonnen CO_2 emittieren, was etwa 5 Prozent der globalen CO_2-Emissionen entspricht. Diese zusätzlichen Emissionen sind besonders problematisch in Anbetracht der bereits bestehenden Herausforderungen durch den Klimawandel, da sie die Bemühungen zur Reduzierung der Treibhausgase untergraben und die Erderwärmung weiter vorantreiben.

Die Auswirkungen von Waldbränden auf die Umwelt sind ebenso gravierend. Sie zerstören nicht nur große Flächen von Wald und Lebensräumen, sondern beeinflussen auch die Biodiversität. Viele Tierarten verlieren durch die Zerstörung ihrer Lebensräume nicht nur ihren Lebensraum, sondern sind auch in ihrer Fortpflanzung und Nahrungsaufnahme stark beeinträchtigt. Diese ökologischen Veränderungen können langfristige Folgen für die Zusammensetzung von Ökosystemen haben und die Resilienz von Wäldern gegenüber weiteren Umweltstressoren verringern.

Im Kontext der Umwelt- und Klimagovernance sind Waldbrände ein zentrales Thema, da sie die Notwendigkeit einer integrierten Politikansatzes verdeutlichen. Internationale Abkommen wie das Pariser Klimaabkommen zielen darauf ab, die globale Erderwärmung zu begrenzen, indem sie die Emissionen von Treibhausgasen reduzieren. Waldbrände spielen in diesen Rahmenbedingungen eine wichtige Rolle, da die Reduzierung von Emissionen aus Waldbränden Teil einer umfassenden Strategie zur Bekämpfung des Klimawandels sein muss. Hierzu gehört auch die Förderung nachhaltiger Landnutzungspraktiken und die Implementierung von Strategien zur Vermeidung von Bränden, wie z.B. kontrollierte Brandnutzung, Aufforstungs- und Wiederaufforstungsprojekte sowie die Verbesserung des Brandmanagements.

Darüber hinaus erfordert die Bekämpfung der Ursachen und Folgen von Waldbränden eine verstärkte Zusammenarbeit zwischen verschiedenen Akteuren, einschließlich Regierungen, Nichtregierungsorganisationen, der Privatwirtschaft und den betroffenen Gemeinschaften. Die Entwicklung und Umsetzung von effektiven Politiken zur Brandprävention und -bekämpfung muss auf wissenschaftlichen Erkenntnissen basieren und die lokalen Gegebenheiten berücksichtigen, um wirksam zu sein.

**Weltbevölkerungswachstum und deren Auswirkungen
auf das globale Klima und Umwelt**

Das Wachstum der Weltbevölkerung stellt eine der größten Herausforderungen für das globale Klima und die Umwelt dar. Derzeit leben über 8 Milliarden Menschen auf der Erde, und Schätzungen zufolge wird die Bevölkerung bis 2050 auf etwa 9,7 Milliarden anwachsen. Dieses explosive Wachstum hat weitreichende Auswirkungen auf die natürlichen Ressourcen, die Umwelt und das Klima. Einer der Hauptfaktoren, der zum Weltbevölkerungswachstum beiträgt, ist die Verbesserung der Gesundheitsversorgung und der Lebensstandards, was zu einer höheren Lebenserwartung und einer sinkenden Sterblichkeitsrate führt. Allerdings führt das Bevölkerungswachstum auch zu einem erhöhten Druck auf die bereits begrenzten Ressourcen wie Wasser, Nahrung, Energie und Lebensraum. Die Nachfrage nach diesen Ressourcen steigt, was oft zu Übernutzung, Umweltzerstörung und einem Verlust der Biodiversität führt. Beispielsweise werden Wälder für landwirtschaftliche Zwecke gerodet, was nicht nur den

Lebensraum vieler Arten gefährdet, sondern auch den Kohlenstoffspeicher verringert, der für die Bekämpfung des Klimawandels entscheidend ist.

Die Zunahme der Bevölkerung trägt auch zur Erhöhung der Treibhausgasemissionen bei. Mehr Menschen bedeuten mehr Energieverbrauch, insbesondere in sich schnell urbanisierenden Regionen, wo fossile Brennstoffe nach wie vor die Hauptquelle für Energie sind. Der Verkehr, die Industrie und die Landwirtschaft sind weitere Sektoren, die signifikant zur Emission von Treibhausgasen beitragen und durch das Bevölkerungswachstum zusätzlich belastet werden. Diese Emissionen sind der Haupttreiber des Klimawandels, der wiederum schwerwiegende Auswirkungen auf Wetterereignisse, Meeresspiegelanstieg und die globale Nahrungsmittelversorgung hat.

Im Kontext der Umwelt- und Klimagovernance ist es entscheidend, Strategien zu entwickeln, die sowohl das Bevölkerungswachstum als auch die damit verbundenen ökologischen Herausforderungen adressieren. Umwelt- und Klimagovernance umfasst die politischen, rechtlichen und institutionellen Rahmenbedingungen, die notwendig sind, um umweltfreundliche Praktiken zu fördern und den Klimawandel zu bekämpfen. Hierbei spielen internationale Abkommen wie das Pariser Abkommen eine zentrale Rolle, da sie Staaten verpflichten, Emissionen zu reduzieren und nachhaltige Entwicklungsziele zu verfolgen.

Eine erfolgreiche Governance muss sich auf integrative Ansätze stützen, die die Bedürfnisse der wachsenden Bevölkerung berücksichtigen, ohne die Umwelt über Gebühr zu belasten. Bildung und Aufklärung sind hierbei von zentraler Bedeutung, um das Bewusstsein für nachhaltige Praktiken zu schärfen und die Bevölkerung dazu zu ermutigen, umweltfreundliche Entscheidungen zu treffen. Darüber hinaus sind Investitionen in nachhaltige Technologien und erneuerbare Energien unerlässlich, um die Abhängigkeit von fossilen Brennstoffen zu verringern und die Umweltbelastung zu minimieren.

Weltgemeinschaft

Die Weltgemeinschaft steht vor einer der größten Herausforderungen des 21. Jahrhunderts: dem Klimawandel und der damit verbundenen Umweltkrise. Diese globalen Probleme erfordern ein umfassendes und koordiniertes Vorgehen, da ihre Auswirkungen keine nationalen Grenzen respektieren und die Lebensgrundlagen vieler Menschen gefährden. Im Kontext der Umwelt- und Klimagovernance spielt die Weltgemeinschaft eine entscheidende Rolle, indem sie Mechanismen und Strukturen schafft, um kollektive Maßnahmen zu fördern und die internationale Zusammenarbeit zu stärken.

Umwelt- und Klimagovernance bezieht sich auf die Art und Weise, wie politische, wirtschaftliche und gesellschaftliche Akteure auf nationaler und internationaler Ebene zusammenarbeiten, um Umwelt- und Klimafragen zu adressieren. Die Weltgemeinschaft hat in den letzten Jahrzehnten verschiedene Abkommen und Initiativen ins Leben gerufen, um dieser Herausforderung zu begegnen. Ein prominentes Beispiel ist das Pariser Abkommen von 2015, das als Meilenstein in der globalen Klimapolitik gilt. Hier haben sich fast alle Staaten der Welt verpflichtet, ihre Treibhausgasemissionen zu reduzieren und Maßnahmen zur Anpassung an den Klimawandel zu ergreifen.

Die Effektivität solcher Abkommen hängt jedoch von der Bereitschaft der Länder ab, ihre nationalen Interessen zugunsten eines globalen Gemeinwohls zurückzustellen. Die Prinzipien der gemeinsamen, aber differenzierten Verantwortung und des Respekts vor nationalen Gegebenheiten sind zentrale Aspekte der internationalen Klimagovernance. Diese Prinzipien erkennen an, dass verschiedene Länder unterschiedliche historische Emissionen, Ressourcen und Kapazitäten haben, was bedeutet, dass auch ihre Verpflichtungen zur Emissionsreduktion unterschiedlich ausfallen müssen.

Ein weiterer wichtiger Aspekt der globalen Umwelt- und Klimagovernance ist die Rolle nichtstaatlicher Akteure, darunter Unternehmen, Nichtregierungsorganisationen (NGOs) und Bürgerbewegungen. Diese Akteure tragen zunehmend zur Gestaltung von Umweltpolitik bei, indem sie Bewusstsein schaffen, innovative Lösungen entwickeln und Druck auf Regierungen ausüben, ihre Verpflichtungen einzuhalten. Die Zusammenarbeit zwischen staatlichen und nichtstaatlichen Akteuren hat sich als entscheidend für die Umsetzung von Klimaschutzmaßnahmen erwiesen.

Zusätzlich zu rechtlichen und politischen Rahmenbedingungen sind auch finanzielle Ressourcen von zentraler Bedeutung. Die Mobilisierung von Investitionen in nachhaltige Infrastruktur, erneuerbare Energien und grüne Technologien ist unerlässlich, um die angestrebten Klimaziele zu erreichen. Internationale Finanzierungsmechanismen, wie der Grüne Klimafonds, spielen eine wichtige Rolle, um Entwicklungsländer bei der Umsetzung von Klimaschutzmaßnahmen zu unterstützen.

Schließlich muss auch die Rolle der Wissenschaft in der Umwelt- und Klimagovernance hervorgehoben werden. Wissenschaftliche Erkenntnisse sind entscheidend für das Verständnis der komplexen Zusammenhänge zwischen menschlichen Aktivitäten und Umweltauswirkungen. Sie liefern die Grundlagen für evidenzbasierte Entscheidungen und helfen, die Dringlichkeit von Maßnahmen zu kommunizieren.

Weltumweltpolitik und Weltklimapolitik

Weltumweltpolitik und Weltklimapolitik sind zentrale Aspekte der globalen Governance, die sich mit den Herausforderungen der Umweltzerstörung und des Klimawandels auseinandersetzen. Diese beiden Bereiche sind eng miteinander verbunden, da der Klimawandel als eine der gravierendsten Umweltkrisen gilt, die zahlreiche ökologische, ökonomische und soziale Dimensionen umfasst.

Die Weltumweltpolitik bezieht sich auf die politischen Maßnahmen und internationalen Vereinbarungen, die darauf abzielen, Umweltprobleme auf globaler Ebene zu adressieren. Zu den wichtigsten Akteuren in diesem Bereich gehören zwischenstaatliche Organisationen, wie die Vereinten Nationen (UN), nichtstaatliche Organisationen (NGOs), sowie nationale Regierungen und lokale Gemeinschaften. Die Agenda für nachhaltige Entwicklung, insbesondere die Agenda 2030 mit ihren 17 Zielen für nachhaltige Entwicklung (SDGs), bildet einen Rahmen für umfassende Umweltpolitik, die Aspekte wie den Schutz der Biodiversität, den Zugang zu sauberem Wasser und die Bekämpfung der Wüstenausdehnung umfasst.

Im Kontext der Weltklimapolitik hat das Pariser Abkommen von 2015 einen Meilenstein gesetzt. Es verfolgt das Ziel, die Erderwärmung auf deutlich unter 2 Grad Celsius zu begrenzen, idealerweise auf 1,5 Grad Celsius, im Vergleich zum vorindustriellen Niveau. Die Vertragsstaaten sind verpflichtet, nationale Beiträge (NDCs) zu formulieren, die regelmäßig überprüft und ambitioniert werden sollen. Diese Politik erfordert eine globale Zusammenarbeit, da der Klimawandel nicht an nationalen Grenzen Halt macht und kollektive Maßnahmen erfordert.

Umwelt- und Klimagovernance bezieht sich auf die Strukturen, Prozesse und Mechanismen, durch die politische Entscheidungen in diesen Bereichen getroffen werden. Governance umfasst nicht nur staatliche Akteure, sondern auch die Einbeziehung von Unternehmen, zivilgesellschaftlichen Organisationen und Wissenschaftlern. In diesem Kontext sind innovative Ansätze erforderlich, um die Fragmentierung der Umweltpolitik zu überwinden und integrative Lösungen zu fördern. Multi-Level-Governance-Ansätze, die lokale, nationale und internationale Ebenen miteinander verknüpfen, sind entscheidend, um die Komplexität der Umwelt- und Klimaherausforderungen zu bewältigen.

Ein weiterer wichtiger Aspekt der Umwelt- und Klimagovernance ist die Rolle der Wissensproduktion und der Wissenschaft in der Politikgestaltung. Wissenschaftliche Erkenntnisse sind entscheidend für die Entwicklung fundierter Politiken. Der IPCC (Intergovernmental Panel on Climate Change) ist ein Beispiel für eine Institution, die wissenschaftliche Daten bereitstellt und politische Entscheidungsträger informiert. Allerdings gibt es auch Herausforderungen in der Umsetzung wissenschaftlicher Empfehlungen, oft bedingt durch politische, wirtschaftliche und soziale Interessen.

Western Climate Initiative

Die Western Climate Initiative (WCI) ist ein bedeutendes Beispiel für regionale Umwelt- und Klimagovernance in Nordamerika. Gegründet im Jahr 2007, handelt es sich um eine Zusammenarbeit von US-Bundesstaaten und kanadischen Provinzen, die sich zum Ziel gesetzt haben, die Treibhausgasemissionen zu reduzieren und den Übergang zu einer kohlenstoffarmen Wirtschaft zu fördern. Die Initiative umfasst derzeit mehrere Jurisdiktionen, darunter Kalifornien, Québec und Ontario, die gemeinsam Strategien zur Bekämpfung des Klimawandels entwickeln und implementieren.

Ein zentrales Element der WCI ist das Marktmechanismus-basierte Klimaschutzprogramm, das die Einführung eines Cap-and-Trade-Systems beinhaltet. In einem solchen System wird eine Obergrenze (Cap) für die Gesamtemissionen festgelegt, und den teilnehmenden Unternehmen werden Emissionszertifikate zugewiesen, die den maximalen CO_2-Ausstoß repräsentieren. Unternehmen, die ihre Emissionen unter der festgelegten Obergrenze halten, können überschüssige Zertifikate auf dem Markt verkaufen. Umgekehrt müssen Unternehmen, die über ihren Zuteilungen liegen, zusätzliche Zertifikate erwerben. Dieses wirtschaftliche Instrument fördert Anreize zur Emissionsreduktion und ermöglicht gleichzeitig eine flexible Anpassung an die Marktbedingungen.

Die WCI ist auch ein bedeutendes Beispiel für die multilaterale Zusammenarbeit im Bereich der Klimapolitik. In einer Zeit, in der internationale Abkommen wie das Kyoto-Protokoll und das Pariser Abkommen auf Herausforderungen stoßen, zeigt die WCI, wie subnationale Akteure, wie Bundesstaaten und Provinzen, unmittelbar wirksame Maßnahmen ergreifen können. Diese regionale Initiative verdeutlicht, dass auch in einem fragmentierten politischen Umfeld Fortschritte erzielt werden können, insbesondere wenn es um dringende globale Herausforderungen wie den Klimawandel geht.

Ein weiterer wichtiger Aspekt der WCI ist die Förderung von Innovation und technologischen Fortschritt. Durch die Schaffung eines Preises für Kohlenstoffemissionen wird ein Anreiz geschaffen, in saubere Technologien und nachhaltige Praktiken zu investieren. Dies hat das Potenzial, nicht nur die Emissionen zu reduzieren, sondern auch neue wirtschaftliche Chancen zu schaffen und Arbeitsplätze in zukunftsträchtigen Branchen zu fördern. Allerdings stehen der WCI auch Herausforderungen gegenüber. Die unterschiedlichen politischen und wirtschaftlichen Rahmenbedingungen in den beteiligten Jurisdiktionen können die Kohärenz der Maßnahmen beeinträchtigen. Zudem müssen die sozialen und wirtschaftlichen Auswirkungen der Klimapolitik, insbesondere auf vulnerable Gemeinschaften, in den Entscheidungen berücksichtigt werden, um eine gerechte Transition zu gewährleisten.

World Business Council for Sustainable Development (WBCSD)

Der World Business Council for Sustainable Development (WBCSD) ist eine internationale Organisation, die 1995 gegründet wurde und sich aus über 200 führenden Unternehmen zusammensetzt, die sich für nachhaltige Entwicklung einsetzen. Der WBCSD hat seinen Sitz in Genf, Schweiz, und verfolgt das Ziel, Unternehmen und Wirtschaftsakteure in den Bereichen Umwelt, Gesellschaft und Wirtschaft zusammenzubringen, um eine nachhaltige Entwicklung zu fördern und Lösungen für globale Herausforderungen wie Klimawandel, Ressourcenknappheit und soziale Ungleichheit zu finden.

Im Kontext der Umwelt- und Klimagovernance spielt der WBCSD eine entscheidende Rolle, indem er Unternehmen dabei unterstützt, ihre Strategien und Praktiken im Hinblick auf Nachhaltigkeit zu transformieren. Die Organisation bietet eine Plattform für den Austausch von Best Practices, die Entwicklung von Standards und die Förderung von Innovationen, die notwendig sind, um die globalen Nachhaltigkeitsziele zu erreichen. Der WBCSD ist besonders aktiv in den Bereichen Klimaschutz, Energieeffizienz, Wasserbewirtschaftung und Biodiversität und arbeitet eng mit Regierungen, internationalen Organisationen und zivilgesellschaftlichen Akteuren zusammen.

Ein zentrales Element der Arbeit des WBCSD ist die Entwicklung von Initiativen und Programmen, die Unternehmen dabei helfen, ihre Emissionen zu reduzieren und sich an die Auswirkungen des Klimawandels anzupassen. Dazu gehört beispielsweise das Engagement im Rahmen der „Science Based Targets Initiative" (SBTi), die Unternehmen dazu ermutigt, wissenschaftlich fundierte Klimaziele zu setzen, die mit den Anforderungen des Pariser Abkommens übereinstimmen. Durch solche Initiativen fördert der WBCSD eine transparente und verantwortungsvolle Unternehmensführung, die auf den Prinzipien der Umweltgerechtigkeit und der sozialen Verantwortung basiert.

Darüber hinaus hat der WBCSD auch die Bedeutung von verantwortungsvollem Ressourcenmanagement und Kreislaufwirtschaft hervorgehoben. Die Organisation fördert Strategien, die darauf abzielen, Abfall zu reduzieren, Recycling zu maximieren und den ökologischen Fußabdruck von Unternehmen zu minimieren. Durch die Förderung eines integrativen Ansatzes, der ökologische und soziale Aspekte berücksichtigt, trägt der WBCSD zur Schaffung eines nachhaltigen wirtschaftlichen Umfelds bei. Im Hinblick auf die globale Klimagovernance ist der WBCSD ein wichtiger Akteur, der die Stimme der Wirtschaft in internationalen Verhandlungen und Foren stärkt. Er nimmt an Konferenzen der Vertragsparteien (COP) des Rahmenübereinkommens der Vereinten Nationen über Klimaänderungen (UNFCCC) teil und setzt sich dafür ein, dass unternehmerische Perspektiven und Lösungen in politische Entscheidungen einfließen. Dies geschieht unter anderem durch die aktive Teilnahme an Dialogen mit Regierungen, um Rahmenbedingungen zu schaffen, die die Transformation zu einer kohlenstoffarmen Wirtschaft unterstützen.

World Commission on Environment and Development (WCED)

Die World Commission on Environment and Development (WCED), auch bekannt als die Brundtland-Kommission, wurde 1983 von den Vereinten Nationen ins Leben gerufen. Ihr Ziel war es, eine umfassende Analyse der globalen Umwelt- und Entwicklungsproblematik vorzunehmen und nachhaltige Entwicklung als zentralen Begriff für zukünftige politische und wirtschaftliche Strategien zu definieren. Die Kommission, geleitet von der ehemaligen norwegischen Ministerpräsidentin Gro Harlem Brundtland, stellte fest, dass Umwelt- und Entwicklungsfragen untrennbar miteinander verbunden sind und dass eine nachhaltige Entwicklung nur durch die Berücksichtigung beider Aspekte erreicht werden kann.
Im Jahr 1987 veröffentlichte die WCED ihren Bericht mit dem Titel „Unsere gemeinsame Zukunft", in dem sie den Begriff der nachhaltigen Entwicklung prägte. Diese Definition lautet: „Entwicklung, die den Bedürfnissen der gegenwärtigen Generationen dient, ohne die Möglichkeiten künftiger Generationen zu gefährden, ihre eigenen Bedürfnisse zu befriedigen." Diese Perspektive stellte einen Paradigmenwechsel dar, da sie den Fokus von rein wirtschaftlichem Wachstum hin zu einem integrativen Ansatz lenkte, der ökologische, soziale und wirtschaftliche Dimensionen umfasst.

Im Kontext der Umwelt- und Klimagovernance hat die WCED einen entscheidenden Einfluss auf die Gestaltung internationaler Umweltpolitiken genommen. Der Bericht führte zu einer intensiven Diskussion über die Notwendigkeit globaler Kooperationen zur Bewältigung von Umweltproblemen. Er war ein wesentlicher Impulsgeber für die Konferenz der Vereinten Nationen über Umwelt und Entwicklung (UNCED) in Rio de Janeiro 1992, die auch als Erdgipfel bekannt ist. Diese Konferenz führte zur Annahme wichtiger Dokumente wie der Agenda 21, einer umfassenden Strategie zur Förderung nachhaltiger Entwicklung auf globaler, nationaler und lokaler Ebene.

Die WCED und ihre Ergebnisse prägen weiterhin die Diskurse über globale Umwelt- und Klimapolitik. Sie legten den Grundstein für zahlreiche internationale Abkommen, darunter das Übereinkommen von Paris von 2015, das sich auf die Reduzierung von Treibhausgasemissionen konzentriert und die internationale Zusammenarbeit zur Bekämpfung des Klimawandels fördert. Die Prinzipien der nachhaltigen Entwicklung, wie sie von der WCED formuliert wurden, sind auch in den 17 Zielen für nachhaltige Entwicklung (SDGs) der Agenda 2030 verankert, die 2015 von der Generalversammlung der Vereinten Nationen verabschiedet wurden.

Die WCED hat somit nicht nur den Begriff der nachhaltigen Entwicklung geprägt, sondern auch einen Rahmen für die Umwelt- und Klimagovernance geschaffen, der auf globaler Zusammenarbeit, interdisziplinärer Forschung und einer integrativen Politikgestaltung basiert. Ihre Arbeit bleibt von zentraler Bedeutung für die Herausforderungen des 21. Jahrhunderts, insbesondere im Hinblick auf den Klimawandel, die Biodiversitätskrise und die sozialen Ungleichheiten, die die Fähigkeit zur Umsetzung nachhaltiger Entwicklung gefährden.

World Meteorological Organization (WMO)
(dt. Weltorganisation für Meteorologie)

Die Weltorganisation für Meteorologie (WMO) ist eine spezialisierte Agentur der Vereinten Nationen, die 1950 gegründet wurde und ihren Sitz in Genf, Schweiz, hat. Ihr Hauptziel ist die Förderung der internationalen

Zusammenarbeit im Bereich Meteorologie, Hydrologie und verwandter Disziplinen, um die Wettervorhersage, Klimaforschung und die Überwachung von Wasserressourcen zu verbessern. Die WMO spielt eine zentrale Rolle in der globalen Umwelt- und Klimagovernance, da sie als Plattform für den Austausch von Daten, Forschungsergebnissen und bewährten Verfahren zwischen den Mitgliedstaaten fungiert.

Ein wichtiger Bestandteil der Arbeit der WMO ist die Erstellung und Verbreitung von Klimadaten, die für die Planung und Umsetzung von Maßnahmen zur Minderung des Klimawandels und zur Anpassung an dessen Auswirkungen unerlässlich sind. Die WMO koordiniert globale Klimabeobachtungsnetze und fördert die Entwicklung von Klimamodellen, die es ermöglichen, zukünftige Klimaszenarien zu prognostizieren. Diese Daten sind entscheidend für politische Entscheidungsträger, die Strategien zur Bekämpfung des Klimawandels formulieren müssen.

Die WMO ist auch eng in internationale Abkommen eingebunden, wie das Pariser Abkommen von 2015, das darauf abzielt, die Erderwärmung auf unter 2 Grad Celsius über dem vorindustriellen Niveau zu begrenzen. Im Rahmen dieser Abkommen unterstützt die WMO die Mitgliedstaaten bei der Entwicklung nationaler Klimaschutzpläne und der Umsetzung von Maßnahmen, die zur Erreichung der globalen Klimaziele beitragen.

Ein weiteres wichtiges Element der WMO-Arbeit ist die Förderung der Anpassung an den Klimawandel. Die WMO entwickelt Programme, die Ländern helfen, ihre Widerstandsfähigkeit gegenüber klimabedingten Risiken zu erhöhen, einschließlich extremer Wetterereignisse, die durch den Klimawandel verstärkt werden. Dazu gehören Initiativen zur Verbesserung der Frühwarnsysteme und zur Stärkung der Kapazitäten von Ländern, um auf Naturkatastrophen effektiv reagieren zu können.

Im Kontext der Umwelt- und Klimagovernance trägt die WMO zur Schaffung einer integrativen Plattform bei, die Wissenschaft, Politik und Gesellschaft miteinander verbindet. Sie fördert den Dialog zwischen verschiedenen Akteuren, darunter Regierungen, Wissenschaftler, Nichtregierungsorganisationen und die Privatwirtschaft. Diese Kooperation ist entscheidend, um die Herausforderungen des Klimawandels anzugehen und nachhaltige Lösungen zu entwickeln.

World Resources Institute (WRI)

Das World Resources Institute (WRI) ist eine international anerkannte Forschungsorganisation mit Sitz in Washington, D.C., die sich auf die Schnittstelle von Umwelt, Wirtschaft und Gesellschaft konzentriert. Gegründet im Jahr 1982, hat sich das WRI zu einem der führenden Institute für nachhaltige Entwicklung etabliert, das sich mit globalen Herausforderungen wie Klimawandel, Ressourcenmanagement und Biodiversität beschäftigt. Im Kontext von Umwelt- und Klimagovernance spielt das WRI eine entscheidende Rolle, indem es wissenschaftlich fundierte Analysen, strategische Empfehlungen und innovative Lösungen bereitstellt.

Ein zentrales Ziel des WRI ist es, Entscheidungsprozesse auf politischer, wirtschaftlicher und gesellschaftlicher Ebene zu unterstützen, um eine nachhaltige Entwicklung zu fördern. Das Institut verfolgt einen integrativen Ansatz, der sowohl naturwissenschaftliche als auch sozialwissenschaftliche Perspektiven einbezieht. Es analysiert Daten zu natürlichen Ressourcen, Emissionen und Energieverbrauch und entwickelt darauf basierende Modelle und Strategien. Durch die Bereitstellung von Daten und Instrumenten, wie dem „Global Forest Watch" oder dem „Aqueduct Water Risk Atlas", ermöglicht das WRI Regierungen, Unternehmen und der Zivilgesellschaft, fundierte Entscheidungen zu treffen und Verantwortung für umweltfreundliche Praktiken zu übernehmen.

Im Bereich der Klimagovernance ist das WRI besonders aktiv. Die Organisation beteiligt sich an internationalen Foren und Verhandlungen, wie den UN-Klimakonferenzen (COP), und unterstützt Länder dabei, ihre Klimaziele im Rahmen des Pariser Abkommens zu erreichen. Durch Programme wie „Climate Action Tracker" verfolgt das WRI die Fortschritte der Länder bei der Reduzierung von Treibhausgasemissionen und bietet umfassende Analysen zur Wirksamkeit von Klimaschutzmaßnahmen.

Ein weiterer wichtiger Aspekt der Arbeit des WRI ist die Förderung von Transparenz und Rechenschaftspflicht im Umweltmanagement. Durch Initiativen wie das „Corporate Climate Responsibility Monitor" wird untersucht, inwieweit Unternehmen ihre Klimaziele einhalten und welche Fortschritte sie in Richtung Nachhaltigkeit machen. Dies fördert nicht nur das Vertrauen der Öffentlichkeit, sondern auch die Integration von Umweltfragen in die Unternehmensstrategien.

World Summit on Sustainable Development (WSSD)
(dt. Weltgipfel für nachhaltige Entwicklung)

Der Weltgipfel für nachhaltige Entwicklung (WSSD), der im Jahr 2002 in Johannesburg, Südafrika, stattfand, stellte einen bedeutenden Meilenstein in der internationalen Umwelt- und Klimagovernance dar. Er folgte auf die Konferenz der Vereinten Nationen über Umwelt und Entwicklung, die 1992 in Rio de Janeiro stattfand und die Agenda 21, ein umfassendes Aktionsprogramm für nachhaltige Entwicklung, ins Leben rief.

Der WSSD hatte das Ziel, die internationale Gemeinschaft zu mobilisieren, um Fortschritte in Richtung einer nachhaltigen Entwicklung zu erzielen, indem wirtschaftliche, soziale und ökologische Dimensionen miteinander verbunden wurden. Dies geschah im Kontext eines zunehmenden Bewusstseins für die Herausforderungen des 21. Jahrhunderts, darunter der Klimawandel, Armut, Ungleichheit und der Verlust der biologischen Vielfalt. Ein zentrales Ergebnis des WSSD war die Verabschiedung des „Johannesburg-Ergebnispapiers", das konkrete Ziele und Verpflichtungen für nachhaltige Entwicklung festlegte. Es wurden Initiativen in verschiedenen Bereichen ins Leben gerufen, darunter Wasser, Energie, Gesundheit und der Umgang mit Abfällen. Besonders hervorzuheben ist die „Partnerschaft für nachhaltige Entwicklung", die eine Vielzahl von Stakeholdern - von Regierungen über die Zivilgesellschaft bis hin zur Privatwirtschaft - einbezog und damit eine multi-stakeholderbasierte Governance-Architektur förderte.

Im Kontext der Umwelt- und Klimagovernance stellte der WSSD einen wichtigen Schritt zur Verknüpfung von Entwicklungs- und Umweltfragen dar. Die Konferenz erkannte an, dass Umweltprobleme nicht isoliert betrachtet werden können, sondern integraler Bestandteil der wirtschaftlichen und sozialen Entwicklung sind. Diese Erkenntnis führte zu einer verstärkten Zusammenarbeit zwischen verschiedenen Sektoren und Akteuren, um nachhaltige Lösungen zu finden.

Die Rolle der internationalen Institutionen wurde während des WSSD ebenfalls hervorgehoben. Die Vereinten Nationen, insbesondere durch das Umweltprogramm der Vereinten Nationen (UNEP) und das Entwicklungsprogramm der Vereinten Nationen (UNDP), wurden als zentrale

Akteure in der Umsetzung der Agenda für nachhaltige Entwicklung anerkannt. Zudem wurde die Notwendigkeit betont, eine effektive globale Governance-Struktur zu schaffen, die den Herausforderungen des Klimawandels gerecht wird.

Die Nachwirkungen des WSSD sind bis heute spürbar. Die Diskussionen über nachhaltige Entwicklung wurden weitergeführt und führten letztlich zur Verabschiedung der Agenda 2030 für nachhaltige Entwicklung im Jahr 2015, die die 17 Ziele für nachhaltige Entwicklung (SDGs) umfasst. Diese Ziele zielen darauf ab, Armut zu beseitigen, den Planeten zu schützen und Wohlstand für alle zu fördern.

World Wide Fund For Nature (WWF)

Der World Wide Fund For Nature (WWF) ist eine der weltweit größten und bekanntesten Non-Profit-Organisationen, die sich dem Schutz der Natur und der Förderung nachhaltiger Entwicklung widmet. Gegründet im Jahr 1961, hat der WWF das Ziel, die biologischen Vielfalt zu erhalten, die nachhaltige Nutzung von natürlichen Ressourcen zu fördern und den Klimawandel zu bekämpfen. Im Kontext der Umwelt- und Klimagovernance spielt der WWF eine entscheidende Rolle, indem er sowohl auf politischer als auch auf gesellschaftlicher Ebene agiert.

Umwelt- und Klimagovernance umfasst die Strukturen, Prozesse und Institutionen, die zur Regelung und Verwaltung von Umweltfragen und Klimafragen eingesetzt werden. Der WWF tritt in diesem Kontext als wichtiger Akteur auf, indem er wissenschaftliche Erkenntnisse in politische Entscheidungsprozesse einbringt und sich für die Umsetzung internationaler Abkommen, wie dem Pariser Klimaabkommen, einsetzt. Der WWF arbeitet eng mit Regierungen, internationalen Organisationen, Unternehmen und der Zivilgesellschaft zusammen, um umweltpolitische Maßnahmen zu fördern und die Umsetzung von Umweltstandards zu überwachen. Ein zentrales Anliegen des WWF ist der Schutz der biologischen Vielfalt, die durch menschliche Aktivitäten wie Abholzung, Überfischung, Umweltverschmutzung und Klimawandel bedroht ist. Durch Projekte zur Erhaltung von Ökosystemen und Artenvielfalt trägt der WWF zur Stärkung der Resilienz von Natur und Gesellschaft gegenüber den Auswirkungen des Klimawandels bei. Die Organisation engagiert sich auch in der Forschung und setzt sich für die Erstellung und Verbreitung von Berichten ein, die die Dringlichkeit des Handelns unterstreichen und evidenzbasierte Ansätze zur Problemlösung bieten.

Der WWF fördert zudem nachhaltige Praktiken in verschiedenen Sektoren, wie der Landwirtschaft, Fischerei und Forstwirtschaft. Durch Programme wie das „WWF Sustainable Agriculture" und das „Marine Conservation Program" werden Standards entwickelt, die Unternehmen und Verbraucher dazu anregen, umweltfreundliche Entscheidungen zu treffen. Diese Ansätze sind essenziell, um die ökologischen Fußabdrücke zu reduzieren und die Anpassungsfähigkeit der betroffenen Gemeinschaften an die Herausforderungen des Klimawandels zu erhöhen.

Autor:

Carsten Rasch studierte Rechtswissenschaften, Politikwissenschaften und Wirtschaftswissenschaften mit dem Fokus auf EU, Asien und dem Nahen Osten.

Umschlags-/Titelbild:
Das UN-Gebäude in New York ist ein bedeutendes Zentrum für globale Klimagovernance und Umweltgovernance. Hier treffen sich Regierungsvertreter, Wissenschaftler, Aktivisten und Vertreter der Zivilgesellschaft, um gemeinsam Lösungen für die drängendsten Umweltprobleme zu finden. Die Vereinten Nationen (UN) spielen eine zentrale Rolle bei der Koordination internationaler Bemühungen zur Bekämpfung des Klimawandels und zur Förderung nachhaltiger Entwicklung. Ein wichtiger Aspekt der Klimagovernance im Kontext des UN-Gebäudes ist die Förderung von internationalen Abkommen und Protokollen, wie das Pariser Abkommen und das Kyoto-Protokoll, die darauf abzielen, die Treibhausgasemissionen zu reduzieren und die Anpassung an den Klimawandel zu unterstützen. Diese Abkommen setzen einen Rahmen für die Zusammenarbeit zwischen den Ländern und fördern den Austausch von Technologien und Ressourcen. Das UN-Gebäude in New York ist somit ein Symbol für die globale Zusammenarbeit und den gemeinsamen Einsatz, um die Herausforderungen des Klimawandels zu bewältigen und eine nachhaltige Zukunft für alle zu schaffen.